政治學百科

政治學百科

保羅·克里（Paul Kelly） 等著

張乎安　王劍鳴　　譯

王耀宗　　審訂

商務印書館

A DORLING KINDERSLEY BOOK
WWW.DK.COM

Original Title: *The Politics Book*
Copyright ©2013 Dorling Kindersley Limited, London
A Penguin Random House Company

本書中文繁體版由 DK 授權出版。
本書譯文由電子工業出版社授權使用。

政治學百科

作　　者：保羅・克里 (Paul Kelly)　　羅・達金 (Rod Dacombe)　　約翰・化爾頓 (John Farndon)
　　　　　A.S. 鶴信 (A.S. Hodson)　　賈斯柏・莊臣 (Jesper Johnsøn)
譯　　者：張乎安　王劍鳴
審　　訂：王耀宗
責任編輯：黃振威
出　　版：商務印書館 (香港) 有限公司
　　　　　香港筲箕灣耀興道 3 號東滙廣場 8 樓
　　　　　http://www.commercialpress.com.hk
發　　行：香港聯合書刊物流有限公司
　　　　　香港新界大埔汀麗路 36 號中華商務印刷大廈 3 字樓
印　　刷：Vivar Printing
版　　次：2018 年 12 月第 1 版第 1 次印刷
　　　　　© 2018 商務印書館 (香港) 有限公司
　　　　　ISBN 978 962 07 5792 1
　　　　　Published in Hong Kong
　　　　　版權所有　不得翻印

A WORLD OF IDEAS:
SEE ALL THERE IS TO KNOW

www.dk.com

作者簡介

保羅‧克里 (Paul Kelly) 顧問編輯
保羅‧克里是倫敦政經學院副校長及政治理論教授。他是十一本書的作者、編輯和共編者。他主要的研究興趣是英國政治思想及當代政治哲學。

羅‧達金 (Rod Dacombe)
羅‧達金博士是倫敦大學英王學院政治經濟系的政治講師。他的研究主要集中在民主理論與實務，以及自願部門與國家之關係。

約翰‧化爾頓 (John Farndon)
約翰‧化爾頓是很多本有關科技史、思想史及當代議題書籍的作者。他的文章亦討論了科學和環境的不同課題。約翰‧化爾頓曾四次入圍青年科學書獎。

A.S‧鶴信 (A.S.Hodson)
A.S.鶴信是一個作家。他是BushWatch.com的前特約編輯。

賈斯柏‧莊臣 (Jesper Johnsøn)
賈斯柏‧莊臣是一個向發展中國家提供管治和反貪污改革意見的政治科學家。他在挪威卑爾根Chr.Michelsen研究所U4反貪污中心工作。

尼雅爾‧基斯坦尼 (Niall Kishitainy)
尼雅爾‧基斯坦尼在倫敦經濟學院任教，專長是經濟史和經濟發展。他曾在世界銀行及聯合國非洲經濟委員會工作。

詹姆士‧美維 (James Meadway)
詹姆士‧美維是獨立英國智庫新經濟組織的高級經濟師。他曾在英國庫房任職政策顧問，工作範圍涵括地域發展、科學和嶄新政策。

安卡‧蒲西亞 (Anca Pusca)
安卡‧蒲西亞博士是倫敦大學金匠學院國際研究的高級講師，著作計有《革命、民主過渡與失落:羅馬尼亞個案》、《華德‧本傑明:美學的改變》。

馬卡斯‧域斯 (Marcus Weeks)
馬卡斯‧域斯研究哲學，在當作者前曾任教師。他曾參與撰寫許多有關藝術及大眾科學的書。

目 錄

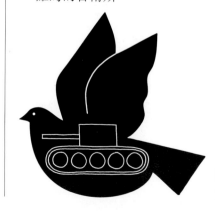

意識形態的碰撞

1910年－1945年

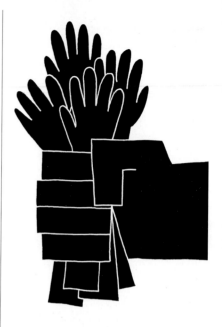

戰後
1945年－現在

INTRODUCTION

前言

如果人人都能心想事成，那麼也許這世上就沒有所謂的「政治」了。你會在本書中發現，人們對於「政治」有太多不同的理解。然而，無論你偏愛哪一種理解方式，你都必須承認，讓每個人都心想事成是不可能的。相反，為了獲得心儀的東西，人們不得不與他人角逐、競爭、妥協，甚至戰鬥。而在此過程中，我們會逐漸提出一些話語，來向人們說明為甚麼自己的追求是正當的，而別人的追求是不正當的。它可以是一套關於個體利益或集體利益的說辭，也可以是一種關乎權利、自由、公平和正義

政治社會的存在是為了高尚的行為，而不是僅僅為了共處。

——亞里士多德

等價值觀的話語。所以說，從一開始，「政治」這項實踐活動就與各種思想觀念的產生和發展密切相關。人們總是通過這些觀念，來維護自己的政治訴求，捍衛自己的政治利益。

但若要就此判斷「政治」就是些關於政治的思想的話，那也未免以偏概全了。有人就提出，政治可以被簡化為這樣一個問題：甚麼人通過何種方式，於何時何地獲得甚麼東西。在某種程度上，政治就是對我們日常生活中各種挑戰的回應；而且由於政治必然是一種非個人的現象，因此它也暗示着集體行為優先於個人行為。然而，以古希臘思想家亞里士多德為代表的思想流派認為，政治絕不只是在資源稀缺條件下人們滿足物質需求的各種動作；它還應該包含人類社會中的許多複雜的問題：誰應當統治這個社會？他應當擁有怎樣的權力？與家庭和宗教等權威來源比起來，政治的統治又有何獨特的正當性？

亞里士多德聲稱，人是天生的政治動物。這句話並不是想說人們

在社會中生活會比離羣索居過得更好，而是認為思考和參加公共事務的決策，本身就符合人（參與政治）的自然天性。因此，他認為，政治不是一種爭名奪利的行動，而是一種高尚的行為，人們能通過政治來決定要遵循怎樣的公共規則，確立要追求怎樣的共同目標。

政治道德主義

不過，在亞里士多德看來，並非所有人都有資格參與政治：在他的思想體系裏，女人、奴隸和外邦人被他明確地排除在外。雖然如此，他的一個基本觀點至今依然引人共鳴，那就是，政治是人們為着某些共同的理想和目標進行的集體性活動。但是，共同的目標又是甚麼呢？自古以來，眾多思想家和政治人物就對政治能夠或應該做甚麼提出過各自不同的觀點。這些以討論政治目標為主的話語，在政治學中叫作政治道德主義。

在道德主義者們看來，政治乃是倫理學或道德哲學的分支，所以許多哲學家同時也是政治思想家。

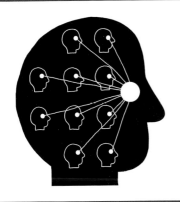  

政治道德主義者呼籲，政治活動應致力於實現某些實質性的目標，而政治安排應當用以保護某些特定的事物，其中就包括諸如正義、平等、自由、快樂、友愛或民族自決等政治價值。而道德主義者中走得最遠的一部分人，還創造了一幅理想的政治社會圖景，名喚「烏托邦」。「烏托邦」這一名詞來自於英國政治家、哲學家托馬斯・莫爾1516年出版的著作《烏托邦》；在該書中，作者就描繪了他心中完美國家的樣子。烏托邦式的政治思想可以追溯到古希臘哲學家柏拉圖的著作《理想國》，而到了今天，仍有一些現代思想家還會用它來闡明思想，例如羅伯特・諾齊克。不過，另有一些理論家卻認為，烏托邦式政治思想十分危險，因為歷史上就多次出現過用它來為極權主義塗脂抹粉的例證。但無論如何，從好的方面看，烏托邦思想是人們對建設更美好社會的嚮往和努力。本書將要論及的眾多思想家中，也有不少人曾利用這一理念來論述人們值得追求和保護的價值觀。

政治現實主義

然而，政治思想中還有一大流派並不認為政治就是傳遞和實現自由和幸福之類的價值觀的；相反，他們主張，所謂政治，就是關於權力的那些事。在他們眼中，只有通過權力，才能實現目標、打倒敵人或維持現狀。如果沒有了權力，那無論你的政治價值多麼高尚都沒用。這些着眼於權力而非道德的思想家，我們稱他們為現實主義者。他們對人性總保持陰暗的懷疑態度，並把話題集中在權力、衝突和戰爭上面。在權力問題上，最偉大的政治理論家大概要數十六七世

> 關於政府形式的問題就留給傻瓜們去爭論吧；能夠治理得最多當然就是最好的形式。
>
> ——亞歷山大・蒲柏

紀的意大利人尼科洛・馬基雅維利和英國人托馬斯・霍布斯了。他們生活在各自國家戰亂紛飛的年代，這很可能對他們的思想傾向產生了影響。其中，馬基雅維利認為，人就是「忘恩負義的騙子」，既不高尚，也不正直；他提醒人們，脫離了權力玩政治是十分危險的。而在霍布斯看來，人類在進入社會前那沒有法律約束「自然狀態」，是一切人對一切人的戰爭狀態，只有主權者獲得「社會契約」賦予的絕對權力，才能把社會從這種殘酷的狀態中解救出來。這種對權力的關懷並不是那個年代獨有的風景，如今，20世紀的政治思想家也同樣關注權力的來源和實踐。

政治謀略

現實主義和道德主義都算得上是一種宏大的視角，它們都希望從整體上來把握政治實踐及其與其他因素的關係。然而，並非所有的思想家都會採用這種廣闊的視角來看問題。除了前面兩種外，政治學中還有一個歷史同樣悠久的

門派，他們對政治中的實際操作和趨利避害之術發表了高見。他們認為，既然戰爭和衝突將永遠無法避免，既然自由和平等價值間的爭論也永遠無法平息，那麼我們何不在制度設計、政策制定以及任賢使能的事務上更費點心思呢？例如，先秦思想家孔子就對負責為君王出謀劃策的輔臣應當具備的德行與賢能，進行過深邃的探討。

意識形態的興起

政治思想有一種衍生品叫作意識形態，它的一個分支話題就是探討為何不同歷史時期有着不同的政治思想。意識形態問題可以追溯至德國哲學家黑格爾和馬克思的歷史哲學。他們解釋了不同時代的政治觀念如何隨着社會實踐和制度的變化而產生差異，還分析了同一概念的含義在不同歷史時期有何不同。

例如，柏拉圖和亞里士多德認為，民主制是一種危險且容易腐化的體制；而在大部分現代人看來，民主卻是最好的政權形式。你看，

當今各個威權主義政體國家的民主呼聲不是都很響亮嗎？還有許多例子，比如，人們曾經認為奴隸制是天經地義；又如，在 20 世紀之前，幾乎沒有社會會認為女性應該被賦予公民權。

那麼，是甚麼讓「平等」這樣的概念變得重要，又讓「奴隸制」和「君權神授」之類的思想失去支點的呢？馬克思對此的解釋是，思想意識總是受階級利益的影響。那麼，各個階級迭次興衰，其利益此消彼長，也就影響了這些「主義」的起伏變化。當然，階級利益並非是意識形態的唯一來源；有不少政

哲學家們只是用不同的方式解釋世界，而問題在於改變世界。

——卡爾·馬克思

治思想甚至可以直接從意識形態內部發展出來。比如，自由主義、保守主義、社會主義和民族主義就從各自內部演變出了許多新的分支。

有批評者指出，如果觀念僅僅只是歷史進程的一種反映，那就必然意味着，歷史中的個體都只能扮演極其被動的角色，這樣一來，理性的協商與辯論的意義就極為有限了。在他們看來，意識形態之爭就像一場足球比賽，決定勝負的因素主要在於誰熱情更高而非誰更有道理，並且，成王敗寇，贏球才是硬道理。所以這讓許多人擔心，意識形態將會導致最糟糕的極端現實主義，為了意識形態目標可以不擇手段地爭取勝利。意識形態政治彷彿就是不可調和的敵對陣營之間一場無休止的永恆鬥爭。

馬克思提出，隨着技術發展以解決物質匱乏的問題以及工人階級取得革命的勝利，政治衝突的各種問題將會得到解決。然而，20 世紀的歷史卻表明馬克思的估計太過樂觀了，因為革命的結果往往是前

一個專制政權被下一個專制政權取代了而已。在許多人眼中，馬克思主義等意識形態都不過是新瓶裝舊酒的烏托邦道德主義罷了。

關於未來的爭論

在黑格爾看來，政治思想是各個國家、文化和社會運動的抽象表現形式。而若想理解這些思想以及思想所反應的政治過程，你就必須要對它們的演變歷史進行梳理。這裏的「歷史」，指的是它們演變成如今這副樣子的來龍去脈。同時，黑格爾還認為，人們不能對歷史的走向做出精確的預判。

在羅馬神話中，「密涅瓦的貓頭鷹」是智慧的象徵。而在黑格爾看來，「密涅瓦的貓頭鷹總是在黃昏起飛」；他這句話的意思是說，智慧和認識要靠事後的反思才能實現。黑格爾曾提醒過，請那些在歷史前進方向問題上指點江山的人不要太過樂觀。我們總是容易認為，自己所處的時代是有史以來最為先進、開明和理性的時代，因為人們看到法治、人權、民主和自由市場的價值已經得到普遍的接受。但是在本書之中，你會發現，這些思想並非想像中那麼簡單，而且也並未得到所有人的認同。

隨着帝國主義的衰落和殖民主義的式微，過往的 80 年歷史裏人類見證了又一批新興國家的誕生。比如，南斯拉夫、捷克斯洛伐克和蘇聯都分裂出多個新的國家；而世界上還有一些地區正在爭取獨立國格，例如魁北克、加泰羅尼亞、庫爾德和克什米爾。當然，既然有國家要追求獨立主權，就會有另一些國家要尋求合作與結盟。過去幾十年裏，我們見證歐盟的誕生，在它的垂範之下，還有更多的國家開始尋求更加緊密的國際合作，比如北美自由貿易區，以及其他的地區性合作機構等等。

這樣看來，過去盛行一時的國家主權概念，就在如今這個活躍着主權國家、跨國公司和區域合作組織的時代裏顯得有些缺乏解釋力了。這也許正印證了黑格爾的這句話：人們不要妄自預測未來。而且，在我們這一代的理所當然的思想，很可能在以後就不那麼有説服力了。

因此，要讀懂當下的世界，就要弄清歷史長河之中的各種政治思想理論。這些過往的思想不但能夠為當下的現象提供洞見，還能時刻警醒我們不要對自己的價值觀太過自以為是；同時，它還會告訴我們，人類有可能繼續發明出其他不同的社會組織和管理的方式。既然還會有新的權力形式出現，那麼對於這些權力進行分配與監管的方法和思想就都還會應運而生。政治與我們每個人都息息相關，因此在關於政治的討論之中，沒有誰會是局外人。■

政治太麻煩，豈能讓政治家壟斷。
——戴高樂

ANCIENT POLITICAL THOUGHT

800 BCE—30 CE

古代政治思想

公元前800年 — 公元30年

中國進入**春秋**時期，隨後出現了百家爭鳴的局面。

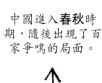

公元前770年

孔子提出了一個由士人階層治理並繼承和弘揚**禮制**的施政理念。

公元前6世紀

羅馬共和國成立

約公元前510年

普羅泰戈拉等智者派聲稱，政治正義只是人們製造的一個**價值**觀，而不是正義的天然表現。

約公元前460年

公元前600年

軍事家孫子為吳王闔閭獻上《孫子兵法》。

公元前594年

梭倫改革為**雅典**的民主制鋪平了道路。

公元前476年—前221年

中國處於**戰國時期**，七大諸侯國戰事頻繁。

公元前339年

常年針砭**雅典政治和社會弊病**的蘇格拉底被判處死刑。

人類的政治思想史可以追溯到古希臘和中國先秦時代。那時候，兩個文明都湧現出一批思想家，對人們周遭的世界進行觀察和分析；他們的這一行為被稱為「哲學」。從公元前6世紀開始，他們之中的一些人將思考的焦點移向了社會的運作方式問題上來。他們所思考的問題並不局限於政府應如何保障人民的幸福和安寧，而是更多地追問如何讓人們過上一個「好的生活」。所以，當時的政治思考通常被視為倫理學或者道德哲學的一部分。

先秦政治思想

公元前770年前後，中國進入春秋時期，各諸侯國間相對和平，學術得以繁榮發展，形成了「百家爭鳴」的文化景象。這其中，最有影響力的思想家莫過於孔子。他將倫理和政治哲學思想融為一體，提倡仁德，尊古「復禮」。

之後，針對孔子思想中過於注重君臣之別而出現無道之君和政治腐化的問題，孟子和墨子各自對其進行了改良。而隨着中國來到戰國時期，戰事征伐成為了時代的主旋律，在這個背景下，強調嚴刑峻法的韓非子及其法家學派應運而生。在此之前，已有春秋時期軍事家孫子運用其軍事思想來主導國家的內政外交了。這一系列集權和實用的政治哲學獲得時代的青睞，也推進了中國的統一。

古希臘的民主

而在幾乎同一時期的希臘，也出現了一段燦爛多彩的文明時期。此時的希臘是由一系列的獨立城邦組成，各邦的政治制度也各不相同。其中多數城邦採用的是君主制和貴族制，但雅典卻在梭倫改革之後逐漸形成了一套民主政治體制，並迅速成為希臘的文化中心，孕育出一大批偉大的哲人。這些思想家在這裏探討何

墨子提出**尚賢**思想，主張任賢使能，根據才幹提拔士卿。

亞里士多德在《政治學》中，對兩類六種政府形式進行了探討，並認為其中的**共和政體**最為實在。

孟子進一步發展**儒家思想**。

漢朝宣佈罷黜百家，**獨尊儒術**。

約公元前**470**年—前**391**年　公元前**335**年—前**323**年　公元前**372**年—前**289**年　公元前**2**世紀

約公元前**380**年—前**360**年　　約公元前**370**年—前**283**年　　公元前**3**世紀　　　　公元前**54**年—前**51**年

柏拉圖在《理想國》中倡導，城邦應由**哲學王**進行統治。他說，只有哲學王才擁有理解美好生活本質的知識和智慧。

考底利耶輔佐旃陀羅笈多建立**孔雀王朝**。

商鞅和韓非子等人的集權主張演變出**法家**思想。

西塞羅以《理想國》為參考而寫下《論共和國》，不過他主張的政府形式**更為民主**。

為理想城邦，何為統治之目的，最好的實現途徑又是怎樣的道路。其中，柏拉圖為哲學王統治奔走高呼，而其弟子亞里士多德則潛心對各種統治的形式展開了比較研究。這兩人的思想成為了今後兩千多年西方政治哲學的基石。

亞里士多德之後，隨着亞歷山大大帝的橫空出世，古希臘哲學的黃金時代也宣告完結。亞歷山大開疆拓土，其馬其頓帝國也一度遠及喜馬拉雅地區，但在印度遇上了頑強的阻擊。

說到印度，古代南亞次大陸也曾分裂割據，但是在名臣考底利耶的輔佐之下，旃陀羅笈多完成了統一，建立了孔雀王朝。考底利耶推崇賞罰分明的實用主義策略，在他眼中，國家收支和物資安全比施政的倫理重要得多。他的策略也幫助孔雀王朝頂住了各方的反撲，南亞次大陸實現了超過百年的統一。

羅馬崛起

而在歐洲，一個新興勢力正在崛起。公元前 510 年前後，羅馬人民推翻暴君統治，建立起了共和國，並實行了與雅典類似的代議制民主體制。羅馬共和國制定了法案，並由兩位民選的執政官來治理，還有元老院輔以議政。政治的成熟使得羅馬共和國迅速壯大，日益征服了歐陸大部分領土。但是，公元前 1 世紀，國家高層分裂並引發戰事，最後導致了愷撒的獨裁統治。羅馬帝國很快取代了共和國，並將在接下來的近 500 年時間裏成為歐洲的統治者。■

子欲善而民善矣

孔子（公元前551－公元前479年）

背景介紹

思想流派
儒家思想

聚焦
家長制

此前

公元前1045年 周朝時期，天命是統治的重要依據。

公元前8世紀 歷史進入春秋時期，百家爭鳴局面開始形成。

此後

公元前5世紀 墨子針對儒家學說可能存在的任人唯親的弱點提出了尚賢的思想。

公元前4世紀 孟子進一步發展和傳播了儒家思想。

公元前3世紀 更強調權術的法家開始主宰當時的政治思想。

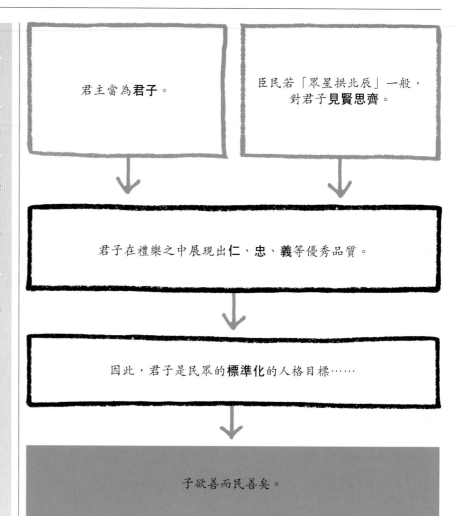

君主當為**君子**。

臣民若「眾星拱北辰」一般，對君子**見賢思齊**。

君子在禮樂之中展現出**仁、忠、義**等優秀品質。

因此，君子是民眾的**標準化**的人格目標……

子欲善而民善矣。

春秋戰國是中國歷史的大轉型時期。其中，在長約300年的春秋時期，社會相對繁榮穩定，孕育出了詩書文藝百花齊放、哲學思想諸子爭鳴的局面。在此階段，一個由文人和思想家組成的新興士人階層日益崛起，他們大部分擇主而事，寄於公卿貴族門下，為其主行出謀劃策之事。

這些士人的新思想層出不窮，也引起了中國社會結構的震盪。這些人不是憑藉出生貴賤，而是根據自己的才能而得到任用，因此他們也對此前一直依天命而治的世襲王公貴族們形成了挑戰。同時，社會結構的變化還在一定程度上為各諸侯間的戰事衝突再加了一把火，並在之後的戰國時期愈演愈烈。

君子

孔子就生活在春秋時期的末期。孔子名丘，字仲尼，他同大多受過教育的沒落貴族一樣，年輕時代也曾在仕途方面有過努力。在從政期間，孔子有幸對君臣間的關係耳濡目染，對時代的禮崩樂壞感懷於心。在這些背景的影響下，他以自己的道德哲學體系為基礎，開始着手構建起一套引導聖君賢臣「為政以德」的政治理論體系。

孔子的道德觀深深植根於周

參見：孫子 28～31頁，墨子 32～33頁，韓非子 48頁，孫中山 212～213頁，
毛澤東 260～265頁。

朝禮制，其核心包括忠、義、敬等傳統美德。而匯聚這些美德於己身的君子，則成為平民百姓應當追求的理想人格標準。在孔子看來，人並非天生性善，但他們卻能在理想人格的感召下不斷完善自我修養。同樣，在「為政以德」的君臣的領導下，社會也能向好的方向發展。

孔子的道德和政治哲學中，「恕」的觀念都十分重要；所謂「恕」，指的是正直、寬厚地對待他人並得到相同的回報。根據這一理念，如果君主希望其臣民有德，那麼他自己就必須先以身作則；而若君主能做到這點，那麼臣民便將備受勉勵，出於對君王的忠誠與敬仰，他們便會仿傚君主的德行。《論語》一書收集和整理了孔子平時的教誨和言論，其中便有「子欲善而民善矣」的說法，所以「君子之德風，小人之德草，草上之風，必偃。」然而，想要讓這一理念付諸實施，還需改造社會結構，創建一個既能維繫貴族統治，又能容納新興士人階層的等級秩序。為此，孔子再次回歸傳統價值，試圖以家庭人倫關係為基礎，建立起相應的社會人際體系。他說，「君使臣以禮，臣事君以忠」。那麼，君王之禮與臣屬之忠，就好比父親之慈與兒子之孝（在中國人心中這種父慈子孝是最為重要的人倫關係）。

孔子

孔子在中國歷史上具有極高的地位，但是關於他生平的記載卻並不詳盡。一般認為，他於公元前551年出生於魯國曲阜的一個富足且有名望的家庭。然而，在其父親去世之後，孔子一度生活窮困，但仍在空閒時間有志於學，以期邁入仕途。其後，他成為魯國的一名官員，並逐漸形成和完善了自己的治國思想；不過，他的諫言很少被採納，並隨後飲恨辭職。他盡其餘生周遊列國，傳授治國之道。最終，他回到故鄉曲阜，卒於公元前479年。

主要作品

(這些作品並非孔子親自寫就，而是後人對孔子及其弟子的言論學說進行的整理和編撰。)
《論語》
《中庸》
《大學》

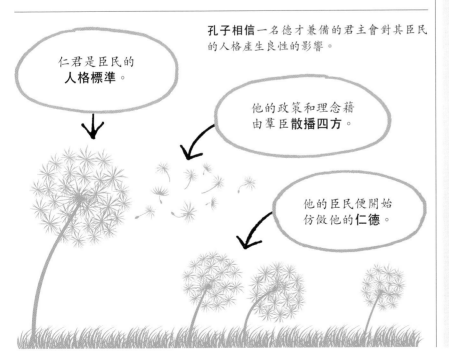

孔子相信一名德才兼備的君主會對其臣民的人格產生良性的影響。

仁君是臣民的**人格標準**。

他的政策和理念藉由羣臣**散播四方**。

他的臣民便開始仿傚他的**仁德**。

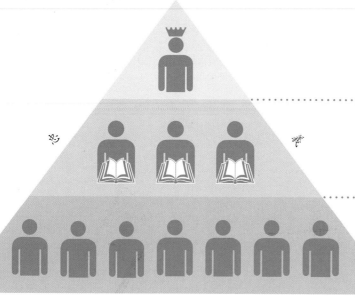

在孔子眼中，君王生而位尊。他的職責是以身作則，踐行完美品行，從而為其治下的民眾樹立表率。

公卿大夫充當君王與其子民之間中間人的重要角色。他們對這兩邊都有盡忠之義務。

依孔子來看，有了優秀的人格榜樣以仿傚，有了系統的社會規範以指引，**百姓**即能走上正道，有恥且格。

孔子提出五倫，即五種綱常關係：君臣關係、父子關係、夫妻關係、兄弟關係和朋友關係。在這些關係中，他不僅強調人們因代際、年齡和性別有尊卑之別，更是強調一對人倫關係的雙方都應承擔相互的責任——在任何一組人倫關係中，位尊者對於位卑者的責任與位卑者對於位尊者的責任同等重要。若能將這些人倫關係拓展到社會領域之中，那麼他們之間的相互權利和義務就能夠賦予社會強大的凝聚力，營造一種社會各階層之間互恭互敬的良好氛圍。

支持世襲制

在孔子構想的等級秩序裏，君王居於最高地位，並且以世襲制來交接和繼承；從這方面，我們能看出孔子政治思想中的保守性。既然家庭關係為社會關係做了參考，那麼人們對長輩（尤其是父親）的孝德也延伸到了祖先身上；這種對祖先的崇拜又恰好為世襲制提供了依據。而父親既然是一家之主，那麼國家自然也應當由君父來進行家長制統治了。

然而，在孔子的思想中，君王的地位並非絕對不可動搖。他認為，無道或昏庸的君王理應遭到反對甚至罷黜。不過，孔子思想中最具創造性的部分則是關於君王之下的那個階層——具體而言，孔子主張讓士人階層來擔任君王身邊的宰輔謀臣。他們介於君王與其子民之間，並且對兩邊均須盡忠誠之義務，因此他們的地位對一國而言極其重要。而正因他們身負重責，所以就必須確保他們能經得起精挑細選，並

具有君子之德。而在孔子的理論中，君王唯有「修己身」才可招徠賢臣，也正如他所說：「故為政在人，取人以身，修身以道，修道以仁。」

羣臣的主要職責是為君王出謀劃策，他們不僅要熟諳治國之術，也要論史議政善外交，從而

> 為政之道，在於君君，臣臣，父父，子子。
> ——孔子

為君王的縱橫捭闔提供參考。同時，這一士人階層還必須在防止君王施行暴政方面發揮同樣重要的作用，因為他們不僅要盡忠於上，還要施仁於下。他們也得像君王一樣，必須以身作則，用其善德善行來引導君王及其子民。

復禮

孔子言論的許多內容都在論述君子在不同情景下的處事之道，因此它們讀起來好似一部箴言集或禮節指南。不過，孔子也強調，禮節儀式絕不是毫無意義的形式。他所描繪的種種禮節，並非只是一些社交規範，而其本身就擁有重要的價值；為此，施禮者就必須心誠，即所謂「人而不仁，如禮何」。而公卿大夫不僅要嘉言懿行，而且必須表現得舉止達禮。也正因如此，孔子對祭祀禮樂的重要性做出了反覆的強調。另外，這些禮儀還可以用來劃分社會中不同成員的身份地位；而孔子對禮制方面的提倡，也再一次展現了他的保守性。

這些禮節儀式，給人們提供了一套機制，使其在禮儀之中能上盡其「忠」，而下施其「德」。依孔子來看，這些禮儀應該滲透到社會的每一個角落，從王室的正

規慶典到民間的日常交往都應有其印記；而通過這些禮儀，每個參與者也都能對各自在社會人倫秩序中的角色進行再認識。孔子稱，唯有在施禮的過程中滿懷真誠，其德行才能真正教化民眾。也正因如此，孔子把信與誠當作僅次於忠的重要美德。

雖然很多儀式和典禮都有一定的宗教依據，但是對於孔子而言，宗教並不重要。他的道德哲學並非建立在宗教之上，他以此為基礎構建起來的政權組織，也只是簡單地默許了宗教在社會中的一席之地。事實上，孔子一直對神的問題敬而遠之，只有在論及「天命」時才談及過「神」，並且也只是認為這將有助於把相互傾軋攻伐的諸侯國團結起來而已。儘管孔子支持世襲制的統治，但並不認為需要神靈的力量來為其統治辯護。

孔子對鬼神問題緘口，加上他舉賢任能的人才觀，都可算作是他

> 君子以人治人，改而止。
>
> ——孔子

思想中最為激進的一面。雖然他倡導一種嚴格遵循周朝禮儀的等級秩序，但這並不意味着這個社會將缺乏流動性。有才（和有德）之人不論貴賤皆可為卿相；而公卿大夫不論家事如何顯赫，如果不具備必要的品質，就可以罷免。孔子還認為，這條原則甚至適用於君王本人，並且他還曾認可以把行刺作為

圖為山東曲阜孔廟對儒家禮儀「克己」和「恭敬」的**演示**。這些莊嚴而周密的傳統習俗在當今的遊客眼中已經十分陌生了。

罷免暴君的一種必要手段。因此，保持階級的流動性能夠釋放出統治者更大的誠意，這反過來也能贏得民眾更多的認可——而這正是一個強大而穩定國家的必要基礎。

罪愆與刑罰

孔子的道德哲學準則也延伸到法律與刑罰領域。之前的法律體系建立在宗教規定的行為規範之上，而孔子則倡導用更為人道的體系取而代之。根據其構想的社會結構，孔子提出了一套以「恕」為基礎的體系：如果你被人以禮相待，你就也要在行為中表現出禮來。孔子所提出的黃金法則版本（你們願意人怎樣待你們，你們也要怎樣待人）是一種否定的句式：「己所不欲，勿施於人。」

這一信條不關心如何懲治特定的罪愆，而是關注怎樣盡力避免不當的行為。而實現這一原則的最佳方式同樣是發揮榜樣的引領作用，正如他所言，「見賢思齊焉，見不賢而內自省也。」

孔子認為對待犯罪的最佳方式，不是推行嚴刑峻法，而是逐漸灌輸一種對於不當行為的羞恥感。假如用法律和刑罰來規約百姓，雖然可以減少犯罪，但「免而無恥」，不能使其真正懂得對錯之分；相反，如果用德與禮來引導百姓，則「民恥且格」，即他們就能形成對不端行為的羞恥感。

未受重視

孔子的道德與政治哲學，將有關人性中的善和社會性觀念與

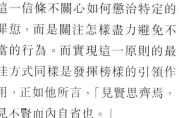

> 為政以德，譬如北辰，居其所而眾星拱之。
>
> ——孔子

森嚴的中國古代社會等級秩序結合在了一起。考慮到他本身就擔任過司寇一職，因此他對由學者組成的士人階層的看重也不足為奇了。然而，他的觀念卻遭到時人質疑，並且終其一生都未得到統治者採納。王公貴族對他避談鬼神的做法感到不滿，並且認為他那讓羣臣官吏操持權力的建議會威脅到自己的統治。而羣臣官吏雖然能在孔子的理念裡獲得更大的控制權，但他們仍然質疑通過德與禮的力量管理百姓的觀念是否可行，並且，他們很難情願放棄以嚴刑峻法來行使職權的權力。

後來的思想家也對孔子的學

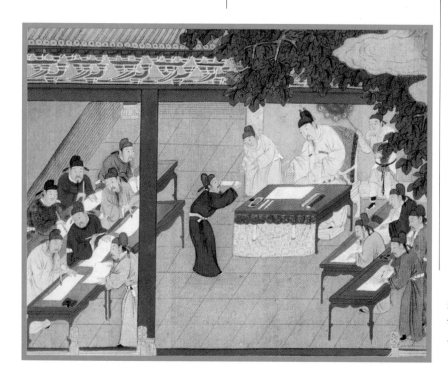

這幅宋代的繪畫展示了**皇帝**主持科舉考試時的情形。儒家的經典是科舉考試的主要內容。

當儒家學說成為中國的官方哲學後，它便具備了一定的**宗教功能**。全國各地有眾多的孔廟；圖中顯示的是位於南京的夫子廟。

說進行了批評。戰國時期思想家墨子雖贊同孔子的舉賢任能與齊民以德的理念，但是他認為，孔子對家庭倫常的過分青睞極易導致任人唯親的裙帶關係出現。而與孔子幾乎同時期的孫子，則無暇顧及孔子的道德哲學；他與其他軍事思想家一道採取了一種更為務實的方式來處理國家事務，為了富國強兵，他們主張採用專制的甚至殘暴的統治形式。不過，儘管如此，孔子逝世後的兩個世紀裏，他學說中的眾多元素漸漸地滲入了中國社會，並且在孟子等人的大力弘揚下，在公元前 4 世紀較好地得到了傳播。

獨尊儒術

在很多人看來，儒家思想或許能滿足和平年代的統治需要，

知之為知之，不知為不知，是知也。
——孔子

但是對於隨後的戰國時期和建立一個大統一帝國的鬥爭，它卻顯得不夠強硬和實用。在這段時期內，更講求權術和專制的法家思想取代了孔子的觀念，並且為諸侯在各自範圍內立威強兵發揮了重要作用。然而，到了公元前 2 世紀的漢朝時期，中國終於實現了和平，而儒家思想也被漢朝定為國家的官方哲學。從那時起，它始終主宰着中國的思想和社會，尤其在選拔士大夫進入統治階層方面更是如此。從公元 605 年至 20 世紀初，中國一直實行着科舉考試制度，其中儒家經典便是考試的重要內容。

如今，儒家思想也並未完全消失，至今都仍對中國社會結構有着微妙的影響。同時，儒家思想中的一些重要元素，例如人際的禮節和孝順的觀念仍舊深深植根於中國人的生活方式之中。隨着中國改革開放並走向有中國特色的社會主義道路，一度遭到打壓的儒家思想又重新煥發了新生。■

兵者，國之大事

孫子（約公元前544－約公元前496年）

背景介紹

思想流派
現實主義

聚焦
外交與戰爭

此前
公元前 8 世紀 中國迎來哲學的「黃金時代」，思想界百家爭鳴的盛況逐漸形成。

公元前 6 世紀 為了改造當時的中國社會，孔子提出了一套以周朝禮製為基礎的執政理念。

此後
公元前 4 世紀 旃陀羅笈多在考底利耶的輔佐下建立起了印度孔雀王朝。

1532 年 尼科洛·馬基雅維利去世後 5 年，他的著作《君主論》出版問世。

1937 年 毛澤東著《論游擊戰》。

公元前 6 世紀末，春秋時期迎來尾聲，這是中國歷史上一個相對和平昌盛的時期，也是一個思想家大放異彩的年代。這時的各家學說都着眼於道德和倫理問題，並以其為基礎構建起政治哲學，為國家依正道治國而出謀劃策。其中，孔子就提出了一套以家庭倫理和周朝禮製為基礎、由明君賢臣治國理政的等級秩序，成為那個時代政治思想的登峰造極之作。

然而，及至春秋末期，禮崩

參見：考底利耶 44～47頁，韓非子 48頁，尼科洛•馬基雅維利 74～81頁，毛澤東 260～265頁，捷•古華拉 312～313頁。

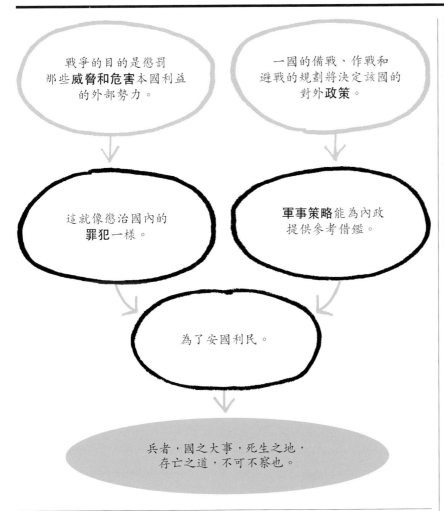

戰爭的目的是懲罰那些**威脅和危害**本國利益的外部勢力。

一國的備戰、作戰和避戰的規劃將決定該國的對外**政策**。

這就像懲治國內的**罪犯**一樣。

軍事策略能為內政提供參考借鑑。

為了安國利民。

兵者，國之大事，死生之地，存亡之道，不可不察也。

圖為秦始皇陵**兵馬俑**。由此可以看出，秦始皇非常重視軍事，並極有可能詳盡地閱讀過《孫子兵法》。

且對維繫國家的強盛貢獻了眾多實用之道。當諸子百家都在討論一國之中的統治結構之時，《孫子兵法》卻對諸侯國之間的邦交與戰事進行了細緻考察，對備戰、作戰的謀略和軍事情報工作的安排進行了詳盡的探討。

可以說，《孫子兵法》中所提出的許多內容對於任何政治形式都有借鑑意義。他提出了一套「五事七計」的戰爭法則，以備「廟算」時參考。除開天時、地利等現實因素外，它還包括君主的道義、將領的能力以及士兵的組織和紀律。這套法則之中隱含着一套等級結構，在這個等級結構中，君主位居頂端，向其將領問政並且發號施令，而將領們則負責統領軍隊，即「將受命於君，合軍聚眾」。

樂壞的局面更加顯著，並且隨着人口增長，先秦諸侯國之間也愈加劍拔弩張，兼併爭霸的戰爭頻頻爆發。面對此種時局，各諸侯國不僅要處理好本國的內部事務，還要抵禦來自鄰國的攻伐。

軍事策略

在這種大環境之下，軍事將領和隨戰軍師等角色逐漸獲得了同主持內務的公卿大夫相似的重要地位。而這一領域最具影響力的著作，則莫過於吳王闔閭時期的軍事家孫子的作品《孫子兵法》了。此書開宗明義：「兵者，國之大事，死生之地，存亡之道，不可不察也。」這一觀念在當時的政治思想中可謂獨樹一幟，它也許是中國歷史上第一次明確地宣示了戰爭對於國家興亡的重要性，並

兵之「五事」

「**道**」使得全體士兵與他們的統治者同心同德。

將領們必須通曉「**天**」，所謂天就是陰陽、寒暑的變化規律。

戰略家必須考慮「**地**」：地形的高低、遠近、廣狹。

將帥應該具備智、信、仁、勇等品質。

軍隊組織與指揮系統要貫徹「**法**」。

在孫子看來，君主應當施行有道之治。而民眾只有在確信他們是師出有名的情況下，才會支持戰爭，即所謂「令民與上同意也」。其中，君主應當以身作則，你看，這又與孔子的思想不謀而合了。而軍事將領與負責內政的卿大夫一樣，既為君主出謀劃策，又應奉命行事。

因此，這就無怪乎孫子格外重視將領的素質了，並稱「夫將者，國之輔也」。將領們所受的訓練及其作戰經驗能夠為君王的大政方針提供有效參考，而且對於軍隊的組織工作也至關重要。將領身居號令系統的頂層，掌握着軍隊的後勤補給，操持着戰士們的訓練和紀律。因此，《孫子兵法》勸誡，要對不服從命令的士兵進行懲處，以嚴明軍紀；又要做到賞罰分明，以保障威嚴和士氣並舉。

把握作戰時機

如果說《孫子兵法》中對於軍隊上下層級的描述是當時中國社會等級秩序的模擬和反映的話，那它對於諸侯之間的關係的論述則很具有原創價值。他同前前後後許多將領相似，認為軍事的目的是保護國家安全和利益；而戰爭只是最後迫不得已的下策而已。而一名優秀的將領應該深諳發動戰爭的時機，並且心中謹記「不戰而屈人之兵，善之善者也」。孫子認為，將領應全力識破和挫敗敵方的戰爭

籌劃；如若不能，則應儘量考慮如何抵禦敵方的進攻；而只能當無法防禦時，他才需要主動出擊。

為了避免戰爭，孫子倡導着力增強國家的防禦實力，並盡力與鄰邦建立同盟關係。因為一場勞民傷財的戰爭對於交戰雙方都十分有害，所以雙方若能達成合謀則意義重大。孫子說，「攻城則力屈，久暴師則國用不足。」持續的戰事，尤其是攻城戰對資源消耗十分嚴重，所以就算取勝，也是得不償失。而且，這些戰爭和消耗將不得不讓民眾做出巨大犧牲，這更是嚴重削弱了發動戰爭的道義性。

軍事情報

孫子認為，軍人必須知己知彼；及時準確地掌握他國的信息情報十分重要。他提出，軍方派遣間諜而獲取的有關潛在敵人的謀劃和戰力的關鍵情報，將為將領們的出謀劃策提供重要的依據。其次，在虛虛實實的情報戰中要應善用

知己知彼，百戰不殆。

——孫子

先之以身，後之以
人，則士無不勇矣。
——孫子

中國早在公元前7世紀即修建**長城**，
目的是防止外族入侵，鞏固新近佔領
的土地。在孫子看來，防禦與進攻同
等重要。

「詭道」。例如，我方通過散佈關於自己防禦實力的虛假情報，就有機會避免一場戰爭。此外，他還反對在戰鬥中徹底摧毀敵人的荒唐做法，「全伍為上，破伍次之」。因為這會削弱通過勝利帶來的回報，不論是戰俘還是戰利品皆會減少。

可以說，《孫子兵法》裏各種極其實用的建議，乃是植根於中國的道、義和中庸等傳統文化之中。這意味着軍事策略、諸侯邦交以及戰爭存在的目的就是為弘揚這些價值，並且要謹遵這些價值而行動。諸侯用兵懲罰那些從外部侵害和威脅自己的勢力，就好比用法律處罰國內的罪犯一樣符合道義。而且只有當戰爭師出有名之時，國家才會贏得民眾的支持，並順利攻城略地。在中國歷史的歷朝歷代，《孫子兵法》都成為了王侯將相們的重要參考；而在近現代史上，毛澤東、胡志明等革命領導人的鬥爭策略也受到了該書的影響。如今，它成為眾多軍事院校的必讀著作，並且還經常是政治、商業和經濟等課程的固定書目。◼

孫子

多數學者相信，《孫子兵法》的作者是春秋時期的軍事家孫子。孫子本名孫武，在公元前544年前後出生於齊國或者吳國。歷史上幾乎沒有關於他早年生活的記載，從他擔任吳國將領時期才出現他的資料。他西破強楚，北威齊晉，成為吳王闔閭在軍事策略上不可或缺的輔臣，從而顯名於諸侯。

《孫子兵法》是一本由13個短篇構成的簡明小冊子，是為諸侯君王提供的軍事戰略方面的建議集。它的傳播十分廣泛，不僅成為中國歷朝歷代帝王將相的參考，還影響了日本、韓國的軍事思想家。1782年，它首次被翻譯成法語，相傳該書還可能對拿破崙產生過影響。

主要作品

公元前6世紀 《孫子兵法》

非士無與慮國

墨子（約公元前470－約公元前391年）

春秋戰國時期，中國出現了「百家爭鳴」的盛況，思想家們發展出了各自的道德哲學觀念，並運用到政治、社會的實際事務中來。其中開風氣之先的是孔子，他提出一套強調家庭倫常和周朝禮制的等級體系；與此同時，他也很看重君王身邊負責議政的輔臣的德行和才幹，而這一觀念後來得到了墨子的進一步發展。

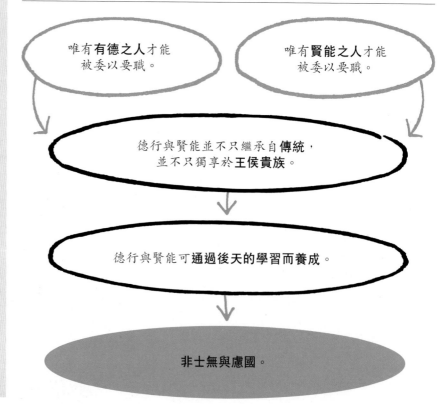

唯有**有德之人**才能被委以要職。

唯有**賢能之人**才能被委以要職。

德行與賢能並不只繼承自**傳統**，並不只獨享於**王侯貴族**。

德行與賢能可**通過後天的學習而養成**。

非士無與慮國。

參見：孔子 20～27頁，柏拉圖 34～39頁，韓非子 48頁，孫中山 212～213頁，毛澤東 260～265頁。

在墨子看來，像圖中這位**技藝嫻熟的木匠**，若能加以培訓，也同樣能成為才能出眾的官吏。

孔子和墨子都認為，治國理政有賴於一個有才幹的官吏階層，但是他倆在如何選拔官吏的問題上卻存在分歧。在墨子看來，孔子過於執着於世襲王公貴族的身份，而墨子則認為，「官無常貴」，好的出生不見得就能賦予一個人擔當治國重任的德行與才幹。他相信，擔任要職所需的品質與能力只能靠個人的資質和後天的學習，而與其出生貴賤無關。

尚同

墨子精英主義的「尚賢」理念不僅是其政治思想的基石，也與他道德哲學的其他方面密切相關。他認為民眾應當生活在一種「兼相愛，交相利」的社會環境之中；但同時，他也承認人性中存在着自利的傾向。在他看來，這種自利性並非是源自道德的缺失，而是因為人們對何為道德各執一詞，從而導致了社會紛亂。因此，執政者就需要用一套清晰統一的道德準則來團結民眾，「一同天下之義」，並且還要通過一個強大的政府來推行。這套準則要靠獨具學識和智慧的士人來建立，並以社會利益最大化為出發點，「興天下之大利，除天下之害」。

毋庸置疑，墨子任人唯賢的主張，與他從社會底層努力打拚至上層的親身經歷有很大關係。他洞察到王公貴族在任命大臣時總存在着任人唯親傾向；這將違背君臣為國家和全民謀利的宗旨。縱使墨子的思想吸引了大批門徒，但是他卻被時人看作理想主義者，其思想也未被當時的中國統治者改採納。然而，其政治思想中的某些元素卻被後來的政治體制所吸納。例如，他關於一統天下思想的主張，就對法家思想的專制集權理念產生了重大影響。而到了 20 世紀，墨子兼愛的平等觀念還啟發了中國的革命領袖孫中山和毛澤東。■

夫尚賢者，政之本也。
——墨子

墨子

墨子本名墨翟，大約在孔子逝世前後的時期出生於山東滕州的一個工匠或者農民家庭。墨子曾做過木工，嘗供職於貴族門下，從社會底層打拚，最後成為一個得到諸侯召見的名士。他的哲學與政治觀點為其贏得了大批門徒，他們在生活中都能謹遵墨子的樸素平等和和平主義原則。墨子去世後，他的學說被後人彙編為《墨子》一書。公元前221年，中國實現大一統，墨家思想開始衰微。不過到了20世紀，他的思想卻吸引了越來越多的人的興趣。

主要作品

公元前5世紀 《墨子》

除非哲學家成為國王，否則城邦將貽害無窮、永無寧日

柏拉圖（約公元前427年－公元前347年）

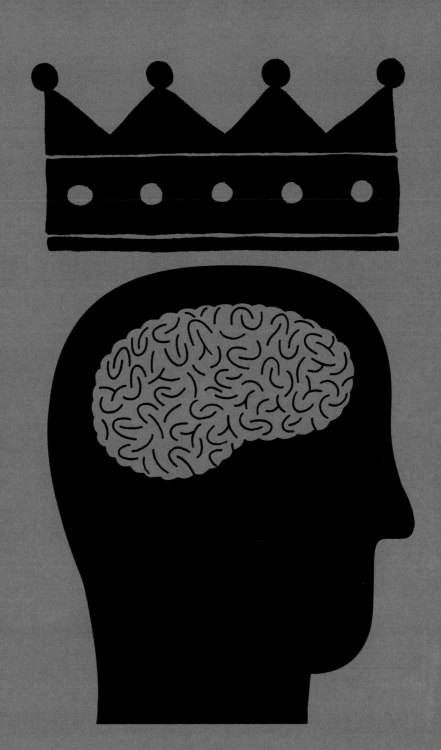

背景介紹

思想流派
理性主義

聚焦
哲學王

此前

公元前594年 雅典立法者梭倫制定的法律為古希臘民主奠定了根基。

約公元前450年 古希臘智者派哲學家普達哥拉斯認為，政治正義是人們強加的觀念，而並非對自然正義的真實寫照。

此後

公元前335—前323年 亞里士多德提出，共和政體是管理國家的最佳方式。

公元前54—前51年 西塞羅著《論共和國》，倡導一種比柏拉圖在《理想國》中提出的政府形式更為民主的政體。

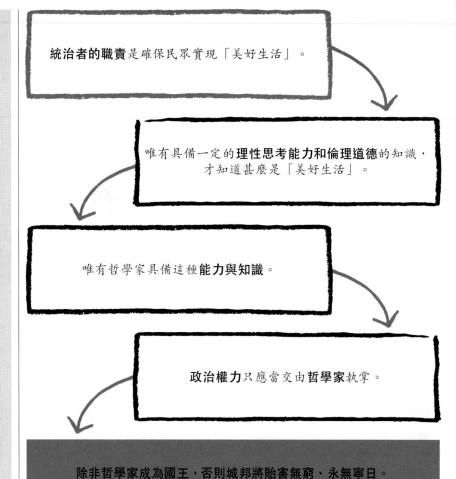

統治者的職責是確保民眾實現「美好生活」。

唯有具備一定的理性思考能力和倫理道德的知識，才知道甚麼是「美好生活」。

唯有哲學家具備這種能力與知識。

政治權力只應當交由哲學家執掌。

除非哲學家成為國王，否則城邦將貽害無窮、永無寧日。

公元前 6 世紀末，古希臘邁入了長達兩百多年的文化黃金年代。在這段被稱作「古典時期」的歲月裏，文學、建築學、自然科學，尤其是哲學繁榮昌盛，並對整個西方文明的發展產生了深遠影響。

在這段古典時期的初期，雅典城邦的民眾推翻了暴君，並創造了一種民主政體以取而代之。在這種體制下，城邦的官員由公民內部抽籤產生，而凡涉及整個城邦的決策都由公民大會來進行表決。在公民大會上，所有公民都可以自由地發言和投票，無須選舉代表來替他們行使權利。然而，這裏所謂的「公民」僅是人口中的一小部分，他們必須是 30 歲以上的男性自由民，而且他們的父輩還必須是雅典人。因此，女性、奴隸、兒童、青年男性、外邦人以及第一代定居者，都被排除在民主生活之外。

在這樣的政治環境下，雅典迅速發展成為那時的文化中心之一，讓當時的思想家們心馳神往並蜂擁而至，這其中就有一個重要人物——蘇格拉底。蘇格拉底對當時的正義觀和美德觀進行質疑，這也使他贏得了大批年輕信徒的追隨。不幸的是，雅典的當權者對蘇格拉底產生了警惕，他們說服了公民大會，以腐化青年人的罪名將蘇格拉底判處死刑。蘇格拉底的那些追隨者中，有一個與蘇格拉底一樣極富求知慾和懷疑精神的年輕人叫作柏拉圖。在親眼目睹了老師所遭受到的不公正處決之後，柏拉圖開始對

參見：孔子 20~25頁，墨子 32~33頁，亞里士多德 40~43頁，考底利耶 44~47頁，西塞羅 49頁，希波的奧古斯丁 54~55頁，法拉比 58~59頁。

> ## 民主必將慢慢滑向暴政。

——柏拉圖

雅典的民主政治產生懷疑。

　　隨後，柏拉圖逐漸成為與蘇格拉底齊名的大哲學家，並且，在其學術生涯晚期，開始將自己的豐富知識投入到政治學的創作上來，其中最著名的成果便是《理想國》。柏拉圖出生貴族家庭，又曾親眼目睹蘇格拉底被判死刑，考慮到這些，也就無怪乎柏拉圖對民主制不抱甚麼好感了。不過，對於其他的所有現存政體，他也同樣認為乏善可陳；在他看來，所有這些政體都會將城邦引向「邪惡」。

美好生活

　　想要了解在柏拉圖的概念裏「邪惡」一詞意指甚麼，我們必須先在心中謹記「美好生活」的觀念。「美好生活」是古希臘人的終極追求，它不在於物質上的享受，

不在於榮耀或感官上的快樂，而在於是否在生活中踐行智慧、虔敬以及最重要的正義等基本的美德。柏拉圖認為，城邦的目標就在於為公民培育起這些美德，從而幫助他們實現美好生活。而至於私有財產、個人自由以及城邦安定等問題，也只有在它們能幫助公民實現美好生活之時才是重要的。不過，在柏拉圖看來，迄今為止存在過的一切政體中，沒有一個能夠很好地促成這項目標；相反，這些政體自身的缺陷，卻助長了美德的對立面，亦即他所謂的「邪惡」。

　　柏拉圖認為，無論在君主政體、寡頭政體（少數人的統治）還是民主政體中，之所以會出現這種情況，是因為統治者往往易於為一己私利而忽略城邦與人民的整體利益。柏拉圖解釋道，之所以會這樣，是由於人們普遍對構成美好生活的美德成分缺乏認識，其中尤其是貪戀榮耀和財富之類的短暫享

樂，致使他們在追求之路上誤入歧途。而人們對榮耀和財富的追求容易引發政治權力鬥爭，更是造成了雪上加霜的效果。在柏拉圖看來，為了榮耀、財富等錯誤的目標而追逐權力，會引發公民之間的衝突；而當每個人都不斷追逐更多更大的權力時，城邦的穩定與團結都將遭到動搖。而且，無論誰從權力角逐中勝出，都將剝奪其對手實現目標的權力，這造成的結果便是一種非正義——即與柏拉圖美好生活理念的美德根基截然相反的「邪惡」。

　　柏拉圖指出，有這麼一輩人，他們懂得美好生活的含義，會把美德置於榮譽和金錢帶來的快樂之上，並且盡其一生不倦地對美好生活展開追求——他們就是哲學家。既然重美德而輕名利，那麼他們對政治權力也無所欲求；然而又恰恰是他們的這些品質使得他們最具備成為理想統治者的資格。表面上看，柏拉圖的觀點可以簡

圖中的**蘇格拉底寧願喝下毒酒**，也不願摒棄自己的觀點。對蘇格拉底的審判，使得柏拉圖對雅典民主政體產生了嚴重懷疑。

單理解為「哲學家最懂得如何統治」，然而，（根據一位後世思想家的說法）這似乎又同他那「哲學家沒有權慾」的論斷自相矛盾。對此，柏拉圖做出了更為豐富和精緻的論證。

理想形式

柏拉圖從其導師蘇格拉底那裏了解到，美德並不是與生俱來的，而要靠後天的知識與智慧來培養。因此，想要實現有德行的生活，首先就必須理解美德的本質。他指出，雖然一些人身上時常能展現出公正、善和美之類的品質，但是我們終究還是無法看出他們的這些品質來自何處。我們或許可以見賢思齊，比如，像他們一樣公正地行事，但是，這充其量只是一種機械的模仿，並沒有參透美好生活的真諦。

於是，柏拉圖提出，各種美德（乃至萬事萬物）都存在着由它們的本質構成的理想原型；這意味

> 好人對政治不感興趣的代價，就是被不如他們的人所統治。
>
> ——柏拉圖

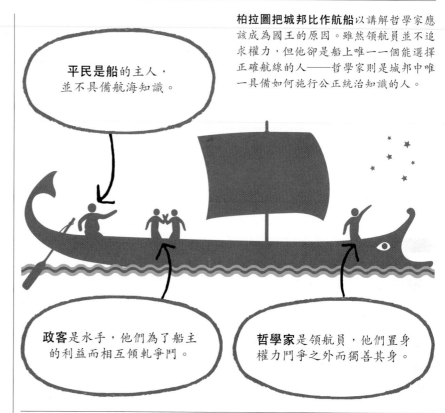

柏拉圖把城邦比作航船以講解哲學家應該成為國王的原因。雖然領航員並不追求權力，但他卻是船上唯一一個能選擇正確航線的人——哲學家則是城邦中唯一具備如何施行公正統治知識的人。

> **平民是船**的主人，並不具備航海知識。

> **政客**是水手，他們為了船主的利益而相互傾軋爭鬥。

> **哲學家**是領航員，他們置身權力鬥爭之外而獨善其身。

着，生活中的各種美德僅僅是其原型的摹本，並且只能表現出其本質的一小部分。它們就像是真實原型的不完美的映像或影子。這就是柏拉圖的形式論，或者叫「理型論」。

這些柏拉圖所謂的理想形式或理念，存在於我們所處的現實世界之外的空間中，並且只有通過哲學推理與思考才能進入這一空間。正因如此，所以只有哲學家能夠超越對其他有德者的簡單模仿，從而界定美好生活的構成，並且實現真正有德行的生活。這樣，柏拉圖就證明，城邦只有在有德之人的統治之下才能變得更好。由於其他人把金錢和榮譽看得至為珍貴，而哲學家卻會珍視知識、智慧與美德；因

此，只有哲學家所追求的東西才能夠使整個城邦受益，所以，哲學家必須成為城邦的國王。

培養國王

當然，柏拉圖也承認這是一種假想的情況，並且進一步說道，「或許我們將現存的國王和統治者用智慧武裝起來」才是相對更切實可行的辦法。在其晚期的作品《國家篇》和《法律篇》中，柏拉圖曾對如何傳授領悟美好生活真諦的哲學技能以及其他一切對社會有益的技藝的方法進行過探討。不過，他也指出，並非所有公民都具備掌握這些技藝的天資和智力。他還補充道，這種專供小部分智識精

> 民主制實際是一種無政府狀態，它把某種平等不做區分地賦予所有人，無論這些人有何不同，都能獲得完全的等份。
>
> ——柏拉圖

英的教育方式，一旦適合推行，就不僅要創造條件，還要強制性地推行。而且，這些精挑細選、天賦出眾的孩童必須脫離家庭，並且在集體生活中被撫養成人，從而使他們完全只忠於城邦。

柏拉圖的政治學著作在古典時期尤其是在羅馬帝國時期影響廣泛，可謂與中國的孔子、墨子等先秦諸子思想中的德行與教育觀念遙相呼應。甚至有人推斷，印度名臣考底利耶關於培養儲君的論述也有可能受到了柏拉圖的影響。

中世紀時期，柏拉圖的影響遍及伊斯蘭帝國與基督教教會治下的歐洲，他的思想還被奧古斯丁等人融入到基督教義中。後來，他的思想逐漸為日益盛行的亞里士多德的體系所掩蓋，因為後者對民主的態度更符合文藝復興時期政治哲學家們的主張。

在近現代思想家看來，柏拉圖的政治觀念就是一種讓人難以接受的獨裁主義和精英主義；在這個奉行民主制的現代世界中，他的思想顯然不得人心。人們批評其思想是一套極權主義，亦即由某個號稱最了解所有人根本利益的精英來進行管治的政治體制。然而如今，當代的政治思想家們又開始重新正視他關於哲學王的政治精英思想了。■

據記載，當年羅馬城遭受大火肆虐，**暴君尼祿**卻冷眼旁觀，無動於衷。柏拉圖對哲學王的推崇也因暴君的層出不窮而遭到一些人的指責。

柏拉圖

柏拉圖生於公元前427年左右，本名亞里斯多克勒斯，後來因其強壯的體魄而被人們稱為柏拉圖（希臘語意為「平坦、寬闊」）。柏拉圖出身自雅典的貴族家庭，家人曾期待他繼承家族的政治事業，但他卻選擇成為哲學家蘇格拉底的追隨者。他曾親眼目睹其導師寧願選擇死亡也不願摒棄自己主張的悲壯事蹟，這對他的思想產生了巨大影響。

柏拉圖遊歷了地中海地區，之後回到雅典創建了一個哲學學院，即阿卡德米學園（又叫柏拉圖學園）。據稱，柏拉圖晚年仍在堅持教學和寫作，並且逝世於公元前348到前347年之間的某個時間，享年80歲。

主要作品

約公元 前399—前387年 《克力同》

約公元 前380—前360年 《理想國》

約公元 前355—前347年 《國家篇》，《法律篇》

人是天生的政治動物

亞里士多德（公元前384－公元前322年）

背景介紹

思想流派
共和主義

聚焦
政治美德

此前
公元前431年　雅典政治家伯里克利宣稱民主能為所有公民帶來平等的正義。

約公元前380—前360年　柏拉圖在《理想國》中提出，城邦應當由充滿智慧的「哲學王」來統治。

此後
13世紀　托馬斯·阿奎那將亞里士多德的觀念融入基督教教義。

約1300年　羅馬的吉爾斯論證了法治對於市民社會生活的重要性。

1651年　托馬斯·霍布斯運用社會契約論的思想，論述了人類是如何逃離野蠻的自然狀態的。

人們所説的古希臘不是今天意義上的統一民族國家，而是由一批以城市為中心的獨立邦國所組成的集體，每一個城邦（polis）又都有其獨特的政治體制。其中，有一些實行的是君主制，比如馬其頓；而有一些則是民主制，它們的一大特徵就是能讓部分公民參與到國家管理之中，而這一政體最著名的代表就是雅典。

亞里士多德在馬其頓長大，於雅典求學。這些在不同政體的生活經歷使他對「城邦」概念了如指掌，對人們關於「城邦」的不同理解熟

參見：柏拉圖 34～39頁，西塞羅 49頁，托馬斯‧阿奎那 62～69頁，
羅馬的吉爾斯 70頁，托馬斯‧霍布斯 96～103頁，讓-雅克‧盧梭 118～125頁。

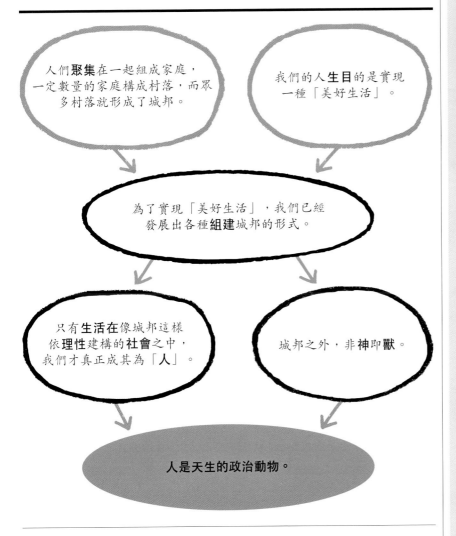

人們**聚集**在一起組成家庭，
一定數量的家庭構成村落，而眾
多村落就形成了城邦。

我們的人**生目**的是實現
一種「美好生活」。

為了實現「美好生活」，我們已經
發展出各種**組建**城邦的形式。

只有**生活在**像城邦這樣
依**理性**建構的**社會**之中，
我們才真正成其為「人」。

城邦之外，非**神**即**獸**。

人是天生的政治動物。

亞里士多德

稔於心；而他出眾的分析能力更使
他能洞悉各類城邦的優劣所在。他
在愛奧尼亞時，曾根據動植物的特
徵對它們進行分類；而在他看來，
倫理學和政治學（同動植物一樣）
也屬於自然和實踐科學的範疇，
因此分類的研究技巧對此二者也同
樣適用。柏拉圖是亞里士多德的老
師，他認為知識來源於思辨推理，
而亞里士多德則提出知識來自於觀

察和分析，所以政治學應當以經驗
資料為基礎，並且要像研究自然界
那樣運用分類法來對資料進行分析。

人天生的社會性

亞里士多德觀察發現，人類
有組成社會單位的天性：個體聚
合在一起組成家庭，家庭聚合形成
村落，而村落最終構成了城市和國
家。如果說狼天生就是羣居動物的

亞里士多德出生於色雷斯的
斯塔基拉（當今希臘的東北部），
他的父親是當時馬其頓王國的王
室御醫。他在17歲時前往雅典的阿
卡德米學園向柏拉圖求學。出乎
很多人的意料，亞里士多德並沒
有被選為柏拉圖學園的接班人。
後來，他遷居愛奧尼亞，在那裏他
對野生動植物展開了深入研究，
並且還受馬其頓國王腓力二世的
聘請，擔任起年青的亞歷山大的
老師。

公元前335年，亞里士多德返
回雅典，在呂克昂建立起一所與
阿卡德米學園相競爭的學園。在學
園的從教生涯中，他的科學、哲學
和政治思想逐漸成形。公元前323
年，亞歷山大大帝去世，雅典人反
對馬其頓統治的情緒高漲，他被迫
逃離雅典，前往埃維厄島避難，並
且於數年之後在該地去世。

主要作品

約公元前350年

《尼各馬可倫理學》
《政治學》、《修辭學》

話，那麼「人就是天生的政治動物」了。亞里士多德這裏所說的「政治」並不是現代意義上的政治活動，而完全就是在說人類是一種按其本性就應當在城邦中過着社會生活的動物。

亞里士多德說在大規模公民社會中過集體生活是人的天性，這種觀點在今天看來似乎有些過時了。但在他當時看來，城邦就像螞蟻巢一樣，是自然的造物。對於他而言，除了城邦之外，任何一種其他的人類生存方式都難以想像。在後來的思想家中，有人會主張公民社會是人們為了使自己擺脫野蠻的「自然狀態」而人為構造出來的產物，但亞里士多德的觀點卻與此截然相反；事實上，他甚至可能根本無法理解何為「自然狀態」。他相信，城邦之外，非神即獸——他們要麼是高於人的存在（即為神），要麼是低於人的存在（即為獸），總之不可能是人。

美好生活

亞里士多德認為城邦是一種

自然現象而非人為產物，這種觀點也為其有關城邦倫理和政治的思想奠定了基礎。他通過對自然界進行研究發現，萬事萬物皆有其存在的目的，而人類的目的，就是實現美好生活。而所謂美好生活，就是要對正義、善和美等美德展開追求。而城邦存在的目的就是幫助人們遵照這些美德來生活。在古希臘人看來，城邦這種政治結構既能使人們齊聚共處，又能保護公民的自由和財產，因此它就是人們通往美德的重要手段。

亞里士多德還辨析了城邦的不同類型及其變種。在城邦這一共同體之內，人們不需要甚麼「社會契約」來強制推動，僅靠天性便能建立一個集體組織，來保障公民的人身安全、經濟穩定，並維持城邦的正義。在亞里士多德看來，城邦的組織並非因讓人們能夠過上羣居生活而存在（人們集體生活是出於自然本性），而是為了讓人們實現美好生活而存在。他認為，人們能不能實現美好的生活，取決於他們選擇何種政府形式。

> 法律就是秩序，有好的法律才有好的秩序。
> ——亞里士多德

統治類型

柏拉圖是在理論上推論出了最理想的政府形式，而亞里士多德則是將現實中存在的政體逐個做了考察，再分析其優劣。為了做好這項調查，他提出兩個簡單的問題：誰在統治，為誰而統治？

對於第一個問題，亞里士多德認為存在着三種形式：單人的統治，少數精英的統治，以及多數人的統治。而針對第二個問題，他提出政治統治可能是為了全體人民的利益，也可能是為了統治者本人或者統治階級的私利；其中前一種統治是正宗的或者優良的政體，而後者則是一種有缺陷的政府形式。他提出了總共六種統治的「種類」，並且兩兩相對成雙。其中，君主制是一種為了全體人民利益而施行的單人統治，相反，只為一己私利而施行的單人統治就是專制，這是

在古代雅典，公民們經常在這個叫作普尼克斯（Pnyx）的石頭高台上討論公共事務。在亞里士多德看來，對於一個健康的社會而言，公民積極參與政治生活至關重要。

一種墮落化的君主制。貴族統治（在希臘人看來，這意味着由最優秀的人而非世襲貴族家庭施行的統治）是一種為了全體人民的福祉而進行的少數人統治，相對應的，少數人為了私利而施行的統治就是寡頭制，它是貴族統治的墮落形式。最後，共和制是為了全體人民利益而由多數人施行的統治。在亞里士多德看來，民主制是它的墮落形式，因為它意味着只為了這個多數人集體的利益而非城邦整體的利益而進行的統治。

亞里士多德認為，這些有缺陷的政府形式所固有的自利傾向，往往會造成社會的不平等與非正義。這將動搖城邦的穩定，從而威脅到城邦的作用，並有損城邦鼓勵公民踐行德行生活的能力。然而，現實中，他所調研的城邦並非全都能精確地劃入某個類別，而是時常呈現出不同的特徵。

雖然亞里士多德樂於將城邦視作一個完整的「有機體」，其中公民只是有機整體的一部分，但他同樣很重視個體在城邦中的作

> **民主城邦以自由為基礎。**
>
> ——亞里士多德

亞里士多德的六種政體類型		
單人統治	少數精英統治	多數人統治
正宗政體 君主制	貴族制	共和政體
變態政體 專制	寡頭制	民主政體

用。他強調了人類天生的社會交往秉性：公民乃是公民共同體的一分子，他們不僅要選舉其代表，還要親自參與到政治中來。當公民在「優良」政體（君主制、貴族制以及共和制）中參與政治時，他們追尋有德之生活的能力將得到提高和完善。而生活在「有缺陷的」政體（專制、寡頭制以及民主制）中的公民，則將會與自私自利的統治者或統治階級沆瀣一氣——僭主會追求權力，寡頭會渴望財富，而平民則嚮往自由放蕩。亞里士多德總結道，在所有政體之中，共和制下的公民最有機會實現美好生活。同時，儘管亞里士多德將民主制歸類為「有缺陷的」政體形式，但是卻認為它是僅次於共和政體的次佳政

府形式，乃至比「優良的」貴族制和君主制都要好。他認為，雖然個體公民也許不具備一名優秀統治者的智慧和美德，但是當「多數人」匯聚在一起時，卻有可能成為比「單個人」更為優秀的統治者。

雖然亞里士多德對古希臘城邦的這些論述在表面上看來與後來的民族國家關係不大，但事實上，他的觀點卻對整個歐洲中世紀的政治思想產生了持久而深遠的影響。儘管他常常持有一種權威主義的立場，儘管他曾為奴隸制與女性的下等地位進行過辯護，也因此而招致了不少批評，但他對共和體制的支持卻為近兩千年後啟蒙運動裏出現的各種理念打下了基礎。■

獨輪之車，無法前行

考底利耶（約公元前350－約公元前275年）

背景介紹

思想流派
現實主義

聚焦
功利主義

此前
公元前 6 世紀　中國軍事家孫子著《孫子兵法》。此書可以視為一套對治國之術的論述。

公元前 424 年　摩訶帕德摩·難陀依仗其將領的戰術建議擊敗對手，建立起難陀王朝。

此後
約公元前 3 世紀　依仗考底利耶輔佐建立起來的孔雀王朝盛極一時，統治了除最南端之外的整個印度次大陸。

1904 年　考底利耶長期失傳的著作被重新發現，並且在 1915 年被譯成英文。

公元前 5 世紀至公元前 4 世紀，古印度的難陀王朝在逐一擊敗敵國並成功抵禦來自西方的希臘人與波斯人的入侵之後，漸漸控制了印度次大陸的北部地區。一開始，這個日益擴張的帝國的統治者們完全仰仗於將領在戰爭中的戰術建議，但隨後他們也逐漸開始領悟到文臣們在治國理政方略中的價值。這些文臣多是學者身份，其中尤以來自於塔克西拉大學的學者為盛；這所大學成立於公元前 6 世紀前後，坐落在今天巴基斯坦境內的拉瓦爾品第。當時塔克西拉大

參見：孔子 20～27頁，孫子 28～31頁，墨子 32～33頁 ，柏拉圖 34～39頁，亞里士多德 40～43頁，
尼科洛‧馬基雅維利 74～81頁。

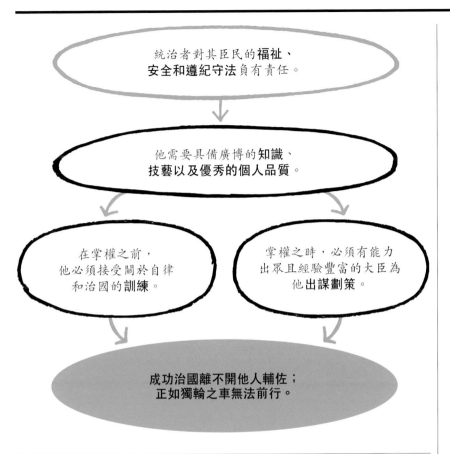

統治者對其臣民的**福祉**、
安全和遵紀守法負有責任。

他需要具備廣博的**知識**、
技藝以及優秀的個人品質。

在掌權之前，
他必須接受關於自律
和治國的**訓練**。

掌權之時，必須有能力
出眾且經驗豐富的大臣為
他**出謀劃策**。

成功治國離不開他人輔佐；
正如獨輪之車無法前行。

和公正，並領導國人抵禦外敵。考底利耶在《政事論》中指出，君王若想履行他對於國家及其臣民的義務，就必須掌握權力。而掌權的成功則有賴於這幾個不同因素：統治者的宏才大略，謀臣的運籌帷幄，以及君主所擁有的領土、城鎮、財富、兵力和盟友的品質。

身為一國之首，君王在整個政權體制中扮演了核心角色。考底利耶強調，君王的才略極為重要；而且他還進一步提出，君主不能僅有領袖之才，為了統治國家，君王還必須接受專門的訓練。他必須精通各類治國之術，例如軍事之謀、法令之度、內政之技藝和外交之手腕；另外，為了樹立威嚴並促使臣民忠誠和順從，他還應當掌握有關自律和道義方面的學識。一言以蔽之，在上台掌權之前，君王需要接受經驗豐富並且學識淵博的導師的指導。

而一旦掌權之後，賢德之君

學的思想界可謂百家爭鳴，而其中最為著名的或許當屬考底利耶。他的《政事論》（Arthashastra）是一部研究治國之道的著作，其原意為「獲取財富之學」或者「治國安邦之術」。此書融合了歷史上積累下來的權術智慧與考底利耶自己的思想結晶，並以對於政治事務的冷靜甚至冷血的尖銳分析而著稱。

為主而謀

雖然《政事論》中好幾個章節都在討論君主應當具備的道德品質，但該書關注的重心卻是現實問題。書中毫不掩飾地討論了獲取權力和保住權力的方法，並且在印度歷史上第一次明確闡釋了君臣共治的重要意義。

實現國家的繁榮是考底利耶政治思想的核心宗旨，並且他也一再重申民眾的福祉是政府的終極追求。在他看來，一國之君對此義不容辭。而君王若想確保人民的幸福與安寧，就必須維持國內的秩序

圖為**阿育王獅子柱頭**，它立於孔雀王朝中心地帶鹿野苑的一根石柱之上。考底利耶對這個幾乎統治了印度全境的強大帝國之建立可謂功不可沒。

> 諸事之成功，皆發端於商議。
>
> ——考底利耶

也不能只依靠自己的個人智慧，還應向親信的大臣及幕僚們問政。在考底利耶看來，對於治理國家而言，羣臣與君王的地位同等重要。考底利耶在《政事論》中寫道：「成功治國離不開他人輔佐。正如獨輪之車無法前行。」這句話就是在警示君王切莫獨斷專行，而要聽取大臣的建議，三思而後行。

因此，君王挑選議政謀國的羣臣隊伍也就與民眾選擇英明君王同等重要了。而賢臣們要有各方面的智慧與才華。他們必須有值得託付的才幹與忠誠，因為唯有這樣，君王才能聞言納諫，國家和民眾的利益也才能得到保障——此外，在特定條件下，他們甚至能防止君王成為只顧一己私利的獨夫民賊。

為勝利不擇手段

正是這種對人性現實的深刻認識，使得考底利耶在同時代的印度思想家中脫穎而出。《政事論》並不是一部道德哲學著作，而是一本關於治國權術的操作指南。書中提出，只要能保障國家的福祉與安寧，君王就可以無所不用其極。雖然《政事論》主張由自律好學的理想統治者來當政，並且也論及了一些特定的道德品質，但它也從不避諱地談論如何使用陰險的手段謀取並保住權力。考底利耶對人性的優缺點洞若觀火，他深深懂得如何利用人性，來增強君主的權威，並削弱敵人的實力。

這一點在他關於如何守護和攫取領土的建議上展現無遺。他勸告統治者在進攻敵人之前，應該召集謀臣議政，並共同分析敵我的實力優劣；然後，君臣可從若干不同策略中選取一種，例如議和、離間、與第三國君主締結暫時同盟，抑或是直接動武。在施展這些策略時，統治者應當冷酷無情，並善用欺詐、賄賂以及其他一切必要的手段來取得勝利。這些內容似乎與考底利耶所倡導的統治者應當樹德立威之說相悖離，但在取得成功之後，他卻奉勸君王應當「用其美德替代戰敗國的惡行；而在戰敗國過去尚且良善之處，君王就應該比他們加倍良善」。

情報與間諜

《政事論》還提醒統治者，要重視軍師的任免和情報的收集。諜報網絡對於評估鄰國之威脅和判斷攻城略地之可行性上至關重要；而且考底利耶還進一步提出，為了維護社會穩定，在國內設間諜也是一種「必要的惡」。無論在國內還是在外交關係中，對於保衛國家而言，道德都是次要的。只要符合國家利益，一切能夠削弱敵方勢力威脅的秘密行動都可以實施，乃至在必要的情況下，暗殺也未嘗不可。

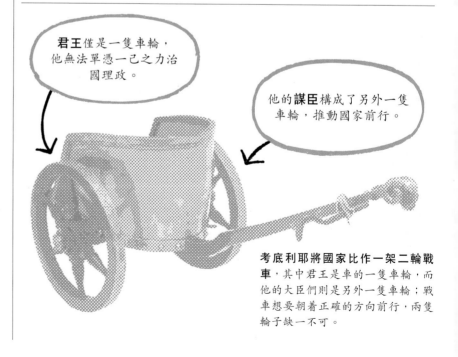

君王僅是一隻車輪，他無法單憑一己之力治國理政。

他的謀臣構成了另外一隻車輪，推動國家前行。

考底利耶將國家比作一架二輪戰車，其中君王是車的一隻車輪，而他的大臣們則是另外一隻車輪；戰車想要朝着正確的方向前行，兩隻輪子缺一不可。

> 借眾臣之眼，能看破別人的缺點。
>
> ——考底利耶

以違背道義的方式獲取和保住權力，以嚴刑峻法保衛國內的秩序，對於這樣的主張，人們頂多誇你老謀深算，更多的人會指責你殘酷無情。而且，許多人還將這樣的主張與近 2000 年之後的馬基雅維利的《君主論》相提並論。不過，書中有關君王與羣臣共同施行的核心觀念，實則與孔子、墨子、柏拉圖及亞里士多德的思想有着更多的相近之處。有人就認為，考底利耶在塔克西拉大學求學之時就有可能曾接觸過這些思想家的觀念。

經得起檢驗的成功哲學

考底利耶的學生旃陀羅笈多採納了《政事論》中的諸多建議，並且在公元前 321 年左右成功推翻難陀國王並開創了孔雀王朝。這一成功無疑是本書實用性的最佳證明。孔雀王朝建立起了第一個覆蓋印度次大陸絕大部分領土的大帝國；同時，旃陀羅笈多還曾成功抵禦過亞歷山大大帝所統領的馬其頓軍隊的入侵。在接下來的數世紀

大象在印度的古代戰爭中曾扮演過重要角色。它們常常能夠威懾敵人，使其不戰而退。而考底利耶就曾圍繞大象而設計過一些新的戰術。

中，考底利耶的思想持續影響印度的統治與施政理念，一直到中世紀伊斯蘭人的莫臥兒王朝時期方才有所減弱。

20 世紀初，一度失傳的《政事論》文本被重新發現，並且在印度政治思想中重新贏得了一席之地；而當印度於 1948 年擺脫英國統治獲得獨立之後，它更是被賦予了某種文化象徵性的地位。不過，考底利耶雖在印度政治思想中十分重要，但在西方卻鮮為人知。直到最近，印度之外的世界才終於知道了印度還有一名叫作考底利耶的傑出政治思想家呢。■

考底利耶

現在人們還沒發現關於考底利耶出生地的確切信息，只知道他曾在塔克西拉大學求學並任教。考底利耶投筆從戎之後，先前往華氏城，並成為達那·難陀國王的謀臣。隨後，他在某場爭執（關於爭執的說法眾說紛紜）之後離開了難陀朝廷。考底利耶為報此仇，將旃陀羅笈多培養成為與難陀王朝抗衡的力量。隨後，旃陀羅笈多與達那·難陀交戰並取勝，建立起了統治着除最南端之外整個印度地區的孔雀王朝。考底利耶曾擔任旃陀羅笈多的首輔，但是據說在被旃陀羅笈多之子賓頭娑羅誣陷涉嫌毒害其母之後絕食而死。

主要作品

公元前4世紀　《政事論》

奸邪之臣安利不以功，此亡之本也

韓非子（公元前280－前233年）

戰國時期，諸侯逐鹿中原，力求統一中國；在這樣一個動盪的年代，一套新的政治哲學應運而生。其間，商鞅（公元前390—前338年）、慎到（約公元前350—前275年）、申不害（卒於公元前337年）等思想家均建議諸侯實行一種更為專制集權的統治方式；而這類主張經過發展便形成了後來的法家思想，由韓非子最終完善成形並付諸實踐。它拒斥孔子「德治」的主張以及墨子「兼相愛」的信念，而秉持一種更為陰暗的人性觀，即認為人的本性就是趨利避害。而控制這種本性的唯一辦法，就是施行嚴刑峻法，懲罰不良行為，從而使得個人利益服從國家利益。

羣臣是法的執法者。而同時，為了確保羣臣盡忠職守，君主也會「以譽為賞、以毀為罰」，在這個意義上，羣臣又是法的對象。如此，君王高高在上的等級體系就能得以維持，而官吏的腐敗與密謀也能受到限制。因此，大臣們能否「曲私而就公法」，即能否為了國與法的利益而看淡個人仕途，就對國家的安危至關重要了。所以韓非子說，「忠臣危死於非罪，奸邪之臣安利不以功……此亡之本也。」 ∎

以法治國，刑過賞善而已。

——韓非子

參見：孔子 20～27頁，孫子 28～31頁，墨子 32～33頁，托馬斯•霍布斯 96～103頁，毛澤東 260～265頁。

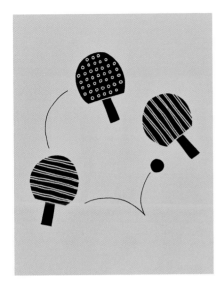

政權就像皮球一樣被人們交相傳遞

西塞羅（公元前106－前43年）

背景介紹

思想流派
共和主義

聚焦
混合政體

此前

約公元前380年 柏拉圖寫就《理想國》，闡述了其理想城邦的思想。

公元前2世紀 古希臘歷史學家波利比阿在其所著的《歷史》中，描述了羅馬共和國的興起，並論及了羅馬三權分立的政體。

公元前48年 愷撒掌握空前權威，開始施行獨裁統治；而這也標誌着羅馬共和制的終結。

此後

公元前27年 屋大維獲得奧古斯都的稱號，成為羅馬歷史上的第一位皇帝。

1734年 孟德斯鳩寫就《羅馬盛衰原因論》一書。

公元前 510 年前後，與古希臘城邦時代幾乎同時的羅馬共和國成立。其共和政體延續了將近 500 年之久，並且未曾經歷過大的變動。這種政權體系綜合了君主制、貴族制和民主制這三種不同政體的部分因素：其中執政官代表君主制，元老院代表貴族制，而公民大會則代表了民主制，三者的權力範圍不同卻又相互制衡。這就是所謂的混合政體。在絕大多數羅馬人看來，它是能夠維護城邦穩定並阻止暴政的理想政體。

制約與平衡

羅馬政治家西塞羅是共和制的堅定維護者。在尤里烏斯·愷撒被授予獨裁權力並對共和制產生威脅之時，西塞羅做出了強烈抵制。他警告世人，共和制的破產將會導致國家墮入一種統治體制的惡性循環之中：君主制的權力將可能落入到暴君手中，繼而又被貴族或平民奪取，並最後被寡頭或暴君所攫取。在他看來，如若缺少混合政體的制約與平衡，政權就將「像皮球一樣被人們交相傳遞」。果不其然，歷史印證了西塞羅的預言，愷撒死後不久，羅馬便落入皇帝奧古斯都的統治之下，而且之後繼承奧古斯都的諸代皇帝之中，荒淫無度的獨裁暴君層出不窮。■

羅馬鷹旗上印刻著 SPQR 字樣，意為「元老院與羅馬公民」——這正是羅馬混合體制的精華和核心。

參見：柏拉圖 34～39頁，亞里士多德 40～43頁，孟德斯鳩 110～111頁，本傑明·富蘭克林 112～113頁，托馬斯·傑斐遜 140～141頁，詹姆斯·麥迪遜 150～153頁。

MEDIEVAL POLITICS

30 CE–1515 CE

中世紀政治

30年 — 1515年

根據天主教會的説法，聖彼得（又作「聖伯多祿」）乃是羅馬教區的第一任**主教**，而聖彼得的繼任者們即為「教宗」。

約公元30年

狄奧多西一世確立基督教為羅馬帝國的**國教**。

380年

穆罕默德制定《**麥地那公約**》，建立起第一個伊斯蘭教政權。

622年

阿拉伯哲學家肯迪（Al-Kindi）將古希臘**古典哲學資料**帶到了巴格達的智慧宮。

900年

306年

君士坦丁一世成為羅馬帝國第一位**信奉基督教的皇帝**。

約公元413年

希波的奧古斯丁稱，**政府若喪失正義**則與強盜團夥無異。

800年

查理曼加冕成為「**羅馬人的皇帝**」。他建立的帝國後來演變成**神聖羅馬帝國**。

約940—950年

法拉比借鑑**柏拉圖和亞里士多德**的思想，在《**美德城**》中講述了理想的伊斯蘭王國的理念。

建立於公元前 1 世紀的羅馬帝國在接下來的時間裡不斷發展壯大，成為了地跨歐洲、北非和中東地區的龐大帝國。隨着帝國實力在公元 2 世紀達到頂峰，這個國家所青睞的繁榮和穩定的文化價值觀，逐漸對古希臘和羅馬共和國時期的哲學傳統形成了挑戰。與此同時，有一種新的宗教正在帝國裏生根發芽，那就是基督教。

在接下來的近千年時間裏，基督教會壟斷了人類思想，其神學也對中世紀的政治理論產生了重要影響。而公元 7 世紀，又一個強大的宗教——伊斯蘭教誕生了。它從阿拉伯地區逐漸擴展到亞洲和非洲的其他區域，甚至對歐洲及其基督教思想也產生了影響。

基督教的影響力

普羅蒂諾等羅馬哲學家溯及柏拉圖的學説，建立起新柏拉圖學派，塑造了早期的基督教思想輪廓。而希波的奧古斯丁則借用基督教信仰對柏拉圖進行闡釋，對神聖法和人類法做出區分，並對正義戰爭的問題進行了探討。

過去，不信基督教的羅馬皇帝很少光顧哲學思想；而到了基督教統治的時代，政治卻成為宗教的附庸，這也使得古希臘和古羅馬時代的思想精華遭到嚴重忽視。這種局面在很大程度上源自於教會和教宗勢力的崛起。公元 800 年，隨着查理曼登上皇位，教會的這種統治地位得到了進一步確立。

伊斯蘭教思想的影響

在阿拉伯半島，穆罕默德建立起了第一個伊斯蘭教政權，並迅速崛起，成長為一個重要的政治和宗教力量。與基督教不同，當時的伊斯蘭教對世俗政治的思想較為開放，並鼓勵學者向非穆斯林的思想家進行學習。那時，阿拉伯帝國許多城市都建立起了圖書館，對古典思想的資料進行了翻譯和保存；其中一些學者還將柏拉圖和亞里士

波斯思想家阿維森納（Avicenna）實現了**理性哲學**和伊斯蘭教神學的結合。

基督教世界發動**第一次十字軍東征**，欲從伊斯蘭世界手中奪回聖城耶路撒冷。

托馬斯·阿奎那對**神職人員和神學的美德**進行界定，並對自然法、實在法和神聖法做出了區分。

伊本·赫勒敦指出，政府的宗旨應當是**防止不正義**。

約980—1037年　　**1095年**　　**1300年**　　**1377年**

1086年　　**1100年**　　**1328年**　　**1513年**

英王威廉一世（征服者）下令進行全國土地情況調查，其結果被編撰為《末日審判書》。這是史上第一次普查。

英王亨利一世頒佈《自由之構成》，規定君主須服從法律，以避免濫用權力。

（巴伐利亞的）路易四世和教皇約翰二十二世發生衝突，帕多瓦的馬西利烏斯選擇支持路易四世的**世俗統治**。

尼科洛·馬基雅維利完成《君主論》，標誌着**現代政治學**的誕生。

多德的思想與伊斯蘭神學進行融合。阿拉伯帝國出現了巴格達等學術中心，並湧現了肯迪、法拉比、阿維森納、阿威洛依和伊本·赫勒敦這樣的偉大思想家。

而這一時期的歐洲，學術成為了教士的專利，教會進一步鞏固了森嚴的等級秩序，異議的聲音幾乎消亡。不過，隨着與伊斯蘭文化交往日益頻繁，歐洲終於接觸到一些古典時期的著作。12世紀，基督教和伊斯蘭教並存的西班牙成為文化的聚焦之地。這些被重新發現的思想得到迅速傳播，其中歐洲學者不但讀到了古典的作品，還把伊斯蘭學者的註疏也順帶翻譯過來。

權力的難題

新一代的基督教思想家如今已武裝上了古典思想的武器。其中，托馬斯·阿奎那力圖將亞里士多德的思想與基督教神學進行融合，但這也同樣引起了一個新的問題：宗教神權和世俗君主的權力當如何權衡，世俗法律和神聖法又各自處於何種地位？總之，隨着世俗思想的介入，新的問題引發了文化的新發展。一些民族國家開始尋求獨立，世俗君主與教皇間的衝突也不斷發生；教會對世俗事務的干預更是引發爭議，導致像羅馬的吉爾斯和帕多瓦的馬西利烏斯這樣的大思想家在這一問題上也是各執一詞。

中世紀末期，世俗政權不斷挑戰教會的權威，但是君主自己的權威也同樣開始受到人民的質疑。在英國，約翰王被迫與封建領主簽署了限制自己權力的協議；在意大利，一些小型的城市共和國也開始取代君主制政權。這其中，共和國體制的佛羅倫薩不僅成為了文藝復興開始的地方，而且還誕生了一個叫馬基雅維利的人物，他對君主治國一系列建議不但在當時驚世駭俗，並且還為政治思想史翻開了嶄新的一頁。■

如果沒了正義，那政府與組織嚴密的強盜團夥何異？

希波的奧古斯丁（354－430年）

背景介紹

思想流派
基督教

聚焦
正義政府

此前
公元前4世紀 柏拉圖在《理想國》和《法律篇》中強調了正義在一個理想國家中的重要性。

公元前1世紀 羅馬帝國取代了羅馬共和國。西塞羅對此表示反對。

306年 君士坦丁大帝成為第一位尊崇基督教的羅馬皇帝。

此後
13世紀 托馬斯·阿奎那借用奧古斯丁的觀點，對正義戰爭給出了定義。

14世紀 伊本·赫勒敦指出，政府的作用就是遏制不正義。

約1600年 弗朗西斯科·蘇亞雷斯創製了一套自然法的哲學。

自公元380年起，成為羅馬帝國國教的基督教開始逐步站穩腳跟，教會權威日益增長，它同世俗政權之間的關係也成為一個爭議性話題。最早對這一問題進行闡述的政治哲學家是著名學者希波的奧古斯丁。他致力於將古典哲學和宗教融合起來，在此過程中，他深受柏拉圖的影響。可以說，柏拉圖的學說是奧古斯丁思想的基礎。

作為羅馬帝國公民，奧古斯丁認同在法律約束下的國家的統治形式；然而，奧古斯丁同時也是一名學者，他也與亞里士多德和柏拉圖一樣，認為國家的目的是引領公民過上美好和有德行的生活。而這

國家擁有統治者和政府，並通過法律來**管理社會和經濟**。

強盜團夥追隨其首領，也有一套**效忠和分贓**的規則。

一個由不正義的統治者領導的國家，會侵略鄰國以**掠奪領土和財富**。

每個團夥也有**自己的地盤**，也會在其相鄰地盤**搶掠**。

如果沒了正義，政府與組織嚴密的強盜團夥何異？

參見：柏拉圖 34～39頁，西塞羅 49頁，托馬斯•阿奎那 62～69頁，弗朗西斯科•蘇亞雷斯 90～91頁，托馬斯•霍布斯 96～103頁。

> 若沒有了正義，一個羣體不可能總是遵守法律的約束。
>
> ——奧古斯丁

種生活對於一個基督徒而言，是特指按照教會所規定的神聖法則來生活。不過，在實際生活中，很少有人真正遵守神聖法則；絕大多數人處於一種罪惡的生活狀態。奧古斯丁區分了兩大王國：上帝之城和罪惡盛行的凡間之城。在奧古斯丁看來，只有讓政府接受教會的引導，才能確保王國的法律能符合神聖法則的要求，使其國民能生活在上帝之城。也只有在這種正義法則的影響下，國家才能體現出與強盜團夥的不同之處。強盜通常也會追隨一個首領，對其鄰里燒殺搶掠；他們也可能會制定一些規矩，但這些規矩也確保不了正義。當然，奧古斯丁也指出，即使是在充滿罪惡的凡間之城中，世俗統治者也可以通過法治來維護社會秩序，王國之民也會渴望這種秩序。

正義戰爭

正義是奧古斯丁的核心思想。這不僅是他基督教學說的根基，也是他判斷戰爭性質的重要因素。儘管奧古斯丁相信一切戰爭都是邪惡的，一國對其他國家的攻伐和搶掠都是非正義的，但他也承認，以正義的目的發動的正義戰爭是存在的，比如反擊侵略的戰爭和恢復和平的戰爭。不過，即使是這類戰爭，也要求參戰者把戰爭當作一件讓人痛苦且需要懺悔的事，而且它必須是不得已而為之的最後手段。

自此，這場世俗法和神聖法之間的紛爭，以及試圖調和兩者的各種嘗試，引發了教會與政府之間的漫長鬥爭，縱貫整個中世紀。■

奧古斯丁關於**國家要尊崇基督教義的觀點**呈現在《上帝之城》中。他在此書中，對羅馬帝國的法律與上帝的法律之間的關係進行了描述。

希波的奧古斯丁

奧勒留•奧古斯丁出生在羅馬帝國北非地區的塔加斯特鎮（今天阿爾及利亞的蘇克•阿赫拉斯），父親是異教徒，母親是一名虔誠的基督教徒。奧古斯丁先是在馬道拉學習通俗文學，後在迦太基城學習修辭學；在迦太基，他接觸到了波斯的摩尼教，並通過閱讀西塞羅的著作，對哲學產生了興趣。在373年之後，他前往羅馬和米蘭，在神學家安布羅斯主教的引領下開始鑽研柏拉圖的學說，並在387年受洗皈依基督教，後於391年成為塔加斯特的一名神父。之後，奧古斯丁在希波（今天阿爾及利亞的彭城）定居，在此地建設起宗教社羣，並在396年升任當地主教。除了自傳性質的《懺悔錄》外，他還撰寫了大量的神學和哲學作品。430年，在汪達爾人攻破希波城期間，奧古斯丁不幸離世。

主要作品

387—395年　《論自由意志》
397—401年　《懺悔錄》
413—425年　《上帝之城》

即使你們厭惡戰爭，但戰爭也強加於你們身上

穆罕默德（570－630年）

背景介紹

思想流派
伊斯蘭教

聚焦
正義戰爭

此前

公元前6世紀 孫武在《孫子兵法》中寫道，「兵者，國之大事」。

約413年 奧古斯丁指出，喪失正義的政府與強盜團夥無異。

此後

13世紀 托馬斯・阿奎那歸納了正義戰爭需要符合的基本條件。

1095年 天主教會發動第一次十字軍東征，要從穆斯林手中奪回聖地耶路撒冷。

1932年 賽義德・毛杜迪在《認識伊斯蘭》中強調，伊斯蘭教涉及人類生活的一切領域，政治也包括在內。

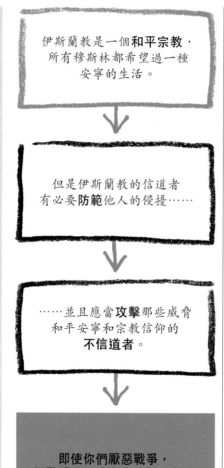

伊斯蘭教是一個**和平宗教**，所有穆斯林都希望過一種安寧的生活。

↓

但是伊斯蘭教的信道者有必要**防範**他人的侵擾……

↓

……並且應當**攻擊**那些威脅和平安寧和宗教信仰的**不信道者**。

↓

即使你們厭惡戰爭，但戰爭也已成為你們的定製。

穆罕默德被穆斯林尊為伊斯蘭教的先知，他的一生為強大的阿拉伯帝國打下了基礎。穆罕默德不僅是個宗教領袖，還同時是一位政治軍事領袖。622年，穆罕默德因為傳教活動而遭到當地人迫害，旋即離開麥加，遷移到雅什里布，這一逃亡之旅史稱「希吉拉事件」。穆罕默德在雅什里布贏得了大量追隨者，並在那裏構築起一個伊斯蘭社羣組織。此地自此更名為麥地那，意即「先知之城」，建立起史上第一個伊斯蘭政權。穆罕默德還制定了《麥地那公約》，而該份文件也成為伊斯蘭的政治傳統之基石。

這部公約陳述了各社會羣體的權利和義務，羅列了各方需要共同服從的典章制度，並論及了一系列關乎戰爭的問題。這部公約承認麥地那當地猶太社羣的獨立地位，並提出要與後者互惠共存。這些條令還要求整個社羣在遭遇共同威脅之時要同仇敵愾，一起戰鬥。這

參加：希波的奧古斯丁 54～55頁，法拉比 58～59頁，托馬斯‧阿奎那 62～69頁，伊本‧赫勒敦 72～73頁，賽義德‧毛杜迪 278～279頁，阿里‧沙里亞蒂 323頁。

各地**穆斯林**來到位於沙特阿拉伯聖城麥地那的先知寺進行**朝覲**。麥地那是當初穆罕默德建立第一個伊斯蘭政權的地方。

部公約的核心目標是維繫麥地那的伊斯蘭政權各羣體間的和平，並同時構建起一套政治體制。這套體制促進了穆罕默德對其追隨者和軍隊的領導，並最終促成了他征服整個阿拉伯半島的事業。

這部公約具有信仰和世俗的雙重權威性。因為真主通過穆罕默德來傳達旨意，因此他的話就具有了無可置疑的權威性。

愛好和平，但並非和平主義者

這部公約的許多內容後來都出現在《古蘭經》中。相較於更強調政治的公約，《古蘭經》對宗教義務的要求則更加詳盡。根據《古蘭經》的描述，伊斯蘭教是一個熱愛和平的宗教，但它並非推崇和平主義。穆罕默德反覆強調，伊斯蘭教必須嚴防不信道者的侵擾，他還暗示，在一定條件下，應當採取先發制人的行動。一切捍衛信仰的行為應當是「必要的惡」。捍衛信仰是所有穆斯林的一項道德義務。

這項義務可以凝練為伊斯蘭的聖戰思想。這一思想最初是指防範鄰國威脅的自衛行為。而隨着穆罕默德征服了一個又一個的鄰國，聖戰也成為阿拉伯帝國散播信仰和攻城略地的重要手段。

《古蘭經》中，聖戰是一項宗教的義務，戰爭雖然讓人厭惡，但也是一種必要行為。同時，《古蘭經》還陳述了約束戰爭行為的一系列嚴格的規則。它對正義戰爭的條件進行了描述（師出有名，目的正當，由合法權威者發起，並且是最後手段），其內容與歐洲基督教社會的定義非常相似。■

穆罕默德

570年，穆罕默德出生於麥加，其父親在穆罕默德出生前已去世，而母親也在他6歲時離世。30多歲時，穆罕默德時常去西拉山洞靜思祈禱；相傳，在610年，他接到了由天使吉卜利勒（又作「加百列」）所傳達的來自安拉的啟示。於是，他開始佈道，並逐漸贏得大批追隨者，但也因此遭到了麥加當地人的驅逐，被迫與信眾一道逃離麥加，在622年來到麥地那。這年被視為伊斯蘭教歷的元年。在632年去世之時，穆罕默德已統治了阿拉伯半島的絕大多數地區。

主要作品

約622年　《麥地那公約》
約632年　《古蘭經》
8世紀和9世紀　《聖訓》（穆罕默德言行錄）

你們當以阿拉的名義，為安拉而戰，討伐叛逆昧徒。

——《遜尼派聖訓集》

凡人總不願接受有德者的統治

法拉比（約870－950年）

背景介紹

思想流派
伊斯蘭教

聚焦
政治美德

此前

約公元前380年—公元前360年 柏拉圖在《理想國》中提出，城邦應由哲學王來統治。

3世紀 以普羅提諾為代表的哲學家開始重新闡釋柏拉圖的作品，並突出了其神學和神秘主義的思想。

9世紀 阿拉伯哲學家肯迪（Al-Kindi）將古希臘古典哲學資料帶到了巴格達的智慧宮。

此後

約980—1037年 波斯思想家阿維森納（Avicenna）將理性哲學和伊斯蘭教神學結合起來。

13世紀 托馬斯·阿奎那對神職人員和神學的美德進行界定，並對自然法、人間法和神聖法做出了區分。

模範之邦要保障人們過有德行的生活，不過世上並不存在這樣的城邦。

要讓人民過有德行的生活，就需要一位**有德行的統治者**。

相反，他們**更喜歡**追求**財富和享樂**，更願意活在曖昧、敗壞和迷失的社會之中。

但是凡人們總不能理解，只有**有德行的生活**才能得到**真正的幸福**。

凡人總不願接受有德者的統治。

公元 7 世紀至 8 世紀，阿拉伯帝國不斷發展壯大，伊斯蘭文明隨之興盛，伊斯蘭的黃金時代應運而生。帝國之中許多大型城市都建立了圖書館，古希臘和古羅馬思想家的大量作品得以保存，並通過翻譯而得到傳播。當時，巴格達是帝國治學的中心，而法拉比也正是在這裏建立起了自己哲學大師的名望，成為古希臘哲學家亞里士多德作品的著名詮釋者。

法拉比認同亞里士多德的觀

參見：柏拉圖 34～39頁，亞里士多德 40～43頁，希波的奧古斯丁 54～55頁，托馬斯·阿奎那 62～69頁。

> 模範之邦的目標不只是為居民帶來物質上的繁榮，還要庇護人們未來的命運。
>
> ——法拉比

點，認為人天生就是社會性的動物，應當在城邦這樣的社會組織中過上美好而幸福的生活。他同時還認為，城邦只是開展這種社會生活的一種最小的組織形式；事實上，在民族國家、帝國，乃至世界國家之中，這樣的生活原則同樣適用。不過亞里士多德的老師柏拉圖對法拉比影響還要更大一些。柏拉圖提出，由於哲學王能夠理解正義等美德的真正本質，因此城邦只應當由哲學工來統治；類似地，法拉比在《美德城》中勾勒出一座模範之邦，其統治者是一名有德行的領袖，他將指引和教化人民去過一種能帶來真正幸福的德行生活。

神聖之智

甚麼是統治者的美德與本質，它又從何而來？法拉比與柏拉圖對這些問題的不同回答，呈現了兩人思想的分野。對此，法拉比的觀

點是，美德來自一種宗教神靈般的智慧。柏拉圖主張哲學王的統治，而法拉比則主張，由一名「哲學先知」，也就是由他所謂的「正義的伊瑪目」來統治。

法拉比也承認，他的美德城只是個烏托邦之想。法拉比對現實世界中存在的各種政府形式也進行過探討，並指出這些政府形式衰敗的三個主要原因：矇昧、迷失和敗壞。其中，對於如何通過有德的生活來追尋真正的幸福的問題，矇昧之邦的人民對此一無所知；而迷失之邦的人民，則是誤解了美德的本質；而在敗壞之邦，其國民對德行生活有所了解，但是卻不願去追尋這種生活。在這三種有問題的國家之中，人們追求的都是財富和享樂，而不是美好的生活。法拉比相信，矇昧和迷失之邦中的人民在去世之後，其靈魂都會消失；而敗

法拉比

阿布·納斯爾·阿爾·法拉比貴為伊斯蘭教哲學家們眼中的「第二導師」（第一導師是亞里士多德），但關於他的生平記述非常稀少。

他很可能在870年前後出生於法拉卜（今天哈薩克斯坦的奧特拉），並曾在其出生地和布哈拉（位於今天的烏茲別克斯坦）求學；到901年，他前往巴格達同伊斯蘭教、基督教的學者們一道，共同鑽研煉金術和哲學。此外，他還是著名的音樂學家，並且精通多門語言。法拉比曾在

法拉比在巴格達**著書立說**。在伊斯蘭黃金時代，巴格達是學術的中心，孕育出了歷史上最早的一批大學。

壞之邦的人民則將永遠逃不脫懊悔的糾纏。只有美德城居民的靈魂才能享有永恆的幸福。但凡這些矇昧、迷失和敗壞之邦的民眾及其領袖依然追求世俗的享樂，他們就不願接受有德者的統治；因為有德者不會給他們帶來他們追求的快樂，因此，模範的美德之城始終難以成為現實。■

巴格達擔任法官和教師，又曾遊歷天下，足跡遍及埃及、大馬士革、哈蘭和阿勒頗。普遍認為，他的著作主要是在阿勒頗擔任敘利亞蘇丹塞弗·道萊的宮廷學者時期完成的。

主要作品

均寫於約940—950年

《美德城》

《論理智》

《問學錄》

不經本國法律之審判，不得將任何自由人逮捕與囚禁

約翰王時期的封建貴族（13世紀早期）

背景介紹

思想流派
議會政治

聚焦
自由

此前

約公元前509年 古羅馬王國被推翻，羅馬共和國取而代之。

公元前1世紀 尤里烏斯·愷撒剝奪元老院權力；而西塞羅則主張回歸共和國體制。

此後

17世紀40年代 英國爆發內戰，專制王權被推翻。自此，國王的統治必須得到議會的認可。

1776年 美國發表《獨立宣言》，宣佈生存權、自由權和追求幸福的權利是一個人不可剝奪的權利。

1948年 聯合國大會在巴黎通過了《世界人權宣言》。

英國封建時期，各個封建領主要向國王繳納賦稅，並派騎士服役國王。當時，國王約翰在與法國的戰爭中不斷出現錯誤決策，連連失地；同時又對各封建領主專橫跋扈，恣意妄為，因此，各方對約翰王的不滿持續累積。1215年，貴族聯合起兵反抗約翰王，並在佔領倫敦之後迫使後者與貴族進行談判。貴族們仿照國王亨利一世在1100年頒佈的《自由之構成》內容提出條件，羅列成文，要求對約翰王的權力進行限制，從而保障貴族的特權。這份文件被譽為「男爵法案」，內容囊括了關於財產、權利、賦稅的條款，還提出了國王需服從王國法律的要求。

免於暴政的自由

這些條款中，第39條具有最深遠的影響：「任何自由人，如未經其同級貴族之依法審判，或未經國法判罰，皆不得被拘留囚禁、沒收財產、剝奪法律保護權、流放異地，或加以任何其他損害。」貴族的這項要求體現的是「人身保護令」的理念，意指一個人被拘押後，應移送法庭進行判決，在此過程中，其人身自由應免遭權力的傷害。這是有史以來，第一次對個人免遭統治者任意侵犯的權利提出保障要求。約翰王別無選擇，只能接受這些條款，蓋上封印，成就了這部被後世稱為《大憲章》的文件。

不過，這只是約翰王的權宜之計，事實上，文件的絕大多數條款都沒能得到執行，有些還直接遭到

> 余等不得向任何人出售、拒絕，或延擱其應享之權利與應受之公正裁判。
>
> 《大憲章》第40條

參見：西塞羅　49頁，約翰·洛克　104～109頁，孟德斯鳩　110～111頁，讓-雅克·盧梭　118～125頁，奧利弗·克倫威爾　333頁。

> 自由人享有**自由的權利**，並受到法律保護。

> **專制君王**喜怒無常，會不時**壓榨和處罰**其臣民。

↓

> 君主的**權力**必須受到國法的約束。

↓

> **不經本國法律之審判，不得將任何自由人逮捕與囚禁。**

英格蘭的封建貴族

英格蘭的封建制度由征服者威廉（1028—1087）所創立。在該制度下，國王將其領地分封給各位貴族，並按照等級，將相應的特權和義務進行分配。而受封土地的貴族要向國王進貢賦稅，並且一旦得到國王的徵召，貴族有義務派遣一定數額的騎士勤王，以協助作戰。此外，各貴族還獲得了應邀參加國王會議或議會的資格。不過，那時候會議並不頻繁，因為國王的行動經常變動，沒有一個固定的開會地點。

儘管上圖這位約翰王當時在脅迫之下簽署了《大憲章》，但事實上，在13世紀時，封建領主的權力沒有擴大，反而是縮小了；在英國內戰時期，該制度曾一度差點遭到徹底的廢除。

主要作品

1100年　《自由之構成》
1215年　《大憲章》

了廢除。儘管如此，其中一些核心的條款被保留下來，《大憲章》的核心精神也對英國的政治發展產生了深遠的影響。對君主權力的限制，有利於保障「自由人」（僅指封建領主，並不包括農奴）的權益，這也為議會的出現打下了基礎。1265年，德·孟福爾男爵在打敗國王之後召開了議會。此次議會的代表是通過直接選舉產生的，除了男爵外，還邀請了騎士、市民和基層官員參加，可謂開歷史之先河。

走向議會制

到了17世紀英國內戰時期，通過法律約束君主權力的思潮到達頂峰，而《大憲章》也成為由奧利弗·克倫威爾領導的議會派的象徵。儘管在這個時期，《大憲章》仍只適用於滿足一定財產條件的少數公民，但是它依然引領了以法律保護個人免遭公權侵擾的精神思潮。當今許多國家（尤其是前英國殖民地地區）憲法中地位神聖的「權利法案」和「人權宣言」，也多多少少受到《大憲章》精神的影響。■

英國**眾議院**坐落於倫敦，肇始於13世紀封建貴族對國王的反抗。他們當時要求，沒有王室成員會議的同意，國王不得隨意增加賦稅。

正義戰爭必須具備一個正當的理由

托馬斯·阿奎那（1225－1274年）

背景介紹

思想流派
自然法

聚焦
正義戰爭

此前

公元前 44 年 西塞羅在《論責任》中反對發動戰爭，不過當戰爭成為保護國家安全與恢復和平的最後手段時，則另當別論。

公元 5 世紀 希波的奧古斯丁主張，國家應當致力於弘揚美德。

7 世紀 20 年代 穆罕默德號召穆斯林為了保衛伊斯蘭教而戰。

此後

1625 年 胡果·格老秀斯在《戰爭與和平法》中，將正義戰爭理論放在國際法的背景下進行了討論。

1945 年 《聯合國憲章》禁止各國在沒有得到聯合國授權的情況下採用武力方式解決國際爭端。

在中世紀歐洲，羅馬天主教會壟斷知識長達數世紀之久。自從狄奧多西一世在公元 4 世紀末將基督教確立為羅馬帝國的官方宗教以來，歐洲的政治思想始終被基督教教義所主宰。有關國家與教會之間關係的問題深深吸引着哲學家與神學家，其中最著名的就是希波的奧古斯丁，是他通過將柏拉圖《理想國》中的政治思想與基督教義相結合，為這場爭論奠定了基礎。然而，當歷史來到 12 世紀，隨着歐洲人與伊斯蘭學者的往來日益頻繁，他們終於有機會接觸到大量的古希臘著作的譯本；這使得一些歐洲思想家開始對基督教之外的一些哲學家產生興趣，其中，亞里士多德最受推崇，而其伊斯蘭的詮釋者——博學的安達盧西亞思想家阿威羅伊也頗有威望。

理性論證的方法

整個中世紀晚期，最為傑出的

> 和平是正義的間接功效，這是因為正義只能清除獲得和平的障礙；可是，和平卻是美德的直接功效，因為美德是產生和平的緣由。
>
> ——托马斯·阿奎那

基督教思想家非意大利學者托馬斯·阿奎那莫屬。阿奎那是當時剛成立不久的多明我會的修道士，這個修道會珍視經院哲學傳統，他們拒絕簡單地傳授基督教教條，而是將論證與推理作為其傳教的方法。本着這種精神，阿奎那開始着手對基督教神學與柏拉圖、亞里士多德等哲學家的理性思想進行調和。作

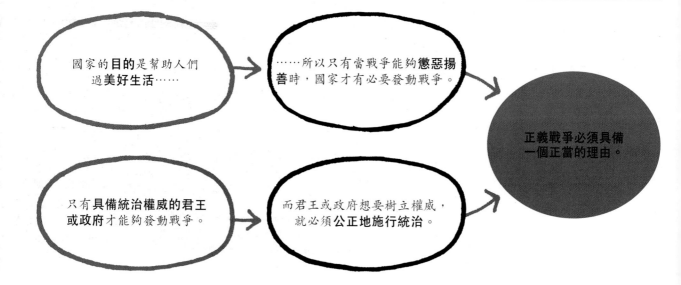

國家的**目的**是幫助人們過**美好生活**……

……所以只有當戰爭能夠**懲惡揚善**時，國家才有必要發動戰爭。

只有**具備統治權威的君王或政府**才能夠發動戰爭。

而君王或政府想要樹立權威，就必須**公正地施行統治**。

正義戰爭必須具備一個正當的理由。

參見：亞里士多德 40～43頁，西塞羅 49頁，希波的奧古斯丁 54～55頁，
穆罕默德 56～57頁，帕多瓦的馬西利烏斯 71頁，弗朗西斯科·蘇亞雷斯 90～91頁，
邁克爾·沃爾澤 324～325頁。

為一名教士，他的核心思想是關於神學的，不過由於教會本身就是當時的支配性政治力量，所以神學與政治學的區分並沒有像今天那麼顯著。阿奎那努力促成理性思想與基督教義、哲學與神學的有機結合，並且在此過程中，探討了世俗權力與神聖權威，以及教會和日益崛起的國家力量之間的衝突問題。他還運用這種方法檢視倫理問題，例如甚麼情況下發動戰爭可稱正義。

確地探討了一些政治話題，並強調，理性論證在政治思考中也像在神學論辯裏一樣重要。他將希波的奧古斯丁的著作作為自己思考的出發點。當年，正是奧古斯丁成功地將「國家的宗旨是促進良善和有德之生活」這一古希臘觀念融入了基督教信仰。奧古斯丁相信，這一古希臘觀念與能夠阻止非正義的神聖法相得益彰。對於沉迷於柏拉圖與亞里士多德著作的阿奎那而

作為首要美德的正義

阿奎那在他的道德哲學中明

根據阿奎那的思想，凡能保護基督教價值的**戰爭**就是符合正義的。因此1096—1099年佔領耶路撒冷並屠殺數千穆斯林的第一次十字軍東征也不例外。

托馬斯·阿奎那

阿奎那出生於意大利的洛卡斯卡堡，該城堡是阿奎那家族的領地。他曾在卡西諾山的本篤修道院接受教育，後又負笈那不勒斯大學。儘管其家人期望他成為一名本篤會修士，但阿奎那卻在1244年意外地加入了新成立的多明我會，並於次年移居巴黎。1259年起，他先後任教於那不勒斯、奧爾維耶托以及聖薩比納的新式學校，並且在羅馬擔任了教皇的顧問。

相傳，為處理一場有關阿威羅伊及亞里士多德的哲學與基督教義的相容性的爭論，他1269年被派遣回到巴黎。1272年，他在那不勒斯創立一所新的多明我教會大學。1274年，阿奎那被委派參加第二次里昂會議，但是卻在旅途中罹患重病並且在一場意外之後溘然長逝。

主要作品

1245—1256年 《箴言書注》
約1258—1260年 《反異教大全》
1267—1273年 《神學大全》

> 因此，開戰的唯一理由是：我們可以生活在不受侵害的和平環境中。

——托馬斯・阿奎那

言，正義是支撐其整座政治哲學大廈的首要政治美德，同時也是政治統治的核心要素。正義的法律能區分良政與秕政，並能賦予它統治的合法性。同樣，正義也決定着國家行動的道德性；而這一原則在阿奎那關於正義戰爭的理論中得到最為明顯的體現。

界定「正義戰爭」

阿奎那同意奧古斯丁的觀點，認為儘管基督教始終傳佈和平主義，但為了保障與恢復和平，戰爭有時也是必要的。不過，這一戰爭應當是自衛性的而非先發制人的，並且只有在符合特定條件之時方能發動。他將這些條件稱為「開戰正當性」或「開戰的權利」；它不同於「戰時正當性」，後者是指戰爭中正義行為的準則。阿奎那相信，這些條件將會確保戰爭的正義性。

阿奎那為正義戰爭提出了三項獨立的基本要件：正當的動機，君王的權威，以及一個正當的理由。直至今日，這些準則仍舊是正義戰爭理論的基本標準。其中，所謂「正當的動機」只能是重拾和平，這自然是基督教義的要求；不過在另外兩個條件之中，我們能夠發現一種更為世俗的思想路徑。「君王的權威」意味着唯有擁有統治權威的國家或統治者才能發動戰爭，而「合乎正義的理由」則要求其發動戰爭的權力只能用來為全體人民謀求福祉，而不可出自個人的利益或滿足虛榮。若想達到這些

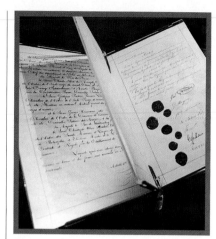

《日內瓦公約》由 1864 年到 1949 年之間各國簽訂的四項條約組成，它規定了戰爭時期對待士兵與平民的基本原則。很大程度上，正義戰爭理念正是《公約》的思想根基。

標準，政府就必須是一個合法的政權，統治者也應當受到法律的約束以確保其行動的正義性。而這樣的要求也意味着，這一政權要建立在一種認受性統治的基礎之上，並能同時兼顧教會和世俗統治的需求。

自然法與人類法

阿奎那對於國家機器統治權威的角色的認識，使其脫俗於同時

在阿奎那看來，正義戰爭的唯一正當動機是恢復和平。

唯有具備權威的君王才能發動戰爭。

一場稱得上正當的戰爭，就必須使人民獲益。

我們為自己以及社會創立的**法律**，必須以自然法為基礎，而這一自然法本身則體現了指導整個宇宙的永恆法。

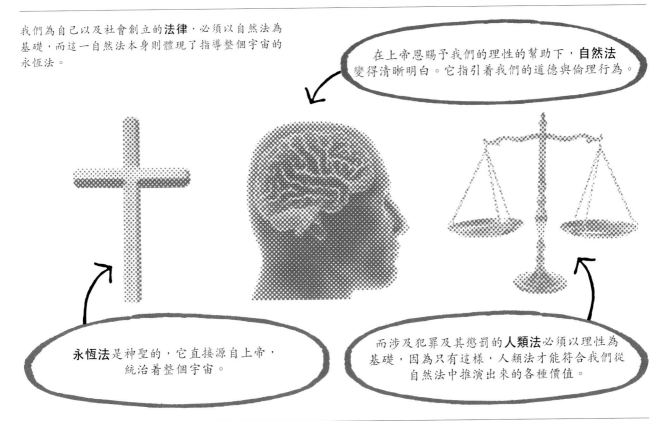

在上帝恩賜予我們的理性的幫助下，**自然法**變得清晰明白。它指引着我們的道德與倫理行為。

永恆法是神聖的，它直接源自上帝，統治着整個宇宙。

而涉及犯罪及其懲罰的**人類法**必須以理性為基礎，因為只有這樣，人類法才能符合我們從自然法中推演出來的各種價值。

代的其他思想家。他深受柏拉圖與亞里士多德的影響，認為正義是人類的根本美德；對於正義的重視促使他進一步思考法律在社會中的地位，而對於法律的興趣也在日後成為他整個政治思想的基礎。所以，在當時社會日益多元化的情況下，他的思考就很自然地包含了對於神聖法與人類法及其所對應的教會法規與國家法律之間不同之處的辨析。

身為基督教徒，阿奎那相信永恆的神聖法統治着全宇宙，而作為唯一理性造物的人類則與之有着獨特的關聯。由於我們具備理性推理能力，所以支配我們的是他所謂的「自然法」；自然法源於人們對人類本質的求索，以及對道德行為準則的推論。不過，阿奎那解釋道，這種自然法不僅不與神聖法相衝突，而且還是人類對於永恆法的一種融入。

他認為，理性是上帝恩賜給我們的能力，以使我們能夠為自己制

理性之於人就像上帝之於這個世界。

——托馬斯•阿奎那

定自然法；而作為社會動物的人類，也是通過自然法為介質而順應着永恆法。然而，不能將關注道德與美德的自然法，與我們創造出來用於管理社會共同體的日常事務的人類法相混淆。人類法這類人定之法就像人本身一樣，在本質上是易犯錯的，因此它們也可能導致不正義；並且人類法的權威與否也只能靠比照自然法來進行判斷。

對共同體的渴求

阿奎那將自然法歸因於人們理性思考的秉性，又用人類本質的另一方面來解釋人類法的出現，而這一方面就是我們對於建立共同體的需求。這一觀念與亞里士多德

1928 年，15 個國家共同簽訂**凱洛格-白里安公約**（*the Kellogg-Briand Pact*），禁止締約國發動戰爭。這符合了阿奎那的戰爭只能被用以恢復和平的原則。

在《政治學》中提出的人是天生的政治動物的思想極其相似；事實上，阿奎那也確實曾針對《政治學》寫過長篇的評註。他說，正是建立社會共同體的欲求使人們成其為人，而非其他動物。像亞里士多德一樣，阿奎那承認人類自然而然地建立起家庭，而若干家庭聚在一起又成為村落，最後，無數村落共同構成了像城邦或者民族國家這樣的政治社會，為人們提供有序的社會結構。儘管他在總體上與亞里士多德保持一致，認同這樣的國家是一種完美的共同體；不過，13 世紀教會對國家理解已與古希臘大不相同，因此阿奎那與亞里士多德在對國家的看法上存在不同之處。

根據古希臘哲學家的思想，社會的目標是幫助人們過上符合美德與理性的美好生活。而企圖將古希臘這一思想與基督教神學及自己的自然法觀念相協調的阿奎那，對此則有略微不同的理解。在他看來，政治社會的作用是幫助公民理性地成長，並借助於此獲得對於道德感也就是自然法的理解。如此，他們才能過上美好生活：既符合了自然法，又作為基督教徒而遵循了神聖法。

公正地統治

緊接着的一個問題是：何種政府形式最適於確保這一政治社會目標的實現？阿奎那再一次從

> 長遠看來，相較於太平盛世，一場正義戰爭將對人類精神帶來更大的好處。
>
> ——西奧多·羅斯福

亞里士多德那裏得到啟發，他以統治者的人數和統治的公正性為標準，劃分出幾種不同的政體形式。由一人施行公正統治的政體就是君主制，而當其進行不公正的統治時就成為專制；類似的情況是，少數人施行公正統治的政體是貴族制，而當其進行不公正的統治時就成為寡頭制；多數人施行公正統治的政體是共和制，而其對立面則是施行不公正統治的民主制。

這些政體形式是否合乎正義，取決於它們能否制定出為國家帶來穩定秩序的法律。阿奎那將法律定義為「由共同體的管理者為了共同善而制定並頒佈的理性的命令」。這一定義概括了他用以判斷統治公正與否的標準。這些法律必須以理性為根據，而不像神聖法那樣被教會強加在國家身上，因為只有這樣才能滿足我們人類對於為自己推演出自然法的需求。

維持秩序

阿奎那進一步解釋道，人類法本身對於維持社會的秩序也是不可或缺的。自然法指導我們做出正確的決定，並為我們提供用來判斷何為罪惡或非正義的道德準則；但唯有人類法決定着施以懲處的力度和方式。這些人類法對於有序、文明的社會至關重要，它們的威懾力敦促着潛在的違法犯罪者尊重共同的

利益，並最終「心甘情願地去做其之前只是出於畏懼而所做之事，並成為有德的人」。不過人類法的正義性，要比照其與自然法相符程度來判斷。如果無法符合自然法，它們甚至根本不會被視為法律。

阿奎那關於法律的定義的第二部分，或許是判斷一個政府體制正義性的決定性因素：法律應當關注全體人民的利益，而非統治者的利益。只有在這樣的法律之下，國家才能為人們提供自由追求智識與道德發展的制度框架。然而，一個問題仍舊有待討論：誰應當統治？阿奎那相信多數人並不具備充分領會實行統治所需之德行的理性能力，這也意味着政府不應掌握在人民之手，而應交給某一個公正君主或是貴族。不過阿奎那也明白這些個人存在腐化墮落的可能性，所以他轉而提倡一種混合政體形式。在阿奎那那裏，國家存在的

1945 年，人們在第二次世界大戰之後建立起**聯合國**，目的是維護世界和平，並推行一系列準則，若阿奎那有知，這些準則很可能也被他納入自然法。

目的是根據基督教的原則來改善人們的生活，但若我們對此進行仔細考察，便會驚人地發現，阿奎那並不排斥由一個合法的異教徒來施行統治。儘管一個異教徒的統治可能並不完美，但他也能夠根據人類法來進行公正統治，允許其臣民發展他們的理性力量並最終為自己推導出道德準則。這樣一來，他們才能根據自然法來生活，並最終形成一個基督教的社會。

激進的思想家

從 900 年後的現代視角來看，阿奎那似乎只是在簡單地再現與重複亞里士多德的政治理論。然而當我們將其思想置於中世紀基督教背景下詳加考慮之時，會發現這

些思想實質上是一種挑戰羅馬天主教會傳統權威的激進政治思想變革。儘管如此，由於他的淵博學識與虔誠真摯，其思想仍然被當時的官方教會奉為經典，並且直至今日依舊是大部分天主教政治思想的基石。

從阿奎那為正義戰爭設置的標準中——正當的動機、君王的統治權威以及合乎正義的理由——我們可以看到這些原則如何與他總體性的政治正義觀念相符，而且會發現這些觀念多基於自然法與理性原則，而非神聖的權威。阿奎那的自然法思想不僅對後世的許多正義戰爭理論影響深遠，而且也被眾多神學家與法學家奉為圭臬。在接下來的幾個世紀中，隨着日益強盛的民族國家逐步脫離教會的束縛，教權與世俗權力的鬥爭愈發激烈，人類法的必要性也因此成為一個更加重要的問題。■

阿奎那有關正義戰爭之要素（正當的動機、統治權威以及正當的理由）的理論，至今仍顛撲不破，並且激勵着許多人加入反戰的運動。

政治的生活，就是遵從良善法律的生活

羅馬的吉爾斯（約1243－1316年）

古希臘哲學家亞里士多德的學說在很長一段時間裏為人們所忽視；但到了 13 世紀，在多明我會教士托馬斯·阿奎那及其門徒羅馬的吉爾斯等人的努力下，其思想終於得到了教會的認同。羅馬的吉爾斯不僅是亞里士多德著作的註疏者，他還對其思想進行了一定的完善。亞里士多德曾提出，人是天生的政治動物；而吉爾斯認為，這裏的「政治」是指一種城邦式的或公民共同體式的生活，而非特指某種政府統治的形式。

吉爾斯看來，成為公民社會的一員，就意味着要「過一種政治的生活」，同時，這也是公民在美德指引下過上美好生活的關鍵。這是因為，法律是公民共同體的調節者，正是它確立並保障了公民的基本道德。良善的法律能夠給人們帶來美德，而正義即是其中一種。一個人要成為社會的一員，就必須遵從法

法國國王腓力四世當眾焚燒《神聖一體敕諭》。這一敕令要求國王聽命於教皇——這正是吉爾斯所提倡的原則。

律；如若不然，他就是游離於社會之外。吉爾斯認為，法治乃是區別暴政和政治生活的核心因素；而那些暴君由於不受法律的約束，也因此自絕於公民社會之外了。

儘管吉爾斯認為世襲君主制是政治生活的最佳形式，但是由於他還同時身居教會要職，所以他認為，國王應當服從教會，並在這場爭執中最終站到了教皇一邊。■

參見：亞里士多德 40～43頁，托馬斯·阿奎那 62～69頁，帕多瓦的馬西利烏斯 71頁，弗朗西斯科·蘇亞雷斯 90～91頁，托馬斯·霍布斯 96～103頁。

教會應當謹遵耶穌基督的先例，放下手中世俗的權力

帕多瓦的馬西利烏斯（1275－1343年）

帕多瓦的馬西利烏斯是一名學者，而不是一位神職人員，所以他敢於將自己的大膽想法公之於眾。他說：教會，尤其是教宗，不應擁有任何世俗的政治權力。

當時，新加冕神聖羅馬帝國皇帝的（巴伐利亞的）路易四世同教宗約翰二十二世發生了政治衝突。此時，帕多瓦的馬西利烏斯撰寫了《和平的保衛者》一書，以表達對路易四世的支持。他認為，世俗的管理實務不應當是教會的職能。他駁斥了幾任教皇持續鼓吹的「一切權力都是神所命」的思想，認為這將對國家造成破壞。

馬西利烏斯借鑑亞里士多德在《政治學》中的觀點指出，好的政府乃是由人民選舉產生的，人民有權利參與到立法過程之中，並且選出統治者。對民間事務的管理，最好是靠法律來統籌，由人民來管控，而不宜由神聖法來強加干預；這種干預，在《聖經》中也找不到依據。在基督耶穌本人眼中，神職人員就應當充當教化者的角色，不可成為凌駕於他人之上並享有更多權力之人。因此教會應當謹遵耶穌及其使徒的教誨，將政治的權力交還於國家手中。對於法律、秩序、財政和軍事等領域，只有人民選出來的統治者所主持的世俗政權才是操持這些事務的主角。■

> 只要公職人員是通過選舉上任的，那他的權威就不再需要其他任何勢力的批准。
>
> ——帕多瓦的馬西利烏斯

參見：亞里士多德 40～43頁，希波的奧古斯丁 54～55頁，羅馬的吉爾斯 70頁，尼科洛·馬基雅維利 74～81頁。

政府欲阻止不正義，但卻總在這一過程中製造不正義

伊本·赫勒敦（1332－1406年）

政治社會的團結源自「阿薩比亞」，即阿拉伯語中**社羣凝聚力**的意思。

⬇

它是**政府的基礎**，能夠阻止不正義的產生。

⬇

隨着社會的發展和社會凝聚力的下降，**政府容易產生懈怠**……

⬇

……並且開始為自身利益而**剝削公民**，製造不正義。

⬇

於是，另一個**政權興起**，並取代這個衰落的政權。

⬇

政府欲阻止不正義，但卻總在這一過程中製造不正義。

參見：亞里士多德 40～43頁，穆罕默德 56～57頁，法拉比 58～59頁，尼科洛•馬基雅維利 74～81頁，卡爾•馬克思 188～193頁。

在英國人類學家歐內斯特•蓋爾納看來，「政府欲阻止非正義，但卻總在這一過程中製造非正義」這句伊本•赫勒敦的名言，可以稱得上政治思想史上對政府進行的最佳描述。這句話不但可以直接作為馬基雅維利式的現實主義論述，甚至用來對當下政治制度進行批評也一樣恰如其分。但實際上，這句話乃是 14 世紀的人們對當時社會動盪原因所做的分析的結晶。

以共同體為基

伊本•赫勒敦與同時代的政治思想家不同，他較少涉及形而上學和神學的內容，而是綜合運用歷史、社會和經濟的觀點，對政治制度的興衰進行考察。他與亞里士多德一樣，認為人類具有形成社會的天性；他還進一步提出，這種構成羣體的傾向源自「阿薩比亞」，你可以將這個阿拉伯語詞彙理解為「社羣意識」、「組織團結」或者「部落忠誠」。這種社會凝聚力將衍生出一系列社會制度，以保護其公民的利益，並防範他人的侵擾。

但是，任何一種政府形式，都內在地蘊藏着衰敗的種子。隨着舊政體的「阿薩比亞」逐漸遺失，另一個政權的誕生條件就會成熟，並將發展起來取代衰落的舊政權。伊本•赫勒敦說道，文明就是在這樣的朝代循環之中興亡更替的。

衰落源自腐敗

伊本•赫勒敦同時還論述了權貴階層將對經濟造成何種危害。他說，社會初始時期，為維持「阿薩比亞」，政府需要收取一定的稅收；但隨着政權的自我進化，統治者便會開始強加稅收，以維持自己日漸奢靡的生活。橫徵暴斂不僅是一種危害政治團結的不正義現象，而且還會大幅削弱社會生產

> 一個民族在心理上被擊垮，就標誌着這個民族走向終結。
>
> ——伊本•赫勒敦

力——過重的苛捐雜稅會打擊生產的積極性，還會使國家財政收入持續減少。這一稅收與財政的關係在 20 世紀被美國經濟學家阿瑟•拉弗重新發現。事實上，伊本•赫勒敦對分工和勞動價值的論述也比後世許多經濟學家的「重要發現」早了幾百年。

儘管，伊本•赫勒敦相信，這種循環往復的朝代更替將是政權難以避免的宿命，但是他依然認為各種政府形式之間存在著優劣之分。他認為，由單人統治的政府最善於維持「阿薩比亞」，比如哈里發統治的伊斯蘭國家（因為宗教在維持社會凝聚力上具有獨特的優勢）。而暴君的統治則最容易摧毀「阿薩比亞」。此外，赫勒敦還認為，政府是必要的，但是由於政府必然造成一些人控制另一些人的不正義局面，因此政府權力應當儘量維持在最小的範圍。■

伊本•赫勒敦

伊本•赫勒敦1332年出生在今天的突尼斯城，成長於一個政治激進的家庭，從小接受《古蘭經》和伊斯蘭法規的熏陶。他曾在北非馬格里布擔任宮廷職務，也因此獲得了大量政權更替事件的一手資料。在菲斯期間，赫勒敦曾參與了與卡斯蒂利亞國王「殘酷者」佩德羅一世的議和。之後，他回到非洲，先後在北非地區幾個王朝的宮廷任職。1384年，赫勒敦定居開羅，在那裏完成了他的歷史學著作。1401年，赫勒敦進行了最後一次遊歷，其間曾代表埃及在大馬士革同蒙古可汗帖木兒商議罷兵。

主要作品

1377—1406年 《殷鑑書》（全稱《阿拉伯人、異族人、柏柏爾人及其同時代最有權勢者時期之殷鑑集與始末錄》）

精明審慎的君主絕不能總信守諾言

尼科洛・馬基雅維利（1469－1527年）

背景介紹

思想流派
現實主義

聚焦
治國之術

此前

公元前 4 世紀 考底利耶建議統治者採取一切必要措施來實現國家利益。

公元前 3 世紀 韓非子相信追求私利、規避懲罰是人的本性；因此信奉其法家思想的政權都各自制定了嚴刑峻法。

公元前 51 年 西塞羅在《論共和國》中倡導一種共和主義的統治。

此後

1651 年 托馬斯·霍布斯在《利維坦》中，將自然狀態下的生命描述為「骯髒、野蠻與短暫的」狀態。

1816-1830 年 卡爾·馮·克勞塞維茨在《戰爭論》中討論了戰爭的政治元素。

尼科洛·馬基雅維利或許是所有政治理論家中最為著名同時也最常被誤解的一個了。從他的著作中誕生的「馬基雅維利主義者」一詞，代表着一類善於利用他人、慣於欺詐、自私自利並且相信「目的為手段辯護」的政客。然而，這一名詞卻無法完全涵蓋馬基雅維利在《君主論》中闡發的那套更為豐富、更具創造性的政治哲學。

馬基雅維利生活在文藝復興的開始階段。這一時期是歐洲歷史的轉折點，這其間，「世界由上帝指引」的中世紀基督教觀念逐漸被「人類能夠掌控自己命運」的信念所取代。隨着教會權力遭到文藝復興的人文主義精神的挑戰，繁榮的城市共和國在意大利逐漸興盛，馬基雅維利的故鄉佛羅倫薩就是其中一個；但同時，像美第奇家族那樣富有而強大的家族，在擴張過程中總會威脅乃至顛覆這些共和國。那時，馬基雅維利在佛羅倫薩擔任外交公職，其間曾接觸到了大量的政治實務一手資料；他又曾對古羅馬的社會與政治有過深入研究，在這番經歷的影響下，他提出了一套有別於傳統的新的政治思想研究方法。

現實主義思想

馬基雅維利不關心社會的應然狀態，而嘗試「直接面對事情的真相而非其幻象」。這意味着他要把握的是現實事物的核心與本質，並且讓政治學脫離道德哲學或倫理學分支的地位，以完全實用與現實的視角來看待政治。

與之前的政治思想家不同，在他看來，國家的目的不是培養其公民的德行，而是保障他們的福祉與安全。因此，他用「有用性」、「必要性」、「成功」、「危險」以及「害處」等概念取代了傳統的「對」、「錯」觀念。他把效用置於德行之上，並且拒絕所有形式的意識形態和道德戒律；而對於成功統治者應當具備何種品質的問

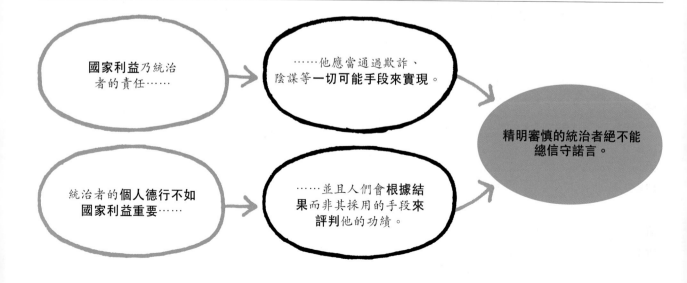

國家利益乃統治者的責任……

……他應當通過欺詐、陰謀等**一切可能手段來實現**。

統治者的**個人德行不如國家利益重要**……

……並且人們會**根據結果**而非其採用的**手段來評判**他的功績。

精明審慎的統治者絕不能總信守諾言。

參見：考底利耶 44～47頁，韓非子 48頁，伊本‧赫勒敦 72～73頁，托馬斯‧霍布斯 96～103頁，卡爾‧馮‧克勞塞維茨 160頁，安東尼奧‧葛蘭西 259頁。

容易受騙

自我保存的本能

缺乏主見

善變

正如一頭牧羊犬能夠操控整個羊羣，**高效的統治者**也能夠最充分地利用其臣民的人性弱點。

題，他將政績與精明算計作為答案的標準。

　　他的政治哲學的核心是一種文藝復興式的視角：從人的角度看待人類社會，這就徹底脫離了教會所灌輸的宗教理念之窠臼。為實現這種理念，馬基雅維利開始在考察古往今來人類行動的基礎上探究人類的本性，而他得出的結論是：大多數人都是生來自私、目光短淺、善變並且易於受騙的。他的觀點是現實主義的，甚至可稱得上是一套性惡論，這與先前的政治思想家大為不同。上述這些人性的弱點理論上應當是構建一個高效、穩定社會的障礙，不過馬基雅維利卻相信，在正確的統治之下，其中一些所謂弱點，在事實上卻將有助於建立一個成功的社會。

善用人類本性

　　例如，自我保存的本能展現出人類的利己天性；不過，當面臨外來侵犯或是惡劣環境的威脅時，人為了自保，便會變得行事勇敢、工作勤勞並懂得合作。因此，馬基雅維利區分了毫無德行可言的原始、純粹的人類天性，與使人行為高尚並有對社會有益的習得的美德。但同時，人類其他一些負面品質若加以利用，也可以增進公共利益。例如，相對於獨立思考，人們更願意做做他人，這一傾向常被視為負面品質，但這種品質卻能夠引導人們以統治者為榜樣，並且更善於互助合作。更有甚者，像善變以及易騙等品質，使得人們便於被技藝高超的統治者所操控，並且會因此變得仁愛有加。至於人們在追逐個人利益與抱負的過程中表現出來的自私等品性，倘若引導得當，則能夠轉變為強大的行為動力，而且這種品性對於統治者而言將尤其有用。**不過欲將惡劣、原始的人類本性轉變成崇尚仁愛的社會美德，必須具備兩個關鍵要素：其一是對社會進行有效組織；其二是統治者「精明審慎」的統治。在馬基雅維利看來，所謂「精明審慎」的統治，就是有益於國家繁榮發展的統治。**

給新任統治者的建議

　　馬基雅維利的《君主論》頗負

桑德羅・波提切利的畫作《三博士來朝》創作於 1475 年，它描繪了在馬基雅維利寫作《君主論》期間統治著佛羅倫薩的美第奇家族的強盛景象。

機雖是人類自私天性的體現，但同樣也能夠增進公共的利益。

馬基雅維利將軍事領袖與政治領袖之間的類比進一步延伸，並談及了勇氣、立規以及組織能力等統治者其他方面的美德。同時，他還強調，在採取行動之前非常需要對實際情況進行理性分析；並指出，這一行動不能以人們在理想狀況下的行為為基礎，而應當以實際情形下的所作所為為基礎（通常就是謀求一己私利）。在馬基雅維利看來，社會衝突是人類自私本性所導致的必然結果（而這就與「自私並非人類的天性」的中世紀基督教觀念背道而馳了）。所以，想要妥善應對這種自私本性，統治者就需要掌握戰爭的技藝。

儘管馬基雅維利相信人類在很大程度上能夠掌控自己的命運，但他也承認，他稱之為「幸運」的因素同樣起着重要的作用。統治者不僅要努力克服這種可能性，也要同與這種「幸運」密切相關的人類善變本性作鬥爭。在他看來，政治生活尤其可以被看作「美德」與「幸運」兩種因素之間的持續鬥爭；那麼這樣一來，政治生活彷彿就始終是一種戰爭狀態。

權謀之有用性

通過用軍事理論分析政治，馬基雅維利得出結論，絕大多數政

盛名（如今則臭名昭著），它的體裁類似於統治者案頭的治國手冊，這種被稱為「君王寶鑑」的文體在中世紀以及文藝復興時期盛行一時。此書是為新任統治者所寫，並題獻給了強大的美第奇家族的成員，其宗旨是指導掌權者為了國家利益而驅使並操控人類的本性。不過，後來的解讀發現，通過這種文體，馬基雅維利還巧妙實現了將早

君王食言從不缺乏正當的理由。

——尼科洛・馬基雅維利

為統治階級所熟知的秘密揭露給更多讀者的目的。在分析了人類根本上自利但卻可塑的本性之後，他開始轉而探討一名想要審慎治國的統治者需必備何種品質。

領導者品質

讓人不解的是，馬基雅維利竟使用「美德」一詞來描述這些領導者品質，而且這並非我們現代人或者教會理解下的美德觀念。馬基雅維利是一名基督教徒，所以在日常生活中他倡導踐行基督教美德；不過當討論統治者的行為時，他相信德行必須讓位於效用和國家的安全。在這一方面，他的觀念回歸到古羅馬的美德品質，這種品質以軍事將領為榜樣，他們志存高遠，雄心勃勃，全力追求榮耀和財富，這就與基督教的謙卑美德截然相反。然而，馬基雅維利提醒道，這些動

> 在評判一項政策時，我們應當考慮政策能帶來的結果，而不必太在意執行時採用的手段。
>
> ——尼科洛•馬基雅維利

治生活的本質都是權謀。就像戰爭的勝利有賴間諜活動、情報工作、反情報工作以及欺詐之術，政治的成功也需要保密、陰謀和詭計。有關權謀的觀念早已為軍事理論家所熟諳，並且也被政治領袖付諸實踐；但是在西方，馬基雅維利是明確提出政治權謀論的第一人。一般認為，欺詐之術有悖國家應當保衛其公民之德行的觀念，所以，馬基雅維利的主張可謂與傳統思想作出了驚世駭俗的決裂。

根據馬基雅維利的主張，儘管在私人生活中，陰謀與欺詐有違道德，但對於成功的統治而言，它們卻是明智之舉，而當其被用來謀求公共利益之時，更是情有可原。不僅如此，馬基雅維利還相信，為了操縱人性之中的惡劣一面，統治者還必須善於欺詐，並且敢於出於精明審慎而不去兌現承諾，因為若不如此就會損害統治，並危及國家的穩定。因此，對於不得不面臨不可避免之衝突的統治者而言，為達目的可以不擇手段。

唯獨目的至為緊要

判斷一名君主能否被冠以成功統治者之號，無須根據其道德和思想境界，只需依據其行動的結果以及為國家帶來的裨益。正如馬基雅維利在《君主論》中所寫的：「在人的所有行動裏，尤其是君主的行為，由於再上已沒有法庭可以申訴，所以人必須注重最終的結果。因此，假使一位君主建立和維持了他的統治，那他的所為總會被所有人認為值得敬佩和讚譽。因為凡夫俗子總是只看到事物的表面和事情的結果。而在這世上最不缺的就是這些庸人了。」然而，他也鄭重強調，這只是一種權宜之計，而非社會行為應當遵循的典範。並且唯有當它們被用於公共利益時，才是情有可原的。同樣重要的是，陰謀與欺詐之術只應被當作實現某種目的的手段，而不能成為目的本身；因此，這些手段只能由政治與軍事領袖使用，並且在使用時要受到嚴格的限制。

馬基雅維利從軍事中借用的另一項技藝是對於強制與暴力的使用，這在私人生活中同樣有違道德，但當它們被用於公共利益時卻也可以容忍。武力能夠在民眾中製造恐懼，從而有助於確保統治者的安全。而在回答「君主應當被愛戴還是被畏懼」這一問題時，馬基雅維利表現出其特有的實用主義傾向：他認為，在理想狀態中，君主應當既被愛戴又被畏懼；但在現實

統治者的目標是**確保**其公民的福祉與安全……

……但為有效達成這一目標，他必須不斷採用欺詐、背叛和壟斷真相等手段。

儘管馬基雅維利並不支持在私人生活中使用不道義的方式來達成目標，但他主張統治者運用一切必要手段來保障國家的未來發展。

> 敬愛與畏懼一向難以共存，如果非要做選擇，那麼被人們畏懼比被敬愛更安全。
>
> ——尼科洛·馬基雅維利

對於冷峻寡情的**意大利獨裁者貝尼托·墨索里尼**，人們對他的畏懼多於敬愛。他也宣稱自己是從《君主論》中得到了啟示。

情況下，二者幾乎從不可兼得。不過唯有畏懼能夠使得統治者處於更加強勢的地位，因此對於國家福祉也更為有利。運用（馬基雅維利式的）「美德」而獲取了權力的統治者，已經擊敗所有對手並贏得了人民的尊重，並已處於最為安穩的位置；不過想要維持人們的擁護並且牢牢把控權力，他們還必須不斷鞏固自己的權威。

理想中的共和國

《君主論》一書是要獻給志在成功立國的統治者，而在馬基雅維利名氣稍遜的著作《論李維》中，他則極力推崇共和主義，而非任何形式的君主制和寡頭制。儘管馬基雅維利終身信仰天主教，但他仍舊反對教會對於政治生活的任何干涉。他最為推崇的政體乃是以羅馬共和國為典範：這是一種有着公民參與的混合政體，並且得到了建制合理的國民軍隊（而非僱傭軍）的保護。他認為，這樣能夠保障公民的自由，並且最大程度地減少普通民眾與統治精英之間的衝突。然而，要建立一個這樣的共和國，或者改革某個既存國家，需要某個具備適當「美德」與審慎品質的個人來施行統治。儘管建立國家的時候可能需要一個強力的統治者以及一些卑鄙的手段，不過一旦一個政治社會被構建起來之後，統治者就可以開始引進必要的法律與社會組織，以使其作為一個理想的共和國而長存和發展。而這種法律與社會組織也成為實現某個值得追求的目標的有效手段。

馬基雅維利的哲學以個人經驗及對歷史的客觀研究為基礎，他有力地挑戰了教會的權威地位和政治道德的傳統觀念，而這也使得其著作遭到教會當局的封禁。他把政治當作一種現實事務而非哲學或倫理問題來討論，把效用而非德行當作國家的奮鬥目標，並且將人們關注的重心從政治行為的道德動機轉移到它實際產生的後果之上來。

不朽的遺產

馬基雅維利逝世後的那幾個世紀裏，《君主論》一書極具影響力，對於英格蘭國王亨利八世、神聖羅馬帝國皇帝查理五世、奧利弗·克倫威爾以及拿破崙等軍政領袖尤為如此；而且此書也被安東尼奧·葛蘭西以及貝尼托·墨索里尼等各類人物共同視作重要的靈感源泉。

馬基雅維利的批評者來自政治領域的各個方面，例如，天主教徒就指責他支持新教，而新教也同樣對他指責和批評。他對於主流政治思想的重要性不可勝言：他無疑是文藝復興時代的產物，這個時代開始着眼於人文主義，而非宗教；開始強調經驗主義，而非信仰和教條。而他還是以客觀、科學的方法研究政治歷史的第一人。

這種客觀性也使得其對於人性做出了性惡論的分析，而後托馬斯·霍布斯有關自然狀態下人類生活的殘酷描述也正是受此影響。他關於效用的觀念成為19世紀自由主義的中流砥柱。從更為一般的意義來看，他的著作把政治從道德和意識形態中分離出來，並且成為後來與國際關係領域密切相關的政治現實主義運動的基石。

> 每個人都能看到你表面的樣子，但幾乎無人能夠觸摸到你的本質。

——尼科洛·馬基雅維利

「馬基雅維利式」行動

如今，「馬基雅維利主義者」一詞被廣泛使用，通常用作貶義，以指那些被認為（或者被發現）精於操縱與欺詐的政客。美國前總統尼克松命令手下闖入競選對手總部並施以竊聽，並且曾試圖掩蓋這一事實。這些行為就是馬基雅維利式不正當行為的現代實例，但也造成了尼克松被迫引咎辭職。然而，

馬基雅維利在《君主論》中很可能暗示了這樣一個觀點：那些已然功成名就的統治者們也許都曾採取過這種「馬基雅維利式」行動，只不過他們的行徑從未受到如此細緻的審查；他們走向成功的手段已無人問津，因為人們所關注的焦點已經轉移到他們的成就上了。

如果把這一觀點再推演一步，我們也許會發現，戰爭的失敗者常常被認為存在道德上的缺陷，而勝利者則無可指責——正所謂歷史是由勝利者所寫的。因此在批評馬基雅維利的同時，我們必須反思一下自己，當政府的所作所為對我們自己有利時，我們是否也情願對政府行為背後可疑的陰謀睜一隻眼閉一隻眼呢？ ∎

1974 年，**理查德·尼克松**辭去美國總統職位。因為在之前的大選中，他曾命令下屬闖入民主黨全國委員會辦公室並且安裝竊聽器：這可算作一個典型的「馬基雅維利式」行為。

尼科洛·馬基雅維利

尼科洛·馬基雅維利生於佛羅倫薩，其父是一名律師。在他1498年擔任佛羅倫薩共和國公職之前，其相關資料都鮮為人知。之後，他奔波於外交公務，從而得以周遊意大利、法國以及西班牙三國。

1512年，佛羅倫薩重新淪入美第奇家族的統治。而馬基雅維利因為捲入一場反對美第奇家族的密謀而被捕入獄；被釋放出獄後，他選擇到遠離佛羅倫薩的僻靜農場中隱居。在那裏，他全心投入寫作，《君主論》以及其他一些政治和哲學著作就誕生於這個階段。期間，他也嘗試重新獲得美第奇家族的青睞，但卻收效甚微。1527年，美第奇家族被推翻之後，他又因為與該家族的聯繫而未能獲得新的共和國政府起用。那一年尾，馬基雅維利抑鬱而終。

主要作品

約1513年 《君主論》
約1517年（出版於1531年）《論李維》
1519-1521年 《兵法》

RATIONALITY AND ENLIGHTENMENT
1515–1770

理性與啟蒙
1515年 － 1770年

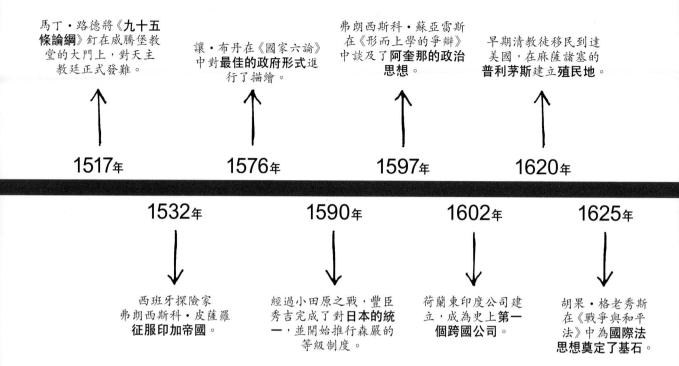

馬丁·路德將《九十五條論綱》釘在威騰堡教堂的大門上，對天主教廷正式發難。

讓·布丹在《國家六論》中對**最佳的政府形式**進行了描繪。

弗朗西斯科·蘇亞雷斯在《形而上學的爭辯》中談及了**阿奎那的政治思想**。

早期清教徒移民到達美國，在麻薩諸塞的**普利茅斯**建立**殖民地**。

1517年　　**1576**年　　**1597**年　　**1620**年

1532年　　**1590**年　　**1602**年　　**1625**年

西班牙探險家弗朗西斯科·皮薩羅**征服印加帝國**。

經過小田原之戰，豐臣秀吉完成了對**日本的統一**，並開始推行森嚴的等級制度。

荷蘭東印度公司建立，成為史上**第一個跨國公司**。

胡果·格老秀斯在《戰爭與和平法》中為**國際法**思想奠定了基石。

西方現代政治思想可以溯源自中世紀之後的那個「理性時代」。活字印刷術的發明和傳播、民族國家的崛起以及發現新大陸的壯舉，都在某種程度上推進了中世紀向新時代的轉變。1517 年，馬丁·路德的《九十五條論綱》對教會正統地位發起質疑，吹響了宗教改革的號角，同時也引發了天主教教庭的反撲。

同時，在世俗和教會權威重疊的場域，兩者的衝突愈演愈烈。不過在失去了宗教指引的場域，人們依然需要一些其他的學說來加以填補。於是有兩套理論充當了這個角色——「君權神授」和「自然法」。不過這兩個學說一開始都是為君主專制說話。

絕對主權者

法國思想家讓·布丹對教皇權威衰落之後各方割據紛爭的局面深感擔憂，於是他主張用強有力的集權力量來終結這一亂局。英國哲學家霍布斯也在見證了英國內戰的血腥暴力之後，提出了和布丹相似的主張，不過區別在於，布丹的集權訴求的合法性來自上帝，而霍布斯的則源自社會契約。社會契約意味着統治的權力源自人民，是他們把部分權力讓渡和託付給了主權者。而這一思想至今仍然是西方政治思想的一個重要理念。

另有一些思想家則看到了事情的另一面。在約翰內斯·阿爾圖修斯看來，政治就是把人民團結起來共度安寧和繁榮生活的藝術；而孟德斯鳩則呼籲一種三權分立的政治形式。很明顯，這兩位學者是中央集權的反對者。

通向啟蒙

兩位薩拉曼卡學派的神學家——弗朗西斯科·德·維多利亞和弗朗西斯科·蘇亞雷斯開始運用理性的手法來對《聖經》進行詮釋。其中，維多利亞還對殖民者打着教會旗號行殖民征服之事予以

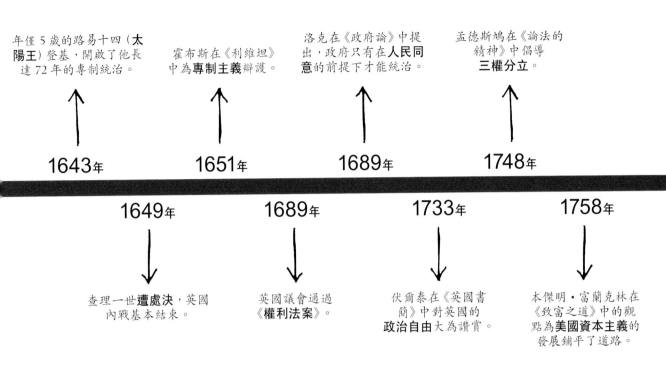

年僅 5 歲的路易十四（**太陽王**）登基，開啟了他長達 72 年的專制統治。

霍布斯在《利維坦》中為**專制主義**辯護。

洛克在《政府論》中提出，政府只有在**人民同意**的前提下才能統治。

孟德斯鳩在《論法的精神》中倡導**三權分立**。

1643年　**1651**年　**1689**年　**1748**年

1649年　**1689**年　**1733**年　**1758**年

查理一世**遭處決**，英國內戰基本結束。

英國議會通過《**權利法案**》。

伏爾泰在《英國書簡》中對英國的**政治自由**大為讚賞。

本傑明・富蘭克林在《致富之道》中的觀點為**美國資本主義**的發展鋪平了道路。

了批判。而蘇亞雷斯則對人類法、自然法和神聖法進行了區分；他也由此反對君權神授的觀點，認為這一說辭是錯誤地將三種法混為一談。

　　在這以後，有更多的學者開始不再以神學、而是以理性來認識和分析世界。1784 年，哲學家伊曼努爾・康德首次提出了「啟蒙」的概念，他指的就是讓人類掙脫其他因素的困擾，勇敢地把自己的理性能力和自由運用起來。

　　儘管自然法在布丹和霍布斯那裏是為專制主義辯護的工具，但是啟蒙思想家們則是運用自然法來詮釋他們的自由主義和國際法

的思想，並由此高呼，人類自己就有權利編寫自己的人定法。

個人權利

　　被後人稱為國際法之父的格老秀斯將自由與權利視為個人固有之物，而不是上帝的恩賜。這一思想為自由主義發展以及法律事務中權利和義務的區分都做出了貢獻。而洛克則進一步將自由和權利的地位推向更高的位置；他說，政府和法律的目的不是限制和削弱自由，而是保護和擴大自由。他也與霍布斯一樣運用了社會契約學說，但是他對人性更樂觀的判斷，使他開出的藥方不是建立君主

專制，而是加強對政府的限制和防範。

　　同時，美國的啟蒙運動不僅影響了《獨立宣言》，還在法國大革命中留下了印記。而在這場美國的啟蒙運動中，本傑明・富蘭克林扮演了一個核心的角色。他對於企業家精神的倡導，可謂是為後來資本主義的發展提供了極有價值的理論基礎。

　　理性、人權、自由、國際法、分權與制衡、代議制民主……這些現代政治概念可以說都是這一時期思想家留下的寶貴遺產。■

起初，萬物乃世之共有

弗朗西斯科・德・維多利亞

（約1483—1546年）

背景介紹

思想流派
正義戰爭

聚焦
殖民主義

此前
1267—1272 年　托馬斯・阿奎那寫下《神學大全》，此書成為基督教神學史上最具影響力的著作。

1492 年　探險家克里斯托弗・哥倫布成功發現新大陸。隨後「舊世界」掀起了一波殖民競賽的浪潮。

此後
1625 年　胡果・格老秀斯在維多利亞學說的影響下發表了《戰爭與和平法》，對國際法的形成產生了深遠影響。

1899 年　第一屆海牙會議召開；會議達成了有關戰爭與戰爭犯罪法的第一份正式條約。

16 世紀早期，西班牙薩拉曼卡大學湧現出一批傑出的神學家，組成了「薩拉曼卡學派」；該學派的核心人物正是弗朗西斯科・德・維多利亞。這一學派強調個人自由、權利與平等，對前人的自然法觀念進行了徹底的革新。

這一時期，受地理大發現和教宗權威下降的影響，歐洲列強開始為在新大陸攫取更多的殖民地而展開激烈角逐。當時，是薩拉曼卡學派第一個站起來對這種殖民行徑提出了有影響力的批評。其中，

維多利亞認為法律權利源於自然，並且人們生來擁有相同的本質，因此所有人都應當平等地享有生命與自由的權利。

無道之征服

維多利亞關於自然法和權利平等的主張，可謂與教會以及歐洲殖民當局的主流觀念背道而馳。根據基督教教義，主流道德觀相信歐洲人對美洲土著的征服與統治是完全合情合理的。不過，維多利亞卻根據「起初，萬物乃世之共有」的

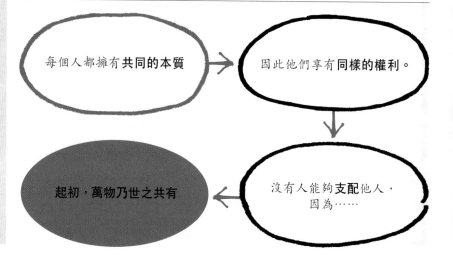

每個人都擁有**共同的本質**　→　因此他們享有**同樣的權利**。

起初，萬物乃世之共有　←　沒有人能夠**支配**他人，因為……

參見：托馬斯・阿奎那 62～69頁，弗朗西斯科・蘇亞雷斯 90～91頁，胡果・格老秀斯 94～95頁。

邏輯判定，這種征服是不正當的。他想，如果異教徒並不必然意味着邪惡，基督教徒也可能做出無道之事，那麼有甚麼理由認為歐洲基督教徒有權統治美洲的異教徒呢？

這一觀點同樣也動搖了君權神授的基礎，因此這也導致維多利亞同西班牙國王、神聖羅馬帝國皇帝查理五世之間產生了眾多分歧。不過儘管如此，這位國王依舊時常向維多利亞尋求建議。

是否存在正義戰爭？

維多利亞關於自然法與人民權利的原則，與他對於正義戰爭理論的研究密切相關。在這個征服新大陸的時期，人們也激烈地討論了戰爭的道德與宗教理由。其核心難題是怎樣將基督教義與政治現實協調起來。在此之前，托馬斯・阿奎那已經對正當的開戰理由以及正

> 佔有和支配的權利由自然法或者人類法所賦予；因此這些權利不會因信仰或者慾望而消失。
> ——弗朗西斯科・德・維多利亞

當的戰爭行為做出了區分，對此，薩拉曼卡學派進行了借鑑，並做出了進一步的發展。其中，維多利亞拒絕把宗教因素作為戰爭正義性的理由。他相信，如果僅僅因為有人是異教徒或拒絕轉變信仰就發動戰爭，那這種戰爭乃是極其不正義的。他說，信仰不能強加，它只能來自於上帝恩賜於人的自由意志。

維多利亞不僅將正義與道德問題從宗教中分離出來，而且還為未來的國際法和人權研究奠定了基礎。後來，海牙和日內瓦會議莊重宣佈了「參戰國必須履行義務」和「無辜平民權利不受侵犯」的準則，在某種意義上也可以說是溯源至維多利亞的學說。如今，當討論土著居民在國際法中的權利之時，依然還有許多人會引用維多利亞的理論。∎

征服美洲的行徑遭到**維多利亞的譴責**；他否認基督徒征服者對於異教徒土著居民有任何特權。

弗朗西斯科・德・維多利亞

維多利亞出生於巴斯克地區的維多利亞鎮。在獲得薩拉曼卡大學的教席之前，維多利亞在巴黎索邦大學求學，並且任教於一所多明我會教會學校。

接着，他當上薩拉曼卡大學的神學教授，後於1526年被選為該校的最高教職——首席神學教授。他是薩拉曼卡學派的創始人之一，這個在當時極有影響力的學者團體還包括多明戈・索托、馬丁・德・阿斯皮利奎塔、托馬斯・德・梅爾卡多以及弗朗西斯科・蘇亞雷斯等一批力圖在天主教傳統內重新界定人與上帝的關係的學者。維多利亞細緻研習了另一位多明我修士、神學家——托馬斯・阿奎那的學說，可以說，阿奎那的著作能算作是薩拉曼卡學派的基石。

主要作品

1532年 《論印第安人》
1532年 《論西班牙對異邦人的戰爭》
1557年 《神學反思》

主權是一個國家絕對的、永久的權力

讓·布丹（1529－1596年）

統治集團相互角逐將導致**內戰和混亂**……

↓

因此必須出現**單個統治者，掌握絕對權力**並且只對上帝負責。

↓

君主的權力想要成為絕對的，就必須是**永恆的**，它不由他人授予，也不受時間限制。

↓

主權是一個國家絕對的、永恆的權力

16 世紀，法國法學家讓·布丹最早提出了「國家在其領土內擁有最高主權」的現代思想。1562—1598 年，法國陷入宗教戰爭，天主教派與胡格諾派之間衝突不斷。而親身經歷了這一混亂年代的布丹，則對統治權力交織混雜所帶來的危害感受頗深。那時，教會、貴族和君王為爭取民眾效忠而展開激烈角逐，但總會造成混亂和內戰。對於如何避免衝突的問題，當時的德國神學家馬丁·路德，以及後來的英國哲學家約翰·洛克、美國國父托馬斯·傑斐遜等思想家所開的藥方是實行政教分離。然而，在布丹看來，建立一個受神庇護的強大中央主權才是確保和平與繁榮的不二法門。

布丹在其著作《國家六論》中認為，主權要有效力，就必須是絕對的、永恆的。絕對的主權可以在其疆界之內形成強大的中央權威。而為了避免紛爭，主權者不能受到任何外部力量或其臣民所左右，不

參見：柏拉圖 34～39頁，托馬斯・阿奎那 62～69頁，尼科洛・馬基雅維利 74～81頁，托馬斯・霍布斯 96～103頁，約翰・洛克 104～109頁，卡爾・施米特 254～257頁。

> **至高無上的君王只對上帝負責。**
>
> ——讓・布丹

能為法律、責任以及種種條件所束縛。布丹關於絕對主權的必要性的主張，為當時歐洲專制君主的崛起提供了理論上的支持。同時，他還強調主權還應當是永恆的。因為，君王的權力既非他人授予，也不能受到時間的限制，否則將違背絕對主義原則。布丹用拉丁文名詞「國家／共和國」（Respublica，法語為Republique，英語 Commonwealth）來指稱公共法律事務，並且相信任何政治社會都必須有一個能夠為這個國家制定和廢止法律的主權者。

君權神授

布丹認為，主權者的合法性源於自然法與上帝。由此可見，布丹認為，無論社會的道德準則還是君王的統治權都直接來自上帝的授予。就此而言，布丹不會同意後來盧梭等啟蒙思想家提出的社會契約觀念，即不同意統治合法性來自於君主與臣民締結的社會契約。同時，儘管布丹對大眾統治的民主制不抱好感，但他並不認同支持君主統治採用恣意妄為手段的馬基雅維利式策略。他說，統治者需要掌握絕對權力，但他們同時也必須謹遵自然法和上帝的教誨。

1648 年歐洲各國達成一系列協約，統稱威斯特伐利亞和約。它以布丹的一國之內主權至上的觀念為基礎，將歐洲從封建等級制的中世紀政治體系推進到了現代民族國家體系之中。自此之後，威斯特伐利亞體系成為國際關係的組織框架，而主權國家的政治自決、相互尊重以及不得干涉他國內政等現代原則正是這一框架的基石。■

讓・布丹

1529年，讓・布丹出生於法國西北部昂熱市的一個富裕的裁縫家庭。他年輕時候就加入了加爾默羅修會，並且在1545年負笈巴黎，求學於哲學家紀堯姆・普雷沃。之後，他到圖盧茲學習法律，並於1560年重返巴黎。隨後，他被推薦為國王的顧問，後又被國王委任為檢察官一職。

布丹學識淵博，其作品廣泛涉獵歷史、經濟、自然史、法律、巫術以及宗教。這些作品，在其生前身後都極具影響力；但是，他的宗教觀念與當時的主流意見大相逕庭，因而備受爭議。儘管布丹名義上是一名天主教徒，但他卻質疑教皇的權威，甚至後來還與其他宗教信仰進行過接觸。

主要作品

1576年 《國家六論》

在法國宗教戰爭中，天主教勢力把教宗奉為最高權力，而胡格諾派則支持國王的權威。

自然法是人類法的基礎

弗朗西斯科·蘇亞雷斯（1548－1617年）

在16 世紀的歐洲，宗教改革、地理大發現以及人文主義的興起等重大事件，使得這樣一個問題日益重要起來：法律究竟是源自於自然、上帝還是人類本身？托馬斯·阿奎那此前已經將自然法與神聖法聯繫在一起，認為人類法應當根據其與自然法的符合程度而得到評判；相應地，自然法也應當在神聖法的背景下來理解。自然法指的是關乎道德的普世規則，它可以通過對人類在內的自然進行分析而獲得，而人類法（也稱作「實證法」）指的則是人類自己制定的法律，它是某一特定社會的產物。

人類法可違

西班牙哲學家弗朗西斯科·蘇亞雷斯繼承了阿奎那的傳統，主張自然法是人類法的基礎。他細緻地解釋了人類法為何有可能是不公正的，與此同時他還格外注重個人自由。根據蘇亞雷斯的觀點，在某些特定情況下，人們可以違背人類

存在着**三種法律形式**：
自然法、神聖法和人類法。

自然法源自**自然本身**以及
上帝的教誨。

包括創製人類法的
立法者在內的**任何人**，都是
自然的一部分。

自然法是人類法的基礎。

參見：托馬斯‧阿奎那 62～69頁，弗朗西斯科‧德‧維多利亞 86～87頁，胡果‧格老秀斯 94～95頁，約翰‧洛克 104～109頁。

薩拉曼卡大學是薩拉曼卡學派的聚集地，這一學派由一羣神學家組成，其中就包括試圖將阿奎那的觀念與日新月異的外部世界相融合的蘇亞雷斯。

法。例如，人們可以將權力與權威賦予統治者，不過在統治者制定的法律非正義情況下，人們同樣可以剝奪他們的權力與權威；所以，任何人類法都不能凌駕於人們對於生命和自由的自然權利之上。並且由於國家權威和權力源於人類，所以國家權威也應當從屬於神聖權威。

君權源自神授嗎？

當時歐洲北部國家的君主們爭相宣稱擁有神聖、絕對的權威，也就是所謂「君權神授」；在這種背景下，蘇亞雷斯的觀點就備受爭議了。他的理論挑戰了統治者只對上帝而非教會或者其臣民負責的觀念。通過對自然法、神聖法及人類法三種不同法律來源的區分，蘇亞雷斯認為，君權神授之說就是將三者混為一談。此外，他還引進了社會契約的概念，提出統治者只能根據人民的同意來施行統治，而且如果統治者不尊重自然法的指引，人民也可以合法地撤回他們的同意。

國際法

蘇亞雷斯還在國際法與自然法之間做出了區分。他認為國際法主要依據於習俗與實證法，而非自然法那樣的普世規則。如今，無論在國內管轄還是國際法領域，自然法與實證法的區分仍舊被沿用下來：英國普通法就深受自然法理論的影響，而美國的獨立宣言和憲法也與自然法密切相關。◼

> 毫無疑問，上帝是自然法的理由，上帝是自然法的導師。但他並不是自然法的制定者。
>
> ——弗朗西斯科‧蘇亞雷斯

弗朗西斯科‧蘇亞雷斯

蘇亞雷斯出生於西班牙南部，在16歲時成為薩拉曼卡大學的一名耶穌會學生。作為一名神學家與哲學家，他接續托馬斯‧阿奎那的經院傳統從事研究，其對國際法和正義戰爭理論的發展具有巨大影響。他最為聞名的著作是1597年的《形而上學的爭辯》；此外，他還是一名多產的學者，創作了有關自然法、國家與教會以及神學之間相互關係的眾多傑出論著。他是一名虔敬的耶穌會士——辛勤工作，自律，謙遜並且虔誠，被時人尊奉為當時最偉大的哲學家之一。教皇保羅五世授予他卓越博士的榮譽稱號，而且據說教皇格里高利十三世還曾出席了他在羅馬的首場授課。

主要作品

1597年 《形而上學的爭辯》
1612年 《論法律》
1613年 《替天主教辯護兼駁斥聖公宗派之謬誤》

政治是一門使人相聯的藝術

約翰內斯·阿爾圖修斯（1557－1638年）

人們在不同的層面**聯合並形成團體**，如家庭、行會、城市、行省以及國家。

國家的宗旨是**保護**其內部各種聯合體的**成員**，並促成其互動交往。

國家的民選代表必須**反映**這些不同聯合體的**各自觀點**。

政治是一門使人相聯的藝術。

長久以來，國家、共同體以及個人之間的權力平衡始終是無數政治思想家們深入思考的問題。16、17 世紀，世人普遍是通過建立一個君主掌握一切權力的集權制國家來解決這個問題。然而，加爾文派政治哲學家約翰內斯·阿爾圖修斯則不同，他提出了有關國家、主權、政治的地位與作用的激進觀點，為現代聯邦制觀念鋪平了道路。在時人眼中，「政治」只關乎國家的行動；而阿爾圖修斯卻重新定義了這一概念，認為「政治」滲透到了社會生活的方方面面；在國家層面以下的政治聯合體中也包含「政治」。在其主要作品《政治學》的第一章中，他就提出了「聯合體」的概念，而這一概念也從此

參見：亞里士多德 40～43頁，讓·布丹 88～89頁，托馬斯·霍布斯 96～103頁，讓-雅克·盧梭 118～125頁，托馬斯·傑斐遜 140～141頁，米歇爾·福柯 310～311頁。

舞蹈這樣的**鄉村公共生活的活動**為阿爾圖斯的聯合體觀念提供了實例——獨立的個體會基於共同的需要、生活方式和價值而聯合成團體。

成為聯邦主義思想的基石。

阿爾圖修斯認為，從私人性質的家庭與行會到公共性質的城市，一切人類聯合體都是通過某種形式的社會契約建立起來的自主性實體。阿爾圖修斯相信人類具有社會性，並且為了共享安寧生活，他們樂於分享物品並尊重他人的權利。當一些人認同某種共同的需要、生活方式或者價值觀並自願奉獻於集體的福祉時，一個個體之間的聯合便出現了。

應自下而上，而非自上而下

在阿爾圖修斯看來，布丹與霍布斯所推崇的絕對主權，不僅不合邏輯，而且具有強制性和壓迫性。他相信，權利與權威應當是自下而上源自於各個聯合體，而非自上而下來自於君王。但這些聯合體單獨存在時，它們都從屬於國家；但聯合體形成集合時，他們卻凌駕於國家之上。政府位於聯合體層級的最頂端，其職責正是管理聯合體構成的國家。而它本身也是這項社會契約的參與者，認同並分享其臣民的宗旨、價值、物品、生活方式，並且協調他們之間的相互交往。

根據阿爾圖修斯的理論，主權在民而不在君。政府的民選代表並不代表個人或者某一個共同意志，而是代表着國家這個共同體之中的一切共同體的豐富多樣的意志。

不過阿爾圖修斯對於共生聯合體的關注，使得他的聯邦主義思想與今天美國聯邦政府有所不同：因為現代聯邦主義以個人主義而非社會團體為根據。但兩種觀念都一致認為國家是一種政治聯合體，而不是獨立於其構成要素之外的單一實體。■

> 這種相互的交流和共同的事業，共享着日常物品、生活方式以及共同權利。
> ——約翰內斯·阿爾圖修斯

約翰內斯·阿爾圖修斯

阿爾圖修斯1557年出生於德國威斯特伐利亞信奉加爾文教的地區。自1581年起，他在一位當地伯爵的資助下，得以到科隆學習法律、哲學和神學。1602年，在擔任了一系列學術職位之後，阿爾圖修斯成為赫伯恩學院的院長。1604年，也就是他最重要的著作《政治學》付梓之後的一年，他被選為埃姆登城的市政理事。

後來，阿爾圖修斯成為一名議員和城市長老；在1638年逝世前，他一直擔任該市的外交官和律師。儘管《政治學》在阿爾圖修斯的時代流傳甚廣，但是由於與甚囂塵上的專制主義、絕對主權理論相衝突，此書在接下來的兩個世紀裏幾近被人遺忘。19世紀，奧托·馮·基爾克重新發現和傳播他的思想。而如今阿爾圖修斯已被奉為聯邦主義的鼻祖。

主要作品

1603年 《政治學：政治方法剖析》(亦稱《政治學》)

自由就是掌控自我的力量

胡果·格老秀斯（1583－1645年）

背景介紹

思想流派
自然法

聚焦
個人權利

此前
1517 年 尼科洛·馬基雅維利在其著作《論李維》中宣稱，共和國的首要目標就是保障個人自由。

1532 年 弗朗西斯科·維多利亞在薩拉曼卡大學講授關於民權的知識。

此後
1789 年 追求自由、平等與博愛的法國大革命為整個歐洲帶來了巨大改變。

1958 年 政治學家以賽亞·伯林提出兩種自由觀：消極自由（免於干涉而自由行動）和積極自由（成為自己的主人的能力）。

生命和財產是每個人的**自然權利**。

⬇

人們**有權享有**這些權利。

⬇

國家**沒有剝奪這些自由的正當權力**。

⬇

自由就是掌控自我的權利。

關於個人自由與權利的概念到了近代時期方才出現。在此前的中世紀時期，權利歸屬於集體，並且由自然法或者神聖法來進行評判。那時，人們認為個人並不擁有權利；而權利也不過是源自自然或上帝的恩賜，而自由也很少與個人相聯繫。可以說，那個年代的

個體有且只有完成上帝旨意的義務。而到了 16 世紀，薩拉曼卡學派的弗朗西斯科·維多利亞和弗朗西斯科·蘇亞雷斯對個體的自然權利展開了研究。但是，對中世紀個體和自由思想造成決定性影響的卻是胡果·格老秀斯，是他明確提出了個人擁有自由與權利。為

參見:弗朗西斯科・維多利亞 86～87頁,弗朗西斯科・蘇亞雷斯 90～91頁,約翰・洛克 104～109頁,約翰・斯圖亞特・密爾 174～181頁。

此,格老秀斯對自然法做了重新定義,並且提出了一種新的權利與自由觀。他摒棄了自然法中的神聖成分,並且提出,一個人只要探究、學習關於人性的知識,就足以成為立法者。簡而言之,是人類行為產生了自然法;而自然權利也是與生俱來的,不是上帝和君王的餽贈。或更確切地說,自由就是一種自然權利。

掌控自我的權利

格老秀斯認為,所謂自由,就是人們掌控自我的權利。而在此意義之上,格老秀斯對「去做某事的自由」同「免於干涉的自由」進行了區分。在他看來,既然人們擁有生命與財產權,那麼他們就理應掌握用以踐行這些權利的能力。故而在這些領域,國家並沒有凌駕於個人之上並干涉個人行動的權力。這樣一來,權利與個人的概念就被聯繫了起來,此時的自由也已不再只是一個關於自由意志的問題,它還

蘊含着個人行動不受限制的意味。而這種對人類主動性的關注,也成為與之前思想相決裂的明確標誌。

格老秀斯將權利視為由個人所擁有的東西,因此他的哲學思想也支持「權利的交易」。例如,個人可以與君王「交易」權利:在這種情況下,個人能自願讓渡其權利從而構成了國家公權力。此外,格老秀斯區分了兩大類關係:一類是「父子、主僕以及君臣」等不平等者之間的關係;另一類是「兄弟、市民、朋友以及盟友」等平等者之間的關係,並在此基礎上探討權利交易的問題。

格老秀斯主張的天賦人權的觀念,成為後來自由主義理論的基石。不過,他還是認為某些人能夠擁有特權,這顯然又與現代自由主義思想相牴觸了。■

格老秀斯主張,**公海自由**是一種自然權利。他運用此觀念為荷蘭東印度公司艦隊打破其他國家的海洋壟斷的行為進行了辯護。

胡果・格老秀斯

胡果・格老秀斯生於荷蘭南部的代爾夫特,他出生時正值荷蘭起義反抗西班牙統治的時期。格老秀斯小時候被視為神童,11歲就考入萊頓大學,16歲就拿到了博士學位。而24歲時,他已被推舉為荷蘭檢察總長。後來,荷蘭陷入了一段動亂時期,格老秀斯也因主張限制教會對世俗事務的干涉而被判處終身監禁,關押於羅維斯退因要塞。

據稱,格老秀斯藏匿在一個大箱子中成功越獄,並逃往法國。在法國,他創作出自己最為聞名的著作《戰爭與和平法》,並因此被尊為國際法與海洋法之父。此外,他關於自然法與個人自由的核心思想後來被約翰・洛克等自由主義哲學家吸收和借鑑。

主要作品

1605年 《戰利品法的註解》
1609年 《海洋自由論》,此書原為《戰利品法的註解》的一個章節。
1615年 《戰爭與和平法》

自然狀態就是一切人反對一切人的戰爭狀態

托馬斯·霍布斯（1588－1679年）

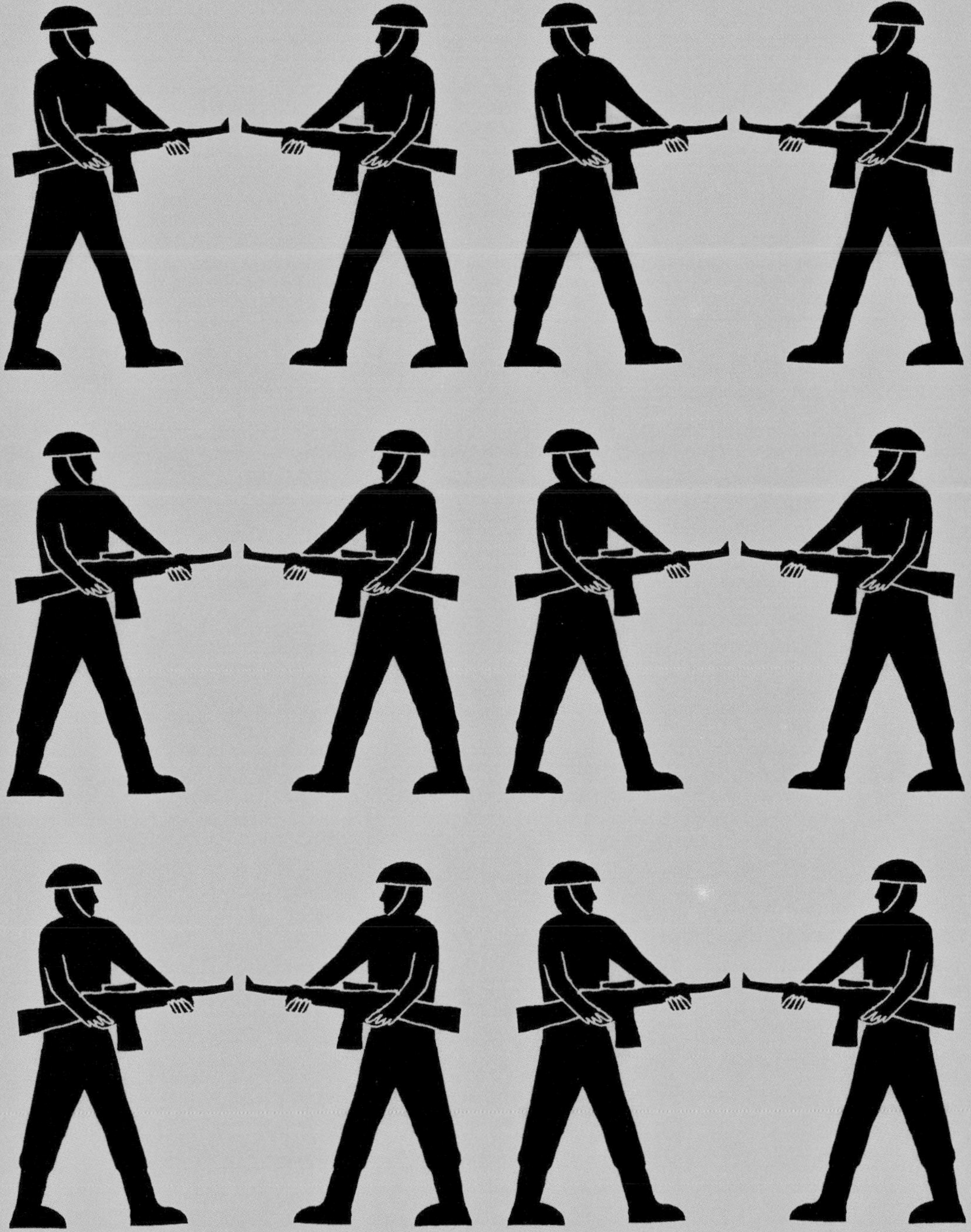

背景介紹

思想流派
現實主義

聚焦
社會契約

此前
1578 年 在讓·布丹《國家六論》的影響下，主權與君權神授的觀念開始盛行。

1642—1651 年 英國內戰暫時確立了君主不得在未經國會同意的情況下施行統治的先例。

此後
1688 年 英格蘭發生光榮革命，次年人們制定了《權利法案》，用以在法律上限制君主的權力。

1689 年 約翰·洛克提出反對專制的學說，主張政府應當代表人民，並且保障他們的生命、健康、自由以及財產權。

中世紀之後，歐洲來到啟蒙時代，一種源自理性思維的新人性觀逐漸替代了宗教的人性觀。不過啟蒙思想家之間也存在分歧，他們對人類所處的狀態以及人行為的本質有着各自不同的看法。為了平息這些重要但抽象的分歧，有學者開始對所謂的「自然狀態」進行探討，即探究社會及社會規範產生之前的理論上的人類狀況是一幅怎麼樣的畫面。

當時許多思想家相信，通過分析這種自然狀態下的人類的本能與行動，就能夠據此設計出一套能反映公民需求並懲惡揚善的政治體制來。例如，如果自然狀態裏，人們能夠超越狹隘的私利，並努力謀求公共利益，那麼他們就可以享受民主的權利。相反，如果他們只關心私利，僅在乎個人權利的最大化，那麼就有必要建立一個強大而有控制力的政治權威來化解紛爭。英國思想家托馬斯·霍布斯是最早將自己的理論建立在縝密的自然狀態分析之上的啟蒙哲學家。而他分析出的結論是，自然狀態是一個糟糕的、弱肉強食的世界，所以人類需要受到政府的統治和保護。

殘酷的自然狀態

霍布斯在他最著名的作品《利維坦》中，將人類描述為一種追求權力最大化並根據個人利益而行動的理性主體，他認為，若非如此，那麼人類的自我保存就將受到威脅。其實，這本著作的書名就已暗示了霍布斯對國家與人類本

> **在沒有一個共同權力使大家懾服時，人們便處在所謂的戰爭狀態之下。**
> ——托馬斯·霍布斯

托馬斯·霍布斯

托馬斯·霍布斯出生於1588年，畢業於牛津大學，之後成為德文郡公爵威廉·卡文迪許的家庭教師。英國內戰期間，他被迫流亡巴黎十年之久，期間寫就了名著《利維坦》。此書深刻地影響着我們認識政府角色的方式，引導一代人將社會契約視為統治合法性的基礎。霍布斯對自然科學興趣濃厚，並且長期與笛卡爾等哲學家保持密切交往，這也在一定程度上對他的政治哲學產生了影響。其中，他從自然科學著作中領悟到，萬事萬物甚至人性都可以被還原為其最基本的構成要素；而幾何學與物理學的簡潔與優美，以及那些運用自然方法進行論證的新式哲學也對他形成了極大的啟發。1651年，他重返英格蘭；後於1679年逝世。

主要作品

1628年 《伯羅奔尼撒戰爭史》
1650年 《論人》
1651年 《利維坦》

參見：柏拉圖 34～39頁，讓‧布丹 88～89頁，約翰‧洛克 104～109頁，讓-雅克‧盧梭 118～125頁，約翰‧羅爾斯 298～303頁。

《利維坦》的卷首插圖描繪了一個由無數微小面孔拼湊而成的統治者形象，他凌駕於大地之上，雙手分別持有象徵着世俗權力與宗教權力的寶劍和權杖。

性的看法。「利維坦」原指聖經《約伯記》裏的海中巨獸，而在霍布斯看來，國家就是這個「龐然大物利維坦」；「它其實是一個人造的人；它遠比自然人要高要壯，所以能夠保護自然人；而在利維坦中，主權就是使整體得到生命力的人造的靈魂。」由此可見，國家就是一個殘暴的人造機構，但是，在保護公民安全的問題上它又是不可或缺的。該書寫於英國內戰期間，其內容聲討了那些挑釁王室權威的行為。在霍布斯看來，英國內戰就像一種自然狀態，也就是一切人對一切人的戰爭狀態；而人們只有通過

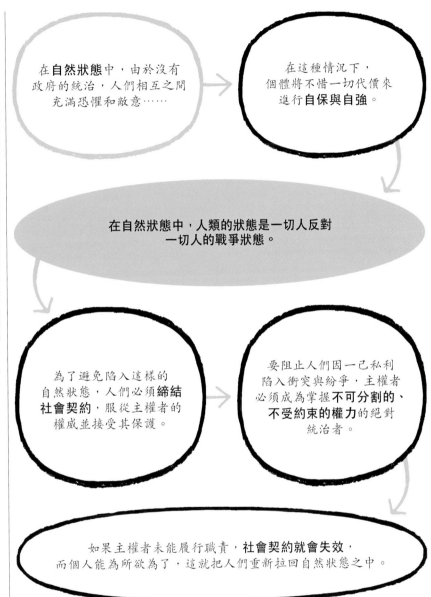

在**自然狀態**中，由於沒有政府的統治，人們相互之間充滿恐懼和敵意⋯⋯

在這種情況下，個體將不惜一切代價來進行**自保與自強**。

在自然狀態中，人類的狀態是一切人反對一切人的戰爭狀態。

為了避免陷入這樣的自然狀態，人們必須**締結社會契約**，服從主權者的權威並接受其保護。

要阻止人們因一己私利陷入衝突與紛爭，主權者必須成為掌握**不可分割的、不受約束的權力**的絕對統治者。

如果主權者未能履行職責，**社會契約就會失效**，而個人能為所欲為了，這就把人們重新拉回自然狀態之中。

締結社會契約來將其權力讓渡給第三方（亦即主權者），才能避免陷入這種狀態；而之所以還需要締結社會契約，是為了保障其他人同樣會將其權力讓渡出去。他說，理性

的個體之所以選擇放棄自由並屈服於專制統治者，是因為在自然狀態之中，生命是如此的「孤獨、貧窮、骯髒、野蠻和短暫」，以至於自由成為一種無暇顧及、無力承

擔的奢侈品。霍布斯認為，在這樣的自然狀態之中，即使人們擁有自然權利，但是首先考慮的事依然必須是想盡一切辦法來保障生存。因此，為了生存，一切行動都情有可原——而奢談權利本身卻保障不了個體的安全。

源自社會契約的統治

在沒有公共權威調解糾紛和保護弱者的情況下，個人就將自主決定需要甚麼東西和需要採取何種措施來維持生存。在自然狀態中，人生而自由、獨立，並且對他人沒有任何義務。霍布斯假設，自然狀態中人們的身體都比較單薄和虛弱，而且往往會面臨物資稀缺的問題。因此，為了獲得食品與住所，一些人將會挑起爭端；而還有一些人會為了獲取權力與榮譽而

引發爭執。於是一種持續的恐懼狀態隨之而來，並最終引發人們相互攻擊，而且先發者往往制人。

在霍布斯看來，這種戰爭和混亂狀態是人類自由不受約束的必然結果；因而，為了避免這種情況，國家就需要掌握不可分割的至高權力與權威，來約束其國民的自由行為。這與法國法學家讓·布丹對於主權的描述極其相似。不過，霍布斯沒有像布丹那樣將政治權威建立在君權神授之上，而是建基於一種所有理性人都會同意的社會契約。

霍布斯關於人的自然狀態的觀念對政治理論產生了深遠影響。霍布斯的自然狀態是一種理論假說，是一種對無政府狀態下人類生存情況的理性重構。而約翰·洛克、讓-雅克·盧梭等後來的思想

家，及其討論社會契約與理想政體的著作中，卻都以不同的方式來運用這一觀念——在洛克和盧梭眼中，自然狀態不是一種理性建構，而是確實存在過的真實狀態。

必要的惡

啟蒙思想家運用社會契約的觀念來回答不同統治類型的合法性問題。他們認為，統治者與被統治者之間必須對以下問題達成一致，其統治才具有合法性：如果公民同意放棄個人自由並甘願接受統治，那麼君主就必須保障公民的安全及其自然權利。

霍布斯說，擺在人類面前的有兩個選擇：要麼生活在無政府狀態（自然狀態）之中，要麼生活在政府統治之下。在他看來，如果個體破壞性的衝動沒有強力約束，那麼等待人們的必將是殘酷的命運；因而，為了避免這一厄運，人們訂立社會契約，並賦予主權者不可分割的至高權威就將是一種必要的惡。霍布斯相信，「當沒有一個共同權力使大家懾服，那麼人們便處在所謂的戰爭狀態之下。這種戰爭是每一個人對每一個人的戰爭。」然而，霍布斯不同意先前那些宣稱君權神授的學者，而是真正地把統治者與被統治者之間的關係看作一種契約關係。這項契約乃是由社會個體之間相互訂立的，而君主作

霍布斯的《利維坦》創作於英國內戰時期。在他看來，唯有君王的保護才能使人們遠離同戰爭一樣殘酷的「自然狀態」。

在霍布斯眼中，自然狀態是十分可怕的，因此，他認為，人們為了自保，一定會甘願臣服於統治者或主權者。

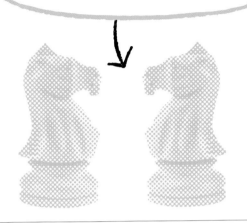

在自然狀態下，**所有人都處於與他人的戰爭狀態之中**，並且生活在對同伴的持續性**恐懼**的狀態下。

為了謀求**安全與法治**，人們相互訂立社會契約，並將一切權力轉交契約的第三方——主權者。

為第三方，則不參與其中。

集體行動

由於人們是理性的，所以他們能夠理解自然狀態的惡劣，明白和平安寧的美好。因為自然狀態下的個體往往不得不只考慮自己的一己私利，因此容易陷入「集體行動困境」。儘管這個現代名詞並非霍布斯發明，但是在他所探討的那種自然狀態中，每個人都不願相信他人會像自己一樣先放下武器，因此這種「困境」與這個現代概念非常吻合。而解決困境的方法只有一個，就是使所有希望獲得滿意結局的個體集體地行動起來。對此，霍布斯選擇的解決辦法是：將一切個人權力移交給契約的第三方，即主權者。不過，已有當代學者探索出

了一些克服集體行動困境的其他方法。英國哲學家瑪格麗特·吉爾伯特就提出，集體行動包含着一種針對某項行動的集體意向，這意味着在行動過程中，個人並非絕對自私的獨立個體，而是一個有機體的

臣民對於主權者的義務，只存在於主權者有權力保衛臣民的時期。

——托馬斯·霍布斯

一部分，會為了某一特定目標而協作行動。

霍布斯的契約觀同樣也涉及主權者的義務。他認為，只有當主權者能夠保護臣民時，社會契約才能生效。不過，霍布斯並不支持教會或民眾對國家事務進行干預，也不讚同民主統治。於他而言，政府的主要目標是維持穩定與和平，而不是保障個人自由。

實用政治學

霍布斯的社會契約理論曾被用來給某些政權變動提供辯護。例如，1649 年英王查理一世被奧利弗·克倫威爾廢黜之時，霍布斯就認為，社會的契約仍舊保持完好，只不過是一名統治者被另一名所取代而已。換言之，霍布斯不僅是

一名反民主的專制主義者，同時也是實用主義者。他從未確切地表明過甚麼是最佳的統治類型；但是很明顯，他更偏愛查理一世的君主制，在他心目中，這是一種優良的、穩定的政府形式。不過，在他看來，只要立法會議的成員數額是奇數，就不會形成雙方人數相等的政治僵局，那麼由議會行使主權也是一種適宜的政府形式。

霍布斯的社會契約背後的邏輯曾遭到眾多學者的質疑。其中，約翰·洛克就提出了一項尖銳的批評，他認為霍布斯的邏輯就是「人們為了免受狸貓或狐狸的擾擾，而甘願選擇被獅子所吞食，並且還認為這是最安全的選擇。」在洛克看來，獨裁統治與內戰狀態都同樣危險，或更確切地說，身處自然狀態比遭受君主的專制統治要好。然而，霍布斯卻相信，唯獨擁有不可分割、不受約束權力的政府，才能防止無政府狀態下的社會分裂演化為一場內戰。在他看來，那些只知爭取自由與權利之人沒

在**奧利弗·克倫威爾**的領導下，反對王權的國會派在 1649 年推翻了國王查理一世。不過霍布斯認為社會契約仍舊有效，因為統治權完好地轉移到了國會手中。

有看到，文明世界下的人們認為理所當然的基本生存安全，其實只有在強有力的集權統治之下才可能維持。所以，想要維護和平，就必須有政治服從。當公民的生命受到威脅時，他們的確有權自衛；但是在其他一切問題上，為了避免派系衝突與政治動亂，人們必須聽從政府的支配。

反對自然狀態

霍布斯從他對於人性的思考出發，為專制主義提供了強力的辯護。而他那些反對專制主義的論敵們，則對他把人類描繪成貪權好鬥的存在提出了質疑。在讓-雅克·盧梭充滿浪漫主義色彩的設想中，人們在自然狀態下的生活是純真、簡單的，與現代社會爾虞我詐的生活截然相反。因此，盧梭認為人們不應脫離自然狀態，而且應儘可能地還原自然狀態。故而，盧梭倡導在小規模共同體中實行直接民主制。事實上，霍布斯生活在動盪不安的英國內戰期間，而盧梭卻安居於平靜的日內瓦，由此可見，不同的生活背景造就了他們不同的政見。此外，盧梭與霍布斯還有一個不同，就是盧梭認為自然狀態是對人類進入社會之前那段歷史的真實

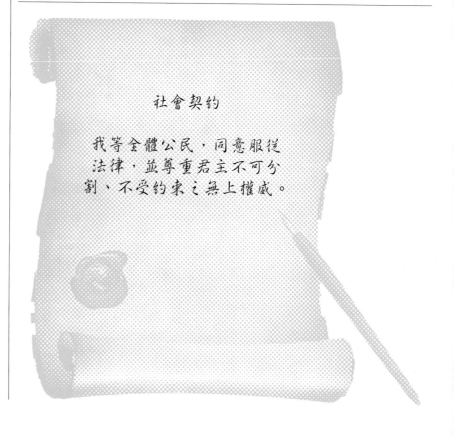

社會契約

我等全體公民，同意服從法律，並尊重君主不可分割、不受約束之無上權威。

> 再沒有比原始狀態中的人更溫和的了，在那個時候，人與野獸般的愚鈍、文明人不幸的智慧都有很遠的距離。
>
> ——讓-雅克·盧梭

描述。自此而始，幾乎後來所有的政治思想家都始終在霍布斯與盧梭這兩個極端之間搖擺，要麼認為人類狀況是一種戰爭狀態，要麼是一種人與自然和諧相處的融洽狀態。

另外，約翰·洛克和蘇格蘭哲人休謨也各自對霍布斯進行了批判。洛克在他的兩卷本《政府論》中討論了自然狀態，並且論及了規範這種狀態的自然法。他主張，即使在自然狀態之中，人們也無權侵犯他人。而休謨也加入到論辯中，他認為人類天生就具有社會性，因而不太可能存在霍布斯所描述的那種野蠻狀態。

霍布斯的研究方法

如今，仍然有學者運用霍布斯的自然狀態觀念來闡釋自己的政治觀。例如，約翰·羅爾斯就運用了霍布斯社會契約的思想，來探討理想的社會制度安排。在《正義論》中，羅爾斯表明，人們在「無知之幕」下能夠選出一個公正的社會制度。「無知之幕」裏的人們將失去關於自己各種優勢、背景和傾向的信息；在這樣的中立狀態下，人們最終的選擇將是一個讓每個人都擁有一定基本權利與經濟保障的社會。當然，霍布斯探討的不是如何實現理想社會，而是建立強大政府的必要性。

儘管在大多數當代學者眼中，

> 在人人相互為戰的戰爭狀態下，不可能有任何事情會被視為不公正的……因為沒有共同權力的地方就沒有法律，而沒有法律的地方就無所謂公正。
>
> ——托馬斯·霍布斯

霍布斯關於人類狀況的看法顯得過於悲觀，但他的觀點對於現代政治思想仍然影響深遠。例如，國際關係理論中，着眼於權力研究的現實主義流派並不贊同霍布斯關於人的狀態就是戰爭狀態的預設前提，但在他們看來，他所描述的自然狀態下的無政府狀況，卻很契合如今以國家為主體的國際社會的情形。而直到如今冷戰已經結束，國際社會的這種現實主義觀點仍舊處於支配地位。不過它與霍布斯理論的主要區別在於，在國際層面上，人們無法依靠一個強大的公權來抑制各國對權與利的追求；國家之間無法彼此信任，因而它們注定會走上軍備競賽與戰爭的道路。■

老彼得·勃魯蓋爾（Pieter Bruegel the Elder）的畫作《**死亡的勝利**》(The Triumph of Death)，描繪了死亡不分貴賤地平等降臨到世人身上時所引發的混亂狀態。在霍布斯看來，混亂、野蠻的自然狀態正與此類似。

法律的目的是保護和擴大自由

約翰·洛克（1632－1704年）

背景介紹

思想流派
自由主義

聚焦
法治

此前

1642 年 英國內戰爆發，其原因之一是人們擔憂查理一世將會實行專制統治。

1661 年 路易十四開始其對法國的專制統治；他自稱「朕即國家」，專制思想可謂昭然若揭。

此後

1689 年 英國制定《權利法案》，明確了國會權利，並保障了選舉免受王室的干涉。

18 世紀 美國和法國先後爆發人民革命，打造出兩個以自由主義原則為立國根基的共和國。

　　個政府應當扮演怎樣的角色，應履行怎樣的職能？政府統治的權力來自哪裏，權力範圍又該如何界定？以上可謂是政治理論中非常重要的兩組問題。中世紀的一些思想家認為，國王的統治權由上帝所賜，另一些則宣稱貴族具有統治他人的天生權力。然而，這些陳規陋見逐漸遭到啟蒙時代思想家們的挑戰。不過，既然他們主張統治的權力既非神授也與出生無關，那麼他們必須為統治權力找到其他的合法性來源。

　　於是，英國哲學家約翰·洛克第一次明確地闡述了政府應當遵循的自由主義原則。他說，政府的宗旨是保證人民自由、生命、財產以及獲得公共物品的權利，並且對那些侵犯他人權利的人施以懲罰。那麼，要扮演這些角色，政府首先就要把立法作為首要職能。洛克認為，人們之所以願意簽訂社會契約並甘心接受政府的統治，是因為他們期盼政府能夠以中立的身份調節分歧與衝突。接着，根據同樣的邏輯，洛克又描述了不具有統治合法性的政府的特徵：如果一個政府無法尊重和保護人們的自然權利，並且對人們的自由進行了不必要的限制，那麼它就是一個不合法的政府。可見，洛克反對專制統治。此前，洛克的同代人托馬斯·霍布斯曾提出，只有一個具有至上權力的政府才能將人們從野蠻的自然狀態中解救出來；而洛克則不同，他認為，政府的權力與職能必須受到限制。

以法為本

　　洛克的大部分政治哲學著作都在討論權利和法律的問題。他將政治權力定義為「制定法律的權力，其中還包含關於死刑的法律」。他認為，人們之所以自願脫離不受法律管制的自然狀態，其首要原因是在這種狀態下缺少一個中立的裁判者。在這種情況下，將施行暴力和刑罰的權利託付給政

約翰·洛克

　　1632年，約翰·洛克出生於英國布里斯托。他經歷了英國歷史上最具有變革性意義的一個世紀；在某種意義上，他本人也是這些變革的締造者之一。這個世紀裏，一系列的內戰使新教徒、國教徒與天主教徒相互敵對，並使權力在國王與議會之間不斷搖擺。洛克本人也曾因為被懷疑參與謀殺國王查理二世的行動而不得不長期流亡法國與荷蘭。他的兩卷本《政府論》為1688年光榮革命奠定了理論基礎，而這場革命也標誌着權力中心從國王向議會的永久轉移。另外，作為哲學家的洛克還認為，人的心靈就像一塊白板，並非生來就具備各種觀念——這可謂是一種非常現代的自我認知方式。

主要作品

1689年 《政府論》（上下篇）
1690年 《論寬容》
1689年 《人類理解論》

參見：托馬斯・霍布斯 96～103頁，孟德斯鳩 110～111頁，讓-雅克・盧梭 118～125頁，托馬斯・傑斐遜 140～141頁，羅伯特・諾齊克 326～327頁。

> 人類是擁有自然權利的**理性、獨立的個體**。

→

> 他們進入政治社會，是為了在法治下**得到保護**。

→

> **法律的目的不是廢除和限制自由，而是保護和擴大自由。**

府，以確保法治的公平，也正符合人們的意願。洛克進一步主張，一個合法的政權應當將立法權與行政權進行分割；不過，立法權要高於行政權，因為前者掌握着為國家制定普遍準則的至高權力，而後者只需負責在具體的領域保障法律的實施。

洛克密切關注法律，其中一個重要的原因是法律能夠保障自由。他認為，法律的目的不是要廢除或限制自由，而是保障並擴大自由。洛克相信，在政治社會中，「沒有法律的地方，也就沒有自由」。因此，在他看來，法律既能約束自由

> 在一切能夠接受法律支配的人類狀態中，沒有法律的地方，就沒有自由。
> ——約翰・洛克

又會增進自由。生活在自由之中，並非意味着生活在沒有法律的自然狀態中。據此，洛克指出，「自由，正如人們告訴我們的，並非人人想怎樣就可以怎樣的那種自由（如果任何一個人因一時高興就可以支配另一個人的話，那還有甚麼自由呢？），而是在他所受約束的法律許可範圍內，隨心所欲地處置和安排自己的人身、行動、財富和全部財產的那種自由。」換言之，法律不能只是保障自由，還要幫助人們將自由付諸實踐。如若沒有法律，我們的自由將受限於混亂無常的自然狀態。實際上，在這種情況下，很可能根本就沒有自由可言。

人的原初狀態

洛克認為，我們應當在理解人的原初狀態與本性的基礎上來制定並執行法律。同大多數社會契約論思想家一樣，洛克也認為人是生

1649 年，孩提時期的洛克親眼目睹了對國王查理一世的處決，其罪名是「暴君、叛徒、殺人犯和國民公敵」。這段經歷也許給洛克**反對專制統治**的思想埋下了種子。

而平等、自由和獨立的造物。按照洛克的觀點，在自然狀態中，人們能夠相對和諧地共同生活，只是缺乏一個合法的政治力量或仲裁者以中立的方式來協調糾紛。洛克這樣描述道：「在自然狀態中，人類受理性支配而生活在一起，卻不存在擁有權力對他們進行裁判的共同尊長。」

同時，雖然在霍布斯眼中，自然狀態下的人們往往只關心自我的保存與自己權利的最大化，但與霍布斯不同，洛克認為，自然狀態並不等於戰爭狀態，戰爭狀態中的人們不會遵守自然法和理性法。而

政府必須**制定良法**　　用來**保障人們的權利**　　並在公共利益的指導下**執行**法律

在自然狀態中，人們也能夠根據理性來行動，並且相互包容，衝突並不是普遍存在的。不過，隨着人口密度的增長，資源變得稀缺，加之貨幣的發明導致經濟上的不平等，衝突就會隨之增加。於是，人類社會就開始需要法律、調解者與仲裁者以客觀的姿態來解決分歧了。

1689 年英王威廉三世簽署《**權利法案**》，從此形成了對國王權力的限制；這一做法正好符合洛克的「君主只能在民意下施行統治」的觀點。

政府的宗旨

　　洛克政治思想的核心議題就是統治的合法性問題。與霍布斯相似，他試圖在理解人類自然狀態的基礎上，論證政府統治的合法性。洛克贊同霍布斯的觀點，認為合法的政府應當建立在社會個體相互締結的社會契約之上。因為，自然狀態面臨着一個困境，那就是沒有法官與警察來保障法律實施；而人們之所以自願進入人類社會，就是為了建立一個政府來承擔這一責任——而這，就是政府的合法角色。合法政府的另一重要特質，就是它必須在公民的同意下施行統治。不過在洛克看來，這並不意味着一定要實行民主制，也就是說，不一定要大多數人來決定是由君主、貴族還是公民會議來行使統治權。他認為，真正重要的是統治的權利來自於人民，並且人民有權將其收回。

　　洛克反對建立霍布斯所擁護的那種強大的專制政府，原因是這樣一個強大的存在必將構成對個人自由不必要的限制。洛克相信，公民若徹底臣服於政府是十分危險的；他寫道：「我有理由斷定，凡是不經我同意就能將我置於其權力之下的人，必然能任意處置我，甚至也可以隨意毀滅我。除非一個人動用強力來破壞自由，否則沒有人應該存在將他人置於自己絕對權力之下的慾望，因為那將同遭受奴役無異。」

　　確切地說，洛克是在倡導建立一個有限政府。政府應當保護私產、維護和平、確保為全民供給公共物品，並且儘可能地抵禦外敵入侵，「這就是（政府的）初衷，這就是（它的）作用，這就是每一個國家中至高立法權的界限」。政府的宗旨就是彌補自然狀態的不足，保障人們的自由並維護社會的繁榮；

所以根本沒有必要將人們置於專制統治之下。因此，政府的首要功能是制定能夠保護人們權利的良法，並在公共利益的指導下保障法律的實施。

反抗的權利

洛克在對合法與非法政府做出區分之後指出，反對無道的統治是正當的舉動。他描述了一系列人們為收回授予給政府的權力而進行反抗的情形，如民選代表參加議會受阻、外國統治者獲得統治本國國民的權威、在沒有公眾授意的情況下改變選舉制度或程序、法治的原則沒有得到貫徹，以及政府出現剝奪人民權利的舉動等等。在洛克看來，非法、無道的統治簡直與奴隸制無異。此外，如果遇到君主打破與人民訂立的社會契約，那麼處死君主也是可行的。洛克是清教徒的後代，並在英國內戰中支持議會派，因此「處死君主」的觀點不僅是一種理論探討，更是在為處決查理一世的舉動的合法性進行辯護。

洛克的遺產

在洛克身處的時代，他的學說就被世人稱為「自由主義」，被看作是一種推崇自由與平等原則的政治哲學。18 世紀末期，先後在美國和法國爆發的革命就是以自由主義理念為基礎的。事實上，托馬斯·傑斐遜就對洛克推崇備至，並且在參與起草《獨立宣言》和美國憲法這些奠基性文件時大量引用了他的文字。美國憲法的《權利法案》中對保障「生命、自由與財產」的強調，以及《獨立宣言》中對不可剝奪的「生命、自由與追求幸福」權利的頌揚，都可以被視為約翰·洛克哲學所結下的果實。∎

> 權利法案的意思就是人民有權反對任何政府，而政府無權拒絕或者拖延。
>
> ——托馬斯·傑斐遜

根據洛克的觀點，**一個政府要**有統治合法性，就必須允許民選的代表有權召集會議（比如下議院）並展開辯論。

當立法權和行政權集中於同一個機構時，自由將不復存在

孟德斯鳩（1689－1755年）

背景介紹

思想流派
立憲政治

聚焦
三權分立

此前
公元前 509 年 羅馬人推翻暴君盧修斯·塔克文·蘇佩布的統治，成立羅馬共和國，形成了由三大權力機構組成的政府。

1689 年 英國在光榮革命之後建立起了君主立憲政體。

此後
1787 年 美國國父們在費城通過了美國 1787 憲法。

1789—1799 年 法國大革命時期建立起了法蘭西第一共和國，取代了此前由君主和教會統治的專制政體。

1856 年 阿歷克西·德·托克維爾發表了《舊制度與大革命》，對法國專制君主制度的沒落進行了分析。

18 世紀啟蒙運動時期，科學的進步使教會權威遭遇了嚴重挑戰，而專制體制的君權神授思想也逐漸受到世人質疑。在當時歐洲，尤其是法國，有許多政治哲學家對君主、僧侶和貴族的統治權威做出了研究和拷問，其中佼佼者莫過於伏爾泰、讓-雅克·盧梭和孟德斯鳩。

盧梭提出應該把君主的政治權力轉交到人民手中，伏爾泰主張政教分離的思想，而孟德斯鳩則並

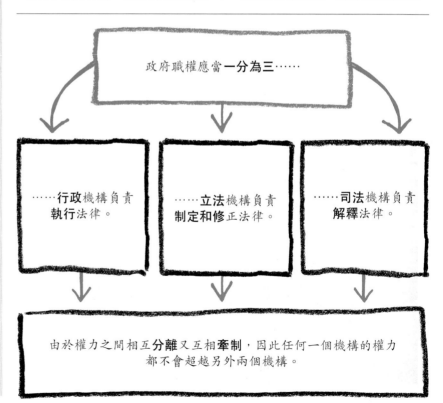

政府職權應當**一分為三**……

……**行政**機構負責**執行**法律。

……**立法**機構負責**制定和修**正法律。

……**司法**機構負責**解釋**法律。

由於權力之間相互**分離**又互相**牽制**，因此任何一個機構的權力都不會超越另外兩個機構。

參見：西塞羅 49頁，讓-雅克‧盧梭 118～125頁，托馬斯‧傑斐遜 140～141頁，詹姆斯‧麥迪遜 150～153頁，阿歷克西‧德‧托克維爾 170～171頁，亨利‧戴維‧梭羅 186～187頁，諾姆‧喬姆斯基 314～315頁。

> **政府的腐化總是始於原則的腐化。**
>
> ——孟德斯鳩

不如前兩位那樣着重關注權力的歸屬問題；對他而言，最關鍵的問題是以憲法的形式防止暴政的出現。他相信，通過三權分立便能實現這一目標。

孟德斯鳩認為，暴政是對公民自由最大的威脅，如果沒有憲法的保護，那麼不論是君主制還是共和政體都將有退化的危險。他思想的核心正是將政府職權分成以下三個類別：行政權（負責執行和實施法律）、立法權（負責制定、廢除和修正法律）和司法權（負責解釋和應用法律）。

三權分立

將政府職權分成不同類別的做法，這在希臘語中被稱為三權分立（trias politica）。這一說法其實並不新鮮，早在古希臘和古羅馬時期就存在這樣的思想。但孟德斯鳩的創新之處在於，他主張由三個不同的機構來分別行使這些權力。這樣一來，機構之間能夠形成權力的制衡，確保政權的穩定，並防止政權墮入暴政之中。權力分立還可以防止其中任何一個部門變得過於強大，因為每個機構都有能力對其他機構濫用權力的傾向進行限制。儘管孟德斯鳩的思想不可避免地遭到了法國當權者的敵視，但是三權分立原則卻能流芳後世，影響極其深遠，還成了後來美國憲法的奠基之石。在法國大革命中，參照這一原則成立的共和國也成為後世政體的一大典範。在接下來的幾個世紀裏，隨着民主制度在全球範圍的推廣，三權分立已成為許多國家憲法中最為神聖的一道法則。■

美國國會是聯邦政府的立法機構，它同總統（行政機構）以及司法機構既分權又制衡。

孟德斯鳩

孟德斯鳩原名夏爾‧路易‧德‧塞孔達。他出生在法國波爾多附近的貴族世家，並在1716年繼承了伯父的男爵封號。他早年在波爾多學習法律，1715年成婚，這場婚姻為他帶來了一筆巨額的遺產，再加之他本人繼承的殷實家產，使他能毫無顧慮地投身於自己的寫作生涯之中。他的第一部著作是以辛辣諷刺筆調寫就的小說《波斯人信札》。

1728年，孟德斯鳩被選為法國科學院院士，並開始在意大利、匈牙利、土耳其和英國展開一系列的考察遊歷。1731年，他回到波爾多，寫作《羅馬盛衰原因論》以及其傳世巨作《論法的精神》。《論法的精神》1748年問世之後，在法國飽受敵視，但在歐洲其他地方卻大受讚賞。1755年，孟德斯鳩因病去世。

主要作品

1721年 《波斯人信札》

1734年 《羅馬盛衰原因論》

1748年 《論法的精神》

獨立企業家就是優秀公民的典範

本傑明·富蘭克林（1706－1790年）

背景介紹

思想流派
自由主義

聚焦
有企業家精神的公民

此前
1760 年 英國奪取了法國在北美的殖民地，進一步擴張在新世界（The New World）的勢力範圍。

1776 年 英國在北美的 13 個殖民地發表《獨立宣言》，美利堅合眾國成立。

此後
1790 年 托馬斯·潘恩的《人的權利》在法國出版。

1868 年 隨着《美國憲法》第 14 修正案的頒佈，美國黑人獲得了公民資格。

1919 年 憲法第 19 修正案賦予了美國婦女選舉權。

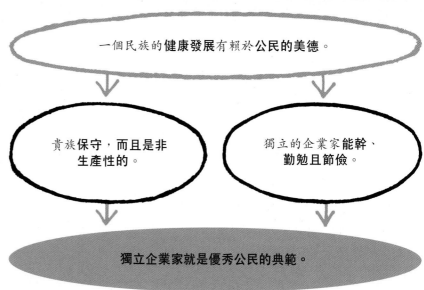

一個民族的**健康發展**有賴於**公民的美德**。

貴族**保守**，而且是**非生產性的**。

獨立的企業家**能幹、勤勉且節儉**。

獨立企業家就是優秀公民的典範。

在獨立運動前後的一段時期，美國正經歷着一場思想的大變革。在這段號稱美國啟蒙運動的時代裏，思想界的領軍人物們深受約翰·洛克、埃德蒙·伯克、讓-雅克·盧梭、伏爾泰和孟德斯鳩等歐洲啟蒙作家的啟迪。其中，美國國父們在設計新政權體制時，始終遵循着自由主義與共和主義原則，反對專制集權和貴族特權。在他們眼中，多元主義的理想、對個人權利的保障以及不設限制的公民權是這個國家的基石。他們這種新的政權體制背後的人性觀來源於古典共和主義，它主張公民美德是建立一個良好社會的根基。而同樣被尊為美國國父的本傑明·富蘭克林則認為，個體企業家就是優秀而高尚的公民。接着，富蘭克林對美國的資本主義精神進行了清晰的闡述。

參見：約翰・洛克 104～109頁，孟德斯鳩 110～111頁，埃德蒙・伯克 130～133頁，托馬斯・潘恩 134～139頁，托馬斯・傑斐遜 140～141頁。

企業家的美德

自由主義者注重個人的生命與財產等權利，而古典共和主義者們則更為關心公民對於國家的義務，以及成為優秀公民需要具備的美德。對於早期古典共和主義者而言，美德的概念十分重要。例如意大利思想家尼科洛・馬基雅維利在討論統治者的品質時，就是在談及君主的「美德」。但是，個體公民的美德卻很少有人論及。

於是，富蘭克林從個人層面對美德進行了探討。在他看來，一個國家的繁榮是以個人的美德為基礎的，是公民的辛勤工作和積極生產，而不是王公貴族的美德在左右民族的進步。富蘭克林與歐洲啟蒙

微軟創始人比爾・蓋茨身上展現出來的**企業家精神**和慈善熱忱，正是富蘭克林所謂良好公民品質的核心內容。

> **請不浪費時間；請只去做那些有用的事；請戒掉一切不必要的行動。**
> ——本傑明・富蘭克林

思想家一樣，相信商人與科學家將成為社會進步的真正動力；當然，他還同樣十分注重個人的品質與責任。他認為，企業家精神就是一種極具美德的個人品質。

促進公共利益

在當下世人眼中，企業家精神已成為一個同資本主義生產體系關係緊密的概念。例如，在奧地利經濟學家約瑟夫・熊彼得看來，企業家精神就是形塑着資本主義體系的「創造性破壞」（creative destruction）過程的核心因素。然而，富蘭克林眼中的企業家明顯與現代的資本主義商人形象有所不同。一方面，他認為唯有當企業家精神能夠通過慈善等方式促進社會公共利益時，它才可以稱得上是一種美德；另一方面，他還呼籲推廣志願組織，從而在一定程度上扭轉社會的個人主義傾向。■

本傑明・富蘭克林

本傑明・富蘭克林是著名的政治家、科學家和發明家。1706年，他出生於波士頓，其父親是一名肥皂與蠟燭的製造者。富蘭克林在漫長的美國建國歷程中，發揮着重要的領袖作用。在政治方面，他積極參與反對英國《印花稅法案》的運動，並擔任過美國駐英國和法國大使。在美國人民心中，他是國父中最偉大的人選之一。

富蘭克林同時也是一名科學家，尤其以風箏雷電的實驗而著稱。他還擁有眾多發明，包括避雷針、開放式取暖爐（又叫富蘭克林火爐）、雙焦眼鏡與軟性導尿管等。此外，他還是一名成功的報紙編輯、出版商和流行文學作者。儘管富蘭克林從未在政府高層任職，但他對美國政治版圖的影響十分深遠，鮮有人能與之相提並論。

主要作品

1733年 《窮查理年鑑》

1787年 《美國憲法》

1790年 《富蘭克林自傳》

REVOLUTIONARY THOUGHTS

1770–1848

革命思想
1770年 — 1848年

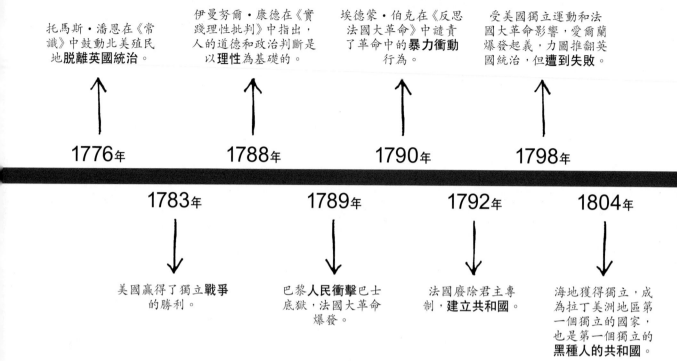

托馬斯·潘恩在《常識》中鼓動北美殖民地脫離英國統治。

伊曼努爾·康德在《實踐理性批判》中指出，人的道德和政治判斷是以**理性**為基礎的。

埃德蒙·伯克在《反思法國大革命》中譴責了革命中的**暴力衝動**行為。

受美國獨立運動和法國大革命影響，愛爾蘭爆發起義，力圖推翻英國統治，但**遭到失敗**。

1776年　　**1788**年　　**1790**年　　**1798**年

1783年　　**1789**年　　**1792**年　　**1804**年

美國贏得了獨立**戰爭**的勝利。

巴黎**人民衝擊**巴士底獄，法國大革命爆發。

法國廢除君主專制，**建立共和國**。

海地獲得獨立，成為拉丁美洲地區第一個獨立的國家，也是第一個獨立的**黑種人的共和國**。

17世紀，人類認識和理解自然世界的能力有了巨大進步。而人們在科學問題的全新發現以及運用的全新方法，也為人們解決社會問題提供了新的途徑。英國哲學家霍布斯運用了「社會契約」的理念，描繪了自然狀態下理性（但是自私）的人們所面臨的生活情境；而另一個位英國思想家洛克，則為私有財產制提供了一套理性的辯護。接著，這些對社會結構進行理性化解讀的早期嘗試由後來的啟蒙運動思想家所接續。這場思想文化運動旨在清除經院哲學幾個世紀的統治，要用理性而非信仰來為人類獲取知識和推動社會改革鋪平道路。

人民主權

瑞士籍法國哲學家盧梭用社會契約的思想向人們展示了新時代的政治模式。那時，包括伏爾泰在內的許多啟蒙思想家都還在宣揚開明專制的好處，提醒暴民政治的威脅；而激進的盧梭卻明確地宣佈「主權在民」。儘管盧梭並不是第一個批判權威的人，但他着實是第一個運用啟蒙運動時代的新思想模式來批判權威的人。而且，盧梭還堅信，啟蒙運動絕不是一場知識精英的運動，它對理性和進步的關懷必將最終成為一場人民的運動。

在盧梭去世之後，新思想之間的碰撞和分歧成為時代的主旋律。而啟蒙運動的思想也在 18 世紀剩餘的那些日子裏開始為現實政治刻下痕跡。其中，托馬斯·潘恩的一本名叫《常識》的小冊子剛一發表便洛陽紙貴，它所宣揚的獨立、共和和民主的思想可謂是順應了美國獨立運動的需要。而法國大革命中最激進的雅各賓派對盧梭推崇備至，他們甚至將盧梭的靈柩搬進了先賢祠，與伏爾泰相對而葬。

通過理性的力量來改造社會成為時代的信仰，甚至同傳統與過去徹底決裂也在所不惜。19 世紀 50 年代以前，革命浪潮在歐洲前

隨着《普雷斯堡合約》的簽訂，近 1000 年歷史的**神聖羅馬帝國正式滅亡**。

拿破崙**兵敗**滑鐵盧。

希臘爆發反抗奧斯曼帝國的獨立戰爭，並引發了巴爾幹地區的一系列**民族獨立運動**。

上加拿大爆發叛亂，試圖推翻**英國在加拿大**的統治，但最終失敗。

1806年

1815年

1821年

1837年

1810年

1820年

1831年

1839年

由西蒙·玻利瓦爾領導的拉丁美洲民族解放運動爆發。

黑格爾在《**法哲學原理**》中指出討論了自由。

南威爾士鋼鐵工人起義被鎮壓，在這次運動中，**紅旗**首次成為革命的象徵。

英國憲章運動中，工人們為實現「人民憲章」而進行了一場民主改革運動，要求實現**不記名投票和（男性）普選權**。

仆後繼，而民族解放運動也在拉丁美洲吹響號角。另外，還有英國作家瑪麗·沃斯通克拉夫特起身高呼：啟蒙運動所崇尚的自由不應當只屬於一半的人，婦女獲得權利也應當是公正社會的一個重要標誌。

保守主義

伴隨着這些激進的思想，一種更加新穎而且深邃的保守主義思想也應運而生，並由愛爾蘭政治家埃德蒙·伯克加以闡釋。

伯克運用自由和權利的話語為英明君主的統治進行了辯護，並宣稱維持社會的穩定比推動激進的變革更加有意義。他堅信，一個健康的社會實屬不易，需要經過世世代代的繁衍和孕育。伯克話音剛落，法國大革命就出現了恐怖統治，激進的惡果讓他不幸言中。

與此同時，對權利的辯護出現了一套新的路徑模式。英國哲學家傑里米·邊沁根據人類追求幸福的天性，構建起了一套有限的民主體制，既注重財產權，又需要政府有所作為。邊沁指出，政府必須對社會權利的不平等進行糾正，否則它會對今後權利的擴展造成極大的限制。

而德國哲學家黑格爾則以更加艱澀的方式得出了相同的結論。他一開始曾是法國大革命的歌頌者，相信只有在一個完善的公民社會裏才能實現自由，但他人生的晚期卻變為了普魯士專制國家的擁護者。不過，他的一些觀點和方法，將成為下一個時代的人們解讀後革命時期世界的新的思想工具。■

放棄自由，
就是放棄做人
的資格

讓-雅克·盧梭（1712－1778年）

背景介紹

思想流派
共和主義

聚焦
公意

此前

1513 年 尼科洛・馬基雅維利的《君主論》提出了一套現代政治觀，認為統治者的德行應當與政治事務徹底分離。

1651 年 托馬斯・霍布斯在《利維坦》中提出，國家應以社會契約為基礎。

此後

1789 年 雅各賓派會集巴黎；該派中的極端分子把盧梭的思想搬到政治變革中付諸實踐。

1791 年 英國政治家埃德蒙・伯克譴責道，是盧梭的思想造成了法國大革命中的「過激」行為。

人類在進入社會之前，生活在**自然狀態**之中。

他們像動物一樣自由自在、**無憂無慮**……

但是他們卻**用這種自由換取**社會契約和法律。

放棄自由，就是放棄做人的資格。

可是，人們已**無法重返**自然狀態……

所以，我們可以訂立**一項新的社會契約**，並通過法律來促進自由。

在西歐，一套特定的關於人類事務的思維方式盛行了幾個世紀。那時，天主教會壟斷了思想，加之奧古斯丁、阿奎那等一批傑出學者重新發掘了古代思想家的觀念，使古希臘和古羅馬的著作得以傳播和繼承，這便形成了一套經院式思維方式。這種思維方式主宰着人們認識社會的方法，相信歷史與社會在本質上恆定不變，並認為萬事萬物都是為了實現上帝設定的某個崇高的道德目標而存在。

但是，隨着資本主義的繁榮以及城市生活的興盛，這種思維方式漸漸開始遭人懷疑。

反思現狀

例如，16 世紀的尼科洛・馬基雅維利在《君主論》中大量引用古人先例，但他不是借此向人們談論古人的道德生活，而是為了展示古人如何以一切陰險狡詐的手段來服務內政外交。他的思想徹底顛覆了整個經院哲學大廈，激進地同過去的時代做了決裂。同樣，17 世紀的托馬斯・霍布斯在英國內戰期間寫就的《利維坦》，不只是援引古代文獻，而是採用科學的證明方法，論證了建立強大政權並以此保障人民安全的重要性。

然而，與舊時代做出最激進的決裂的人，則是一個私生活為上流社會所不齒且性情古怪的瑞士人——讓-雅克・盧梭。根據盧梭逝世後出版的自傳性著作《懺悔錄》，我們可以看出，自他

參見：伊本・赫勒敦 72～73頁，尼科洛・馬基雅維利 74～81頁，胡果・格老秀斯 94～95頁，托馬斯・霍布斯 96～103頁，埃德蒙・伯克 130～133頁，漢娜・阿倫特 282～283頁。

> **如果你們忘記土地的果實是歸大家所有的，忘記土地是屬於任何人的，那你們就要遭殃了！**
>
> ——讓-雅克・盧梭

在威尼斯擔任大使秘書時起，他便已堅信「政治制度（而非人的本性）將決定一切」。他認為，人並非生來邪惡，但卻可以在一個壞的政府的統治下自甘墮落而變得邪惡。他在家鄉日內瓦見識了甚麼是美德，也在威尼斯見證了城邦從輝煌走向衰落，因此，他相信，這些區別並非源於人的本性差異，而在於政治制度的異同。

政治塑造社會

盧梭在 1754 年完成的《論人類不平等的起源和基礎》中，與先前的政治哲學一刀兩斷。此前，古希臘人以及 14 世紀的伊本・赫勒敦等研究社會的學者均認為，政治

盧梭在威尼斯見證了城市的衰落，這個城市很好地詮釋了一個壞政權是如何造就了一批壞市民的。而他繁榮昌盛的家鄉日內瓦則從另一面證明好政府對其公民的影響。

將受到自身興衰規律的支配，並受到恆定不變之人性的影響。其中，古希臘人就相信政治體制按這樣的規律循環：君主制、共和制以及貴族制這些優良政體會墮落為各自對應的暴政統治，壞到一定程度之後，又將循環到開始的地方。如此，社會亙古不變，政府形式也大致相似。

盧梭旗幟鮮明地反對這種觀點。他爭論道，既然政治制度能夠改變社會，那麼在理論上，人們就完全可以通過政治行為把社會帶向一個正確的方向。

盧梭這一論斷可謂卓爾不羣，開現代思想之先河。在他之前，從未有人系統地提出過「社會」是不同於政治制度的獨立實體，社會本身就值得人們展開研究和改造。即使在啟蒙思想家當中，盧梭也稱得上是從人與人之間的社會關係來進行思考論證的第一人。

不過，這種全新的理論迴避了一個顯而易見的問題：既然人類社會能夠通過政治變革來塑造，那麼為何它如今還是有這麼多的缺陷？

論財產與不平等

對此，盧梭的回答再次劍走偏鋒、驚世駭俗。其答案的第一步是想像人類步入社會之前的情形。在此之前，托馬斯・霍布斯已進行過探討，宣稱這種狀況下的人們是未開化的，過着「貧窮、骯髒、野蠻和短暫」的生活；而盧梭的觀點則完全相反。在他看來，在受到社會桎梏之前的人類是友善而幸福的

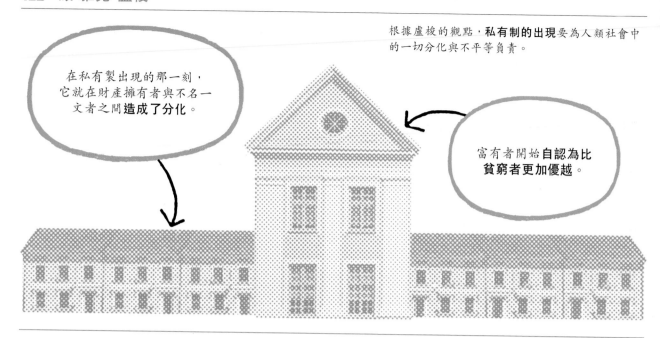

根據盧梭的觀點，**私有制的出現**要為人類社會中的一切分化與不平等負責。

在私有製出現的那一刻，它就在財產擁有者與不名一文者之間**造成了分化**。

富有者開始**自認為比貧窮者更加優越**。

造物，他們對於這樣的自然狀態心滿意足。這種狀態下，只有兩條原則指導着他們的生活：一是本能的自愛與自我保存的願望，二是對人類同伴的同情之心。這兩條原則相互結合，使人們像動物一樣安定地棲息於自然之中，一代又一代繁衍不息。然而，隨着公民社會的創立，尤其是私有制的出現，這種幸

一個人若只有嗜慾的衝動，那也是受奴役的狀態；而服從人們自己為自己所制定的法律，那也是自由。

——讓-雅克·盧梭

福狀態被蠻橫地打破了。私有制一出現，就帶來了原本並不存在的不平等問題：財產所有者和不名一文者之間從此出現一道鴻溝。社會制度將這種不平等固定下來之後，私有制又為進一步的社會分化提供了基礎：社會因財產差異而分為主人與奴隸，後來又在不同家庭之間產生貧富分化。此外，私有制還會使一個人本能的自愛，退化為源自嫉妒與虛榮所導致的相互敵視的破壞性自私。而且，自擁有物質財富起，人們便開始想去佔有、去攫取，有的人還會因此自認為高人一等。所以，公民社會就是與自然和諧截然對立的分化與衝突的產物。

自由的遺失

盧梭在他 1762 年出版的《社會契約論》中進一步擴展了這一論述。他寫道，「人生而自由，卻無

往不在枷鎖之中」。儘管他早期的作品曾堅定地反對令他生厭的世俗社會，但《社會契約論》卻試圖為世俗社會找尋到積極的一面。與此前的霍布斯和胡果·格老秀斯一樣，盧梭也認為一個社會的統治權力來自人們相互訂立的社會契約。根據霍布斯的理論，人們可以選擇將權利與自由讓渡給政府和主權者，並從國王那裏得到安全和保護。霍布斯相信，如果沒有主權者的統治，人們的生活將會退回到極為惡劣的自然狀態；只有主權者才能終止紛爭並施行刑罰，所以唯有人們讓渡一定程度的自由，尤其是使用暴力的自由，並且宣誓效忠，才能夠享有和平和安寧。

盧梭反對這種觀點。他認為，倘若一個人放棄了自由，那麼這必然意味着他放棄了人的本質，並會做出有損道德的事。他認為，絕不

能讓主權者掌握絕對權威,那樣定會讓自由人遭受奴役;同時,建立一個凌駕於其他社會成員之上的絕對統治權,就會使生而平等的人們陷入一種永恆的政治不平等關係。在盧梭看來,霍布斯所構想的社會契約,其本質是一場富人對窮人設下的騙局,只有通過這樣的說辭,才可能誘拐窮人甘願接受由這種社會契約所維持的不平等現狀。

盧梭認為,那些號稱要幫助人們擺脫自然狀態並因此獲得合法性的政權,根本就不是在自然狀態中建立的。確切地說,盧梭認為這些政權是在我們已經脫離自然狀態之後建立起來的;而且早在社會產生之前,導致一系列不平等的私有制就已經出現了。私有財產的分配問題將引發種種衝突,甚至可以

說正是公民社會和私有財產的產生導致了戰爭,而國家只不過是一種戰爭工具罷了。

重置社會契約

盧梭在《社會契約論》中為糾正私有制帶來的問題提供了出路。他說,雖然對於個體而言,國家和公民社會是一種剝奪了個人天賦自由的累贅,但倘若人們能對政治制度與社會進行恰當的安排,那麼這些制度反過來也能拓展人類的自由。所以,人們訂立社會契約,並非只源自對衝突狀態的恐懼,還可能是出於實現自我提升的美好願景。若想實現任何更高尚的追求,就必須走出自然狀態,進入人類社會。所以,我們需要締結社會

契約。

在霍布斯看來,法律就是限制,只有沒有法律的地方才有自由;而盧梭則相信,如果法律約束的對象是立法者本人,那麼法律就可以成為對自由的積極擴充。因此,人們在自然狀態之外,即在國家之下,也能夠獲得自由。不過實現這一點的前提是,全體人民必須成為主權者。他認為,只有當一個國家能提供比在自然狀態下更多的自由時,它的統治才具有合法性。而保障這種自由的前提就是人與人之間必須平等。

人民主權

盧梭在《社會契約論》中提出的眾多主張,為之後數世紀左派政

	在自然狀態中	社會契約	自由
	霍布斯與盧梭之比較		
霍布斯	生命骯髒、野蠻而短暫。	對於維護和平與逃離自然狀態而言是必需的。	只能在沒有法律的情況下才存在。
盧梭	人們自足而幸福。	維持了不平等並破壞了人性。	能在法律的約束下獲得。

只要能夠保證財富的公平分配，盧梭就**不會反對**。在他心目中，一個由小農場主構成的農業小國就是理想國家的樣子。

治的發展奠定了基礎。這些主張包括：第一，自由與平等能夠和諧並存而非相互敵對；第二，相信依靠法律與國家能夠改善社會；第三，堅信人民是真正的主權者，是國家統治認受性的來源。儘管盧梭猛烈地抨擊了私有制，但他並不是一名社會主義者。他認為，徹底廢除私有制將會導致自由與平等之間的衝突；相反，若對財富進行適當地分配則有助於增進人們的自由。事實上，他後來也倡導建立一個由經營小農場的農民所組成的農業國家。但儘管如此，盧梭的思想在那個年代已經稱得上是十分激進的了。他將主權賦予全體人民，並用平等來定義主權；這些思想，對當時西方政治思想中的所有派別都是一種巨大的挑戰。

新的社會契約

不過，在盧梭看來，人民主權並不等於要實行民主制，他認為全體公民直接參與政治的民主政體，極易陷入腐敗與內戰。根據他的設想，主權應當被授予公民大會，而公民大會又可通過一項新的社會契約或憲法將具體的統治事權委託給一名行政長官。即而最高統治權掌握在代表「公意」亦即所謂民意的全體人民手中；而政府的日常管理事務則有賴於「個別意志」的具體決斷。

盧梭認為，「個別意志」與「公意」之間很容易產生衝突，這將使掌握主權的公民陷入墮落。在盧梭眼中，這正是他所處時代的流行病症：人們不是作為統一的主權者集體行動，而是各自追求一己私利。這樣的社會，不僅沒有帶來自由，反而將人們推向孤立的私人領域，在勞動分工中如此，在藝術、科學、文學中也是如此。

因此，盧梭呼籲，為了確保國家的統治忠實於人民的公意，應當強制人們在儘可能擺脫個人私慾的情況下，積極參與政治會議與活動。不過，盧梭對個別意志的這種批評，連同前面對私有制的抨擊，都成為後世批評者對他進行攻擊的靶子。

個人與公意

儘管「公意」觀念在理論上十分吸引人，但在現實中卻很容易導

讓-雅克·盧梭

讓-雅克·盧梭出生在瑞士日內瓦。盧梭的父親是在城市選舉中握有投票權的自由公民，這讓他對日內瓦的自由體制頗有好感。他沒有受過正規的教育，但他從父輩那裏獲得了一個龐大的藏書室，也傳承了家人無盡的閱讀慾望。15歲那一年，盧梭與貴族名媛華倫夫人相遇，從此皈依天主教，但這導致他被日內瓦人放逐他鄉，其父親也與他斷絕了關係。

20歲之後，盧梭開始發憤圖強，在1743年被任命為駐威尼斯大使的秘書。此後，他前往巴黎，並逐漸發跡，成為一名小有名氣卻大受爭議的散文家。後來，他的著作在法國與日內瓦被禁，他也曾逃往倫敦避難，不過很快又回到巴黎，並在那裏度過了餘生。

主要作品

1754年 《論人類不平等的起源和基礎》
1762年 《愛彌兒》
1762年 《社會契約論》
1770年 《懺悔錄》

我們正邁向一個危機和革命時代。

——讓-雅克·盧梭

1789 年 7 月 14 日，憤怒的市民衝擊巴黎的巴士底獄，成為**法國大革命**的導火索。巴士底獄這座要塞監獄在中世紀正是王權的象徵。

致壓迫性的政治安排。而且關鍵是，我們很難確切地判斷何為「公意」。例如某些個人或集體大有可能在表面上宣稱自己在執行公意，而暗地裏卻是在滿足他們的個別意志。所以，本想幫助人民當家做主的盧梭，卻很有可能最終成為極權主義之父。你看，自他以後，哪一個極權政權沒有宣稱過自己獲得了「人民」的支持呢？

盧梭認同馬基雅維利的觀點，認為公民間的派系分化會危害國家；但他對此開出的藥方，卻極可能在事實上演變為多數人的暴政，即不受歡迎的少數人將遭受自稱代表「公意」的多數人的迫害。為了解決這一困境，盧梭提出，既然派系分化不可避免，那麼可以無限增加這些小派系的數量，最終使得各個派系都成為個別意志，以至於

他們中沒有一個能夠有機會代表公意或者強大到與公意為敵。

如果一個國家以強者的暴力和欺騙作為統治基礎，那麼它就無法代表公意，因為其國民的服從不是出於同意，而只是出於被迫選擇的順從。如果一個國家以社會契約為統治基礎，但是卻不能代表人民主權，那麼這種契約就是非法的契約。在這兩種情形下，人民就可以動用罷免統治者的權利——至少，盧梭的那些更為激進的後繼者們認為盧梭就是這麼想的。

革命先驅

盧梭對於人民主權的觀點和他對人與社會可以得到改善的信念，都對後世產生了非凡的影響。法國大革命期間，雅各賓派就將盧梭奉為精神領袖，要對法國進行一

場毫不留情的徹底平等化改造。1794 年，他們還將盧梭視作民族英雄而改葬進了巴黎的先賢祠。

同樣，世人對盧梭的種種批評，也對保守主義與自由主義思想起到了一定的形塑作用。1791 年，作為現代保守主義創始人的埃德蒙·伯克認為，法國大革命中那些過激的革命行為全是由盧梭一手造成的。而大概 200 年後，自由主義哲學家漢娜·阿倫特也相信，盧梭思想中的錯誤成分，把法國大革命帶離了自由主義的初心，並最終走向了歧途。■

幸福不能成為任何普遍有效的法律原理的基礎

伊曼紐爾·康德（1724—1804年）

背景介紹

思想流派
自由主義

聚焦
個人義務

此前
公元前 380 年 柏拉圖在《理想國》中聲稱，城邦的首要目標是實現全體公民的幸福。

1689 年 約翰·洛克在《政府論》下篇描寫道，人們通過訂立社會契約，把他們的自衛權讓渡給了政府。

此後
1851 年 皮埃爾-約瑟夫·蒲魯東認為，社會契約應該是個人與個人之間簽訂，而非個人與政府之間簽訂。

1971 年 約翰·羅爾斯在其《正義論》中，將康德的自律理論同社會選擇理論進行了融合。

1793 年，偉大的德國哲學家伊曼紐爾·康德寫下一篇名為《論俗語：這在理論上可能是正確的，但不適用於實踐》的文章，現在簡稱為《理論與實踐》。這篇文章問世的那一年，世界正經歷着迭次興起的政治變革：在美國，喬治·華盛頓成為該國首位總統；在德國，美因茨宣佈成立獨立的共和國；在法國，隨着對國王路易十六的處決，大革命達到頂峰階段。而康德的這篇文章不僅檢驗了政治的理論與實踐，更

參見：柏拉圖 34～39頁，托馬斯·霍布斯 96～103頁，約翰·洛克 104～109頁，讓-雅克·盧梭 118～125頁，傑里米·邊沁 144～149頁，約翰·羅爾斯 298～303頁。

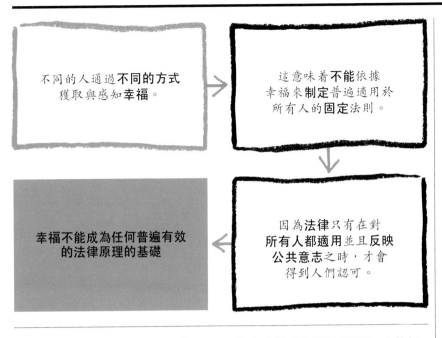

不同的人通過**不同的方式**獲取與感知**幸福**。

→ 這意味着**不能**依據幸福來**制定**普遍適用於所有人的**固定**法則。

↓

因為**法律**只有在對**所有人都適用**並且**反映公共意志**之時，才會得到人們認可。

← **幸福不能成為任何普遍有效的法律原理的基礎**

接着，康德思考了這樣一個問題：在「自然狀態」下，若每個人自由地根據自己的慾望行事，那將產生何種後果。對此，他認為，最棘手的問題是人們遇上利益衝突時，能採用甚麼調解機制。你可以設想，當你的鄰居闖進你的房子，並且把你趕了出去，那麼如果沒有法律的幫助，你會怎麼辦？所以，在康德看來，自然狀態就是一種難以用和平方式解決分歧的無政府狀態。也正因如此，人們自願「拋棄自然狀態……並選擇接受來自社會和法律的強制。」在這個意義上，康德承接了英國哲學家洛克的社會契約思想，他也同意人們為了獲得國家的保護，從而自願放棄部分自由，並與國家訂下社會契約。

全體人民的同意

康德斷言，政府必須謹記自己

是探討了關於政府統治合法性的問題。這一問題，在 1793 年這一特別的年份，可以稱得上生死攸關。

「幸福不能成為任何普遍有效的法律原理的基礎」——康德這句話是在反駁哲學家柏拉圖的一個觀點，即城邦的首要目標是提升公民幸福。在康德這篇文章裏，幸福之所以不能成為法律的基礎，是因為沒有人能夠或者應該為他人定義何為幸福，因此以幸福為基礎的統治很難做到穩定如一。「對幸福是甚麼的問題，人與人之間的觀點總是彼此矛盾而且不斷變換，」康德寫道，「這使得一切固定的原理成為不可能，並使得僅以幸福作

為立法體系的原則行不通。」他相信，相較於幸福而言，對政府更重要的是保障人們法律範圍內的自由，「只要他不侵犯其他同胞臣民的權利，他就始終可以按自己認為最好的方式去尋求自己的幸福。」

1793 年，法國國王路易十六被處決。在康德看來，法國大革命為所有的政府敲響了警鐘，提醒他們必須要為全體人民的利益而實行統治。

只有在公民的同意下才能施行統治：這不僅是一些人同意、多數人同意，而是全體人民的同意。其中最重要的是，沒有一個人會去反對政府制定的法律。「因為如果一項法律得不到全體人民的同意，它就是不公正的；不過假如這項法律存在着得到某些公民同意的可能性，那麼我們就有義務去考證這項法律的公正性。」

康德的觀點能為政府和公民提供共同的教誨；因為他還強調，即使政府通過的法律在你看來是錯誤的，你也仍舊有服從它的道德義務。比如，你認為你納稅資助的政府所發動的戰爭是錯誤的，但是你不能僅憑自己對這場戰爭的否定而拒絕納稅，因為「賦稅不可獲取，戰爭不可避免——這得到同意的可能性是存在的。」

然而，在康德看來，儘管人們有遵守法律的義務，他們也必須為自己的道德抉擇承擔相應責任。他認為道德就是一種「絕對命令」。這一術語是指個人只應當遵循這

> 沒有人能強制我按照他的方式（以及他為別人設想的福祉方式）來獲得幸福。

——伊曼紐爾・康德

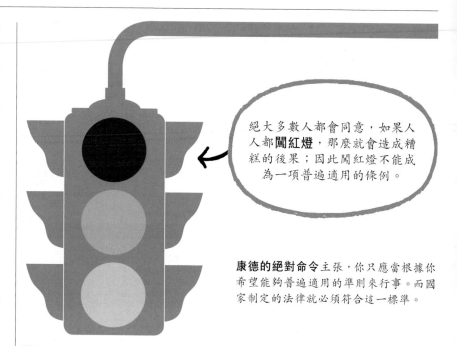

絕大多數人都會同意，如果人人都**闖紅燈**，那麼就會造成糟糕的後果；因此闖紅燈不能成為一項普遍適用的條例。

康德的絕對命令主張，你只應當根據你希望能夠普遍適用的準則來行事。而國家制定的法律就必須符合這一標準。

樣一些準則：他相信這樣的準則也將適用於其他所有人身上。康德認為，每個人都應當像立法者一樣行事，要心裡明白，他們的每一次道德抉擇都是在為自己和他人立法。

人民的意志

自律概念是康德哲學的基礎，並且這不僅是道德領域的基礎，在政治方面也是如此。這個概念的意思是人類的意志是且必須是完全獨立自主的。當然，自由也並不是不受法律約束，而是要受制於自己制定的法律的約束。他認為，個人的道德準則與國家的法律具有直接的聯繫，因為二者的合法性都建立在人們的理性願望之上；而社會契約正好又以「一國之中所有個人意志的聯合為基礎」。所以，國家法必須是「人民意志」的真實寫照。因此，如果人們願意接受統

治，那麼我們就必須自願服從國家制定的每一部法律；而根據同樣的道理，外部勢力或殖民者等外來政權頒佈法律就不具合法性。如此，康德便開始探討，政府是否應當在提升其國民的幸福方面有所作為。對此，他的推理是，由於只有個人才能夠決定甚麼是自己要的幸福，所以政府不能根據自己對幸福的臆斷而給人民強加「這是為了你好」的幸福。而且政府更不能強迫某個人為其他人帶來幸福。舉例說，國家法律不能強制要求你經常去探望你的祖母，即使你祖母德高望重，即使經常探望她會提升國家的整體福祉，也不能強制這樣做。

不關心幸福的國家？

一些評論家認為，在康德眼中，幸福根本不能被當作評價政府好壞的因素。然而，若真是如此的

> 任何權利都得在對他人自由的限制中實現。
>
> ——伊曼紐爾·康德

話，那麼國家除開保護其公民的人身安全之外，將不再有任何作為：它不再提供教育，不修建醫院、美術館、博物館、公路與鐵路等公共設施，不再通過任何方式為人們謀求福利。這種觀點也許在邏輯上能自圓其說，但這卻不是我們之中絕大多數人渴望的生活。

不過，在過去的 50 年裏，一些思想家仍運用康德的這種觀點，來為國有產業的私有化以及廢除福利國家體制的主張提供理論基礎。

然而，另外一些評論家認為，前述觀念是對康德思想的一種誤解。他們宣稱，康德並不是說幸福不能成為衡量政府的標準，而是說幸福不能成為唯一的衡量標準。另外，康德也曾說過，只有在一部規範國家職權的憲法的保護下，人們才能獲得幸福。他在《理論與實踐》中就曾主張，「『公共福祉乃一國之最高法律』這一信條的價值與權威並未削弱，不過這種至關重要的公共福祉卻僅存在於能夠保障每個人法律範圍內自由的法制體系中。」

權利與幸福

其實在寫作《理論與實踐》的兩年前，康德在《永久和平論》中曾寫道，政府必須履行兩種義務：一是以正義為使命保護公民的權利與自由；二是在無損人們權利與自由的情況下，提升他們的幸福。前面那種對康德思想的片面理解依然被當今不少人看重，所以有一些評論家也希望探究，某些政府是

否過於強調經濟發展和正義而忽視了社會幸福的重要性。在這種批評和呼聲的影響下，2008 年，時任法國總統薩爾科齊就把幸福指數納入了考量。他邀請美國經濟學家斯蒂格利茨領導其「委員會」團隊，衡量國家的幸福水平，並發布了報告，這顯示着幸福在當下政府的施政目標中又變得重要起來。■

可能有些美國與歐洲民眾並不支持本國軍隊**介入阿富汗事務**，但根據康德的觀點，個人無權因為這種不滿而拒絕納稅。

伊曼紐爾·康德

德國哲學家伊曼紐爾·康德生於普魯士的柯尼斯堡（Königsberg，也就是如今俄羅斯的加里寧格勒），並終身安居此地。康德的路德教家庭共有九個兄弟姐妹，其中康德排行老四。年輕時，康德在一所路德教會學校接受教育，在這裏，他對拉丁文產生了濃厚的興趣，同時也對宗教自省產生了反感。16歲那年，他選擇研讀神學專業，但卻很快便迷上了哲學、數學與物理學。

康德在柯尼斯堡大學擔任了15年的無薪講師和圖書館長助理後，終在46歲那年成為該校的邏輯學與形而上學教授。之後，他的三大批判相繼問世，為他贏得了國際性的聲譽。但他仍舊繼續從教，一如既往，終其一生。在很多人眼裏，18世紀最偉大的哲學家就是康德。

主要作品

1781年 《純粹理性批判》
（1787年進行修訂）
1788年 《實踐理性批判》
1793年 《理論與實踐》

必須對人的激情加以束縛

埃德蒙·伯克（1729－1797年）

背景介紹

思想流派
保守主義

聚焦
政治傳統

此前
1688 年 在新貴族的逼迫下，國王詹姆斯二世退位，英國完成光榮革命。

1748 年 孟德斯鳩認為，社會各個組成部分之間的權力制衡，維繫着英國社會基本的自由。

此後
1790—1791 年 潘恩的《人的權利》對伯克的觀點進行了反駁。

1867—1894 年 馬克思在《資本論》中主張，推翻現有制度並走向共產主義，將是不可阻擋的歷史潮流。

1962 年 歐克肖特強調，公共製度和機構中的傳統因素十分有價值。

1790 年，英國政治家、思想家埃德蒙·伯克對一年前爆發的法國大革命進行了最早也是最有力的批判。他在這本名為《反思法國大革命》的小冊子中明確指出，個人的激情不應當左右政治判斷。

事實上，伯克對大革命的爆發已經感到非常驚訝，但他並沒有公開地進行批判。雖然起義者的暴行讓人震驚，但是就像他之前曾讚賞美國獨立運動的革命者一樣，他對大革命起義者的革命精神也同樣敬佩。但是在伯克撰寫這部小冊子

參見：讓-雅克•盧梭　118～125頁，托馬斯•潘恩　134～139頁，托馬斯•傑斐遜　140～141頁，格奧爾格•黑格爾　156～159頁，卡爾•馬克思　188～193頁，弗拉基米爾•列寧　226～233頁，邁克爾•歐克肖特　276～277頁，米歇爾•福柯　310～311頁。

時，革命也開始走向高潮階段。此刻，法國國內糧食已開始匱乏，而關於國王與貴族打算鎮壓第三等級（造反的民眾）的流言也在四處傳播。農民起而反抗，迫使貴族在危在旦夕中通過了《人權與公民權宣言》（通常簡稱《人權宣言》）。這項宣言宣稱，所有人都擁有自由、財產、安全以及反抗壓迫的「自然權利」。

但是，國王拒絕批准《人權宣言》。結果導致 1789 年 10 月 5 日大批巴黎民眾加入農民行列，並一起趕往近郊的凡爾賽宮，逼迫國王返回巴黎。在伯克看來，民眾的這一舉動過於激進，而這件事也正是促使他寫下這本小冊子的直接原因。要知道，小冊子中提出的批評，對此後所有的激進革命者都十分貼切和適用。

政府是一個有機體

伯克對英國國內的少數族裔愛爾蘭天主教教徒保有同情，他還支持印度擺脫腐敗的東印度公司而獲得民族解放——這在當時都算是偏向於自由派的思想。伯克是主張社會漸進改良的輝格黨成員，而其對手托利黨則傾向於維持現狀。但是，伯克與其他改革派的輝格黨員不同，他極其強調政權的延續性，並認為這種傳承感十分神聖。在伯克看來，政府就像一個複雜的有機體，歷經歲月的風霜才能形成如今這般精緻而又富有生命

力的形態。從君主的不成文舉止，到貴族的禮節規範，這些東西都以一種難以參透的精妙方式演變和發展了幾個世代。伯克說，統治的習慣深深地根植於統治階級的言行之中，以至於他們幾乎不用思考就會自然地進行運用。

批判抽象權利

伯克尤其反感「自然權利」這一啟蒙概念。他認為，這些概念確實在理論上十分華麗而完美，但這恰好又是它致命的問題：「理論太完美，反而會成為實踐運用中的缺點。」對於伯克而言，儘管人們理

圖中的**約翰牛**（英國的擬人化暱稱）正遭遇着自由之樹上的惡魔的引誘。這象徵着英國人對法國大革命的狂熱有所擔憂，害怕這股熱潮傳染到海峽彼岸。

政府乃是一項用來回應人們在社會中的需求的**人類發明**。

但是人們的某些需求和慾望會與他人相**衝突**。

為了產生**最為公正的結果**，政府必須在相互衝突的慾求之間做出**裁決**。

必須通過法律，對人的激情加以束縛。

論上擁有對於某一事物的權利，但是倘若權利無法兌現，那麼它歸根到底就是一紙空談。況且理論上，人們可以對無窮無盡的東西宣佈享有權利，有的人甚至認為限制他人的權利也是自己應當享有的正當權利。所以事實上，所謂權利，不過就是人們的欲求，而政府的職責正是調和人們的不同慾求。

伯克宣稱，「任何人都不能成為關乎自身的事務的公正判斷者」，並認為這是市民社會的一項基本準則。倘若人們希望生活在一個自由且公正的社會裏，就必須放棄眾多自認為極其重要的拍板權。伯克之所以說「必須對人的激情加以束縛」，就是意在表明，為了多數人的正當利益，社會必須對某些

人的熱情加以限制。如果人人都能為所欲為，能因一時興起而任意宣洩激情，那麼必然會造就混亂的結局。而且事實上，不僅是個人，大眾作為一個整體也尤其需要由「他們之外的力量」來加以約束。

習慣與成見

伯克質疑個人權利，但支持傳統與習慣。在他看來，政府是人們應當穩步繼承並在未來繼續發揚的寶貴遺產。他還認為，正是對傳統與習慣的珍視態度，使英國1688年的光榮革命與正在法國發生的暴動和騷亂顯得截然不同。信奉新教的威廉與瑪麗取代偏向天主教的國王詹姆斯二世，光榮革命就此順利完成了權力的和平交接；

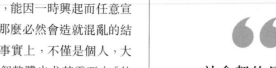

> **社會契約是在世者、已經死去者和尚未出生者之間的一種合夥關係。**
> ——埃德蒙·伯克

它既驅走了肆意妄為的君王，又沒有勞煩徹底締造一個從零開始的稚嫩政府。所以，像法國大革命中那些舉動，只會讓伯克覺得「厭惡和恐懼」。

那時候，在英國人眼裏，國王和議會就是毋庸置疑的「民族和時代的銀行和資產」，而伯克也對這種發自內心的情感流露予以了肯定。他相信這種情感流露遠遠好於個人理性的狂想；而且在他看來，成見也是一種古老的智慧，它能夠幫助人們在緊急狀況中迅速地、條件反射式地做出反應，不會像依賴理性推理的人那樣猶豫不決。

伯克還警告道，忽視國家的傳統必將造成嚴重的後果。一旦權力進入真空狀態，必然引發各個派系間的爭奪，恐慌乃至殺戮將在所難免；而到最後，必然會是由軍人來收拾亂局，接管一切。

伯克革命

法國大革命在1793到1794年的恐怖統治以及後來拿破崙的

在伯克看來，政府的首要任務是調和國民的不同慾求。因此，空談抽象的權利只會使我們偏離這一主題。

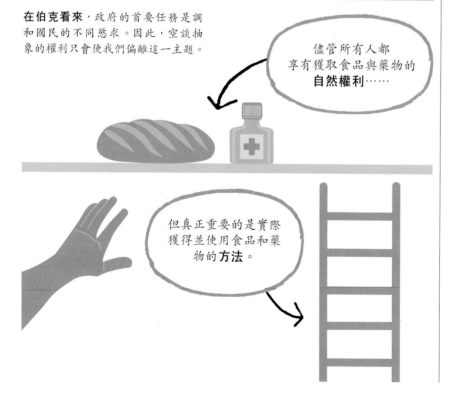

儘管所有人都享有獲取食品與藥物的**自然權利**……

但真正重要的是實際獲得並使用食品和藥物的**方法**。

1799 年，**拿破崙·波拿巴**登上權力頂峰。這正好印證了埃德蒙·伯克在 1790 年的預言：通過革命手段推翻君主統治的結局，必然是由軍事獨裁者來收拾局面。

崛起，都一一應驗了伯克的預言，這也為他贏得了預言家般的聲譽。他的理論不僅吸引了右派人士，而且對於左派而言也如平地驚雷一般。當時身為美國駐法大使的托馬斯·傑斐遜就曾寫道，「發生在法國的革命還不如伯克引發的革命那樣令我震驚」。

財產佔有者的權力

伯克相信，地主貴族的巨額世襲財產是維繫社會穩定的一大關鍵。伯克宣稱，只有這些富有的地主和貴族才掌握着足夠的權力和政治手腕，並在利益的驅使下有能力與恣意妄為的君主抗衡。同時，他們的巨額地產還能夠為周邊小額財富擁有者架起保護傘。此外，伯克並不支持再分配的主張，並認為將少數人的財富轉移給多數人

的做法基本不會產生甚麼好處。

拿破崙最終還是失敗了，革命浪潮又幾次回襲了歐洲。因此，在那些被新崛起的政治勢力嚇壞了的保守者眼裏，伯克具有極為特殊的地位。然而，在馬克思等批評者看來，伯克的財產觀念簡直就是在為社會的不平等進行赤裸裸的辯護。伯克確實是有力地駁斥了那些打碎傳統的做法，但他同樣也是在對舊的社會做辯解，而且這樣的舊社會裏，仍有大多數人生活在奴役狀態之中，看不到改善的可能和光明的未來。而他為成見所做的辯護，本意也許是想喚起人們對於自然情感的同理心，但卻很可能變成一種盲目的守舊思維。另外，他那對於個人激情加以束縛的主張，還有可能淪為為審查制度、警察國家以及迫害異議者的行為的辯護詞。∎

通過把農民從土地上趕走，奪去他們的公有地的辦法，造就了人數更多的無產階級。

——卡尔·马克思

埃德蒙·伯克

伯克 1729 年生於愛爾蘭都柏林。他從小信仰新教，而他的妹妹朱麗安納則信仰天主教。伯克一開始被當作律師來培養，不過很快就轉行當了作家。1756 年，他出版《為自然社會辯護》，對托利黨領袖博林布魯克勳爵的宗教主張進行了辛辣諷刺。

1774 年，伯克成為國會議員；但由於他對天主教的同情態度不符合主流民意，從而失去了國會席位。此外，他還曾為廢除死刑奔走呼號，這為他贏得了進步人士的美譽。但如今，人們提到伯克時，多已忽略他自由開明的主張，而主要銘記的是他保守主義的思想。

主要作品

1756 年　《為自然社會辯護：檢視人類遭遇的痛苦和邪惡》

1770 年　《論當前不滿情緒產生的原因》

1790 年　《對法國大革命的反思》

以財產為基礎的權利最不牢靠

托馬斯·潘恩（1737－1809年）

背景介紹

思想流派
共和主義

聚焦
（男性）不受財產限制的普選權

此前
公元前 508 年 雅典的民主制賦予了全體男性公民選舉權。

1647 年 克倫威爾新模範軍中的激進分子呼籲賦予男性不受財產制的普選權，並且結束君主制，實現共和制。

此後
1839—1848 年 英國的憲章運動要求賦予男性不受財產限制的普選權。

1871 年 剛剛實現統一的德意志帝國賦予男性公民普選權。

1917—1919 年 第一次世界大戰結束後，一場民主共和制取代君主制的風暴席捲了整個歐洲。

當前制度對選舉權設有**財產限制**。

財產所有者**濫用他們的特權**，純粹為了一己私利來管理社會。

這讓窮人感到激憤，如果窮人的需求得不到滿足，那他們就將**起而反抗富人**。

以財產為基礎的權利最不牢靠。

一個人不管是否擁有財產，**都應當享有權利**。

對國王查理一世的審判與處決，標誌着英國資產階級革命的激進主義到達頂峰；但是在 17 世紀末期革命結束之時，卻很難說它取得了多大的成果。1688 年「光榮革命」之後，英國社會回歸安定，但是君主制還是得到了保留，只不過君主必須服從國會罷了。這場革命並沒有制定出一部正式的憲法，而在克倫威爾主持下實行共和制的短暫實驗也草草收場。新的政權就像一個混合怪物，由不同部分拼湊而成：腐敗且不具代表性的下議院，墮落且不由選舉產生的上議院，以及仍舊是國家名義首腦的世襲君主。

1689 年的《權利法案》雖然對新政府劃定了權限，但是它仍只是社會頂層各派間相互妥協的產物，而那些社會邊緣人羣的需求幾乎沒有得到滿足。這些無權參與政治的人羣就包括愛爾蘭人、天主教徒和非國教徒；窮人和手工業者；甚至一些中產階級與國家公務員也在邊緣的行列。就是在這樣的背景之下，托馬斯·潘恩走進了公共的視野。在 1774 年移民美國之後，潘恩發表了一系列極富煽動性的冊子，為重新建立起克倫威爾統治時期的那種民主和共和體制進行鼓與呼。

擁護民主制

1776 年，潘恩在費城匿名發表《常識》一書，極力鼓動北美殖民地同英國及其君主制度做出決

參見：托馬斯•霍布斯 96～103頁，約翰•洛克 104～109頁，讓-雅克•盧梭 118～125頁，埃德蒙•伯克 130～133頁，托馬斯•傑斐遜 140～141頁，奧利弗•克倫威爾 333頁，約翰•李爾本 333頁，喬治•華盛頓 334頁。

> 當我們為後代做打算時，我們必須記住，人的德行是不能遺傳的。
>
> ——托馬斯•潘恩

裂。同之前的霍布斯和盧梭一樣，他也認為人們會自發地形成相互的紐帶，從而擺脫個人的孤立狀態並建立社會。隨着這些親情、友誼和商業紐帶日漸交織，它們反過來又亟須建立一種外部的規範來相互約束。這些規範系統化之後便成為了法律，於是人們又需要建造政府來制定並保障法律實施。這些法律本應代表和貫徹人民的意志，但是由於現實中人口太多，所以很難讓每一個人都能參與到集體決策中來。為了克服這一困境，民主制度應運而生，人們可以通過選舉代表來參與決策並表達意志。

潘恩相信，民主制是平衡社會與政府不同需求的最為自然的方式。而選舉則充當着協調社會與政府的工具，它幫助社會影響政府，使其能夠更準確地反映社會的需求。而像君主制這樣的制度是不符合自然的，因為它奉行的世襲制度使其獨立於社會之外而自成一體，而且君主還可以完全無視公意而只考慮一己私利。潘恩還認為，約翰•洛克等人所推崇的那種容納了君主制的立憲政體也十分危險，因為君主能夠輕而易舉地忽視法律並擴張自己的權力。潘恩相信，最好的選擇就是徹底地放棄君主制。

美國獨立戰爭最偉大的成就，在於其對君主制毫不妥協的拒絕。事實上，國家也只有在實現獨立之後才可能建立民主。而潘恩建立一個民主共和國的明確主張，也確實通過美國的獨立戰爭得到了實現。1787 年，潘恩重返英國，兩年之後他來到法國，在接下來的大革命中堅定地站在革命者一邊。

反思革命

潘恩剛從法國回到英國，就聽見有人開始對他發難。現代保守主義鼻祖、時任布里斯托選區國會議員的伯克，在 1790 年發表《反思法國大革命》一書，無情地指控大革命中的激進主義威脅到了整個社會秩序的安定。在伯克看來，社會就像一個有機的整體，不可貿然動手術。他說，英國的「光榮革命」和美國的獨立運動並沒有直接破壞社會中長期存在的各種權利，僅僅是糾正了體制中的一些明顯紕漏，而且更重要的是，它們都沒有對私有製造成破壞。然而法國大革命卻不一樣，他們用暴力摧毀了一個古老的政權。

伯克曾強烈支持北美殖民地

這是威廉•霍加斯諷刺性畫作《法官席》，畫中這些**法官們**顯得懶惰、無能、唯利是圖，讓人覺得他們絲毫不關心人們的權益。

當代的**法國國民大會**源自於大革命時期的國民公會。這個國民公會是法國歷史上第一個由男性公民通過普選決出的掌握國家統治權的人民議會。

的獨立，因而當潘恩從美國返回英國之際，二人也曾一度交好。但是伯克對法國大革命的猛烈抨擊，卻促使潘恩不念舊誼，並做出回應。潘恩在 1791 年發表《人的權利》一書展開反擊。此書當時遭到了當局的審查，但是在眾多為法國大革命正名的英文著作中，《人的權利》依舊是最著名也流傳最廣的一本。潘恩認為，每一代人都有重建政治與社會制度的權利，並且相信只要一代人認為合適，便可不受任何既有權威的桎梏而行使這一權利。他提出，人們代代相傳的東西不應當是財產，而應當是權利。該本小冊子的第二部分主張建立社會福利的制度，於 1792 年出版。截至該年年底，此書的兩卷一共售出超過 20 萬冊。

終結君主制

此時，英國官方打算以「煽動性誹謗」的罪名控告潘恩，而且英國街頭還出現了民眾焚燒潘恩模擬像的活動。於是，潘恩毅然邁出了更為激進的一步，發表了「針對近期王室公告的一封信」，直指「同流合污的自治市鎮與團體」，批評他們協助王室刊印指控公告的舉動無異於助紂為虐。潘恩認為，所謂的「煽動性誹謗」不過就是一些批評政府的文章而已，對自己加諸如此罪名簡直無異於濫用權力的暴政行徑。對此，他呼籲仿傚法國，建立一個民選的國民公會，來為英國起草一部共和主義的憲法。

潘恩這封信的內容雖然簡短，卻正面回擊了伯克的挑戰。他說，儘管英國通過 1689 年的《權利法案》確保了君主立憲制之下所有臣民的權利，但依然存在着濫用權力的可能性。潘恩在信中列舉了幾個最引人憎惡的腐敗案例。接着，他還有更大的抱負，那就是直擊君主立憲制本身的缺陷。他認為，由於這一體制賦予了世襲財產至上的地位，因而極易造成人的墮落和權力的濫用。在這種體制中，世襲君主位居政權的頂端，而議會的作用也僅僅是維護王權與財產至上的地位。因此，只對腐敗的議會進行

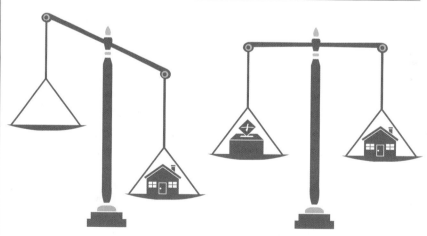

對於選舉權的財產限制，造成了富人與窮人之間的不平等，導致了權力的腐敗與壟斷。

男性公民的普選權重新恢復了天平的平衡——這體現了在制定政策的過程中，富人與窮人的權利都必須得到尊重。

> 我們經常能看到，如果富人能保護窮人的權利，那麼窮人就會保護富人的財產。
> ——托馬斯‧潘恩

改革無濟於事；只有對整個體制來一次徹頭徹尾的變革才有意義。

男性不受財產限制的普選權

潘恩相信主權在民而不在君，人民在其認為合適的情況下，有改變法律以及變更政權的絕對權利。然而，現存的體制卻沒有為人們提供更替政府的渠道。所以，潘恩認為有必要建成法國那樣的國民議會，來衝破這層體制的束縛。

潘恩希望向大眾普及盧梭的這一觀念：國家是人民「公意」的反映，人民應當通過以透明、公正的方式選舉出國民會議來代表公意；這樣一來，個人私利與腐敗行為就能得以杜絕。潘恩呼籲賦予所有男性公民選舉代表的權利，並通過代表來為英國起草一部新的憲法。但是當時的英國卻對選舉權設有財產的限定，因此在潘恩看來，正是這一原因造成了選舉制度的貪腐問題。他說，唯有在一個富人與窮人的權利均得到平等對待的體制中，人們才會相互尊重，而不會互相傾軋。

為改革者留下的遺產

儘管潘恩的這封信並未像《常識》和《人的權利》那樣廣為流傳，但他在該文中闡述的激進主張，卻成為往後 50 年裏英國改革者們的核心訴求：這些主張就包括建立共和制國家、制定新的憲法以及通過男性普選來選出國民會議。而那為

1848 年 3 月 10 日，**憲章運動**者在倫敦的肯寧頓公地召開了一場人民會議，要求當局推行當初托馬斯‧潘恩倡導的那種選舉制度。

世人唾棄的對選舉權的財產限制，也終於在 1867 年第二次改革法案之後得以取消。

潘恩對美國和法國最為推崇；而他的思想也在這兩個國家影響最深遠，其中尤以美國為甚：潘恩被美國奉為獨立與憲法之父，他的思想感召了無數仁人志士為了民主與共和事業奮鬥不止。■

托馬斯‧潘恩

托馬斯‧潘恩出生於英格蘭的塞特福德。1774年，他因煽動工人漲薪而被免職，丟掉了收稅員的工作，於是，他在這一年移居美國。在本傑明‧富蘭克林的推薦下，他成為賓夕法尼亞一本地方雜誌的編輯。

他的《常識》一書於1776年問世，三個月內就在人口只有兩百萬的北美殖民地售出10萬餘冊。1781年，潘恩從法國國王那裏為美國獨立戰爭爭取到了大量資金支援。1790年，他回到倫敦，在法國大革命的鼓舞下，寫就了《人的權利》一書，但這本書也給他招致了「煽動性誹謗」的罪名。潘恩乘機逃到法國，並隨後被選入法國國民公會，在其後的恐怖統治時期僥倖躲過了死刑。1802年，在時任總統傑斐遜的邀請下，潘恩重返美國；7年之後在紐約逝世。

主要作品

1776年	《常識》
1791年	《人的權利》《人權論》
1792年	《針對近期王室公告的一封信》

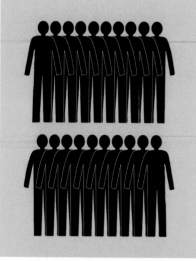

人生而平等

托馬斯·傑斐遜（1743－1826年）

背景介紹

思想流派
民族主義

聚焦
公民權

此前
1649 年 英格蘭國王查理一世被判處「危害公共利益、共同權利、自由、正義以及人民的和平」的罪名並遭到處決。

1689 年 約翰·洛克駁斥君權神授論，主張主權在民。

此後
1789 年 法國大革命頒佈的《人權宣言》明確宣佈，「人生而自由且權利平等」。

1948 年 聯合國通過並頒佈了《世界人權宣言》。

1998 年 根據 DNA 結果顯示，傑斐遜有可能就是其黑奴薩莉·赫明斯的孩子的父親。

美國《獨立宣言》中關於所有人都享有「生命、自由以及追求幸福」的權利的主張，至今仍然是對人們心中的美好生活及其實現條件的精準概述。

宣言起草於北美 13 個殖民地反對英國王室統治的獨立戰爭時期。在此之前，英國通過一系列的戰爭打敗法國，贏得了北美大片新殖民地，並開始大量徵稅，以彌補巨額的戰爭支出。但是，英國議會中來自於北美殖民地的議員一個

上帝在賦予我們生命的同時已經給了我們自由；暴力之手也許可以摧毀我們的生命與自由，但卻不能讓這兩者分離。

——托馬斯·傑斐遜

都沒有，卻仍然以殖民地代表的名義進行着各種決定。

「無代表、不納稅」，在這樣的口號之下，波士頓人民開始抗議，引致英國的軍事干預，並最終演變成為戰爭。1774 年，第一次大陸會議召開，殖民地人民要求建立自己單獨的議會。由於該要求遭到英王喬治三世的無視，一年之後，他們又召開第二次大陸會議，並提出了完全獨立的要求。

告別舊大陸 走向新世界

身為第二次大陸會議代表的托馬斯·傑斐遜被委任起草《獨立宣言》。他是美國啟蒙運動的核心人物，而這場啟蒙運動則為獨立戰爭的爆發奠定了思想基礎。

回望當時的歐洲「舊大陸」，人們看到的只是一個個由專制君主和腐朽寡頭統治着的社會，在那裏，人們過着窮困潦倒的生活，看不到一絲宗教寬容和基本自由。而傑斐遜，以及「新世界」的其他知

參見：胡果‧格老秀斯 94～95頁，約翰‧洛克 104～109頁，讓-雅克‧盧梭 118～125 頁，托馬斯‧潘恩 134～139頁，喬治‧華盛頓 334頁。

凡人生而平等，擁諸固定的無可轉讓之權利。

世襲統治侵犯了人們不可 轉讓之權利。

唯有**共和國**能契合人們 不可轉讓之權利。

北美殖民地必須與歐洲的世襲統治**決裂，**建成獨立的共和國。

托馬斯‧傑斐遜

托馬斯‧傑斐遜出生於弗吉尼亞的沙德維爾。他曾經營過自家農場，從事過律師職業。1776年6月的第二次大陸會議上，作為弗吉尼亞州代表的傑斐遜被委任為《獨立宣言》的首席起草者。

傑斐遜本人是一名種植園主，擁有超過100名奴隸，他的這種身份與對平等的信仰之間的衝突使得傑斐遜深受困擾。事實上，他在《獨立宣言》初稿中曾批判奴隸制，但這一內容在大陸會議上遭到了廢除。而在美國1783年戰勝英國之後，傑斐遜的又一次禁止奴隸制的舉動因一票之差而遭到失敗。

1801年，傑斐遜當選美國第三任總統；1808年卸任之後，他仍長期活躍於公共生活，並在1819年創建弗吉尼亞大學。1826年7月4日，傑斐遜與世長辭。

主要作品

1776年 《獨立宣言》
1785年 《弗吉尼亞日記》

識分子們則從洛克等自由主義思想家那裏獲得指引，高聲倡導「天賦權利」和「社會契約」的思想。

傑斐遜不僅繼承了洛克的私有制和思想自由的主張，還為他增添上了一層共和主義的含義。這層含義要歸功於托馬斯‧潘恩的影響，後者在 1776 年發表的小冊子

《常識》極大地推廣了建立共和國的主張。所以，《獨立宣言》的頒佈，不僅標誌着新世界同殖民主義的決裂，還意味着他們與違背「人生而平等」之觀念並且侵犯了人們「不可轉讓之權利」的世襲統治劃清了界限。

自簽署以來，《獨立宣言》對君主專制的批判至今振聾發聵。它不僅為接下來的法國大革命提供了藍本，還對未來從甘地到胡志明的一大批民族獨立運動的領袖產生了持久的影響。∎

圖為**傑斐遜向大陸會議呈遞**《獨立宣言》第一份草案時的情形。後來，《獨立宣言》的最終版在大街小巷傳頌，人們高聲誦讀，互相激勵着奔赴戰場。

每個民族都在其自身之內包含自己幸福的中心

約翰·戈特弗雷德·赫爾德（1744－1803年）

背景介紹

思想流派
民族主義

聚焦
文化認同

此前
公元98年 古羅馬元老院議員、歷史學家塔西佗在《日耳曼尼亞志》中熱情讚揚了日耳曼人的美德。

1748年 孟德斯鳩提出「地理環境決定論」，他認為氣候對一個民族的性格和國家的政治制度會產生巨大的影響。

此後
1808年 在浪漫主義時期的民族運動中，德國哲學家約翰·費希特進一步發展了民族的概念。

1867年 卡爾·馬克思批評民族主義不過是「虛假意識」，人們在這種意識的支配下很難會認識到自己本應當獲得更好的境遇。

人們被他們生長的地方所**塑造**。

↓

因為共同的語言和地理環境能夠促進**民族精神**的形成。

↓

這種民族精神塑造着具有**獨特的民族性格**的共同體。

↓

人們想要獲得幸福需要依靠**民族共同體**。

↓

每個民族都在其自身之內存在自己幸福的中心。

18世紀的啟蒙思想家們認為，理性之光能夠引領人們走出封建時代的黑暗和愚昧，同時，他們相信，普遍永恆的真理能借由理性來獲得。然而，德國思想家赫爾德堅決地否定了啟蒙思想的普遍主義，並指出，這種追求是錯誤的，因為這一觀念忽略了由於文化和物質環境差異而造成的人性差異。赫爾德認為，每個人都在尋找自己的羣體，這種強烈的歸屬感以及他們對真理的觀念，都植根於他們所處的獨特環境，因此根本不存在超越特定歷史和具體環境的普遍主義。

民族精神

赫爾德指出語言對自我意識的形成起着重要作用，相同的文化語境為每個人提供了自然聚集的紐帶。人們會自然形成民族——它並不一定是一個國家，而是一種共享着相同的語言、傳統及共同記憶的文化有機體。赫爾德相信，自然的共同體乃是由深植於語言並被

參見：孟德斯鳩 110～111頁；朱賽佩·馬志尼 172～173頁；卡爾·馬克思 188～193頁；弗雷德里希·尼采 196～199頁；西奧多·赫茨爾 208～209頁；馬庫斯·加維 252頁；阿道夫·希特拉 337頁。

> 自然教導人們：最自然的國家即是由一個民族形成的共同體，這個共同體就是一個擁有着相同民族性格的大家庭。
>
> ——約翰·戈特弗雷德·赫爾德

氣候、土壤等自然條件所滋養的民族精神（德文叫「Volksgeist」）所塑造。因此，地理環境和自然條件不僅養育着共同體中的每一個人，而且使生長於斯的人們與其民族性格緊緊相連。

赫爾德堅持認為，人類只有在自然生成的民族有機體中才能找尋到幸福。如果人們脫離了民族共同體，就會像失去重心的球，再也無法找到這種自然的幸福。赫爾德不僅擔憂脫離了共同體的人羣，而且對新加入共同體中的移民也深感憂慮。他認為，這兩個羣體攪亂了作為一個有機體的民族文化，動搖了基於民族文化而建構政府的基礎。「顯然，沒有甚麼比非自然的國土擴張、多種族和多民族人羣混居在同一主權下更違背政治統治的目的的了。」儘管赫爾德在論證他的民族主義理論時，常常論及殖民主義和帝國擴張的危害，但是實際上他的理論與現代的文化多元主義關係更緊密。

民族主義的興起

赫爾德的思想鼓舞了19世紀席捲整個歐洲的浪漫民族主義浪潮。但與此同時，赫爾德對民族文化的強調忽略了其他因素對民族的影響，例如經濟、政治、同其他民族的社會聯繫等等，這使他的思想在現代全球化的世界中看起來不那麼有説服力。除此以外，赫爾德的民族主義高估了民族性在人們心中的重要程度，因為個人同樣還會受到家庭、宗教信仰等因素的影響，而這一點也使得赫爾德思想更富有爭議性。■

赫爾德所捍衛的 **民族主義** 後來成為納粹黨意識形態的一個重要部分。圖中這本1938年的旅遊手冊描繪了一對雅利安人夫婦歡快地跳着傳統民間舞蹈的情形。

約翰·戈特弗雷德·赫爾德

赫爾德1744年出生於東普魯士的莫倫根（即現在波蘭莫拉格）。17歲時，赫爾德進入柯尼斯堡大學讀書，在那裏他成為康德和約翰·哈曼的門生。大學畢業以後，赫爾德在裏加教書，1769年離開裏加之後，他先後遊歷了巴黎和斯特拉斯堡。在斯特拉斯堡，赫爾德會見了年輕的歌德，並在藝術與文學上對歌德產生了深遠的影響。赫爾德宣稱詩人是民族的創造者，這一觀點啟發了歌德，並對歌德引領的德國浪漫主義文學運動產生了影響。在歌德的幫助下，赫爾德在魏瑪宮廷中謀得了一職。期間，赫爾德關於語言、民族及人類對世界的認知的思想得到了進一步的發展。此外，他還曾獲得巴伐利亞王子授予的貴族身份，並因此獲賜象徵貴族身份的「馮（von）·赫爾德」的稱號。1803年，赫爾德在魏瑪去世。

主要作品

1772年 《論語言的起源》
1773年 《歌中的民族之聲》

政府只是在諸惡之中做選擇

傑里米‧邊沁（1748－1832年）

背景介紹

思想流派
功利主義

聚焦
公共政策

此前

1748 年 孟德斯鳩在其《論法的精神》中認為，社會各個組成部分之間的權力制衡，維繫着英國社會的基本自由。

1748 年 大衛·休謨提出，事物的好壞可以根據其有用性來衡量。

1762 年 讓-雅克·盧梭在《社會契約論》中主張，任何沒有得到人民認可的法律，都稱不上真正的法律。

此後

1861 年 約翰·斯圖亞特·密爾警告了「多數人的暴政」的危害。他同時指出，只有當個人自由對他人造成傷害的時候，政府才能對其進行干涉。

在英國哲學家傑里米·邊沁的思想歷程中，他始終相信，政府只是在諸惡之中做選擇。不論是 1769 年做實習律師之時，還是 50 年後成為英國以及歐洲大陸政治思想界的重要人物之際，他都受着這一觀念的影響。

邊沁曾回憶說，1769 年是「最有意思的一年」。那年的他正沉浸於孟德斯鳩、貝卡里亞以及伏爾泰等歐洲大陸啟蒙運動進步思想家的著作之中。但是真正點燃青年邊沁心中靈感火花的，卻是大衛·休謨和約瑟夫·普里斯特利這兩位英國學者的著作。

其中，休謨在《人類理解研究》中提出，一個事物的好壞可以根據其是否有用來判斷：一項優良的品質只有在其能夠有好的用處之時，才稱得上「優良」。然而，在邊沁這位尖銳、直率的律師看來，休謨的觀點仍然不夠直接。為何不把有用性或者「效用」當作道德的唯一品質呢？為何不在判斷一項行動好壞之時，全然聚焦於有用性上呢？那樣，我們就可以只觀察它能否產生好的效果，尤其是看它能否為人們增添快樂。

按照這種方式來看，一切道德歸根到底就只關係行為能否製造快樂、規避痛苦了；任何其他的概念則都成了一種多餘的苦心經營，或對於真理的刻意遮掩。邊沁認為，宗教就常常給道德的真相製造混淆；同樣，那些好高騖遠的政治理想主義者們，也因為過分強調人們的權利，而忽視了真正的重點——能否帶來快樂。所以，這些人都要為這種誤導負責。

邊沁認為，他這種快樂的道德觀不僅在個人道德層面上是正確的，在公共政治層面上也同樣毋庸置疑。倘若私人道德與公共政策都能簡化為這一個簡單的公式，那麼就能讓心懷美好願望的人一起來為目標共同奮鬥了。

那麼甚麼才叫快樂和有用的結果呢？邊沁很現實，他承認即使

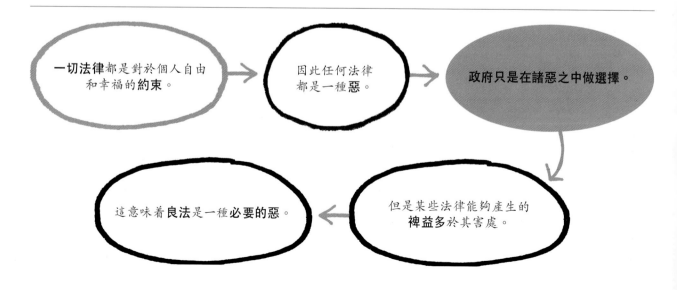

一切**法律**都是對於個人自由和幸福的**約束**。　→　因此任何法律都是一種**惡**。　→　政府只是在諸惡之中做選擇。

這意味着**良法**是一種**必要的惡**。　←　但是某些法律能夠產生的**裨益多於其害處**。

是最好的行動選擇，都可能在產生好的結果時伴隨着一些負面效應。舉例說，有三個小孩，第一個小孩有兩塊糖果，第二個有一塊，而第三個則沒有糖果；此時，對孩子們的父母而言，從第一個小孩那裏拿走一塊糖果分給第三個小孩無疑是最公正的做法。但是這樣做仍舊會給第一個小孩帶來失去一塊糖果的不快。把這運用到政府行為中來看，政府的任何行動也都會有利於一些人，而給另外一些人帶來不利。因此，邊沁主張，應當用這一標準來評判一項行為：如果這項行為產生的快樂多於痛苦，那麼它就是好的。

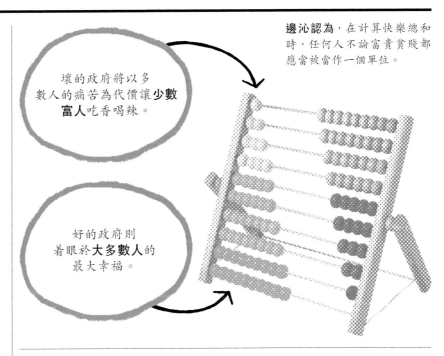

邊沁認為，在計算快樂總和時，任何人不論富貴貧賤都應當被當作一個單位。

壞的政府將以多數人的痛苦為代價讓**少數富人**吃香喝辣。

好的政府則着眼於**大多數人**的最大幸福。

最大的善

而邊沁在閱讀普里斯特利的《論政府的首要原則》一書時再一次得到重大的啟示。他從普里斯特利那裏借鑑了這一觀念：所謂好的行動，就是能為最多人帶來最大幸福的行動。換言之，道德就是個計算問題。這樣一來，政治也可以被簡化為這樣一個單純的問題：一個行為是否能使因此感到快樂的人多於感到痛苦的人？為了準確計算政府某一行動所產生的快樂量，邊沁還提出了一種命名為「幸福計算」的數學方法。

到這裏，「政府只是在諸惡之中做選擇」的觀念出場了。邊沁認為，任何法律都是對人類自由的限制，是對人們完全按照自己的意願

來行動的自由的干涉。因此，任何一項法律都必然是一種惡。不過，反過來，不制定法律也同樣可能是一種惡。所以此時，就應讓效用計算來決定是否需要設定法律。一項新的法律，當且僅當其帶來的裨益勝過損害時，它才是正當的。為此，邊沁把政府比作醫生，因為醫生只有在確定其治療帶來的好處要大於副作用時，才會採取行動。再舉個例子，在決定對罪犯採取何種懲罰時，立法者不僅應當考量罪行造成的直接影響，還要納入其間接的影響；比如，一起搶劫案不僅會給受害者造成傷害，還可能對社區的其他居民帶來了恐慌。因此，對罪犯的懲罰，必須要超過他通過犯罪而獲得的所有好處的總和才行。

放任的政府

邊沁還將其觀念拓展到經濟領域。他贊同蘇格蘭經濟學家亞當・斯密的觀點，也認為市場在沒有政府干預的情況下運行得最好。而在邊沁之後，很多人都曾利用邊沁

大多數人的最大幸福就是判斷是非的標準。
——杰里米・邊沁

> 所謂善，就是快樂或免於苦痛；所謂惡，就是苦痛或失去快樂。
>
> ——.

對立法者們的叮囑來為「放任」的政府辯護，為精簡官僚體制與解除管制的政策站台。甚至，還有人用他的觀點來為保守主義辯護，以拒絕設立新法，尤其是試圖改變人們行為習慣的新法。然而，邊沁的主張卻蘊含着更為激進的意味。他認為，只有當每個人都獲得百分百的幸福時，政府才能站得穩腳跟，但這種情況卻永遠也不可能發生，這就意味着總是有事情等着政府去改善。就像大多數人終其一生追尋幸福一樣，政府也必須不懈地努力，來為更多人帶來幸福。

邊沁的道德計算不僅關注幸福的好處，也注意到了其可能的代價。這一公式很明顯地說明，為了讓一些人快樂，另一些人就必須付出代價。比方說，一個社會裏，通常是極少數富人過着安逸的生活，而其他大多數人都過得不大快樂；而邊沁對人類幸福的加總計算，每個個體都只能算作一個單位，具有相同的份量；所以，這就意味着快樂的總和少於痛苦的總和，因此這種貧富差距便不合道德，需要政府責無旁貸地對此進行糾正。

實用民主

那麼怎樣才能說服統治者們更平等地分配財富呢？要知道，這麼做似乎會減少統治者們的快樂呢。邊沁認為，答案是實行更廣泛的民主，也就是進一步拓展公民權。民主制度中，能夠提升多數人的幸福的人能夠勝選；反之則會落選。不過，從盧梭到潘恩等其他思想家都將民主當作一種值得追求的自然權利，並且認為離開它，人就失去了作為人的尊嚴；但邊沁卻完全從一種實用主義的出發點來宣揚民主，認為民主將是實現某種目標的必要手段。而所謂的自然法與自然權利的觀念則純屬「站在高蹺上的胡言亂語」。

社會中的不平等意味着社會中同時有少數富人與多數窮人。於邊沁而言，這種狀況在道德上是無法接受的，而且他相信政府的職責就是確保實現社會的均衡。

狄更斯在小說《艱難時世》中，用辛辣的筆調諷刺了邊沁的主張。書中主人公葛根特先生始終秉承「腳踏實地」的主張，不講情義、乏味至極，這正是功利主義者的典型形象。

也許，再多的理想主義和天賦人權的抽象說辭，都不能像邊沁的拓展選舉權的主張及對損益得失的計算方法那樣，極大地吸引着在英國工業革命中崛起的新興力量——講求實際的工業家和商人們。他務實的功利主義，極大地促進了 19 世紀 30 年代英國的議會改革和自由主義思想。如今，邊沁的公式已成為一種衡量公共決策的常用方法，它使得政府在權衡每一項政策之時，都將將多數人的利益當作重要的考量。

替罪羊難題

然而，邊沁的觀念也飽受多方面的質疑。比如，英國作家狄更斯就十分討厭功利主義者，在小說《艱難時世》中，他辛辣地批評道，

這羣人將多彩的生活化約成了一堆無趣的數字，真是對人類想像力的踐踏。而對邊沁的另一種批評，則是質疑追求最大多數快樂的原則有可能給某個個體造成巨大的傷害，這叫做「替罪羊難題」。例如，在發生恐怖襲擊之後，公眾會陷入恐慌之中，此時，倘若警方瞞過公眾而隨意拘捕一個人來冒充罪犯，便能夠平息恐慌。

在愛爾蘭共和軍製造的一起爆炸案之後，英國警察誣陷圖中這位格里•康倫為共犯。若按**功利主義者**的意思，如果拘捕無辜的康倫能讓公眾心安，那這麼做也是正義的。

若遵照邊沁的意思，某種行為只要給公眾增加的幸福總和大於替罪羊的痛苦，那麼拘捕替罪羊也是符合道德的。對於這一詰難，邊沁的支持者回應道，若公眾知道自己所處的社會可能將無辜者作為替罪羊，那麼他們也很難感到快樂。可是，如果公眾始終被蒙在鼓裏，就不會為無辜者的不幸而不快。而這樣推導的結果就是，只要能掩蓋住事實真相，那麼尋找替罪羊就是可以接受的。請問邊沁先生，這樣真的符合道德嗎？ ■

杰里米•邊沁

杰里米•邊沁1748年出生於倫敦獵犬溝渠街道的一個富裕家庭，家人都期望他將來成為一名律師。邊沁在年僅12歲時就進入了牛津大學，15歲畢業後便在倫敦接受出庭律師的培訓。然而，他對法學和哲學卻更感興趣。

辭去職務之後，邊沁定居倫敦威斯敏斯特區，並開始從事寫作；在接下來的40年裏，他完成了若干有關法律和道德事務的著作。他先是對英國法律界權威威廉•布萊克斯通提出批評；後來，他逐漸發展出了自己關於道德和公共政策的完整的理論體系，為功利主義奠定了基礎。在邊沁1832年去世之時，這一學說已經成為了英國政治生活的主流。

主要作品

1776年 《政府片論》

1780年 《道德和立法原理概述》

1787年 "圓形監獄"或「全景敞視主義」（Panopticon）

人民有權持有和攜帶武器

詹姆斯·麥迪遜（1751－1836年）

背景介紹

思想流派
聯邦主義

聚焦
市民持槍權

此前
公元前 44—前 43 年 西塞羅在《腓力比克》中指出，人類必須要像自然界的野獸一樣具備自衛的能力。

1651 年 霍布斯在《利維坦》中認為，人們有權運用武力進行自我防衛。

此後
1968 年 羅伯特·肯尼迪和馬丁·路德·金遇刺之後，美國開始在聯邦範圍內實施對於槍支持有權的管制。

2008 年 美國最高法院判定，憲法第二修正案保護個人為自衛而在家持有槍支的權利。

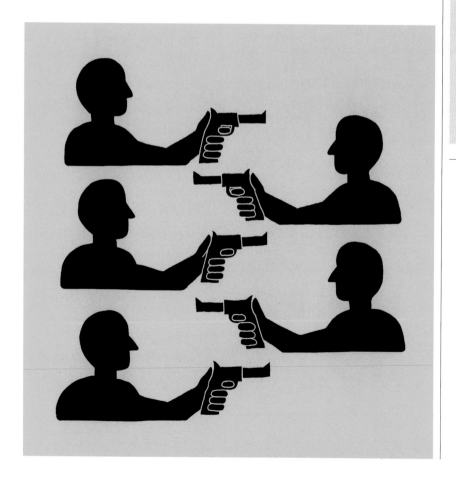

1788 年，當美國憲法之議論即將塵埃落定之時，輿論對於增加一項專門的《權利法案》的要求日益強烈起來。結果，人民有權持有和攜帶武器的觀念被轉化成為這一法案的第二修正案，具體表述為「人民持有和攜帶武器的權利不得侵犯」。殊不知，這句話的措辭細節在日後關於美國公民的持槍、攜槍權以及槍支管制的長期爭論中成為了關鍵。

《權利法案》的締造者是出生於弗吉尼亞州的詹姆斯·麥迪遜，

參見：西塞羅 49頁，托馬斯·霍布斯 96～103頁，約翰·洛克 104～109頁，孟德斯鳩 110～111頁，皮埃爾-約瑟夫·蒲魯東 183頁，簡·亞當斯 211頁，莫罕達斯·甘地 220～225頁，羅伯特·諾齊克 326～327頁。

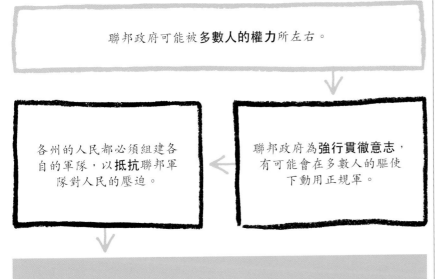

聯邦政府可能被**多數人的權力**所左右。

各州的人民都必須組建各自的軍隊，以**抵抗**聯邦軍隊對人民的壓迫。

聯邦政府為**強行貫徹意志**，有可能會在多數人的驅使下動用正規軍。

人民持有和攜帶武器的權利不得侵犯。

他同時也是憲法的主要起草者之一。這些身份和經歷使得麥迪遜顯得與眾不同，因為很少有思想家能夠像他一樣如此充分地將自己的理念直接付諸實踐，並在往後的整整兩個世紀裏成為這個星球上最強大國家的政治生活的基石。後來，麥迪遜還成功當選了美國總統，這又意味着他最終登上了自己親手締造的政治大廈的頂端。

在一些人看來，這部《權利法案》充分體現了自然權利的啟蒙思想，這一思想發端於約翰·洛克，並通過托馬斯·潘恩對人權的普及而發揚光大。不過，潘恩對民主（普選權）的宣揚接近於一種對理念的追尋，而在麥迪遜那裏，這些自然權利卻更像是一種實用主義的工具——這種態度很像英國的實用主義傳統：因為英國議會的主要訴求是限制君主的權力擴張，而並不是要真正保護公民的基本權利。

防範多數人的暴政

麥迪遜在寫給托馬斯·傑斐遜的信中就承認過，他提出《權利法案》的唯一原因就是為了讓其他人滿意而已。其實，他本人相信，依靠憲法以及合理安排的政府已經足以保障人民的基本權利了。事實上他還承認，若另增一項《權利

1786-1787 年美國爆發的「謝司起義」中，一批叛亂民兵佔領了麻薩諸塞州的法院大樓。起義最終被政府武裝平定，但這起事件依然提醒美國國父們建立一個強大的聯邦政府的必要性。

法案》，就等於暗示憲法本身還不夠完善，並意味着單靠憲法本身無法保護這些權利。此外，《權利法案》對某些特定權利進行了界定，還可能不利於對其他沒有得到明確界定的權利的保障。他還進一步承認，在過往的歷史中，制定一項專門的《權利法案》的做法從來沒有甚麼好的結果。

不過，也存在強有力的理由來支持《權利法案》的制定。就像其他美國國父一樣，麥迪遜同樣也對多數人的權力心存顧慮。其中，托馬斯·傑斐遜就曾寫道，「民主制，無非就是暴民統治，在這種統治中，49% 的人的權利有可能被 51% 的人所奪走。」所以在這種情況下，增加一項《權利法案》便有助於少數人防止多數人的侵害。

麥迪遜寫道：「我們政府真正

儘管麥迪遜相信憲法本身就能夠確保聯邦政府保護公民的基本權利，但他還是另外製定了《權利法案》，以對民主制度中多數人的權力形成制衡。

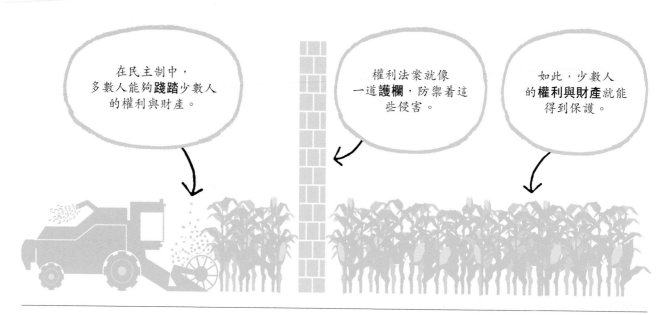

在民主制中，多數人能夠**踐踏**少數人的權利與財產。

權利法案就像一道**護欄**，防禦着這些侵害。

如此，少數人的**權利與財產**就能得到保護。

的權力掌握在多數人手中，所以關於保護個人權利的問題，我們最為擔憂的不應是政府違背其選民意願的傾向，而應當防備政府淪為僅僅執行給它投票的那部分選民的意願的工具。」換言之，《權利法案》的真正目的，是保護財產所有者們免受多數人民主權力的侵害。

首要的權力只能歸於人民。

——詹姆斯・麥迪遜

民兵合法化

麥迪遜創立《權利法案》其實還有一個更直白的政治原因：那就是他知道如果不制定《權利法案》，就無法換來某些州代表對他倡導的憲法的支持。因此，所謂的權利，並非甚麼對自然法的追尋，而是對於各州（以及財產所有者）免受聯邦政府侵害的一種保障。

第二修正案就在這樣的背景產生了。麥迪遜保留了各州及公民建立民兵的權利，從而確保了他們像當初反對英國王室一樣防範中央政府專橫壓迫的能力。他知道，每次面對這樣的壓迫時，每個共同體的全體公民就都會眾志成城，同仇敵愾。所以，第二修正案的最終版就這樣寫道：「一支規範嚴整的民兵乃確保自由國家之安全所必需，人民持有及攜帶武器的權利不

可侵犯。」看到了嗎，這個修正案實質上談的是民兵以及人民（換言之，也就是共同體）保護各州的權利，而不是現代人們理解的保障個體公民的持槍權利。

自衛

麥迪遜在第二修正案中的言論，並不涉及公民個人為防止犯罪行為而有攜帶武器的權利；但是卻被今天的人們理解成了這個意思。如今，許多美國人就宣稱，是憲法賦予了他們神聖不可侵犯的攜帶武器的權利，而任何實行槍支管制的舉動都是違背憲法的。

雖然法院曾試圖扭轉這種人們的誤解，但卻一再無功而返。更有甚者還有人認為，不論麥迪遜本人的真實目的如何，擁有並且攜帶槍支都應當是公民的一種基本自

由。例如，在麥迪遜提出這一法案的一百年前，英國哲學家約翰·洛克就從人類進入文明世界之前的自然狀態假設中得到啟示，認為自衛權就是人們的一項自然權利。另外還有一些評論家進一步追溯歷史，對《權利法案》做出了一種洛克式的解釋，他們引經據典，要證明以武力方式進行自衛就是公民的一種天賦的不可剝奪的權利。

但事實上，麥迪遜以及其他美國國父們的觀念似乎與蘇格蘭哲學家大衛·休謨更加契合。他們都不願考慮洛克們設想的所謂的自然狀態或者權利來源的觀念，而是更加講究實際：人們之所以要建立政府，就是覺得這樣做符合邏輯；而權利甚麼的也就是人們協商和妥協的產物而已。因此，個人絕沒有甚麼固有的、天賦的持槍權利，它不過是一個商議的結果而已。根據休謨的觀點，那些自由與權利，無非是人們一致同意的一些規則罷了；而人們之所以共同決定將其寫入法律，也許完全就是需要個文件來確保每個人都能遵守這些規則而已。依此觀之，關於攜帶武器的權利根本就不存在甚麼固有的原則，或者更確切地說，它就是一種共識，而且，還是一種不必然需要多數人通過民主過程來達成的共識。

持續的爭論

在美國，槍支管制始終是一個熱門話題，有許多類似於美國全國步槍協會這樣強大的遊說集團長期致力於反對對槍支所有權的任何限制。當前，美國絕大多數州允許人們擁有槍支，而且反對對槍支進行管制的勢力也佔據著上風。不過，對槍支所有權毫無限制的州非常稀少，而且應當對槍支如何限制、限制到甚麼程度的話題始終在持續。

不過，麥迪遜的《權利法案》

自然法的學者藉由**野生動物抵禦攻擊的自衛天性**，來替個人採取一切手段進行自衛的權利做辯護。

如今依然矗立在美國政治體制的心臟地帶，只有極少變動，不得不讓人感嘆和敬佩。雖然包括麥迪遜本人在內都相信即使沒有一項專門的法案，單靠良善的政府同樣也能保障人們的權利。但無論如何，美國《權利法案》也稱得上是有史以來政治領域理論與實踐之間最有力的融合了。∎

詹姆斯·麥迪遜

詹姆斯·麥迪遜出生於弗吉尼亞州康維港。他的父親在橘子郡經營了當地最大的煙草農場，這座農場曾蓄有多達100人的農奴。1769年，麥迪遜考入了現在普林斯頓大學的前身——新澤西學院。在美國獨立戰爭期間，麥迪遜供職於弗吉尼亞州的立法機關，並成為了托馬斯·傑斐遜的追隨者。1780年，29歲的他成為大陸會議最年輕的參會代表，並展現出了起草法律文件和拉攏盟友的才華，贏得時人讚許；而他起草的《弗吉尼亞計劃》，也為美國的憲法奠定了基礎。麥迪遜曾參與寫作了85篇《聯邦黨人文集》的文章，這些文章為解釋新憲法的原理和推動憲法通過做出了重要貢獻。另外，麥迪遜還是當時的民主共和黨的領袖之一。1809年，他接替傑斐遜成為美國第四任總統，並完成兩屆任期。

主要作品

1787年 美國憲法
1788年 《聯邦黨人文集》
1789年 《權利法案》

最值得尊敬的婦女所受的壓迫最深

瑪麗·沃斯通克拉夫特（1759-1797年）

背景介紹

思想流派
女性主義

聚焦
婦女解放

此前

1589 年 英國小說家簡·安格在《她保護着女人》中嚴厲批評了那些將女人僅僅視為性慾對象的男人。

1791 年 法國劇作家奧蘭普·德古熱在《女性與女性公民權宣言》中寫道：「婦女生而自由，擁有同男人一樣的平等權利。」

此後

19 世紀 40 年代 在美國和英國，婦女的財產權相繼得到法律保護，婦女擁有獨立的財產地位，不再受丈夫的任意支配。

1869 年 約翰·斯圖亞特·密爾在《女性的屈從地位》中指出，婦女應該擁有選舉權。

婦女在**經濟上**依附男人

人們**教導**婦女只需為取悅男人而存在

↓

婦女通過提升對男人的**性吸引力**來贏得生活的保障

↓

值得尊敬的女人**不願出賣**自己的性吸引力，因而也很**難獲得男人提供的生活保障**；她們也就沒有平等的教育機會以改變自身境遇

↓

最值得尊敬的婦女所受的壓迫最深

1792 年，瑪麗·沃斯通克拉夫特發表了《女權辯護》一書。那個年代，啟蒙運動正光芒萬丈：知識文化蓬勃發展，政治變革蠢蠢欲動；當時的政治思潮倡導以人權為核心，主張「天賦人權」思想。這一浪潮在反對絕對君主制和封建制度的法國大革命中達到頂峰。《女權辯護》正是在這一背景下寫成的。儘管「天賦人權」的主張在啟蒙運動中得到傳播，但是女性的社會地位卻很少得到運動參與者的關注，例如盧梭就曾教導女性做賢妻良母，以便更

參見：約翰・斯圖亞特・密爾 174～181頁，埃米琳・潘克赫斯特 207頁，西蒙娜・德・波伏娃 284～289頁。

> 同一個打扮得極端美麗的女人相比，通過履行自己的一切責任來為自己謀生的女人是多麼值得尊敬！

—— 瑪麗・沃斯通克拉夫特

好地取悅男人。

工作的自由

沃斯通克拉夫特在《女權辯護》中用大量的篇幅對盧梭關於女性地位的觀點進行了反駁。她主張，只有當女人能夠活得像男人一樣幸福時，世界才會恢復生機。但現實中，女性總體上處於男性的依附地位，因此會不自覺地陷入一張社會預設之網：她們只有利用肉體和外表去吸引男人，才有望改變自身的境遇，但也因此會淪為男人的附庸。而有一些值得尊敬的女性不願為了獲得生活保障而去取悅男人，卻因此給自己的人生帶來困境。

沃斯通克拉夫特認為，女性只有提升自己自力更生的能力，才能擺脫男人的支配，實現意志的自由；而通過教育，便有望改善女性的工作能力。她否定女性在智力上天生低賤於男性的觀點，並指出兩

性之所以存在差距，就是源自女性沒能獲得足夠的教育。沃斯通克拉夫特相信，當女性能得到適當的教育和平等的機會，就完全能夠勝任多項工作：「有多少婦女就是這樣憂鬱地虛度了一生？這些人本來可以成為醫生，或是管理田莊、經營店舖，本就能靠她們的勞動來獨立謀生。」沃斯通克拉夫特還提出了一系列教育改革方案，其中包括將家庭教育與公共教育相結合，建立一種更加民主的國民教育模式。

在沃斯通克拉夫特有生之年，她對國民教育方案和婦女解放的倡導並沒有獲得人們太多的關注。反而是她另類的生活方式比她的作品更加吸引人。然而，她的思想卻對眾多後繼者產生了影響。

1948 年，劍橋大學終於承認婦女享有完全平等的大學教育權利，並同意為女性授予學位，此時距《女權辯護》一書面世已超過150 多年。社會變革的進程雖然緩慢，但終於實現。■

在 18 世紀的歐洲社會，**女性魅力**是女人獲得男人垂青的必不可少的條件。然而，沃斯通克拉夫特對女人必須通過性來吸引男性以得到個人保障的現實十分厭惡。

瑪麗・沃斯通克拉夫

1759年，沃斯通克拉夫特出生於倫敦。為了維持生計，20歲出頭的她在倫敦建立了一所學校。學校倒閉以後，她前往愛爾蘭，給金斯伯勒夫人的女兒們擔任家庭教師。這段生活經歷，尤其是金斯伯勒夫人展現出的虛榮和孤傲，深刻地影響了沃斯通克拉夫特對女性的看法。

在辭去擔任了一年的家庭教師工作後，1787年，她回到倫敦，並開始為一份崇尚開明思想的雜誌《分析評論》寫評論及小說。1797年，沃斯通克拉夫特生下了她的第二個女兒瑪麗。雖然最初的分娩過程看起來十分順利，但是沃斯通克拉夫特卻在生產後因敗血症而失去了生命。她的女兒瑪麗・戈德溫由父親撫養成人，並嫁給英國著名浪漫主義詩人及哲學家雪萊。

主要作品

1787年	《女教論》
1790年	《男權辯護》
1792年	《女權辯護》
1796年	《瑪麗亞：女人的受罪》

奴隸會覺得自為存在只是外在的東西

格奧爾格·黑格爾（1770－1831年）

背景介紹

思想流派
唯心主義

聚焦
人類意識

此前
公元前350年 亞里士多德認為
奴隸制是符合自然的，因為有些人
天生適合當領導者，而另一些人生
來便當是奴隸。

1649年 勒內·笛卡兒認為意識
的存在是不證自明的，你無法否認
意識的存在，因為當你做出這種否
定時實際上你就正在運用它了。

此後
19世紀40年代 卡爾·馬克思在
對階級鬥爭的分析中，運用了黑格
爾的辯證法。

1883年 弗雷德里希·尼采提出
「超人」的概念——一種完全信任
自己對於善惡的直覺的存在。

德國哲學家格奧爾格·黑格爾
的偉大著作《精神現象學》
乍看上去與政治無甚關聯，因為它
探究的是關於人類意識本質這樣
艱深而抽象的話題。不過，此書對
於人們如何到達一種自我意識狀
態的回答，卻對社會的組織方式產
生了深遠影響，並且引發了涉及人
類關係本質的難題。

能思之心如何看待這個世
界？這是黑格爾的核心關懷。他希
望探析，每一個人的意識將如何形

參見：亞里士多德 40～43頁，胡果・格老秀斯 94～95頁，讓-雅克・盧梭 118～125頁，卡爾・馬克思 188～193頁，弗雷德里希・尼采 196～199頁。

當兩個精神或意識相遇，它們就會為了**獲得承認而戰**。

⬇

其中，將**自由置於生死之上**的精神就成為**主人**，而**較之自由更看重性命**的精神則成為奴隸。

⬇

主人意識的存在要通過奴隸才能得到確認。

⬇

奴隸通過在有形的外部世界中為主人工作而**發現自己的意識**。

⬇

奴隸會覺得自為存在只是外在的東西。

格奧爾格・黑格爾

　　格奧爾格・黑格爾出生於德國符騰堡公國的首府斯圖加特。黑格爾一生的大部分時間都在盛行新教的德國南部平靜度過，但始終能感受到法國大革命的輻射和餘波：黑格爾正在杜賓根大學求學之際，正值大革命的高潮階段；而在他撰寫《精神現象學》的時期，也曾有幸在當地親眼目睹了拿破崙的英姿。

　　在紐倫堡新教文理中學擔任了8年校長之後，黑格爾迎娶了妻子瑪麗・馮・圖赫爾，並開始撰寫關於邏輯學的著作。1816年，黑格爾移居海德堡，並在此地開設哲學課程，他當時的授課筆記記錄下了他的大量思想。1831年，黑格爾在柏林死於霍亂。據說他的臨終遺言是「他不懂我」，對於一位思想如此複雜的哲人來說，這句話或許也恰如其分吧。

主要作品

1807年　《精神現象學》
1812—1816年　《邏輯學》
1821年　《法哲學原理》

成自己的世界觀。其中，他尤其強調自我意識的重要性。在黑格爾看來，人類意識或精神需要得到承認，並通過這種承認來實現自我意識。這也解釋了，為甚麼黑格爾認為人類意識是一種社會的、交互性的過程了。黑格爾雖然明白，個人因孤立的生活而無法獲得完全自我認識的情況是可能存在的；然而，意識若想要完全存在，即實現其自由，就必須通過另一個意識對它的回應來使自己成為自我意識。

主人與奴隸

　　根據黑格爾的觀點，當兩個意識相遇之時，兩者都需要得到承認，即通過對方來確認自身的存在。不過由於二者的心靈中只能容下一個世界觀，因此一場關於誰承認誰、誰的世界觀將會獲勝的鬥爭便隨之而來。接下來，黑格爾詳細描述了兩個意識消滅對方的過程。然而問題是，假如一方消滅了另一方，那麼失敗者因為死亡而無法為勝利者提供「承認」。因此，要解

決這一悖論，就必須建立一套一方屈服於另一方的「主奴關係」：其中，把自由置於生死之上的人成為主人，而相比自由更看重性命的人則成為奴隸。這種關係不僅出現在現實的主、奴之間，在兩個意識相遇時也會建立起這種關係。

黑格爾的意思應該是指，奴隸之所以成為奴隸，是因為畏懼死亡而選擇了臣服，並且還甘心成全他們的主人。黑格爾認為，「唯有冒上生命危險才能獲得自由」，古往

根據黑格爾的觀點，**拿破崙·波拿巴**建立新秩序的宏圖大略及其在戰場上的英勇神威都讓所有人肅然起敬。對於黑格爾而言，拿破崙身上所具備的就是一種「主人」意識。

今來的一切壓迫形式都是源自一方對死亡的恐懼，也正是它造成了主奴關係以及其他形式的階級對立。也正因如此，黑格爾非常景仰拿破崙，並讚美後者為了實現目標而將生死置之度外。按照黑格爾的邏輯，所謂奴隸制，它首先是一種精神的關係。舉個例子，美國廢奴運動領袖弗雷德里克·道格拉斯曾經化妝逃出奴隸主的魔掌，但後來還是被主人抓回，此時，他冒著死亡的危險毅然決定反抗。他的這一舉動也正如他後來所言：「不管我今後還會做多久的奴隸，至少我精神上已不再是個奴隸了。」

辯證關係

在現代社會，黑格爾所說的非死即奴的選擇有些讓人難以接受。不過，他主奴關係的理論可能並非僅指字面上的主人與奴隸，而是有著更加微妙和複雜的含義。他提出，相對於主人而言，奴隸可能更能從主奴關係中獲益。黑格爾將主人奴隸之間的關係演變過程描述為一種辯證法——它是一種獨特的論辯形式，一開始是一個正題（若干個意識）及其反題（意識之間相互遭遇），最後兩者將共同產生一個合題（意識之間建立主奴關係）。而黑格爾在此提辯證法，不一定就是為描述主奴之間鬥爭的真實情形；他在此所討論的乃是意

黑格爾相信，奴隸在從事具體勞作的時候，將會以一種主人無法做到的方式體驗到對於自身存在的自我實現（並因此變得「自由」）。

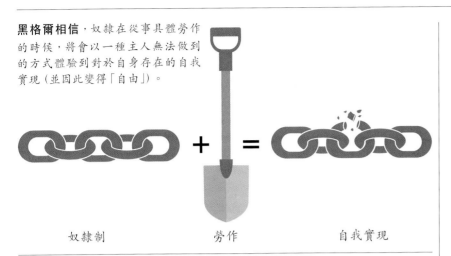

奴隸制 　　　　 勞作 　　　　 自我實現

識之間爭奪統治權的鬥爭：兩種意識沒有任何妥協的餘地，孰主孰奴的問題必須做個了斷。他進一步解釋，合題就是對主人意識存在的確認。起初，一切事物都以主人為中心，主人通過奴隸證實了他的自由與自我意識；而奴隸獨立的自我意識則完全被消解了。不過，這時，另一種辯證關係又出現了。

由於主人從不勞動，所以他需要奴隸來證明其存在與自由。事實上，在這一關係之中，主人反而處於對奴隸的依賴地位，也就意味着他並不自由。相反，奴隸卻始終在進行着改造現實之物（自然）的行動。這就使他以一種其主人無法做做的有形的、外部的方式重新確認了自己的存在，即「在主人面前，奴隸感覺到自為存在只是外在的東西或者與自己不相干的東西」。而在改變事物的勞動過程中，奴隸「自為存在成為他自己固有之物，並且開始意識到他本身是自在自為地存在著的」。所以，現在他們的情況被翻轉過來——先前作為

獨立意識的主人消失了，被奴隸取而代之。所以在黑格爾看來，這種主奴辯證法最終可能對主人而非奴隸造成更多危害。

奴隸意識

既然奴隸不需要死戰便能完成這種自我實現，那麼他們便會編織出一套「奴隸意識」，來為自己因畏死而被奴役的現狀提供說辭。以下這些都是奴隸意識的範圍：斯多葛主義（為了精神自由而拒斥外

所以。奴隸制問題出在奴隸本身，而不是其主人。

——格奧爾格・黑格爾

部自由），懷疑主義（懷疑外部自由的價值）以及苦惱意識（借助宗教，遁入彼岸世界）。

黑格爾發現，在很多場合都存在這種主奴關係，例如強國與弱國的戰爭期間，以及社會不同階級和羣體的衝突之時。在黑格爾看來，人類的存在就是一場為了獲得承認的永無止境的殊死戰鬥，而且這場戰鬥永無和解的可能。

黑格爾的影響

馬克思深受黑格爾辯證法的影響，但同時他也認為黑格爾的意識概念太過抽象和神秘。於是，馬克思的辯證法便採取了唯物主義路徑。雖有人認為黑格爾的「因為畏懼而被奴役」觀念非常具有啟發性，但同時，另有一些人卻認為，黑格爾所認為的「屈從乃是自我的選擇」一說，是在批評主奴關係中的受害者，這與權力關係十分複雜的現實世界已明顯不相符了。■

按照黑格爾的邏輯，這位即將遭受主人鞭笞的**奴隸**，應當為他此時的境遇負責。而黑格爾的批評者們則爭論道，主人對奴隸的鞭笞本身就是不正義的。

戰爭是政治通過另一種手段的延續

卡爾·馮·克勞塞維茨（1780－1831年）

背景介紹

思想流派
現實主義

聚焦
外交和戰爭

此前

公元前五世紀 孫子提出：兵者，國之大事，死生之地，存亡之道，不可不察也。

1513 年 尼科洛·馬基雅維利指出，君主應存不忘亡，安必慮危，隨時做好戰爭的準備。

1807 年 格奧爾格·黑格爾提出，歷史是一場為獲得承認的鬥爭，主奴關係也由此產生。

此後

1935年 德國將軍埃里希·馮·魯登道夫發展了「整體戰」理論，主張動員國家全部的物質和精神力量投入戰爭。

1945 年 希特拉在其遺囑中將本頁主人公稱為「偉大的克勞塞維茨」。

1832 年，普魯士軍事理論家卡爾·馮·克勞塞維茨的《戰爭論》出版，儘管此時克氏已經去世，但書中的名句「戰爭是政治通過另一種手段的延續」卻熠熠生輝，影響極其深遠，鮮有其他與軍事相關的句子能與之媲美。實際上，克勞塞維茨提出了許多通俗易懂的真理，將戰爭放在更大的語境中來考察戰爭的哲學基礎。

戰爭帶來政治

克勞塞維茨在書中宣稱「戰爭不過是決鬥的擴大化」，同時「戰爭是迫使敵人服從我們的意志的一種暴力手段」。戰爭的目的就是卸除敵人的武裝，使其無力抵抗，讓自己成為「主人」。但戰爭絕非唯一決定性因素，因為戰敗國還能用政治來修復戰爭的創傷。克勞塞維茨強調，戰爭更重要的在於（政

奧托·馮·卑斯麥通過挑起普法戰爭，完成了建立德意志帝國的偉業。圖為1871年，普魯士國王威廉一世即位德意志帝國皇帝。

治）目的而並非打鬥：戰爭永遠是政治行動，因為每一個國家都想將自己的意願強加於人，但同時也必然冒着被人強加意志的風險。

實現政治目的有許多手段，而戰爭僅僅是其中的一種。克勞塞維茨的論述並不是想強調戰爭是一些政治家的投機和功利行為，而是想警示人們，任何戰爭背後都必定有一個高於一切的政治目的。■

參見：孫子 28～31頁，尼科洛·馬基雅維利 74～81頁，托馬斯·霍布斯 96～103頁，格奧爾格·黑格爾 156～159頁，史沫特萊·D.巴特勒 247頁。

英明的政府必須認識到其社會向前發展的需求

何塞·馬利亞·路易斯·莫拉（1780－1850年）

19 世紀 30 年代，墨西哥社會動盪不安。儘管墨西哥在 1821 年便已擺脫西班牙殖民統治並獲得獨立，但在之後 55 年裏竟經歷了 75 次總統更迭；並且國內的地主、軍閥和教會的勢力依然穩固如舊。在 18 世紀啟蒙思想家和美國、法國兩次革命的影響下，

拉丁美洲的自由主義者們提出，是盤根錯節的權貴集團阻撓了社會的進步和發展。年輕的墨西哥自由主義者莫拉在此時勇敢地站出來，向國家中腐朽的保守勢力發起挑戰。他提出，一個社會若不能向前發展，就只有死路一條。正如孩童的成長需要父母的哺育，「一個英明的政府必須認識到其社會向前發展的需求」。

然而，墨西哥當局對於莫拉推進現代化的訴求充耳不聞。更糟的是，莫拉因為反對馬西米連諾一世登基稱帝而被囚禁，並且爾後又因惹惱繼任總統桑塔·安納而被驅逐到了巴黎。在獨立之後的 50 年裏，墨西哥一直積貧積弱，國民的生活下降至歷史最低水平。■

1864 年，**馬西米連諾一世**成為墨西哥皇帝。他長期與莫拉這樣的自由主義者水火不相容。三年之後，馬西米利連諾的統治被推翻，隨即遭到處決。

窮兵黷武的國家必將走向衰敗

西蒙·玻利瓦爾（1783－1830年）

背景介紹

思想流派
自由的共和主義

聚焦
革命戰爭

此前
1494 年 西班牙和葡萄牙簽署《托爾德西里亞斯條約》，瓜分了兩國在美洲的勢力範圍。

1762 年 讓-雅克·盧梭駁斥了君權神授的思想。

此後
1918 年 第一次世界大戰後，美國總統伍德羅·威爾遜根據民族自決原則提出了重建歐洲的計劃。

1964 年 捷·古華拉在聯合國大會上表示，拉丁美洲還未實現真正的獨立。

1999 年 烏戈·查韋斯當選委內瑞拉總統，推行玻利瓦爾主義的政治意識形態。

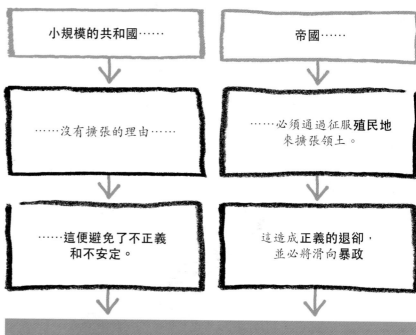

一個國家窮兵黷武，或過分壓榨其屬地，則必將走向衰敗。

1492 年，克里斯托弗·哥倫布發現新大陸，宣佈西班牙對這片土地的統治權，從此揭開了各帝國在五個大洲開疆拓土的序幕。在此期間，西班牙佔領的廣闊殖民地都需要依靠與當地精英的合作來管理。而委內瑞拉革命家西蒙·玻利瓦爾就認為，這一現象既是帝國動力的源泉，同時也是大型帝國的隱患。

參見：尼科洛・馬基雅維利 74～81頁，讓-雅克・盧梭 118～125頁，
傑里米・邊沁 144～149頁，捷・古華拉 312～313頁。

> 長治久安是小型共和
> 國的重要特征。
> ——西蒙・玻利瓦爾

形小而力強的共和國

1808 年拿破崙入侵後，西班牙實力一落千丈。玻利瓦爾將此視為美洲的西班牙殖民地掙脫殖民統治的天賜良機，並參與到了這場長達 18 年的獨立戰爭之中。在此期間，玻利瓦爾曾逃亡到牙買加，在那裏他對未來進行了謀劃，並對「怎樣規模的國家才既適合統治又能給人民謀福祉」的問題進行了思考。

在《牙買加之信》中，玻利瓦爾否定了君主制：原因是君主國會受到其持續不斷的征服慾望的驅使，本質上是擴張主義者。而共和國則會「專注於自身的長治久安、繁榮昌盛和國家榮耀」，因此更加穩定。

玻利瓦爾堅信，西班牙的美洲屬地應當建立 17 個獨立共和國：每個國家必須控制擴張的野心；必須教育其國民對國家的規模保有一顆平常心，並且必須專注於保衛所有公民的權利。每個國家沒有

理由去擴張領土，因為這定將勞民傷財且得不償失。也就是說，一個「國家若窮兵黷武，或者對其屬國的過分壓榨，則必將走向衰敗」。玻利瓦爾說，小規模的共和國能夠長治久安；而大型國家容易形成帝國，並難以獲得長久的安寧。

美洲的共和國

西班牙美洲殖民地在民族解放之後建立了眾多的獨立共和國，這正體現了玻利瓦爾關於國家控制規模的思想，但是其對自由的堅持則遭到背棄：這些國家的政治權力都最終遭到了少數權貴的壟斷。

玻利瓦爾被拉美人民奉為「解放者」，他的革命思想在拉丁美洲獲得了極高的敬仰。■

委內瑞拉的一場擁護烏戈・查韋斯的遊行中，**玻利瓦爾的畫像**被高高舉起。查韋斯將自己的政治行為稱為玻利瓦爾革命，彰顯自己反帝主義的立場。

西蒙・玻利瓦爾

西蒙・玻利瓦爾出生於委內瑞拉的一個貴族家庭，師從著名學者西蒙・羅德里格斯學習歐洲啟蒙運動的思想。玻利瓦爾16歲完成軍事培訓之後，先後去到墨西哥、法國和西班牙。他在西班牙結婚，但8個月之後妻子不幸去世。

1804年，玻利瓦爾目睹了拿破崙的加冕儀式。他受到在歐洲接觸到的民族主義思想影響，並且發誓如果祖國不從西班牙統治下獲得解放，他就要奮鬥到底。之後，玻利瓦爾領導了今天厄瓜多爾、哥倫比亞、委內瑞拉、巴拿馬、秘魯北部和巴西西北部地區的解放鬥爭。後來，他放棄了早年的理想主義，在1828年「被迫」宣誓成為了當時大哥倫比亞共和國的獨裁者。兩年之後，玻利瓦爾在彌留之際，對他領導的革命的結果已倍感失望。

主要作品

1812年 《卡塔赫納宣言》

1815年 《牙買加之信》

廢奴與聯邦，不共戴天

約翰·C.卡爾霍恩（1794－1850年）

1837年，美國參議員約翰·C.卡爾霍恩就奴隸制問題發表了一場慷慨激昂的演講。19世紀30年代，廢止奴隸制的呼籲形成聲勢，這使得美國南部的奴隸主們倍感困擾。作為回擊，奴隸主們宣揚奴隸制乃是上帝的旨意，世上一部分就是為了指揮號令另一些人進行勞動而生。除此之外，他們還宣稱奴隸制能夠避免勞資衝突，而如今這些廢奴運動則正在通過破壞這種勞資關係而一步步蠶食國家的利益。

奴隸制對黑白兩種族都有益

隨着參議院對廢奴展開討論，支持奴隸制的參議員卡爾霍恩開始站出來向國會施壓，要求國會重視憲法賦予奴隸主的基本權益。若縱容廢奴之路繼續走下去，那將意味着蓄奴州和非蓄奴州將使用兩套不同的政治體制，「不可調和的衝突會將聯邦化為齏粉，其巨大的能量正如當年締結聯邦時一樣強烈，所以廢奴與聯邦，不共戴天」。

卡爾霍恩不僅不把奴隸制視為一種必要的惡，還聲稱奴隸制可使得黑白兩個種族都從中受益。他說：「你看，中非地區的黑人們從沒有像今天一樣文明和進步，他們在生理、道德和智能等方面獲得了全面的提升。」■

現在蓄奴州仍存在奴隸生產關係，這是一種積極的現象。

——約翰·C.卡爾霍恩

參見： 亞里士多德 40～43頁，托馬斯·傑斐遜 140～41頁，亞伯拉罕·林肯 182頁，亨利·戴維·梭羅 186～187頁，馬庫斯·加維 252頁，納爾遜·曼德拉 294～95頁。

一個社會出現「廢除家庭」的聲音是社會病態的徵兆

奧古斯特·孔德（1798－1857年）

背景介紹

思想流派
實證主義

聚焦
家庭單位

此前

14世紀 伊本·赫勒敦在著作《歷史緒論》中採用了科學推理的方法考察了社會凝聚力和社會衝突的現象。

1821年 法國早期社會主義者聖西門認為，關於人的科學將孕育出新型的政治，新工業時代將會誕生一個新的烏托邦。

1835年 比利時哲學家阿道夫·凱特勒提出致力於研究「普通人」的社會科學思想。

此後

1848年 卡爾·馬克思在《共產黨宣言》中提出，「家庭」這個社會組織應該被廢除。

在其《實證主義教程》中，法國哲學家奧古斯特·孔德為「家庭」這個社會組織進行了辯護。這不僅是由於家庭乃是一種情感寄託的紐帶，還因為它符合孔德所持有的「實證主義」哲學立場。這一立場相信，要想正確認識社會，感知經驗材料將是唯一有效的數據來源，只有通過對這些數據進行邏輯分析，人們才能正確地認識社會。他認為，正如物體運動要遵循物理世界中的科學定律一樣，人類社會的運轉也有自己的規律。而社會學家的職責，便是去研究和梳理這些規律。

家庭是社會基本單位

孔德相信，鼓吹「廢除家庭」的聲音，將使社會走向瓦解。他認為，家庭是構成社會的基礎；而如果社會科學僅以個人需求作為出

> 無數家庭形成了宗族，無數宗族形成了國家
> ——奧古斯特·孔德

發點，那麼必將遭到失敗。因為，在家庭之中，個人的一些虛妄想法將會得到約束，從而有利於社會的運作。由於人類同時受到個人的和社會的共同驅動，所以「正是在家庭中，個人本能和社會本能才能相互融合調解；服從和相互協作的精神也將在家庭中得到最好的體現。」■

THE RISE OF THE MASSES

1848–1910

羣眾的崛起
1848年 — 1910年

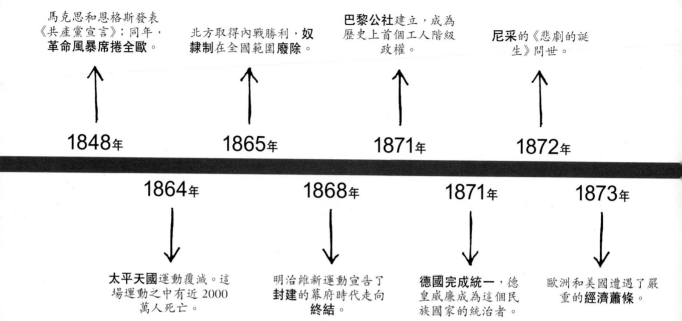

馬克思和恩格斯發表
《共產黨宣言》；同年，
革命風暴席捲全歐。

北方取得內戰勝利，**奴
隸制在全國範圍廢除。**

巴黎公社建立，成為
歷史上首個工人階級
政權。

尼采的《悲劇的誕
生》問世。

1848年　　**1865**年　　**1871**年　　**1872**年

1864年　　**1868**年　　**1871**年　　**1873**年

太平天國運動覆滅。這
場運動之中有近 2000
萬人死亡。

明治維新運動宣告了
封建的幕府時代走向
終結。

德國完成統一，德
皇威廉成為這個民
族國家的統治者。

歐洲和美國遭遇了嚴
重的**經濟蕭條。**

18 世紀末和 19 世紀初期爆
發的幾次大的革命和戰
爭，為歐洲留下了眾多的未知與影
響。1815 年簽署的《巴黎條約》終
結了拿破崙戰爭；而在接下來的一
個世紀裏，歐洲列強之間的衝突相
對緩和。在工業革命的驅動下，鐵
路運輸和通信技術飛速發展，世界
經濟也得以持續增長。這使得一些
人相信，19 世紀上半葉的政治模
式將為人類的進步發展提供一套穩
定的機制。其中，德國哲學家黑格
爾就認為，19 世紀 30 年代的普魯
士已經出現了完美國家的形式，隨
着歐洲殖民者為世界其他地方帶來
文明，加之以政治和公民權利的不
斷鞏固，那個正義的社會終將會到
來。

共產主義思想

而馬克思和恩格斯卻對黑格
爾的論斷表達了強烈的質疑。他們
明確指出，隨着工業化的進展，由
無產者組成的工人階級已然形成；
他們雖然享有一定的政治自由，但
卻在經濟上遭受着奴役和剝削。他
們倆把黑格爾提供的辯證法作為
分析工具，向工人階級宣告，他們
在政治領域的權利同樣應當擴展
到經濟上面去。

1848 年，革命之火在歐洲點
燃；馬克思和恩格斯也在這年發表
了《共產黨宣言》，他們要讓工人
羣眾領導政治變為現實。在其影響
下，德國社會民主黨等工人政黨陸

續出現，並多以《共產黨宣言》作
為其行動綱領，他們躊躇滿志，要
讓工人羣眾真正掌握政治和經濟
的權力。在這一時期，在選舉權不
斷普及的大背景下，數百萬人加入
了各種各樣的政治組織；這也使得
人們過去對精英的顧慮開始轉移
到了大眾身上來。

舊秩序的衰落

在美國，因新併入的領土是否
採取奴隸制而引發的爭議不斷擴
大，並最終引爆了內戰。北方取得
勝利後，奴隸制在全國範圍內被廢
除。這激發了美國的經濟活力，為
其成為政治和經濟強國奠定了基
礎。而在美國之南，拉丁美洲地區

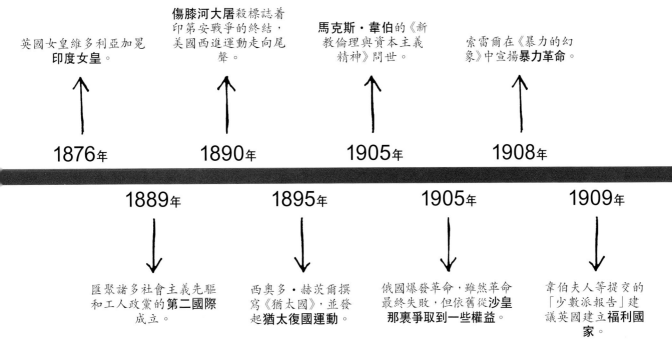

英國女皇維多利亞加冕**印度女皇**。

1876年

傷膝河大屠殺標誌著印第安戰爭的終結，美國西進運動走向尾聲。

1890年

馬克斯·韋伯的《新教倫理與資本主義精神》問世。

1905年

索雷爾在《暴力的幻象》中宣揚**暴力革命**。

1908年

1889年

匯聚諸多社會主義先驅和工人政黨的**第二國際**成立。

1895年

西奧多·赫茨爾撰寫《猶太國》，並發起**猶太復國運動**。

1905年

俄國爆發革命，雖然革命最終失敗，但依舊從**沙皇**那裏爭取到一些權益。

1909年

韋伯夫人等提交的「少數派報告」建議英國建立**福利國家**。

出現了眾多的共和國，其國民為實現政治穩定而不斷鬥爭，但實權卻始終在幾個權貴幫派之間互相交替徘徊。這使得該地區社會發展停滯，最後終於在人民對改革的渴求下促成了 1910 年始的墨西哥革命。

亞洲不但出現了早期的反帝國主義運動，日本還湧現了部分進步的封建領主，他們發動明治維新，結束了封建統治，為現代化騰飛鋪平了道路。縱觀全球，這一時期，舊的體制在許多地方都走向了衰落。

但是，有人對馬克思推崇的大眾社會的前景並不看好。弗雷德里希·尼采就對人民大眾主導社會改革的能力表達了嚴重的質疑。

後來，馬克斯·韋伯接續尼采的批評；他同時還認為社會並不是階級鬥爭的場所，而是不同信仰體系之間對抗的空間。

改革運動

在這個改革的時代，自由主義者和保守主義者通過各自建立黨派，從而找到了屬於自己的位置，並開始對左翼的福利與公平訴求做出回應。其中，英國思想家約翰·斯圖亞特·密爾為自由主義哲學提供了新的哲學基礎；他認為，社會的基石是個人的權利，而不是甚麼階級鬥爭。

與此同時，有一部分社會主義者開始探索在資本主義制度下，通過漸進改革來實現社會主義公有制的可能。德國在統一之後實現了（男性）普選制，這促使愛德華·伯恩施坦決定通過合法選舉的方式來推動他希望的改革。而在英國，韋伯夫婦等漸進派社會主義者，也開始主張通過建立普惠式的福利體系來為窮人提供保障。

這一階段，歐洲舊體制下的精英階層之間的矛盾也日益尖銳起來。這為接下來那個時代風捲殘雲一般的社會變革準備好了所有的土壤。■

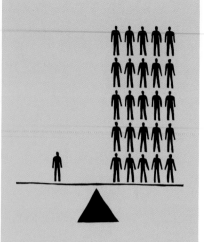

社會主義是一種新的奴役制

阿歷克西·德·托克維爾（1805－1859年）

背景介紹

思想流派
自由主義

聚焦
無階級社會

此前
公元前 380 年 柏拉圖認為民主是一種比其他制度更低劣的政府形式。

1789 年 法國大革命爆發，並在革命中成立了法蘭西第一共和國。

1817 年 社會主義思想家昂立·聖西門主張建立一個完全符合社會主義原則的新社會。

此後
1922 年 蘇聯成立，成為歐洲東部大部分地區的統治者。

1989 年 柏林圍牆倒塌，隨後東歐社會主義國家的制度發生劇變，多數建立起了資本主義和民主政治制度。

社會義忽略最高人類價值	社會主義削弱私人財產	社會主義窒礙個人

社會主義是一種新的奴役制。

1848 年，法國爆發二月革命，推翻了國王路易·菲利普統治，成立了第二共和國，並選出了立憲會議。同年 9 月，在立憲會議中，托克維爾進行了一次慷慨激昂的演講。他在演講中提出，建立民主國家乃是 1789 年法國大革命的理想；同時，他還對社會主義進行了批評。

托克維爾認為，社會主義有以下三個缺點：過於注重激發人的物質慾望，而忽視了美德；侵犯了個人的財產權，觸及了個人自由的核心；並且該制度下的個人的積極性將受國家機器的扼殺。

無階級社會

托克維爾認為，法國大革命開始之後，其最初的追求逐漸遭到背棄。1789 年革命爆發之時，它曾是一場打破等級制度、為所有人爭取自由的革命。但自那之後，上層階級卻擁有了更多的特權，變得日漸腐朽。而底層人民則更加邊緣化，對社會更加不滿。所以他們也變得更容易受到社會主義思想的誘惑。

托克維爾指出，社會主義無法為此提供出路，相反，真正的辦法應當是重新回到革命最初的理想，去追求一個自由和無階級的社會。

參見：柏拉圖 34～39頁，亞里士多德 40～43頁，孟德斯鳩 110～111頁，讓-雅克·盧梭 118～125頁，約翰·斯圖亞特·密爾 174～181頁，馬克斯·韋伯 214～215頁。

"民主在自由之中尋求平等，而社會主義則在約束之中尋求平等。"
——阿歷克西·德·托克維爾

由於社會主義鼓吹有產者和無產者之間的矛盾，因此它最終必然會偏離理想，並重新製造出等級制度來。也就是說，隨着社會主義制度的建立，革命之前的君主專制體制又將捲土重來。所以，托克維爾看來，在傲慢而狂熱的社會主義政權下，自由和競爭的價值必將難以生存。

托克維爾贊成民主制度，在這樣的社會裏私人企業欣欣向榮，而窮人則可由基督教會來救濟和保護。他認為美國就是這樣一個典範社會，它讓最先進的民主模式得以實現。不過，他也指出了美國民主的問題，包括物質主義、個人主義和多數人的暴政。

在托克維爾看來，民主意味着自由，而社會主義則意味着束縛，而正是這一尖銳矛盾在 19 世紀和 20 世紀引發了經久不息的爭論。文中提及的托克維爾這場演講，發生於歐洲革命風起雲湧的年代，當時，社會主義思想對這些革命起到了煽動的作用。但是 1848 年之後，這場革命便以失敗告終。◼

托克維爾認為，**社會主義制度下**，勞動者就是龐大的國家機器中的一個小小齒輪。

阿歷克西·德·托克維爾

托克維爾出生於巴黎的一個貴族家庭。1830年，奧爾良公爵路易·菲利普登上王位，托克維爾也在其政府中謀得一職。但是之後的政局變動威脅到他職位的穩定，於是托克維爾前往美國，並把他在美國的經歷寫成了他的傳世之作《論美國的民主》。他在書中提出，民主和平等在美國得到了最完整地實現。不過，他同時也警告了民主制度的潛在危險——物質主義和極端個人主義。

1848年革命之後，托克維爾成為為共和國起草憲法的立憲會議中的一員。1851年路易-拿破崙·波拿巴發動政變，托克維爾遭受了牢獄之災，並隨後淡出政壇。他一生飽受病痛的折磨，並在53歲時因肺結核去世。

主要作品

1835年，1840年 《論美國的民主》第一卷、第二卷
1856年 《舊制度與大革命》

不要用「我」字，要用「我們」

朱塞佩·馬志尼（1805－1872年）

背景介紹

思想流派
民族主義

聚焦
權利與責任

此前
1789 年 法國大革命期間頒佈的
《人權宣言》羅列了公民所擁有的
神聖權利。

1793 年 德國哲學家約翰·戈特
弗雷德·赫爾德論證了民族的重要
性。

此後
1859 年 約翰·斯圖亞特·密爾
在《論自由》中為個人的權利進行
了辯護。

1861 年 意大利基本統一。

20 世紀 50 年代 民族解放運動
席捲全球，眾多殖民地實現獨立。

1957 年 歐洲 6 個國家簽署《羅
馬條約》，歐洲經濟共同體成立。

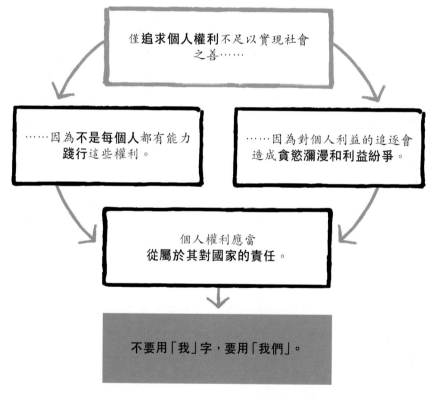

僅**追求個人權利**不足以實現社會
之善……

……因為**不是每個人**都有能力
踐行這些權利。

……因為對個人利益的追逐會
造成**貪慾瀰漫和利益紛爭**。

個人權利應當
從屬於其對國家的責任。

不要用「我」字，要用「我們」。

朱塞佩·馬志尼是意大利的思
想家、革命家，他的核心思
想是號召人民圍繞自己的民族國
家而團結起來。在《論人的責任：
致意大利工人階級》一文中，馬志

尼就曾呼籲，人們應把自己對國家
的責任置於個人的利益之上。同
時，馬志尼的民族主義思想也是對
一個世紀以來歐洲政治思潮變革
的批判。歐洲這場劇變背後的核心

參見：約翰・戈特弗雷德・赫爾德 142～143頁，西蒙・玻利瓦爾 162～163頁，約翰・斯圖亞特・密爾 174～181頁，西奧多・赫茨爾 208～209頁，吉安弗朗科・米利奧 296頁。

> 當我們以正當的原則為國家而奮鬥時，我們就是在為整個人類而奮鬥。
> ——朱塞佩・馬志尼

思想是「自由」，主張通過追逐個人的權利來實現自由。而當時的工人羣眾也都希望通過實現個人權利，來改善個人的物質生活。

馬志尼堅信，雖然自由的提升確實造就了財富的積累和商業的擴張，但工人的生活條件卻未能同步改善。經濟的發展只對部分權貴有利，對於大多數人卻並非如此。馬志尼認為，狹隘地追求個人權利

會造成兩個問題：第一，自由對於多數人而言只是一個「虛幻和痛苦的笑話」，因為他們沒有時間和資本去行使類似於教育之類的權利，因此這種自由毫無意義；第二，對個人物質利益的追求將會引導人們互相讒害，將會傷及人類的共同紐帶。

責任先於權利

馬志尼論稱，一個人對於人類的責任是至高無上的，而對權利的追求則居其次位。這一責任要求人們相互合作，從而追逐共同的目標。但是，馬志尼認為，任何個人獨自為人類的事業而行動都孤掌難鳴，所以上帝創造了國家並將人們分配到各個國度之中。因此，國家就可以理解為個人為人類奉獻的「廠房」。而且，人們對國家的責任能夠將每個人與博大的人類集體連接起來，讓大家都站在「我

1861年，王國軍隊在都靈街道上的行進，標誌着意大利統一基本完成。馬志尼被視為這個現代國家的國父。

們」而不是「我」的立場進行思考。對馬志尼而言，國家不僅僅是同居一片熱土的人們的羣組，她更是這些以手足之情團結在一起的人的集合。馬志尼的這一思想鼓舞了1848年歐洲的革命運動，也在一定程度上加快了意大利的統一。而在20世紀，他的思想還喚起了全球各地抗擊殖民統治的民族解放運動。此外，馬志尼的歐洲國家一體之夢，也通過1957年的歐洲經濟共同體的成立而得以實現。∎

朱塞佩・馬志尼

馬志尼出生於意大利熱那亞，是一名醫生的兒子。馬志尼在20多歲時就積極參加地下政治活動；1831年，他因為激進的行動而遭到監禁和流放。之後，他建立了「青年意大利黨」，力圖通過煽動民眾舉行起義來實現意大利的統一。這一做法激勵歐洲多個國家的激進分子爭相仿傚，建立起了多個類似的青年組織。

1848年歐洲革命期間，馬志尼回到意大利，成為新成立的羅馬共和國的政府首腦。但共和國很快瓦解，馬

志尼再次流亡。19世紀60年代早期，完成北部統一的意大利王國成立，馬志尼再次回到意大利。但是這個政權並不符合馬志尼的共和設想，他也因此拒絕在新議會中任職。1870年，王國軍隊佔領羅馬，意大利完成統一，兩年之後，馬志尼在比薩去世。

主要作品

1852年 《論國家》
1860年 《論人的責任》

今天敢於標新立異的人實在太少，這已然是這個時代最主要的危機

約翰·斯圖亞特·密爾（1806－1873年）

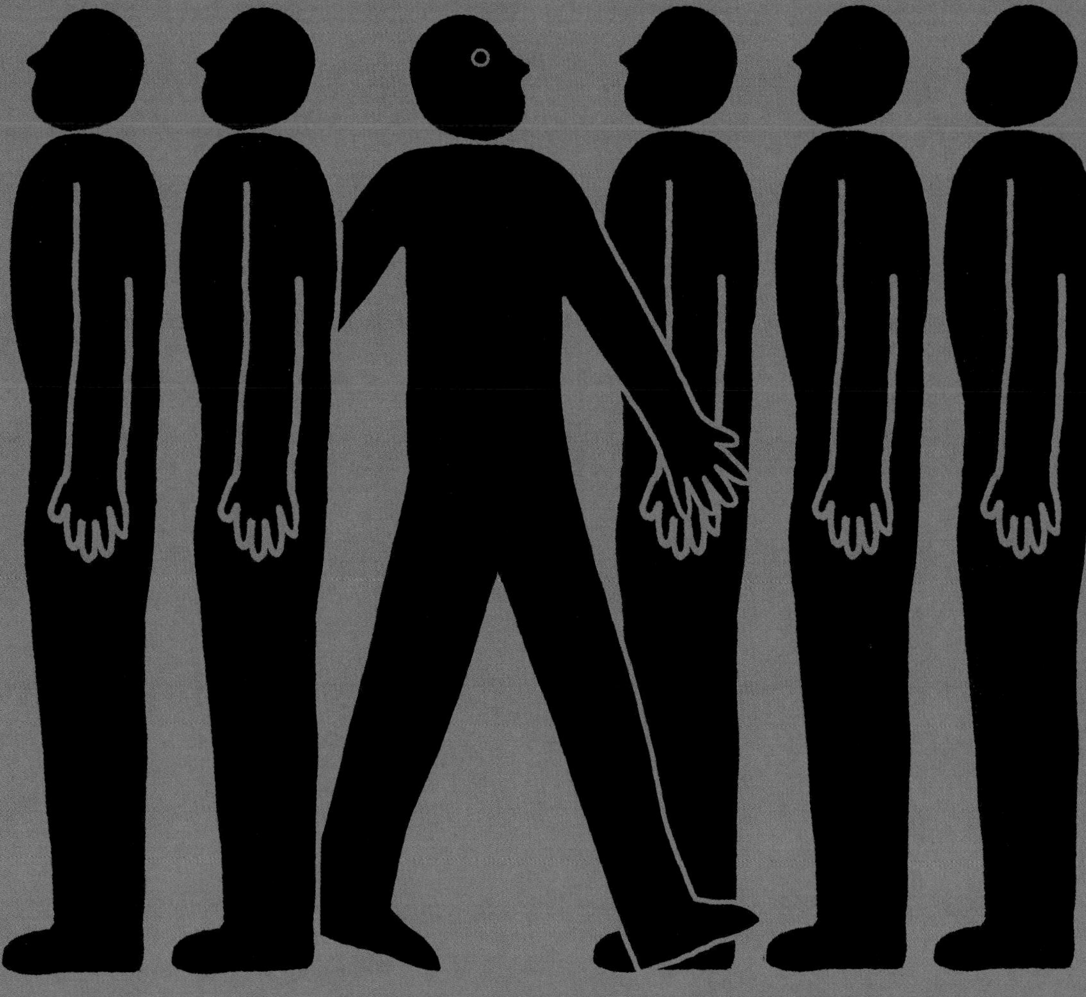

背景介紹

思想流派
自由主義

聚焦
個人自由

此前

1690 年 反對專制政府的思想家約翰‧洛克開啟了自由主義思想的先河。

1776 年 美國《獨立宣言》宣稱，人生而平等，並擁有自由、生命安全以及追求幸福的權利。

此後

20 世紀 40 年代 大蕭條之後，自由主義者們對自由市場失去信心，轉而呼籲建立福利國家的體制。

1958 年 英國學者以賽亞‧伯林對「消極自由」（Negative Liberty）和「積極自由」（Positive Liberty）作出了區分。

1974 年 美國哲學家羅伯特‧諾齊克提出，個人自由神聖不可侵犯。

約翰‧斯圖亞特‧密爾在《論自由》（On Liberty）中，對「百花齊放的個性是一個健全社會的基石」這條自由主義的重要信條進行了辯護。密爾一直在追問如何實現個人自由與社會幹預之間的平衡，正是對這一政治基本問題的探尋，驅使着他的學術求索。

密爾認為，19 世紀中期政治環境的劇變，使得人們不得不重新審視這一問題。在過去專制君主掌權的歷史時期，由於缺乏民主選舉制度的約束，統治者總是權勢熏天、作威作福。正因如此，那時的國家利益被認為與個人利益水火不容，人們總是帶着懷疑的眼光來警惕政府的干預。

普遍認為，19 世紀民主政治的擴張消解了這一緊張局面。定期的選舉使得大眾成為了真正的統治者，這樣一來，國家利益與個人利益便實現了統一。人們相信在這樣的安排之下，政府的干預將不會給它的選民們造成危害。

多數人的暴政

密爾對這種自以為得計的樂觀想法發出了警告。他認為，民選政府只知唯多數人的觀點是從，但這些多數人很可能對少數人造成壓迫。這種「多數人的暴政」意味着，即使政府是民主選舉產生的，它的干預也可能帶來有害的影響。密爾認為，此種源自多數意見的暴政的危害不亞於政治的暴政，反而可能更為惡劣，因為它經常只是為了維護一己私利與個人偏好的説辭，並且容易使得人們聽信欠缺考慮的觀點。因此，人們所公認的所謂常識無非只代表着社會中最具統治力的羣體的利益罷了。

當時的英國仍然處於向現代民主體制轉型的階段，在密爾看來，人們尚未意識到多數人暴政的危險性。當前人們對於政府的普遍不信任態度，乃是遺留自過去那個

在一個健全的社會，個人只要不傷害他人，就應當可以**自由地思考與行動**。

但因為「**多數人的暴政**」，這種狀況並不常見。

這造成了社會的**同質性**，而且妨礙了人們對於新觀念及生活方式的嘗試。

今天敢於標新立異的人實在太少，這已然是這個時代最主要的危機。

參見：托馬斯‧霍布斯 96～103頁，約翰‧洛克 104～109頁，傑裡米‧邊沁 144～149頁，阿歷克西‧德‧托克維爾 170～171頁，羅伯特‧諾齊克 236～237頁，約翰‧羅爾斯 298～303頁。

在這場同志驕傲大遊行中，人們所行使的集會權是一種**行動的自由**，它與思想和意見的自由一道，組成了密爾個人自由思想的核心。

政府被視作個人威脅的年代；而在一個民主體制中產生多數人暴政的可能性還未得到廣泛的認知。這就可能造成，人們對政府行為提出不必要的要求，又對其做出不恰當的批評。同時，這種多數意見的暴政日益增多，也使得密爾對這種普遍蔓延的對個人加強控制的趨勢感到擔憂。

正當的干預

因此，社會必須築起一座道德堤壩來阻止這一趨勢。為此，密爾提出一個明確的準則，用以劃定個人自主與政府干預之間的合理界限。他認為，唯有在為了阻止個人行為危及他人的情況下，社會才

在我們最早熟悉的歷史中，「自由」與「權威」之間的鬥爭是最顯著的特徵。

——約翰‧斯圖亞特‧密爾

能正當地干涉其自由。為了行為者自身利益着想，社會或許可以試圖說服他採納另外的行動選擇，但是絕對不能強迫他這麼做。所以密爾說道：「對於自己，對於自己的身體與思想，個人才是主人。」他的這條個人自由的準則，既適用於思想，也適用於意見表達和行動。

在密爾看來，如果這條準則遭到破壞，那麼整個社會都將蒙受損失。例如，沒有思想自由，人類的知識與創造力將會被束縛。為了證明這一點，密爾為人類如何獲得真理提出了一種獨特的解釋。由於人類思想有易錯性，所以想要確認一個觀念正確與否，唯一的途徑就是將其放入各種對立觀念交鋒的熔爐中進行檢驗。而一個扼制觀念自由表達的社會，則可能會錯失一個真理性的觀念；同時，它還可能因

為扼殺了一個錯誤觀念，從而錯過了通過這個錯誤觀念來檢驗和揭示其他觀念的真理性的機會。有人主張，世上有一些觀念不論其真理性如何，都必然比其他觀念對社會更有益；這遭到了密爾的拒斥，他認為，提出這一論斷的人，存在着「人們在判斷信念優劣之時不會出錯」的錯誤預設。儘管這個時代，人們已不至於再將異端捆在火刑柱上活活燒死了，但密爾依舊相信，社會對於異端觀點的不寬容，仍將鈍化人類的思想並箝制社會的進步。

觀念的豐富性

密爾主張，就算社會的常識是正確的，保持觀念的豐富性依然十分重要；因為一項真理想要維持其生機與力量，就需要不斷地接受挑

觀念和**政策需要在相互交鋒中得到檢驗**。

那些經不起考驗的會**被摒棄掉**。

在密爾的這口「觀念的熔爐」中，每一個觀念都必須不斷地經受其他觀念的檢驗。這個熔爐就像一個蒸餾器，其中，虛假的、不完整的觀念會像蒸發掉一樣被淘汰，而真理性觀念則留在容器中，並越發堅韌。

"**多數人的暴政**」如今已被列入社會最需要警惕的禍害之列。

——約翰•斯圖亞特•密爾

能夠提升社會的創造力，用密爾話講，「不同生活方式的價值應當由實踐來檢驗」。儘管人們可以利用傳統來有效地引導自己的生活，但他們也應該根據自己所處的環境和獨特偏好來有創造性地接受傳統的訓導。密爾相信，人們機械地循規蹈矩所帶來的後果，會像不經思考的遵循成見一樣，使生活方式變得貧瘠，讓個人的道德能力遭到削弱。

對整個社會都有益的試驗

就像自由的觀念表達一樣，行動上標新立異之人不僅會給社會帶來裨益，甚至還會給墨守傳統的人也帶來好處。那些由另類分子率先發現的新方式，説不定很快就會被其他人採用。不過，想要真正兑現這些好處，必須讓社會中的創新者們自由地進行試驗。

在多數人意見盛行的社會中，多一些的精神和標新立異之人都將有助於激發人們去嘗試新鮮事

戰和探查。這尤其適用於有關社會與政治的觀念，因為它們永遠無法達到數學公理那樣的精確性。檢驗觀念最好的方法是聽取持相反意見的人的看法。就算沒有異議者，我們也還要親自構想出不同的意見。因為，離開了討論和爭辯，人們將會無法領會真理性觀念的根基；而一旦如此，它們就淪為僵化的教條，只會在根本沒有被真正領悟的情況下被人們機械地重複。就算是正確的行為與道德準則，如果成了死板的口號，它們也再也不能激發起真誠的行動。

密爾運用他的這種自由原則替個人的行動自由做了辯護。不過他也承認，行動自由必然需要比思想自由受到更多限制，因為比起思想，一項行動更有可能對他人造成傷害。就像觀念自由一樣，個性也

物的勇氣。密爾寫作《論自由》之時，工業革命已經促使英國一躍成為全球經濟最發達的國家。密爾相信，正是西歐社會中思想的相對多元性和行動的自由度孕育出了這一成就。他將當時生機勃勃的歐洲與止步不前的中國做了對比，認為中國之所以走向衰落，是因為其習俗和傳統抑制並麻木了其個性。在英國，經濟大發展帶來了教育的普及和便捷的交通，並且為之前的社會邊緣階級提供了更多上升的機遇。但是，這一進步同時也造成了社會品味上的同質性以及隨之而來的多元個性的衰弱。他相信，如果這一趨勢繼續發展，英國將會重蹈中國的覆轍。在密爾看來，英國社會已經變得過於同質化，並且不再崇尚個性與原創性的價值。人們只會根據其所處社會階層的規矩行事，不再隨心所欲。這也就是解釋了，為甚麼在密爾眼中缺乏異類是一種如此嚴重的社會危機。

傷害原則

在這個政府與人民的關係劇烈變化的年代裡，密爾提出了一條劃定國家與個人之間合理界線的「傷害原則」，內容簡單而易行。

以 20 世紀各國針對吸煙的政策為例，我們可以一覽，人們如何運用這一準則來衡量政府對於個人行為的干預。儘管煙草有害健康早已為人所知，但還沒有一個社會實行過全面禁煙；他們的做法是，向人們傳播相關的健康知識並勸告人們戒煙。於是到了 20 世紀末期，美國和許多歐洲國家的吸煙現象日漸減少。

這種做法與密爾的傷害原則相符：即使抽煙有害於人們的健康，但他們依然可以自由地吸煙，因為這麼做並沒有傷害到別人。不過隨後新發現的醫學信息表明，被動吸煙也是有害的。這就意味着在公共場所吸煙也違背了傷害原則。因而，還是根據這條原則，在新的

> **在某個階級佔絕對優勢的國家裡，該國的大部分道德必定是由該階級的利益和階級優越感演變出來的。**
> ——約翰・斯圖亞特・密爾

科學知識的影響下，政府頒佈了在公共場所的禁煙令。隨着吸煙的羣體急劇減少，吸煙行為也在一定意義上被視為一種另類的舉動；不過，儘管有關其危害健康的證據有增無減，實行全面禁煙令的主張依然並不多見。

傷害VS幸福

然而，傷害原則可能並非總是能得出自由主義者所預想的結果。例如，如果人們覺得同性戀違背道德並且令人厭惡，那麼他們也可能宣稱，單單讓他們知道有人在進行同性戀行為也是對他們的傷害。因此，他們可能要求政府採取干預行動，以維護正常的性道德。這種情況迫使人們去思考潛藏在密爾為個人自由所做的辯護背後的倫理

圖中，新納粹分子組織了**一場示威遊行**集會。密爾認為，如果這種集會造成的傷害多於快樂，那麼人們就可以對其集會自由加以限制。

學根基。《論自由》一書是以密爾信奉的功利主義哲學為基礎寫作的。密爾是英國哲學家傑里米・邊沁的追隨者，邊沁主張行為的道德行要根據其為人類總體幸福所做的貢獻來判斷。拿「說謊」來說，邊沁主張，人們不應就說謊行為本身的錯誤性來進行批判，而應當指控它所造成的不幸的總和要大於幸福的總和。密爾進一步完善並發展了邊沁的理論，他區分了「高級」與「低級」的快樂，認為做一個不幸的蘇格拉底可能要好於當一隻幸福的豬。因為只有像蘇格拉底這樣的人才有機會體驗高級的快樂。

我們或許已經察覺到了，功利主義與《論自由》改採用的思想路徑之間存在矛盾，因為密爾為個人自由所做的辯護會與功利主義思想路徑中最為重要的快樂原則相衝突。比方說，如果同性戀讓多數人不快，那麼功利主義就很可能會建議禁止這種行為；可是這種做法

一位**傳教士**正在倫敦海德公園的「演講者之角」給旁觀者做演說。密爾反對審查制度，並主張不論一個人發表何種觀點，其言論自由都必須得到保護。

明顯是對個人自由的侵犯。儘管存在着這樣明顯的衝突，密爾依舊堅持認為「效用」是他的理論體系中最為根本和首要的準則。

事實上，密爾並不是在為個人自由做一種絕對主義的論證。我們可以這樣看待他的論證，將其視為快樂原則在國家與個人行為關係上的具體運用：密爾認為個人自由能夠促進社會創新與知識增長，而這些最終都會提升社會整體的幸福。不過，密爾總以為他的快樂準則必將通向個人自由，但這一信念顯然過於樂觀了。而且除了行動準則之外，他還過於樂觀地估計了意見表達自由的價值。例如，在當今德國公開宣稱自己支持希特拉會遭到禁止，這一禁令確實干預了言論的自由，但是由於它減免了更多其他人的不快，因此功利主義會認為這一禁令是正當的。

消極自由

另一種針對密爾的批判，是針對他「真理能從相異的觀念的熔爐中提煉出來」的信念。他認為，當社會完全不去干涉個人思想和行動時，這個熔爐就會沸騰得最為旺盛。這種自由觀念後來被英國政治學家、哲學家以賽亞・伯林命名為「消極的自由」，也就是行動免於干涉的自由。

在左派批評者看來，對於人們來說，只有消極自由是不夠的。他們指出，像社會中的赤貧階層和沒有政治權利的婦女這些受壓迫的羣體，可能根本就沒有表達

> **個人自由必須限制在一個界限內；他絕不能使自己成為他人的妨礙。**
> ——約翰・斯圖亞特・密爾

他們獨特觀點的渠道：這意味着這些邊緣羣體幾乎沒有接觸到藉以表達他們立場的傳媒和機構的機會。正因如此，左派人士相信，如果沒有「積極自由」為邊緣羣體賦權，並幫助他們表達意見並影響公共政策，那麼所謂消極自由將毫無作用。如果密爾能親眼目睹女性主義在20世紀取得的巨大成就，他可能會爭辯道，正是女性的意見得到充分表達的機會，才使得她們最終能夠成功爭取到政治上的平等權利。但是，左派人士可能會再一次反駁道，如果沒有為女性提供薪酬平等以及受保障的就業權等積極自由，那麼拘於條文的政治自由就毫無意義。

實用自由主義

密爾的政治哲學（即功利主義以及他對自由的辯護）對於自由民主制度在全世界的發展產生了深遠的影響。他追求具體的集體福祉而非抽象的、不可分隔的權利，這是一種實用自由主義，

而密爾的思想也許是最為著名的實用自由主義了。

從性道德、吸煙，到自由市場在經濟中的角色地位，這些在以英美兩國為首的現代民主國家中最常見的爭論，都往往是圍繞着近兩個世紀前密爾所提出的框架在展開。然而就算是在這些自由民主國家裏，也存在着對於個人行為的大量限制，而且這些限制也並不僅僅將消極自由作為標準原則。例如政府禁止消遣性毒品，就是基於一種家長式的原則；而且即使在實行自由市場的國家裏，政府也會調節商業貿易並對經濟成果進行更為平等的分配。也許在人們看來，所有這些行動都超出了密爾認為的政府應當插手干預的範疇，不過由於對社會干預的合理邊界的爭論依然沒有終結，那些呼籲擴大自由的人們仍然會不時訴諸密爾的觀點來作為自己的理論支撐。■

約翰·斯圖亞特·密爾

約翰·斯圖亞特·密爾1806年出生於倫敦，他是19世紀最有影響力的哲學家之一。其父詹姆斯·密爾與功利主義哲學大師傑里米·邊沁私交甚篤。老密爾一開始就決定要將其長子培養成一位偉大的思想家，於是在小密爾還是孩子的時候就開始學習拉丁文、古希臘文、數學以及經濟學。但是到了20歲那年，小密爾意識到這些單純智力上的訓練麻痺了他的感情生活，於是他陷入了重度抑鬱的痛苦之中。

從1830年開始，密爾與哈莉特·泰勒關係漸密；1851年哈莉特的丈夫去世後他們喜結連理。哈莉特幫助密爾擴展了對人類生活的理解，使他從禁慾主義倫理中擺脫出來，成為一個重感情、有個性的人。這對密爾的功利主義和個人自由的思想產生了一定的影響。

主要作品

1859年 《論自由》
1861年 《功利主義》
1869年 《女性的屈從地位》

密爾的三種基本自由

思想和觀念的自由——即個人意見的絕對自由，以及通過演說或寫作來發表意見的自由。

追求個人**愛好和志趣**的自由——只要不傷害社會其他成員，我們就可以按照自己認為適合的方式來生活。

個人聯合的自由——只要未出現脅迫，我們就擁有出於任何無害的目標而與他人聯合的權利。

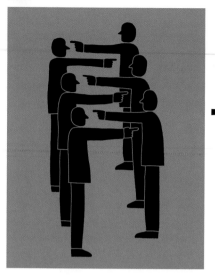

若不能得到他人的同意，一個人無論多優秀都不足以統治另一個人

亞伯拉罕・林肯（1809－1865年）

背景介紹

思想流派
廢奴主義

聚焦
權利平等

此前
1776 年 美國實現獨立，一個全新的共和國就此誕生。

1789 年 法國大革命的《人權宣言》宣稱，「在權利方面，人人與生俱來而且始終自由與平等」。

此後
1860 年 林肯當選美國第 16 任總統，南方諸州以維護保留奴隸制的權利為由決議脫離聯邦。

1865 年 美國南部邦聯的羅伯特・李將軍投降，南北戰爭以聯邦軍的勝利告終。

1964 年 美國通過《公民權利法案》，明令禁止職場中的種族、膚色、宗教和民族歧視。

美國取得獨立戰爭勝利之後，一個關乎國家根基的問題始終懸而未決。儘管 1776 年的《獨立宣言》中明確宣示了所有人的平等，但是由於奴隸制尚存，黑奴貿易商仍將數百萬的非洲裔人口輸送到了大洋彼岸的美國南方莊園。1820 年的《密蘇里妥協案》雖禁止北方諸州的奴隸制，但南方諸州卻依然繼續允許奴隸制存在。

「若不能得到他人的同意，一個人無論多優秀都不足以統治另一個人」，這句名言出自亞伯拉罕・林肯 1854 年進行的一次演講。他對各州獨立制定法律的權利提出質疑，認為這一所謂的「自治權」踐踏了美國的核心價值，也就是個人自由的權利。合眾國的立國之基乃是自由和平等，絕不是為了統治便利或是維護各州自我權威的政治妥協。林肯最初只是溫和地反對奴隸制，主要反對蓄奴州擴張，而並不主張廢除。然而，他在這次演講中對共和黨人崇尚的美德進行了辯護，這些價值觀也成為 1861 年內戰爆發時北方諸州的集結號角。此次演講後，林肯轉為激進派，於 1863 年頒佈《解放奴隸宣言》，又於 1865 年在全國範圍內廢除了奴隸制。∎

我國一部分的人認為奴隸制是正確的，應當推廣；而另一些人則認為這是錯誤的，應加以限制。
——亞伯拉罕・林肯

參見：胡果・格老秀斯 94～95頁，讓-雅克・盧梭 118～125頁，托馬斯・傑斐遜 140～141頁，約翰・C.卡爾霍恩 164頁。

財產就是盜竊

皮埃爾-約瑟夫·蒲魯東（1809－1865年）

背景介紹

思想流派
社會主義，互助主義

聚焦
私有制

此前

公元前 362 年 柏拉圖認為，財產的集體所有制將有助於人們對共同目標的追求。

1689 年 約翰·洛克宣稱，個人擁有對自己財產的自由權利。

此後

1848 年 卡爾·馬克思和弗雷德里希·恩格斯在《共產黨宣言》中描繪了一個消除了私有制的社會。

1974 年 美國哲學家羅伯特·諾齊克宣稱，產權私有制在道德上具有優先性。

2000 年 秘魯經濟學家埃爾南多·德·索托提出，加強對私有財產權的保護，將是讓發展中國家擺脫貧困的關鍵手段。

當法國人民正為一輪又一輪的革命所帶來的成果感到沮喪之時，法國政治家、思想家皮埃爾-約瑟夫·蒲魯東擲出了他驚世駭俗的論斷：財產就是盜竊。蒲魯東的這本《甚麼是財產》發表於「1830 年革命」結束的十年之後。當時的人們曾經期望，取代了波旁王朝統治的七月王朝能夠最終給人民帶來 1789 年法國大革命時所追求的平等與自由。但是如今到了 1840 年，人們卻發現，法國社會階級矛盾依舊尖銳，權貴更加富有，而羣眾則變得越發貧窮。因此，許多人開始認為，政治鬥爭無法帶來自由與平等，只會讓社會更加腐朽和不公。

蒲魯東宣稱，人的自由權、平等權和安全權是天生、絕對而且不可侵犯的，它們構成了社會的基礎。但是財產權卻不在這些權利之列。事實上，蒲魯東還認為，私有

> 社會的墮落衰敗，乃是由私有財產導致的權力積累所造成的。

——皮埃爾-約瑟夫·蒲魯東

制會對這些基本權利造成損害。他說，富人和窮人的自由權確實可以共存，但富人對財產的佔有權卻只會造就其他人的貧窮，因此私有制在本質上就是反社會的。私有制問題可以說是 19 世紀歐洲興起的工人階級和社會主義運動的首要問題，因此蒲魯東的激烈言辭可以視作是當時革命運動的一個典型體現。■

參見：胡果·格老秀斯 94～95頁，托馬斯·潘恩 134～139頁，米哈伊爾·巴枯寧 184～185頁，卡爾·馬克思 188～193頁，列夫·托洛茨基 242～245頁。

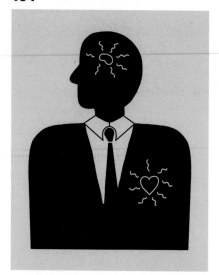

權貴都是沒有思想和良心的人

米哈伊爾·巴枯寧（1814－1876年）

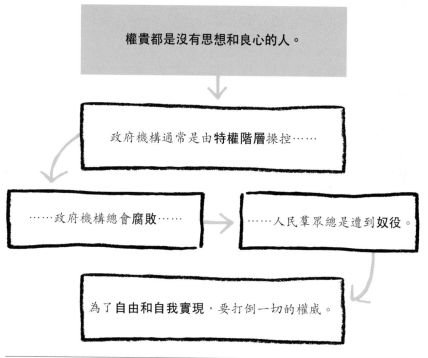

權貴都是沒有思想和良心的人。

政府機構通常是由**特權階層**操控⋯⋯

⋯⋯政府機構總會**腐敗**⋯⋯

⋯⋯人民羣眾總是遭到**奴役**。

為了**自由和自我實現**，要打倒一切的權威。

19 世紀，隨着民主的傳播，人們開始重新反思個人與權威之間的關係。在當時的俄國，貴族和教會把持着國家權威，個體則在這種統治之下過着渾渾噩噩的人生。

此時，俄國革命家米哈伊爾·巴枯寧在其《上帝與國家》一書中，對社會中的神造與人造的權威提出了振聾發聵的指控。他先是對宗教進行了辛辣攻擊，認為宗教只是幻覺，根本無法給人類帶來自由和解放；相反，它只會限制人類運用自己理性獨立思考的能力；而權

參見：格奧爾格•黑格爾 156～159頁，皮埃爾-約瑟夫•蒲魯東 183頁，卡爾•馬克思 188～193頁，彼得•克魯泡特金 206頁。

貴則會利用宗教使平民保持曖昧、安於困難的生活，從而更好地服從統治。巴枯寧說，誠如伏爾泰所言，過去的人們「即使沒有上帝也要創造一位上帝」，而這也迎合銀行家、教士、政客們的心意。但現在，人們若想實現真正的解放和自我實現，就必須廢除上帝的觀念。

接着，巴枯寧對人造的權威進一步發起責難。他感懷傷時，對時人對奴役性政權的沉默而憤慨不已。他堅信，一個社會並不需要任何的權威機構來管轄謀劃；相反，通過遵守自然法，人們就會懂得如何生活。巴枯寧說，自然法則是世上最真切的道理，只要人們能真正領悟，他們就會自覺地去遵守，因此根本不需要任何人造的權威機構來統治人們的生活。

權力必腐化

巴枯寧認為，把持社會權威地位的人不論多麼博學和自律，都無法擺脫腐化墮落的命運。因為一旦登上權力寶座，人們就會放棄對真理的追求，而竭盡全力爭權奪利。所以，巴枯寧總結道，特權這東西，將會對任何一個人的心靈和思想帶來毀滅。

因此，巴枯寧高呼打倒一切的權威，而這正是他無政府主義學說的基石。他說，只有這樣才能照亮人類通往自由的道路。19世紀以來的革命和無政府主義運動，在很大程度上都受到了巴枯寧的啟發和影響。在這一領域，他的思想甚至可與馬克思主義相提並論。∎

圖為莫斯科**瓦西里升天大教堂**。在巴枯寧眼中，大教堂是社會權威的象徵，因此人們必須將其推翻，才可能獲得自由。

有神論必然造成理性和正義的退場。
——米哈伊爾•巴枯寧

米哈伊爾•巴枯寧

巴枯寧的叛逆個性在他青年時期逃離俄國軍隊時便初見端倪。此後他在莫斯科和柏林活動，對德國哲學尤其是黑格爾思想十分沉迷。由於撰寫了宣揚革命的文字，巴枯寧受到了俄國當局的敵視，結果在他打算發動起義之時被當局逮捕。

他在俄國被關押8年時間，出獄之後，巴枯寧來到倫敦和意大利繼續推廣他的革命主張。1868年，他加入了左翼革命組織的聯盟「第一國際」，但是由於同卡爾•馬克思思想的忤逆而遭到驅除。儘管兩人都相信革命必然發生，但是巴枯寧認為馬克思所推崇的社會主義國家也是一種權威的形式，因此必須拒絕。巴枯寧煽動了一輩子的革命，最後在瑞士去世。

主要作品

1865—1866年 《革命問答》
1871年 《上帝與國家》
1873年 《國家制度和無政府狀態》

最好的政府是根本不進行治理的政府

亨利·戴維·梭羅（1817－1862年）

參加：彼得·克魯泡特金 206頁，埃米琳·潘克赫斯特 207頁，莫罕達斯·甘地 220～225頁，馬丁·路德·金 316～321頁，羅伯特·諾齊克 326～327頁。

梭羅認為，**奴隸制**能在像南卡羅來納這樣的南方州存在，並不單單是奴隸主的罪過。所有默許這種現象存在的公民都在道德上脫不開關係。

對這個允許奴隸制存在的政府保持默從，因此這也是對這種醜惡行為的一種縱容。

根據梭羅的推斷得出的結論是，最好的政府是根本不進行治理的政府。在他看來，美國社會所取得的任何進步都不是政府的功勞，而應歸功於人類的想像創造力；因此政府最該做的事就是不要給人們擋道，要放開手任人自生自強。

梭羅說，投票只是政治過程的一個部分，而個人的道德良知本身就外在於這些政治制度，並且高於制度。因此對政府不滿的人們不僅要在選舉期間表達自己的不讚同態度，他還勸說道，「你要投的那個『票』，不單單是一張選票紙，而是你的全部影響力。」那麼，人

天生的正義感就會促使他不受政治機器的束縛，不受多數人意志的綁架，而去採取直接的行動。在梭羅那裏，直接行動是指：拒絕承認這個政府、拒絕同官僚合作，並且拒絕納稅。1846年，梭羅就曾以反對奴隸製為由而拒交馬薩諸塞州的人頭稅，也因此短暫入獄。

梭羅的思想對後世的思想家和活動家都產生了影響，例如馬丁·路德·金就將梭羅視作自己的榜樣。20世紀60年代，美國民權運動風起雲湧，梭羅的思想又在當時激進分子的公民不服從（公民抗命）行動中重獲新生。■

亨利·戴維·梭羅

1817年，梭羅出生於麻薩諸塞州康科德，其父是一名鉛筆製造工。他在哈佛大學攻讀修辭學、古典文學、哲學和科學。畢業後他與兄長約翰·梭羅一起開了一所學校，但隨着1842年約翰的逝世而停辦。

28歲時，梭羅借用了拉爾夫·瓦爾多·愛默生在瓦爾登湖畔的一塊荒地，在那裏搭建了一座小屋，並獨居了兩年。他記錄下這種自給自足的人生探索，讚頌了閒雲野鶴的生活，親身體驗着自然的美好，也成就了《瓦爾登湖》一書。梭羅成為愛默生那樣的超驗主義者，他們主張信賴人類最天然的美好。1862年，梭羅死於肺結核。相傳他死前最後的兩個詞是「麋鹿」和「印第安」——或許這也正體現了他對這種自然生活最真摯的熱愛。

主要作品

1849年　《抵制國民政府》，後改名為《論公民的不服從》
1854年　《瓦爾登湖》
1863年　《沒有原則的生活》

共產主義是
歷史之謎的解答

卡爾・馬克思（1818－1883年）

背景介紹

思想流派
共產主義

聚焦
異化勞動

此前
公元前 380 年 柏拉圖提出,應當對私有財產進行嚴格限制。

1807 年 格奧爾格·黑格爾闡釋了他歷史哲學的觀點。

1819 年 法國作家昂立·聖西門向人們傳播他的空想社會主義主張。

此後
1917 年 弗拉基米爾·列寧在馬克思主義思想的指導下,領導布爾什維克取得革命勝利。

20 世紀 40 年代 共產主義席捲世界多個地區,世界進入了冷戰時期。

1991 年 隨着蘇聯解體、東歐劇變,許多國家開始實行資本主義經濟體制。

卡爾·馬克思是著名的哲學家、史學家,是革命的象徵。在 19 世紀中葉的幾十年裏,他對資本主義制度進行了人類史上最有雄心的一次宏大剖析。他要探索勞動性質的異化之謎,以及異化對人的自由發展的影響,並力圖在其中發掘出經濟基礎與社會變遷之間的歷史規律。馬克思的研究主題直擊那個時代的核心問題:工業化和資本主義的興起將對人類生活和道德狀況產生何種影響?人類是否還會探索出更優越的經濟和政治制度,又將如何付諸實踐?

1848 年歐洲革命時期,新的革命思潮如雨後春筍一般湧現,此時的馬克思也十分活躍。在《1844 經濟學手稿》中,馬克思勾勒出了他經濟思想的基本要素,討論了資本主義制度對工人生活的摧殘。他指出,資本主義一直受到如何處理生產關係難題的困擾,而共產主義制度則將化解這一難題。在這批手

> 私有財產是異化勞動的產物。
>
> ——卡爾·馬克思

稿中,馬克思提出了「異化勞動」的概念,這是指人們與其真正本質和自我實現的潛力相疏離的現象。他發現,資本主義制度中存有多種異化的形式,異化將不可避免。

人通過勞動自我實現

馬克思相信,勞動是與人的自我實現最契合的人類行為。勞動過程中,勞動者付出精力和創造力,能將原料轉化為產品,這樣一來這一產品就凝結了他的汗水與智慧。

資本主義和私有制使勞動物化為商品。 → 這使得工人們與其勞動產品、勞動行為、人的「類本質」以及其他人相疏離、異化。

共產主義是歷史之謎的解答。 ← 共產主義將廢除私有制,並將消除人的異化。

參見：弗朗西斯科·德·維多利亞 86～87頁，格奧爾格·黑格爾 156～159頁，皮埃爾-約瑟夫·蒲魯東 183頁，弗拉基米爾·列寧 226～233頁，羅莎·盧森堡 234～235頁，約瑟夫·斯大林 240～241頁，喬默·肯雅塔 258頁。

馬克思認為，在**資本主義制度下**，從工人把自己生產的產品交到僱主手中那一刻起，他們就與其產品分離了。這將使工人失去自我認同。

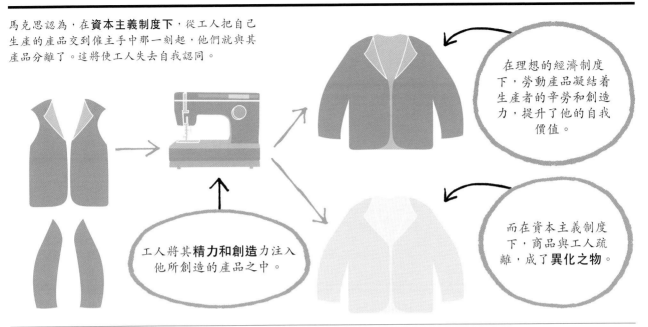

在理想的經濟制度下，勞動產品凝結着生產者的辛勞和創造力，提升了他的自我價值。

工人將其**精力和創造**力注入他所創造的產品之中。

而在資本主義制度下，商品與工人疏離，成了**異化之物**。

在資本主義制度下，私有財產將社會分成兩大階級，即掌握着工廠、機器這些生產資料的資產階級，和除了勞動之外一無所有的無產階級。資本家僱傭工人生產商品，並通過銷售而獲得利潤，如此一來，「勞動」就變成一種可供買賣的物品。馬克思認為，這就抹殺了勞動的自我實現的本質，將會給人造成異化和內心的不滿。

其中，第一種異化的形式是，勞動者所生產的產品，他既不能擁有，也無法享用。例如，在服裝廠房中，一套西服是由裁縫所裁剪的，但它卻是資本家的財產，因為勞動者製作了衣服之後，必須要把產品交給他廠房的主人。如此，對勞動者而言，他所製造的商品成了與自己沒有太多關聯的異己之物。而他生產越多產品，他就會為那個與己無關的世界創造越多的財富；但他自己的精神生活卻日漸萎縮，其自我實現之路也越發阻塞。勞動者創造的好東西，只能供他人享用；而屬於自己的，就只剩下處處受限的壓抑人生。

脫離人類本質的勞動者

馬克思說，勞動者還承受着與勞動行為相異化的痛苦。在資本主義體制下，工人們的勞動行為並非源自其主動性和創造性，而是出自其謀生的被迫性。工人們並不喜歡這種勞動，因為這會使自己的腦力和體力經受折磨，感到難受。所以勞動行為成為一種不得已而為之的包袱，如果讓工人們選擇，他們絕不會願意參與這樣的勞動。於是，勞動行為本身，也與勞動者生產的物品一樣，成為外在的異己力量，「工人只有在勞動之外才感到自在，而在勞動中則感到不自在」。勞動者好似成了他人的奴隸：勞動成果是他人的，勞動行為也不再源自自願和主動，所有這一切都已屬於那個將他當做生產工具的資本家了。勞動者與自己的勞動成果以及勞動行為的異化，進一

共產主義……是私有財產即人的自我異化的積極超越。

——卡爾·馬克思

馬克思預言，為了掌握生產資料，工人們將發動一場世界性革命。在俄國革命之後，中國也出現了共產主義革命，共產主義價值得到了大力弘揚。

步加劇了自己與人的本質的疏離。馬克思將人的本質稱之為「類本質」，認為人將原材料轉化為產品的勞動能力，是人的本質的根基。但是在資本主義制度下，勞動者失去了這一基本屬性。因為，在謀生的壓力之下，「勞動生產」已不再是勞動者凝結和展示人類本質的過程，而已淪為了為實現某個目的的手段。勞動行為本來是構建美好生活的元素，但當勞動者與其相疏離，他便喪失了其作為人的自我。

問罪私有制

上述三種形式的異化，即與產品的異化，與勞動行為的異化，和與人類本質的異化，造就了第四種異化形式，即人與人之間關係的異化。在勞動力市場體制下，隨着工人同自身本質的異化，他也將與他人發生異化，即會與資本家形成一

消滅人對人的剝削，是共產主義對我們而言唯一有效的定義。

——捷‧古華拉

種對立的關係。因為資本家發家致富了，卻佔有了勞動者的成果，主宰了勞動者的行動。

馬克思堅信，私有制是勞動異化的根源。財產的多寡，正是一個社會分化資本家和工人階級的標準，也是製造勞動異化的禍首。反過來，異化現象本身又會進一步鞏固私有制度，並增強這種分化。分工和交換是私有制的重要內容；通過分工，勞動過程逐漸專業化：例如，一個工人製作大頭針的頭，另一個工人製作大頭針的針，還有一個負責把頭和針組裝起來；而資本家則在不同的領域進行分工，並互通有無。如此一來，勞動者就淪為整個經濟系統中的一顆顆小齒輪。

馬克思認為，勞動的異化和私有制的強化是資本主義制度的基本規律，但隨着勞動者與人類本質的日益疏離，社會也將逐漸遍佈矛盾和鬥爭。這樣一來，即使給工人們漲工資也於事無補，因為在這個體制下，勞動者始終

擺脫不了被剝削奴役的命運。但是，異化勞動與私有制總是相生相隨，因此若「一方衰亡，另一方也必然衰亡」。

共產主義將是解決之道

馬克思認為，共產主義通過消滅私有制並最終推翻資本主義制度，便能夠消解異化所帶來的社會矛盾，並對「歷史之謎」做出解答。因為，共產主義能夠化解人與自然、人與他人之間的衝突，從而讓人實現對自身的回歸。勞動的異化使得勞動行為和人際關係淪為促進經濟增長的手段，而不再是人們追尋的目的；而在共產主義制度下，勞動和人際活動將恢復其作為目的的地位，讓人類盡情展示自身的本質和價值。工人間的關係不再是一種生硬的被動關聯，而會因為發自內心的手足情誼而自然地確立。因此，在共產主義制度下，作為社會存在物的自我將會實現回歸。

「共產主義是歷史之謎的解答」，馬克思這句宣言蘊含着貫穿於他晚期作品中的一種歷史觀。他相信，歷史的發展由「物質經濟」因素，即生產力水平所決定。由於人類存在着對物質的需求，也擁有生產物品來滿足需求的能力。而物質生產有多種組織形式，每一種形式都配備着不同社會和政治安排，並會形成相應的社會信念和意識形態。馬克思相信，物質生產是歷史發展的決定因素，是推動歷史發展的重要動力。

推翻資本主義制度

資本主義就是一種組織生產的制度，是解決人類物質需求的一種方式，它隨着封建生產關係的解體而發展起來。但隨着資本主義制度下生產力的不斷發展，工人們受到的剝削越發嚴重。因此一場革命將在所難免，資本主義必將被共產主義所取代。

弗雷德里希‧恩格斯是一位德國工廠主的兒子。他在 1844 年結識了馬克思。一開始，恩格斯並不喜歡馬克思，但是隨後倆人成為摯交，並一起完成人類史上影響最為深遠的一部宣言。

馬克思的遺產

對於馬克思的影響力，也許怎麼誇張都不過分。受他着作的影響，包括經濟學、政治學、歷史學、文化研究、人類學、哲學在內的許多領域都衍生出了新的思想流派。馬克思的思想對人類世界進行了體系宏大的詮釋，傳遞出了改變世界和解放人類的力量。而馬克思和恩格斯 1848 年在《共產黨宣言》中所做的「共產主義必將通過革命取代資本主義」的預言，對 20 世紀的政治也產生了不可磨滅的影響。共產主義制度在歐亞多個國家建立起來，共產主義思想也對大量的政權和革命運動產生了深遠影響。

評價馬克思的歷史遺產時總會面臨一個難題，即太多人打着馬克思的旗號做事，從而使許多人誤解了馬克思的本意，其中最為顯著的就是一些極權主義政權用共產主義的名義來為他們的統治做辯護。20 世紀末，東歐劇變、蘇聯解體，而這之後實行了資本主義的國家都迅速脫貧致富。因此，雖然馬克思對資本主義的剖析依然不時閃爍着真理的光芒，但是許多批評家斷定，歷史已經證明了馬克思的預言存在謬誤，尤其是他的資本主義必然滅亡之論。但是，近期以來，隨着 21 世紀這場全球性經濟危機的爆發，馬克思關於資本主義制度內在矛盾的論斷再次煥發了新生。■

卡爾‧馬克思

馬克思出生於普魯士一個自由派的猶太家庭。青年時期，馬克思投身報業，並在政治和經濟問題上逐漸轉向激進。1843年，馬克思來到巴黎，一年後，他在這裏結識了恩格斯。1848年，兩人共同發表了《共產黨宣言》。

在1848年革命之後，馬克思先後被逐出普魯士、比利時和巴黎，最後落腳倫敦，着力開展對經濟學和史學問題的研究，為後來的傳世之作《資本論》打好基礎。馬克思一度生活十分困難，只能居住在倫敦蘇豪區的貧民區裏，靠恩格斯的資助來過活。馬克思和妻子都長期飽受病痛折磨，他們的孩子也都因此不幸去世，而《資本論》的後兩卷也都是在馬克思去世之後才得以出版。

主要作品

1844年　《1844經濟學手稿》
1848年　《共產黨宣言》
1867年　《資本論（第一卷）》（第二卷和第三卷在馬克思離世後的1886年、1894年先後出版）

誰贊成共和制，誰就是在誅殺自由

亞歷山大·赫爾岑（1812－1870年）

背景介紹

思想流派
社會主義

聚焦
革命與批判現實主義

此前
1748 年　孟德斯鳩對不同的政府形式進行了分析，指出了共和制與君主制、僭主制之間的不同。

1789 年　法國大革命爆發，激發了法國以及世界其他地方的革命行動。

此後
1861 年　在自由派和極端分子的持續壓力下，俄國沙皇亞歷山大二世廢除農奴制度。

1890 年　德國社會民主黨解禁，開始逐漸轉型為一個改良派社會主義政黨。

1917 年　俄國爆發了兩次革命，廢除了沙皇統治，布爾什維克獲得政權。

俄國革命家亞歷山大·赫爾岑的文集《彼岸書》始寫於歐洲革命失敗的 1848 年。在書中，赫爾岑描繪了這樣 幅畫面，一艘航船乘風破浪，駛向新的彼岸，這畫面真可謂是那個希望和未知並存的年代的真實體現。但從該文集 1850 年之後的文章可以看出，赫爾岑思想發生改變，認為真正的革命熱忱已被澆滅，一羣走保守路線的改良（共和）派背叛了革命。

赫爾岑在他文章中諷刺了共和派在 1848 年 9 月舉行的慶典。他說，在這片浮華景象和響亮口號的背後，舊式的「天主教會 - 封建秩序」依舊完好無損。這必將阻礙真正革命理想，即所有人的自由的實現。那些宣稱支持革命的所謂自由派，實質上對革命的後果非常恐懼，生怕舊的秩序被革命徹底消滅。赫爾岑説，這羣人希望保護的只是自己所在羣體的自由。某種意

19 世紀，坐落於法屬圭亞那的**罪犯流放地**進一步擴大。雖然 1789 年爆發了法國大革命，但是這種封建時代的懲罰制度依舊被保留下來。

義上，這些共和國的建築師們就算打破了身上的「鎖鏈」，但是監獄的高牆仍未倒塌，這無異於誅殺了自由。赫爾岑相信，如今出現的種種矛盾侵蝕了這個社會的生命力和創造力。當時許多人都同赫爾岑一樣，對 1848 年的革命結果感到失望，因此他的著作對此後興起的眾多羣眾運動一直有着深遠的影響。■

參見：讓-雅克·盧梭 118～125頁，格奧爾格·黑格爾 156～159頁，弗拉基米爾·列寧 226～233頁，毛澤東 260～265頁，捷·古華拉 312～313頁。

必須尋求我國的基軸

伊藤博文（1841－1909年）

背景介紹

思想流派
君主立憲

聚焦
現代化

此前
1603 年 德川家康建立德川幕府，並隨後終結了日本近兩個世紀的戰國時代。

1688 年 英國發生光榮革命，進入君主立憲制時代。

1791 年 法國實行君主立憲制，國王路易十六與制憲會議共享權力，但這一制度很快走向失敗。

1871—1919 年 德國成為聯邦制國家，每一個邦國均有自己的君主。

此後
1901 年 成為獨立國家的澳大利亞實行了（英聯邦下的）君主立憲制度。

2008年 不丹成為君主立憲制國家。

17 世紀到 19 世紀，日本實行鎖國政策，與世界相隔絕。終於到了 1853 年，美國海軍准將馬修·培里「黑船來航」，迫使日本簽署條約，也叩開了日本國門。日本民族危機就此爆發，幕府制度下部分舊式藩主開始謀劃激進改革，欲仿建西方社會體制以維繫日本的獨立，伊藤博文正是

政府需謀一國之管理，難以時時滿足每一臣民的利益。
—— 伊藤博文

這羣人中的佼佼者。但是日本社會結構特殊，轉型為西方模式絕非易事。於是，包括伊藤博文在內的改革派，打着尊王攘夷、大政奉還的名號，於 1867 年推翻了幕府制度，開始推行新的君主制度，並先後推行了武士「廢刀」、土地制度改革、廢除身份制度等一系列措施。

明治憲法

倒幕運動的志士們希望將西方的先進性與傳統的日本之道結合起來。1890 年，伊藤博文起草了《明治憲法》，規定天皇依舊為國家的元首和民族的聚點，而政事則交予內閣官吏來操持。這一君主立憲制與其他相同制度的國家一樣，希望君主成為國家的基軸，以使社會圍繞其周圍同舟共濟。事實證明，這部憲法為日本後面 60 年的經濟發展和軍事擴張奠定了基礎。■

參見：約翰王時期的封建貴族 60～61頁，約翰·洛克 104～109頁，德川家康 333頁。

權力意志

弗雷德里希·尼采（1844－1900年）

背景介紹

思想流派
虛無主義

聚焦
道德

此前
1781 年　在《純粹理性批判》中，康德對人類認識的世界與外部自在世界進行了區分。

1818 年　叔本華在《作為意志和表象的世界》中認同康德的上述觀點，並認為兩者不可能連通。

此後
1937 年　巴塔耶認為，世人對尼采的所有政治性解讀都是偏頗的。

1990 年　在《歷史的終結及最後之人》中，弗朗西斯·福山借用尼采「最後之人」的比喻，宣佈了自由市場資本主義的勝利。

時至今日，許多人依然對「弗雷德里希·尼采」這個名字充滿敵意。尼采的著作包羅萬象，又總讓人捉摸不透；他對道德的抨擊豪氣衝天，又顯得十分粗野。法國哲學家保羅·利柯說過，尼采同馬克思、弗洛伊德一樣，都是懷疑一切的先鋒，他們不顧一切，要將蒙在人們固有觀念和信仰之上的面紗無情地撕破。尼采的哲學是虛無主義的，因為他相信，不可能在存在之中尋找到任何意義。

儘管尼采十分反感傳統的哲學體系，但他依舊在政治哲學領

參見：伊曼紐爾‧康德 126～129頁，傑里米‧邊沁 144～149頁，格奧爾格‧黑格爾 156～159頁，卡爾‧馬克思 188～193頁。

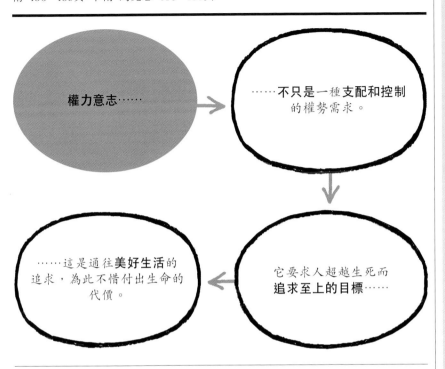

- 權力意志……
- ……不只是一種**支配和控制**的權勢需求。
- ……這是通往**美好生活**的追求，為此不惜付出生命的代價。
- 它要求人超越生死而**追求至上的目標**……

弗雷德里希‧尼采

尼采出生於普魯士一個宗教氛圍十分濃烈的家庭。學生時代，尼采主攻神學和語言學，而在求學末期，他徹底拒絕了宗教信仰。尼采在年僅24歲時即被聘為巴塞爾大學古典語言學教授，在這裏，他結識了音樂大師理查德‧瓦格納，他許多早期著作都曾受到瓦格納的影響。隨後，尼采的學術興趣從語言學轉移到了哲學領域。他主張虛無主義，相信一切存在毫無意義；但他也提出，古希臘的悲劇通過對這種「無意義性」的確認，能夠戰勝虛無主義。這一思想一直貫穿於尼采後期的作品之中。

尼采長期遭受病痛折磨。1879年，尼采辭去教職，開始在歐洲各國漂泊，期間筆耕不輟，然而應者寥寥。1889年，尼采精神徹底崩潰，11年後與世長辭。

主要作品

1872年 《悲劇的誕生》

1883—1885年 《查拉圖斯特拉如是說》

1886年 《超越善與惡》

域留下了大量語義模糊的論述。不過，他這些政治觀點與民間流傳甚廣的「尼采有納粹傾向」之說無關。事實上，尼采本人既非民族主義者，也不認同反猶主義。他反倒認為，反猶主義之類的東西，不過是失意之人將自己的失敗歸咎於他人的自我安慰而已。而且，他與好友理查德‧瓦格納的決裂，也與後者傲慢的種族主義和民族主義姿態有很大關係。但糟糕的是，在尼采晚年遭受病魔折磨之時，他的妹妹壟斷了其著述的版權。這個女人本身就與日耳曼民族主義和反猶主義分子打得火熱，為討好同道中人，她將尼采手稿進行選擇性摘錄出版，從而造就了世人對尼采的嚴重誤解。

權力意志

尼采的「權力意志」一說最早出現在《查拉圖斯特拉如是說》這本書中。他將此書視為自己最為得意之作。查拉圖斯特拉是古老的波斯宗教瑣羅亞斯德教的創始人，「查拉圖斯特拉」即「瑣羅亞斯德」的德語化名字。書中，主人公查拉圖斯特拉重新出山，回歸墮落的塵世，要向人類傳達一種全新的思考和生存的方式。該書並不是一部標準的哲學或政治學學術著作；它別出心裁，極富文學色彩，風格類似史詩，運用了大量的修辭比喻來側面傳達其核心觀點。不過該書的主旨精神十分清晰。

在尼采看來，權力意志並不只是像支配和控制那樣的權勢欲求，

也不完全是凌駕於他人的統治權力。相反，權力意志是一種本能慾望，激勵人類對人生目標以及終極成就展開不在乎結果的追求。尼采權力意志的思想深受德國哲學家亞瑟·叔本華著作的影響。叔本華的哲學極其陰暗而悲觀，他認為現實世界已喪失意義，只有那份「生存意志」，也就是宇宙萬物在面臨死亡命運時所做的絕望掙扎，才能帶來些許光明。不過，尼采對叔本華思想做了改進，並給生存意志賦予了積極的內涵：它不再是絕望的掙扎，而是對生命不懈的追求。

尼采認為，權力意志比生存意志更加強烈。一個人不論多麼尊貴，只要對終極目標展開追求，都必將冒着失去生命的危險。所以，人們應該追求比赤裸裸的生存更為崇高的價值，而這種追求的本能慾望正是美好生活的根本所在。

> 教士是最凶惡的敵人……（其從無能中）生長出來的仇恨既暴烈又可怕，既最富才智又最為陰毒。
>
> ——尼采

對貪圖安逸者的抨擊

權力意志是對當時盛行的功利主義哲學的回擊。功利主義只要求人們追求個人的幸福，認為人生最重要的價值就是安逸和滿足。尼采認為這一功利主義思潮及其衍生的哲學，是已然貶值的英國資產階級思想的經典呈現：他們只知安逸，一身充滿俗氣。

《查拉圖斯特拉如是說》中包含了對功利主義的批評：他們庸庸碌碌地活着，溫順而滿足。這些人被尼采稱為「最後之人」，他們負責向人們宣告人類一切重大的追求和抗爭已經完成，歷史的終結即將到來。

但是，如果人們認為這個世界還不夠完善，還需要追求更高的價值，那麼這個應該被追求的目標究竟是甚麼呢？尼采首先討論了哪些價值不值得追求的價值。例如世人所信奉的道德體系，因為它已然貶值；而人類崇拜的上帝，如今也只不過是不完美的人類的一種寄託。於是尼采寫道，「上帝死了」。正如當初創立了道德體系的查拉圖斯特拉如今親自前來摧毀這個體系一樣，深受傳統道德羈絆的世人，如今必須親自從中掙脫出來，重估一切價值。

擯棄舊道德

尼采在其後期的著作《善惡的彼岸》和《道德的譜系》中論證，人類應該與傳統道德相決裂。在這兩部作品中，尼采對西方的道德演化史進行了梳理，並對其中善惡對立的觀念展開了批判。尼采認為，西方道德史是一種「主人－奴隸」的道德觀，它源自古典時期的精英秩序。在古希臘時期，主人道德觀

尼采將功利主義者視為豬圈裡的牲畜——馴服而庸俗，只貪戀自我安逸。

在古典時代，**獅子**身上雄壯、威武和充滿活力的優點**最受人推崇**。

而現代社會，**羔羊**身上溫順而無害的品質**最受人珍視**。

歐洲歷史上，「肯定生命」的品質被「否定生命」的品質所取代，這一思想轉折**遭到了尼采的咒罵**。尼采指責道，是古典宗教向一神論的發展，促成了這一歷史轉折。

開始出現，成為當時道德思想的主流體系。它將世界上價值分為「善」與「惡」，前一種「肯定生命」，後一種則「否定生命」。其中，貴族身上具備的健碩、雄壯和富庶的品質是為「善」；相對應的，奴隸身上病弱、陰柔和貧窮的品質是為「惡」。

奴隸們為了應付主人的道德觀，也發展出了一套自己的道德體系。它將奴隸自身的品質描繪為「善」，與主人道德觀針鋒相對。比如主人崇尚強健，奴隸則歌頌柔弱，諸如此類。這樣一來，奴隸們就能夠心安理得地包容自身的不足，不至於因此而過於自怨自艾。尼采認為，基督教和猶太教就是這種奴隸道德的典範，這些宗教的作用，就是在信徒們遭遇人生苦難時呈上一副虛幻的解藥。

對此，尼采呼籲人們拋棄宗教體系裏這些支離破碎的虛妄神性，取而代之的，是他在《查拉圖斯特拉如是說》中倡導的「超人」概念。超人並不是一個完善的個體，其在文明程度和生物進化水平上還不如人類完整；但是，超人是完全主宰自我的個體，他們對自我的真理保持著不懈的追求和超越，不理會任何「超乎塵世的真理」，始終堅守着對塵間大地的信仰。

反政治

一些人認為，尼采強勢的個人主義是一種反政治的思想。尼采的這種否定道德的虛無主義，的確與公共領域如何運作之類的學術命題毫無關聯。他的著述只談個人，從未論及任何社會組織和集體行動。用法國哲學家喬治·巴塔耶的

話來說，在這個意義上，尼采「超越了左與右」。但是，尼采的思想卻對左翼和右翼的政治思想家都產生了深遠影響。法國哲學家吉爾·德勒茲在《尼采與哲學》中着重提及了尼采對權力意志的關懷。德勒茲將權力意志視為一種渴求製造差異、讓一切與眾不同的慾望，以及一種對一切形而上的或超乎塵世的學說的經驗性否定。在德勒茲筆下，尼采的思想變成追求差異和掙脫束縛的哲學，而其批判的傳統道德則只是「詆毀生命」的「悲傷情感」。此外，尼采還備受後結構主義者推崇，他們認為，正是尼采開啟了解構一切支配性權威的先河。∎

神話本身就具有獨一無二的重要性

喬治·索雷爾（1847－1922年）

背景介紹

思想流派
工團主義

聚焦
英雄史詩式的神話

此前
1848 年　在革命席捲歐洲之年，卡爾·馬克思和弗雷德里希·恩格斯發表了《共產黨宣言》。

1864 年　國際工人聯合會即「第一國際」在倫敦成立，聚集了眾多社會主義者和無政府主義者。

1872 年　由於無政府主義者和社會主義者分裂，「第一國際」走向瓦解。

此後
1911 年　索雷爾的追隨者成立蒲魯東圈子小組，傳播反民主的思想。

1919 年　小說家恩里科·科拉迪尼宣稱意大利是一個「無產階級國家」，併力圖將意大利的民族主義與工團主義結合起來。

社會正日益分裂為**工人**與**僱主**兩大階級。

所謂議**會民主制**只對中產階級有利，代表不了工人階級利益。

工人階級**需要有一個偉大的神話**以供信仰，並通過暴力行動將這些神話變成現實。

神話本身就具有獨一無二的重要性。

在步入 20 世紀之際，歐洲已經出現多個發育良好的資本主義社會。這期間，工業領域受到空前重視，資本主義創造巨大財富，而同時，還有一股新生的社會勢力隨之出現，那就是工業無產階級。一批自稱代表工人利益的政黨相繼成立，並逐步成長為在選舉時期有一定影響力的穩定組織。但是，隨着這些政黨陷入議會政治的糾纏，並且只求在資本主義之下保住勉強爭取到的一丁點權益，於是一些激進分子開始認為，這些工人政黨也淪為了維護現行體制的力量。

對於這種工人政黨妥協化、官僚化的現實，深受馬克思、尼采和柏格森思想影響的法國思想家喬治·索雷爾提出了自己的批評。在《論暴力》一書中，索雷爾指出，工人政黨之所以陷入官僚化，是因為他們對社會領域中的所謂「客觀科學規律」太過迷信。他認為，自然世界本已混沌而難以理解，人類社會則更是充滿不確定性，因此不

> 是暴力行動帶給了社會主義崇高的倫理價值，因為它能夠給現代世界帶來解放。
>
> ——喬治•索雷爾

可能通過一套所謂的科學系統便能對人類社會做出理性的解釋。他說，那些政黨深信社會歷史存在發展規律，因此當他們發現當前現狀能套入科學公式時，便陷入了妥協。

神話的魔力

索雷爾在對那些企圖用客觀科學理論理解和改造社會的觀點進行訓斥之後，拿出了自己的方案。他指出，要推動實質性的社會變革，人們就必須運用好「神話」。索雷爾解釋道，當羣眾感到自己正在創造和改造歷史，當他們感受到有一個史詩般的神話庇護着自己，那麼他們便將眾志成城，推翻現行體制，打造出一個全新的世界。而當下那些妥協的工人政黨們則意識不到這一點，他們把希望寄託在議會民主制之上，並願意讓庸俗的中產階級來統治社會，這樣一來，「自由與行動」只好讓位於「理性與秩序」，這必然會遭到失敗。

因此，要破除資產階級式理性的統治，就必須打造信仰神話，並將神話帶入行動。索雷爾將暴力視作將神話變為現實的核心手段。他認為，早期基督教會的激進行動、法國大革命以及如今的革命工團主義與工聯主義，都是這種從神話信仰走向行動的經典範例。工團主義是各種形式工會行動中最激進的一支，他們對一切侵蝕工人利益的權術操縱都嚴加拒斥。索雷爾看來，動員一切勞動者進罷工的行為，將是工團主義行動策略的極致手段，是通向新社會的一個現代神話；而「史詩式的暴力」則是建立這個新世界的必然手段。■

20世紀80年代英國**礦工的罷工**行動，正是一個在英雄史詩般的力量的鼓舞下進行抗議行動的經典例子。這與索雷爾的思路不謀而合。

喬治•索雷爾

喬治•索雷爾出生於法國瑟堡，早年研究土木工程，50多歲退休之後才開始投身社會領域。他自學成才，並作為社會理論家嶄露頭角。初期，索雷爾曾認可愛德華•伯恩施坦的「修正主義」，後來則轉變為反對議會道路的激進思想。當時，索雷爾支持革命工團主義，並參與成立了法國總工會，反對議會政治。但後來，他幻想磨滅，轉向了極右翼的「法蘭西運動」，並相信貴族和工人的聯盟能夠推翻法國這個由中產階級統治的社會。他複雜多變；他對第一次世界大戰持批評態度，又支持過俄國的布爾什維克。在他人生的尾聲，索雷爾又在布爾什維克和法西斯主義之間搖擺不定。

主要作品

1908年 《論暴力》

1908年 《進步的幻象》

1919年 《無產階級理論材料》

我們必須承認工人的現實狀況

愛德華·伯恩施坦（1850－1932年）

背景介紹

思想流派
社會主義

聚焦
修正主義

此前
1848 年 卡爾·馬克思和弗雷德里希·恩格斯發表《共產黨宣言》。

1871 年 德國社會民主黨決定以馬克思主義為指導，並投票通過了激進的社會主義宣言《哥達綱領》。

此後
1917 年 俄國爆發十月革命，推翻了資產階級政權。

1919 年 德國的共產主義革命遭到鎮壓。

1945 年 英國工黨許諾進行福利改革、建立混合經濟，後成功勝選上台。

1959 年 德國社會民主黨通過《哥德斯堡綱領》，從而拋棄了馬克思主義。

在 19 世紀 90 年代初期，德國的左翼政黨社會民主黨前景光明。在 1878 年被當局視為非法政黨之後，該黨在十餘年時間裏反而贏得了更多支持者。作為歐洲最頂尖的社會主義政黨，它在 1890 年得到解禁後開始參與政治權力角逐。

不過，黨組領導成員愛德華·伯恩施坦指出了該黨的一個矛盾！雖然社會民主黨依然以社會制度變革為口號，但它卻開始呈現出一種漸進改良的傾向，主張走議會道路，通過立法來一點點改變社會。

於是，伯恩施坦直面這一矛盾的挑戰。從 19 世紀 90 年代起，他不斷地論證馬克思許多預言的落

有人認為**資本主義**必將造成**兩極分化**。

但事實上資本主義卻**改善了工人的生活**。

這樣一來，工人會接受資本主義。

事實證明，資本主義是一種穩定**可靠**的體制。

我們必須根據工人的現實狀況來幫助他們。

社會主義者應在資本主義制度下推動**漸進式**改良。

參見：卡爾•馬克思 188～193頁，弗拉基米爾•列寧 226～233頁，
羅莎•盧森堡 234～235頁。

空：例如馬克思曾預言，工人階級在資本主義社會裡將越發貧窮，並最終被迫發動革命；而事實上，資本主義卻逐漸發展成了一個穩定的體制。因此，人們可以在資本主義制度下，通過改良而和平進入社會主義。

漸進改革

1899 年，伯恩施坦發表的《進化社會主義》激發了社會民主黨黨內的爭論，他所提出的問題也成為 20 世紀社會主義者們爭論不休的論題：對於資本主義，我們是應當推翻它，還是接受它，並在其制度下步步為營？這一爭論的關鍵之處，就在於工人自己究竟如何看待這一問題。馬克思認為，工人階級在意識到有機會取代資本主義時就會發動革命。然而事實上，所謂的「階級意識」並未給工人帶來革

德國工人擁有通過罷工來要求提升工資、改善工作條件的合法權利。伯恩施坦認為，在資本主義制度下，工人階級也能夠如此從資本家那裏爭取到權益。

> 我們看到，在發達國家，資產階級的特權正一步步地轉移到了民主性機構的手中。

—— 愛德華•伯恩施坦

命的共識，反而讓更多的工人願意在資本主義制度下通過投票來選出一個能改善他們生活的政黨。

伯恩施坦因此提出，社會主義者應當拋棄「工人階級想鬧革命」的預設，而應當對工人心理的真實想法進行研究，並以此展開工作。這段話正是對改良，或叫進化的社會主義思想所進行的首次正式的理論闡述。

伯恩施坦的觀點遭到了正統馬克思主義者的攻擊；在其有生之年，他的這一思想也從未被社會民主黨正式接納過；直到 1959 年的哥德斯堡會議，該黨才正式宣佈拋棄馬克思主義。不過不論該黨曾更換過多少不同的政策綱領口號，但它事實上所開展的運動一直都是按照伯恩施坦所倡導的方式進行的。■

愛德華•伯恩施坦

伯恩施坦年僅22歲就成為社會主義者，並加入了德國社會主義運動中的馬克思主義派別。1878年，德國頒佈《反社會黨人法》禁止了社會主義組織，伯恩施坦被迫逃亡倫敦。他在那裏結識了其他被驅除出境的同仁，並與恩格斯建立了密切的工作友誼。

此後伯恩施坦回到蘇黎世，擔任社會民主黨機關報的主編。1890年，該黨獲得解禁，而伯恩施坦則開始通過報紙逐漸勾勒出一個相對溫和的修正主義路線。1901年，他回到德國，一年後當選帝國議會的議員。由於反對第一次世界大戰，伯恩施坦在1915年同該黨決裂，不過，他在1920年到1928年間，又重新以社會民主黨的身份成為議會成員。

主要作品

1896—1898年 「社會主義的問題」系列文章

1899年 《社會主義的前提和社會民主的任務》

我們虎視眈眈的強大鄰居是拉丁美洲最大的威脅

何塞·馬蒂（1853－1895年）

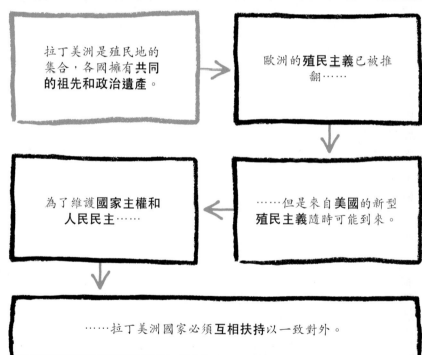

拉丁美洲是殖民地的集合，各國擁有共同的祖先和政治遺產。

歐洲的**殖民主義**已被推翻……

……但是來自**美國**的新型**殖民主義**隨時可能到來。

為了維護**國家主權**和**人民民主**……

……拉丁美洲國家必須**互相扶持**以一致對外。

到19世紀時，西班牙和葡萄牙統治其殖民地的能力已大幅削弱。同時，法國大革命和美國獨立運動的成功，也激勵和促進了拉丁美洲殖民地反抗其歐洲宗主國的運動。到19世紀30年代時，絕大多數的拉美殖民地都已贏得民族獨立，只有波多黎各和古巴還處於宗主國的直接統轄之下。

何塞·馬蒂是古巴獨立鬥爭的先驅。19世紀下半葉，古巴人民對西班牙統治展開的一系列起義和戰爭時，馬蒂開始敏銳地意識到，還有一股更大的力量威脅着拉

參見：西蒙‧玻利瓦爾　162～163頁，埃米利阿諾‧薩帕塔　246頁，史沫特萊‧D.巴特勒　247頁，捷‧古華拉　312～313頁，菲德爾‧卡斯特羅　339頁。

> **權利不能靠請求，而要靠爭奪；它不能靠乞討，而要靠攫取。**
>
> ——何塞‧馬蒂

丁美洲國家的主權。

那就是橫於拉丁美洲北邊的美國。1776 年，北美洲十三個殖民地宣告從英國獨立，並通過戰爭於 1783 年完成了獨立。到 1865 年南北戰爭結束之時，美國已經控制了這塊大陸北部的廣袤領土，並繼續對其他地方虎視眈眈。

1823 年，美國總統詹姆斯‧門羅發表了後來演變為「門羅主義」的演說，他表示美國將反對歐洲列強的殖民主義，並將把「舊世界」對美洲的任何擴張和建立殖民地的舉動視為敵意行為。事實上，在這套門羅主義下，美國把整個美洲都被收入到了自己的保護之下。

新的殖民勢力

最初階段，拉丁美洲革命運動對門羅主義是持歡迎態度的。委內瑞拉的獨立領袖西蒙‧玻利瓦爾最開始也認為，拉美的獨立鬥爭又有了強有力的同盟者。但是，隨着美國實力的不斷增強，門羅主義已成為美國宣告對其「勢力範圍」控制權威的說辭。

馬蒂在其人生的晚期開始研究拉丁美洲如何應對這種威脅，從而守護其來之不易的獨立。他認為，北方的美國很可能成為新的殖民勢力，對拉丁美洲的人民民主造成威脅。他為拉丁美洲在接下來的一個甚至幾個世紀裡共同的帝國主義威脅的本質進行了闡釋：那就是美國必將獨自追求自己的經濟和政治利益，不論對拉丁美洲產生何種影響都在所不惜。

馬蒂死於 1895 年。三年之後，美國從西班牙手中獲得了古巴的控制權。二戰後，美國長期在拉丁美洲扶持軍閥發動政變，受到世人詬病，馬蒂的預言成為現實。■

1973 年智利政變，**智利總統府**遇襲，親社會主義的總統薩爾瓦多‧阿連德遇害。在美國扶持下，軍閥在多個拉丁美洲國家發動政變，這是其中一例。

何塞‧馬蒂

何塞‧馬蒂出生於哈瓦那，是古巴著名的思想家、詩人、散文家和革命家。馬蒂積極參加了1868年爆發的反抗西班牙殖民者的十年戰爭。1869年，馬蒂因反叛罪被判處6年監禁和苦役。兩年後，馬蒂因患病被流放到西班牙，並在那裏開始求學。

馬蒂在歐洲獲得法學學位之後回到美洲，開始鼓吹拉丁美洲國家的團結和獨立。1892年，馬蒂成立了古巴革命黨。1895年5月19日，馬蒂在多斯里奧斯的一場反對西班牙殖民者的暴動中戰死沙場。1898年，美西戰爭爆發，在美國的插手之下，古巴終於擺脱了西班牙的統治。

主要作品

1891年　《我們的美洲》（散文）
1891年　《純樸的詩》（古巴著名的愛國主義民謠《關塔納梅拉》收錄其中）
1892年　《祖國》日報

有必要為了成功而冒險

彼得·克魯泡特金（1842－1921年）

背景介紹

思想流派
無政府共產主義

聚焦
政治行動

此前

1762 年 讓-雅克·盧梭在《社會契約論》的開篇寫道，「人生而自由卻無往不在枷鎖之中」。

1840 年 在《甚麼是財產》中，蒲魯東把自己稱為無政府主義者。

1881 年 俄國沙皇亞歷山大二世在聖彼得堡遇刺身亡。

此後

1917 年 布爾什維克奪取俄國政權。

20 世紀 60 年代 歐美地區興起反文化運動，有一些參與者佔領空房並組建起了社羣。

2011 年 全球經濟危機中，美國爆發抗議貧富差距的佔領華爾街運動。

19 世紀末期，沙皇統治下的俄國可謂是各種思潮和運動的溫床。從法西斯主義到共產主義，一應俱全。彼得·克魯泡特金正是這個時代的產物。他本是一位親王的兒子，卻一腳踹開了自己的貴族生活，並呼籲人們去摧毀一切的權威。在 1892 年的《奪取麵包》中，他提出，合作是人類最傑出的才能，它能讓人們擺脫一切壓制性社會結構的束縛。從當時漸入佳境的勞工運動中，克魯泡特金看見了推翻教會僧侶和資本家的剝削統治、並建立起相互尊重和共同合作的社會的可能性。於是，他寫下無政府共產主義的原則，即倡導「合作信念」、「社會平等」和「自由國度」。

為行動而吶喊

克魯泡特金呼籲無政府主義者要不斷地行動。雖然他同情十月革命，但是卻鄙視布爾什維克的權威主義姿態。他認為，在新世界裡不需要太多新的思想指引，無政府主義者必須革除一切勾心鬥角和妥協退讓的想法，用行動去反抗一切的壓迫，讓這個腐朽的世界感受他們道德的烈火。克魯泡特金深化了無政府主義「行動的政治」內涵，並在 20 世紀裏，使這一信念在極端的意識形態中不斷出現。■

不要再怯懦地「遵紀守法」了，讓我們高喊「反對一切法律"！

——彼得·克魯泡特金

參見：皮埃爾-約瑟夫·蒲魯東 183頁，米哈伊爾·巴枯寧 184～185頁，亨利·戴維·梭羅 186～187頁，卡爾·馬克思 188～193頁，弗拉基米爾·列寧 226～233頁。

要麼讓女人死，要麼讓女人投票

埃米琳·潘克赫斯特（1858－1928年）

背景介紹

思想流派
女性主義

聚焦
公民抗命

此前

1792 年 瑪麗·沃斯通克拉夫特發表《女權辯護》，發出婦女爭取平等權利的先聲。

1865 年 自由主義哲學家約翰·斯圖亞特·密爾當選議員，並在任期內為女性的政治權利而積極努力。

1893 年 新西蘭成為首個授予女性選舉權的國家。

此後

1990 年 瑞士內阿彭策爾州被迫同意賦予女性投票權（瑞士的其他州最晚已在 1971 年實現）。

2005 年 科威特婦女獲得投票和參選議會的權利。

20 世紀初葉，世界上多個國家普及了選舉權，但是女性的相關權利沒能跟上步伐。1893 年，新西蘭成為世界上首個賦予女性選舉權的國家，但是在歐洲和北美，進展卻極其緩慢，思想頑固的政客、總體保守的輿論和不懷好意的新聞報導每每從中作梗。

1903 年，激進的活動家埃米

1914 年 5 月，**埃米琳·潘克赫斯特**在白金漢宮門外被逮捕。當時，婦女社會政治同盟（WSPU）在追求目標的過程中採取了大量激烈的直接行動。

琳·潘克赫斯特與其同僚一起建立了婦女社會政治同盟（WSPU）。這羣被稱為「婦女參政權運動者」的婦女們展開了激進的社會行動和公民抗命，其手段粗暴，時常打碎窗戶、襲擊路人甚至縱火。1913 年，在打吡賽馬會上，激進婦女埃米莉·戴維森突然衝向國王喬治五世的賽馬，並讓賽馬活活踩死；同一年，被捕入獄的婦女們在絕食抗爭時，遭遇了獄方的強制灌食。

這些事件之後，潘克赫斯特喊出了「要麼讓女人死，要麼讓女人投票」的聲音，向世人宣告了她們矢志不渝的必勝決心。不過，這一浪潮只持續到 1914 年，隨着第一次世界大戰的爆發，婦女社會政治同盟將重心轉移到對一戰的支持上，社會活動遭到削弱。但一戰結束時，政府同意賦予 30 歲以上的女性選舉權；而到了 1928 年，選舉權終於擴展到了所有的成年女性。■

參見：瑪麗·沃斯通克拉夫特 154～155頁，約翰·斯圖亞特·密爾 174～181頁，西蒙娜·德·波伏娃 284～289頁，希爾琳·艾芭迪 328頁。

那些反對建立猶太國的人簡直不可理喻

西奧多·赫茨爾（1860－1904年）

背景介紹

思想流派
猶太復國主義（錫安主義）

聚焦
猶太國

此前
1783 年 德國哲學家摩西·門德爾松在《耶路撒冷：論宗教權利與猶太教》中提倡，世俗國度也應施行宗教寬容。

1843 年 德國哲學家布魯諾·鮑威爾在《猶太人問題》中提出，猶太人若想獲得政治權利，就必須擺脫宗教信仰。

此後
1933 年 阿道夫·希特拉上台，在德國推行民族主義和反猶主義。

1942 年 納粹高層們在萬湖會議上討論了對猶太人問題的「最後解決」方案。

1948 年 以色列國成立。

現代國家承諾所有人**普遍享有平等的權利**……

……然而**反猶主義**卻如**流行病**一般依然盛行。

若反猶主義**不止**，而**同化**之路又行不通……

……唯一的選擇只有**建立一個猶太國**。

法蘭西第三共和國在成立時，向所有公民許下承諾，法律面前人人平等。然而，這一平等的承諾卻遭遇了現實的嚴重挑戰。1894 年 12 月，法國炮兵、猶太人阿爾弗雷德·德雷福斯被指控串通德國，並被判處終身監禁。雖然有明顯的證據表明出賣情報的是另一個人，而且那些搆陷德雷福斯的「證據」已證實純屬捏造，但是判決結果卻得不到更改。當時，供職於一家奧地利報紙的猶太青年西奧多·赫茨爾作為記者參與了這個事件的報導。

這一案件造成了法國社會的一次激烈的分化。德雷福斯的支持者們被稱為德雷福斯派，他們認為誣陷這位無辜炮兵的主要原因是瀰漫於社會的反猶情緒。他們掀起一場要求釋放德雷福斯的運動，參與者既有許多政客和工會，又有像愛彌兒·左拉這樣的知識分子。

但是，反德雷福斯派認為，雖然自由、平等和博愛確實是法國人的價值追求，但是並非所有居住

參見：約翰‧戈特弗雷德‧赫爾德 142～143頁，馬庫斯‧加維 252頁，漢娜‧阿倫特 282～283頁，阿道夫‧希特拉 337頁。

在這個國家的人都能被視為同胞。於是，每當德雷福斯派為案件舉行抗議示威時，總會有另一羣人吼着「猶太人該死」來與他們針鋒相對。

歐洲曾有一段醜陋而漫長的反猶主義歷史：教會不時頒佈歧視猶太人的法令，而民間則始終瀰漫着各種類似的偏見，種族清洗的呼聲不時泛起。許多國家拒絕猶太人入境，而且絕大部分國家都不願給猶太人完整的政治權利。不過，到了 19 世紀末期，在啟蒙運動的理性精神影響下，許多現代民族國家開始廢除那些宗教歧視法令，法國也在其列。同時，越來越多的人開始相信，把猶太人完全整合成當地人的「種族同化」，也是一種對待猶太人的可行方案。

反抗同化

雖然在政府層面上有了如此改變，但是德雷福斯案還是讓赫茨爾相信，社會中的反猶主義根深蒂固，不論是徹底消滅反猶主義，

赫茨爾認為，為自己的信念已經滲入猶太人的骨髓。讓猶太人團結地生活在一起，是讓猶太人躲避外界的反猶主義情緒的唯一辦法。

我們每到一個地方定居，都會真誠地去融入當地的民族和社羣，只期能夠接續我們先父們的信仰，但是這卻得不到任何人的通融。

——西奧多‧赫茨爾

還是讓猶太人積極同化的打算，都注定會失敗。因此，猶太人應該選擇民族主義。赫茨爾說，猶太人是「一個民族」，所以散落飄零在世界各地的猶太人應當團結在一個猶太國裡，來維護猶太人在世界中的權利。於是他開始為建立猶太國四處奔走，積極遊說歐洲列國幫他尋找一塊土地，並呼籲全球各地的猶太人為此項行動籌款募捐。

赫茨爾的思想迅速傳播，但也遭到部分更希望同化的猶太人社羣的激烈抵制。在赫茨爾去世十幾年之後，他的猶太復國運動才取得實質性進展。1917 年，英國政府表示願意為猶太人重返巴勒斯坦建立家園而提供幫助，這一表態也為該項事業奠定了基礎。納粹在第二次世界大戰中對猶太人進行了大屠殺。戰後，以色列國終於在1948 年成立。■

西奧多‧赫茨爾

西奧多‧赫茨爾出生於奧匈帝國布達佩斯的一個十分世俗化的猶太人家庭。18歲時，赫茨爾移居維也納，並在那裏學習法律。最初，赫茨爾加入一個叫阿比亞的德國民族主義學生兄弟會，並參加該組織的政治活動，但後來由於這一組織的反猶主義而決定退出。

赫茨爾在短暫擔任律師之後轉行做記者，為《新自由報》擔任駐外記者，並在巴黎報導了德雷福斯事件。這起案件中反映出的惡劣的敵意和種族主義，促使赫茨爾放棄了最初的同化主義立場。他從此開始為猶太復國運動的事業不斷組織活動，爭取支持，並在1896年發表了引發較大爭議的《猶太國》一書。一年之後，在瑞士巴塞爾舉行的第一次猶太人代表大會上，他當選為主席，並將這次大會稱為猶太國的國家議會。赫茨爾44歲時因心臟病去世。

主要作品

1896年　《猶太國》
1902年　《新故土》

若讓工人過得窮困潦倒，那這個國家已經無可救藥

比阿特麗絲·韋伯（1858－1943年）

背景介紹

思想流派
（費邊）社會主義

聚焦
社會福利

此前
1848 年　法國哲學家奧古斯特·孔德發表《實證主義總論》，主張對社會進行科學的研究分析。

1869 年　英國慈善組織會社成立，旨在加強對「值得幫助的窮人」（deserving poor）的慈善救濟。

1889 年　英國改革家查爾斯·布思發現，倫敦有三分之一的人口生活在貧困之中。

此後
1911 年　英國推出《國民保險法》，將社會保險擴展到了失業和醫療領域。

1942 年　經濟學家威廉·貝弗里奇的《社會保險及相關服務》為英國的福利制度奠定了基礎。

19 世紀末期，隨着資本主義制度在英國的逐漸鞏固，這一制度所造成的失業和貧困問題開始成為公眾關注的重點。

　　1905 年，英國皇家專門調查委員會對這一問題展開全面調查。社會調查的先驅比阿特麗絲·韋伯也是這個委員會的成員，她當時曾提出一份激進的報告，建議通過建立福利國家制度，為受困於失業和病痛的人們提供社會保障，但她只獲得了少數人的支持。西德尼·韋伯是比阿特麗絲的丈夫和合作夥伴。他們提出，讓一位為所有人謀利的仁慈領袖來對社會進行規劃，就將解決當前的社會問題。

合理規劃的社會

　　韋伯夫婦不認同自由放任市場經濟的優越性，也不認可僅僅依靠慈善組織和自我救助的濟貧方式。他們提倡的，是一種經過合理規劃的社會

我們迫切需要對社會的基底進行整頓。
——比阿特麗絲·韋伯

組織形式。但同時，他們也與那個時代的多數人一樣，對優生人種論推崇備至，並且相信經過合理的規劃，人類的血統也可以逐漸得到優化。所以，在比阿特麗絲·韋伯看來，窮人本人的想法以及自我改善的努力並不重要。重要的是，讓高明的規劃者來管理這個社會，並相信大多數人會願意接受這種社會管理形式。■

參見：愛德華·伯恩施坦 202～203頁，簡·亞當斯 211頁，約翰·羅爾斯 298～303頁，米歇爾·福柯 310～311頁。

美國在保障立法方面令人失望

簡‧亞當斯（1860－1935年）

美國政府發佈的1890年人口普查報告中寫道，西進運動已踏遍該國的所有疆域，宣告着這一拓荒行動走向尾聲。但是，這一篳路藍縷的拓荒精神，已經成為美國的標籤，在社會中生根發芽。而社會的改革家們在繼續向無限的機會和經濟增長進發的同時，也開始探索本國窮人以及工人階級所面臨的貧窮和缺乏機遇等社會問題。

1889年，社會學先驅、女性投票權運動倡導者簡‧亞當斯在芝加哥開設赫爾堂，成為第一家社會服務機構。該組織旨在為城市中的窮人，尤其是貧困的婦女和兒童提供福利生活設施和相關服務。這個機構資金源自支持慈善事業的富人的捐助，並依靠志願者進行日常運作。亞當斯希望，赫爾宮的實踐能讓人們了解到，不同的階級相互協作能夠使大家共同獲益。她相信，這一實踐能將年輕人的充沛精

亞當斯堅信，教育是每個人獲得平等機會的關鍵因素。她為孩子設立了幼兒園和俱樂部，並向成年人開設夜校課程。

力轉化為有價值的行動，並讓他們自小養成良好的習慣，避免由於貧窮而遭遇病痛的折磨，或走向犯罪的道路。

亞當斯寫道，在工業化的大背景下，相較於其他國家，美國為婦女和兒童提供保障性生活的法律十分匱乏和落後。她認為，單靠個別人的慈善救濟並不能產生很好的效果，只有通過調動公眾的參與，並輔以法律的支持，才能解決這些問題。■

參見：比阿特麗絲‧韋伯 210頁，馬克斯‧韋伯 214～215頁，約翰‧羅爾斯 298～303頁。

耕者有其田

孫中山 (1866－1925年)

背景介紹

思想流派
民族主義

聚焦
平均地權

此前
1842 年　中英簽署《南京條約》，香港島被割讓給了英國。

1901 年　八國聯軍攻佔北京，針對洋人的義和團運動被撲滅。

此後
1924—1927 年　第一次國民革命失敗，共產黨撤向農村。

1931 年　日本入侵中國，中華民族在國共兩黨的帶領下展開了抗日鬥爭。

1945 年　日本投降之後，中國很快爆發了國內戰爭。最終共產黨贏得了這場勝利。

公元前 221 年秦朝成立，自此中國成為一個大一統的國家。但 19 世紀中葉以來，西方列強開始通過各種不平等條約，把魔爪伸向中國，欲行瓜分之事。在列強船堅炮利的脅迫之下，清朝皇帝被迫割地賠款，這些條約打斷了中國獨立發展之路，使人民的生活更加困難。清朝政府割地喪權又壓榨百姓，引發了一場長期的社會危機。內憂外患之下，人們開始對清朝統治逐漸喪失信心，民間起義風起雲湧，社會持續遭到嚴重衝擊和破壞。

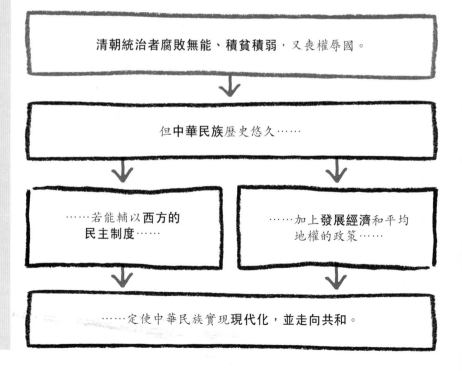

清朝統治者腐敗無能、積貧積弱，又喪權辱國。

↓

但**中華民族**歷史悠久⋯⋯

↓　　　　　　　↓

⋯⋯若能輔以**西方的民主制度**⋯⋯　　　　⋯⋯加上**發展經濟**和平均地權的政策⋯⋯

↓　　　　　　　↓

⋯⋯定使中華民族實現**現代化**，並走向共和。

參見：伊藤博文 195頁，何塞・馬蒂 204～205頁，埃米利阿諾・薩帕塔 246頁，穆斯塔法・凱末爾・阿塔圖爾克 248～249頁，毛澤東 260～265頁。

在孫中山三民主義的構想中，**廣大農民羣眾**都能獲得耕地。他相信，只要平均地權能夠實現，社會經濟就會得到發展。

中國對西方列強和日本的連續失敗，引發了全社會對民族前途的爭論，在這種大背景下，一種獨特的民族主義登上了歷史舞台。這一股思潮主張革除舊制，突破舊式農民起義的局限，通過學習西方來使中國實現現代化。孫中山從19世紀80年代起，就活躍於這些救亡圖存的社會團體之中，醞釀通過起義來反抗清朝的統治。同時，孫中山又與那個時代的大多數人不同，他十分重視中華文化，希望把西方的價值融入到中華民族的歷史傳統中來。

三民主義

孫中山把他的核心思想總結為三民主義：民族主義、民權主義和民生主義。其中，民生主義就是要讓社會從貧弱走向富強。同時，孫中山特別看重社會資源的公平分配，尤其是將地權分配給農民，即所謂的「耕者有其田」。為此目的，人民必須要革了舊式土地制度的命，並推翻維繫這種土地制度的專制皇權統治，為建立一個民主共和的現代中國掃清道路。

孫中山在中國革命運動中扮演着一個獨一無二的動員者角色。1911年辛亥革命之後的混亂時期，他所建立的國民黨開始冒起；在1922年，國民黨又提出同中國共產黨展開合作，不過由於時處軍閥混戰時期，統一的中央政府始終沒能建立起來。1926年起，國民黨在上海擊潰了共產黨的一次起事，此後導致了國共合作的破裂。1949年，共產黨獲得國內戰爭勝利，國民黨敗退台灣。

近年來，中國共產黨開始更加重視孫中山的思想遺產，在發展社會主義市場經濟的道路中，孫中山也被視為其事業的先驅和榜樣。■

> 故中國的社會事業都不能發達，平民的生機也沒有了。
>
> ——孫中山

孫中山

孫中山出生在廣東省香山縣翠亨村，13歲時遷居夏威夷檀香山，接受了系統的西式教育。他學習英文，涉獵廣泛，後來在香港求學期間皈依了基督教。他起先是一名醫生，但後來放棄行醫，全身全意地投身於革命事業之中。

孫中山逐漸成為中國現代化事業中的一名職業革命家。在最初幾次起義失敗之後，孫中山被迫逃亡海外。1911年10月，武昌起義爆發，並迅速獲得南方各省響應。孫中山隨後被選為臨時大總統，但在南北議和之後辭職。1912年，孫中山參與改組國民黨，並繼續為建立統一國家而展開革命，但也是從那時起，軍閥割據混戰的時期開始了。

主要作品

1922年 《實業計劃》
1927年 《三民主義》

人不過是這台不斷運轉的機器中的小小齒輪

馬克斯・韋伯（1864－1920年）

背景介紹

思想流派
自由主義

聚焦
社會

此前
1705年 荷蘭哲學家伯納德・曼德維爾在《蜜蜂的寓言》中指出，個人的自利行為能夠孕育出符合公共利益的社會機制。

1884年 馬克思的《資本論》最後一卷未能完成，但是在其去世後依然順利出版。

此後
1937年 美國社會學家塔爾科特・帕森斯發表《社會行動的結構》，讓全世界更多地方的學者了解韋伯的思想。

1976年 英國社會學家安東尼・吉登斯發表《資本主義和現代社會理論》，對韋伯的社會學思想提出批評，他主張，在社會行為中居首要地位的是結構（而非個人）。

19世紀資本主義興起，人們開始運用新的方式來認識這個日新月異的世界。隨着科學技術的不斷進步，人們開始試着像研究自然那樣科學地研究社會。馬克斯・韋伯就為當時還是一門全新學科的社會學提供了一條研究社會的路徑。在其未能完成的著作《經濟與社會》中，韋伯提出運用「理想類型」這樣的抽象概念來研究社會。「理想類型」就像畫一幅肖像漫畫，它會把描述對象的關鍵特徵進行誇大，同時削弱次等因素，從而把深層的內涵突現出來。這一方法是韋伯研究的關鍵，他運用此法，將複雜的社會構成進行簡

個人的行為受到自己對**世界的認識**的影響。

個人進行**集體行為的方式**相當複雜。

個人的觀點聚合成為**集體的認識**，比如宗教。

然而由這些集體的認識構造而成的**社會結構**會反過來**限制個人的自由**。

人不過是這台不斷運轉的機器中的小小齒輪。

參見：米哈伊爾‧巴枯寧 184～185頁，卡爾‧馬克思 188～193頁，喬治‧索雷爾 200～201頁，比阿特麗絲‧韋伯 210頁。

紅火蟻的羣居方式十分複雜，而其中任何一隻紅火蟻都是蟻巢整體繁榮的關鍵因素。無獨有偶，韋伯認為，個人的行為乃是社會的重要組成部分。

化處理，從而幫助人們理解社會。在他看來，社會學家的任務就是通過對現實進行觀察，從而構建起理想類型並在此基礎上做分析。這就與馬克思分析社會現象的方法不同了。馬克思並不主張直接的外部觀察，而是選擇對現象的內在深層邏輯做出分析，從而推演出社會的運行方式。

集體的認識

韋伯認為，要理解社會，就要先對社會成分進行研究，而首要的成分是個人。個人進行集體行為的方式十分複雜，但是社會學家通過研究便能夠理解：個人擁有一種行為的能力，這種行為能力又會受到個人對世界認識的影響。這些認識會聚合成為集體的認識，例如宗教、社會經濟系統和資本主義，都是這種集體認識的範例。韋伯在其早期著作《新教倫理與資本主義精神》中指出，為資本主義原始積累和市場經濟的形成奠定基礎的，正是新教的個人主義的逐利精神（這種集體認識）。《經濟與社會》一書對這一觀點進行了進一步的拓展，對不同的宗教做出了區分，並對人們在一個更廣義的信念系統中進行社會行為的方式做出了研究。

被束縛的行為

韋伯談到，當社會的集體結構穩定下來後，這些結構並不能成為擴展個人自由的能動因素，它們反而會限制個人自由。所以韋伯說，人不過是這台「機器」中的「齒輪」而已。人們創造出的這個結構，最終卻對人自己的行為造成了束縛。當然這種現象或許能形成一些額外的深遠影響：例如，是新教倫理指引了人們去勤奮工作，而新教的禁慾主義也限制了人們的消費，但正是這種節儉才為資本的積累創造了條件。■

從社會學的分析看，世上並不存在一種能行動的集體性格。

——馬克斯‧韋伯

馬克斯‧韋伯

馬克斯‧韋伯出生於德國埃爾福特，早年在海德堡大學攻讀法律。在「社會學」成為一門學科之前，韋伯的領域主要涉及法理學、歷史學和經濟學。之後，他成為弗賴堡大學的經濟學教授。韋伯早年熱衷於現實政治活動，他撰寫了19世紀90年代波蘭移民問題的系列研究，這也為他在社會政策領域奠定了名聲。此外，他還參加過德國福音派社會代表大會（Evangelical Social Congress）的社會改革運動。一戰之後，他加入了自由派的德國民主黨。

韋伯同父親之間長期爭吵，這間接造成了1897年父親的去世。之後韋伯精神一度崩潰，並且再也沒有完全恢復。那以後，他沒能再獲得終身教職，並一直遭受着失眠症和抑鬱的折磨。

主要作品

1905年 《新教倫理與資本主義精神》
1922年 《經濟與社會》
1927年 《世界經濟通史》

THE CLASH
OF IDEOLOGIES
1910–1945

意識形態的碰撞
1910年 — 1945年

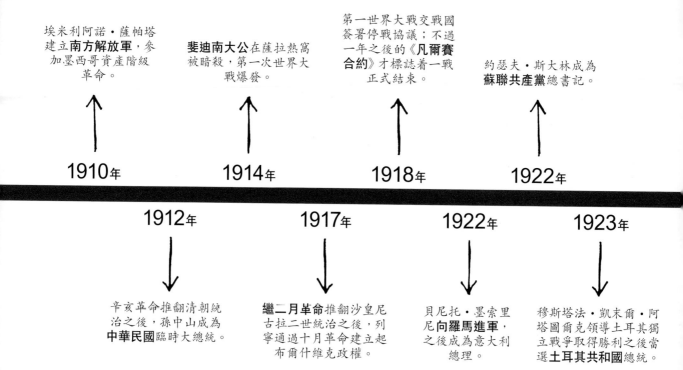

埃米利阿諾·薩帕塔建立**南方解放軍**，參加墨西哥資產階級革命。

斐迪南大公在薩拉熱窩被暗殺，第一次世界大戰爆發。

第一世界大戰交戰國簽署停戰協議；不過一年之後的《**凡爾賽合約**》才標誌着一戰正式結束。

約瑟夫·斯大林成為**蘇聯共產黨**總書記。

1910年　　**1914**年　　**1918**年　　**1922**年

1912年　　**1917**年　　**1922**年　　**1923**年

辛亥革命推翻清朝統治之後，孫中山成為**中華民國**臨時大總統。

繼**二月革命**推翻沙皇尼古拉二世統治之後，列寧通過十月革命建立起布爾什維克政權。

貝尼托·墨索里尼**向羅馬進軍**，之後成為意大利總理。

穆斯塔法·凱末爾·阿塔圖爾克領導土耳其獨立戰爭取得勝利之後當選**土耳其共和國**總統。

20世紀的前半葉裏，老牌帝國主義國家日漸衰落，共和制國家則不斷湧現。但是，這種此消彼長也造成了廣泛的政治動盪，在歐洲引爆的兩次世界大戰成為了這段時期的主題。在這個新老秩序交替的過程中，一批帶有極端民族主義和威權主義色彩的政黨先後成立。同時，1917年的十月革命也為布爾什維克後來的共產主義統治鋪設了道路。1930年前後的大蕭條，則對美國迅速增長的經濟和自由主義予以了沉重一擊。

世界革命浪潮

但是，掀起意識形態對抗的革命浪潮並非自歐洲開始。1910年，歷時十年的墨西哥革命爆發，波費里奧·迪亞斯政權倒台。1911年，中國爆發辛亥革命，推翻了清朝統治，建立了孫中山領導的中華民國。不過這一時段影響最為深遠的革命發生在俄國。1905年，俄國爆發一系列革命，但沒有成功；1917年，革命之火再次點燃，二月革命推翻了尼古拉二世統治；十月革命更是建立起了布爾什維克政權。而第一次世界大戰之後，人們的樂觀情緒也沒能持續多久。當時人們曾對國聯寄予厚望，希望它能為人類帶來長久的和平，但是在瀰漫於歐洲的緊張情緒面前，國聯卻束手無策。此外，一些國家承重的戰爭賠款以及戰後經濟的崩潰，也刺激了激進主義的覺醒。

獨裁與抵抗

於是，德國和意大利誕生了極端主義政黨：阿道夫·希特拉的納粹黨和貝尼托·墨索里尼的法西斯黨。而在西班牙，還有弗朗西斯科·佛朗哥煽動民族主義者來反對西班牙共和國的政權。在俄國，在列寧1924年去世之後，斯大林變得愈發專制，他一邊剷除異己，一邊則着力把蘇聯建成一個工業

阿道夫·希特拉在《我的奮鬥》中陳述了自己的政治理念。

美國總統富蘭克林·羅斯福推行新政，推出了一系列政府**干預經濟**的政策。

在抗日戰爭期間，毛澤東作為共產黨領袖開始冒起。

日本偷襲**珍珠港**，美國從此捲入第二次世界大戰。

↑

1926年

1933年

1937—1945年

1941年

1930年

1936年

1939年

1945年

↓

為反對英國在印度的統治政策，聖雄甘地發動了**非暴力不合作**的食鹽進軍運動。

弗朗西斯科·佛朗哥發動反西班牙共和國的軍事政變，西班牙內戰打響。

德國入侵波蘭，第二次世界大戰爆發。

盟軍攻克柏林，**歐洲戰場結束**；而**日本**也在原子彈爆炸之後**投降**。

和軍事強國。

在歐洲大陸國家出現多個極權主義政權之時，海峽對岸的英國卻迎來了日不落帝國的夕陽餘暉。英國統治下的多個殖民地陸續掀起了民族解放運動：在亞洲，印度在聖雄甘地的非暴力不合作運動下爭取獨立；而非洲也出現了由喬默·肯雅塔所領導的肯尼亞民族起義。

戰火點燃

1929 年，紐約證券交易市場股市暴跌，20 年代的繁榮增長盛極而衰，世界迎來了大蕭條。1933 年，總統富蘭克林·羅斯福推行新政，為美國政治帶來了新自由主義。美國雖然在二戰前期一直對歐洲戰事保持中立，但絕非毫無關聯。納粹德國的反猶政策迫使許多知識分子從歐洲移民到了美國，西方馬克思主義的法蘭克福學派便在其列。這些移民同時也把思想帶到了美國，其中一些還對羅斯福政策提出了質疑。

亞洲地區同樣戰火紛飛。1937 年，日本軍國主義者發動侵華戰爭，這期間，毛澤東作為共產黨領袖開始冒起了。

在歐洲，英國一開始也不想捲入任何戰事。雖然眼下法西斯正日益猖獗；但即使在 1936 年爆發的西班牙內戰中，德國和蘇聯都各持一方，英國也依然保持隔岸觀火的姿態。但是，英美兩國國內對遏制希特拉的呼聲和壓力也日益多了起來。1939 年第二次世界大戰爆發，隨後盟軍勢力開始壯大；而 1941 年在日軍突襲珍珠港後，美國也被捲入了戰爭。

儘管在第二次世界大戰中，美國、英國和蘇聯曾通力合作，但是在戰爭結束之後，卻又形成了東方共產主義與西方資本主義之間的兩極格局，而歐洲其他國家則夾在中間伺機而動。冷戰鐵幕落下，這將成為後面半個世紀世界的主旋律。■

非暴力是我的第一信念

莫罕達斯·甘地（1869－1948年）

背景介紹

思想流派

反殖民民族主義

聚焦

非暴力抗爭

此前

公元前 6 至公元前 5 世紀 強調非暴力和自律的耆那教在印度廣為傳播。

1849 年 亨利·戴維·梭羅出版《論公民的不服從》一書，捍衛了公民出於良知而反對不公正法律的行為。

此後

1963 年 民權運動領袖馬丁·路德·金在華盛頓特區發表「我有一個夢想」的著名演講，這篇演說描繪了他對黑人與白人和諧共處的美好願望。

2011 年 埃及民眾在首都開羅解放廣場的和平抗議最終導致了總統穆巴拉克的下台。

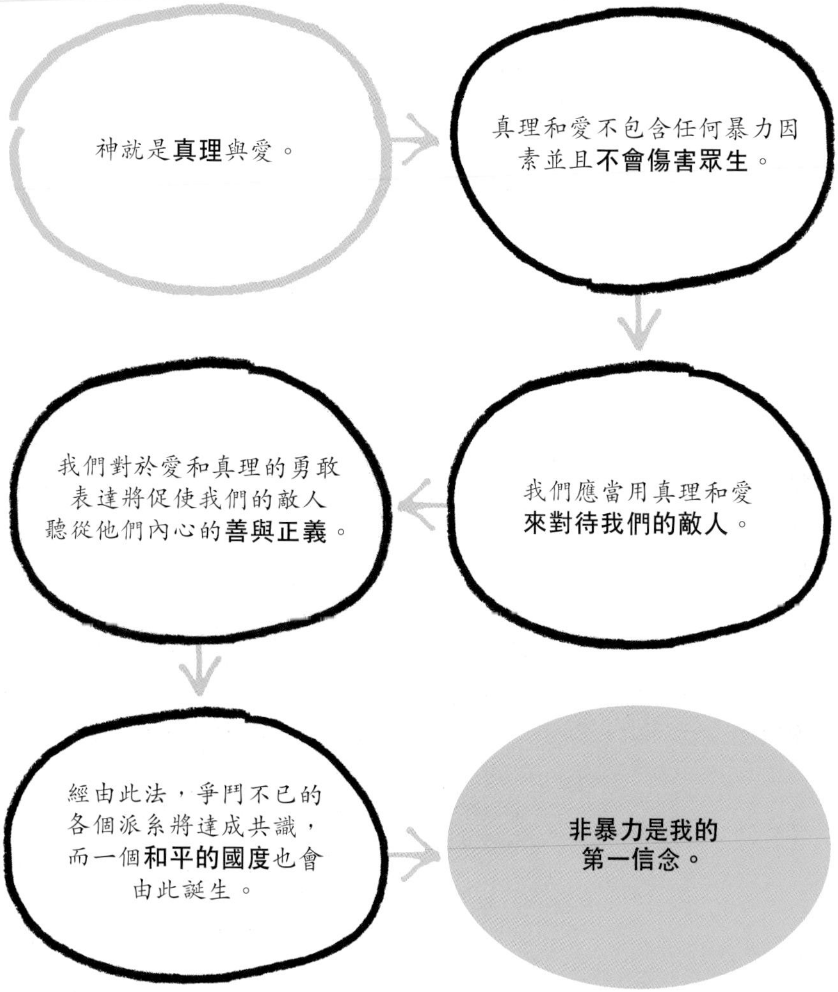
神就是**真理**與愛。
真理和愛不包含任何暴力因素並且**不會傷害眾生**。
我們應當用真理和愛**來對待我們的敵人**。
我們對於愛和真理的勇敢表達將促使我們的敵人聽從他們內心的**善與正義**。
經由此法，爭鬥不已的各個派系將達成共識，而一個**和平的國度**也會由此誕生。
非暴力是我的第一信念。

16 世紀以來，歐洲列強中先後誕生了多個世界性的殖民帝國。這些帝國主義國家在殖民過程中將其民族認同感展現得淋漓盡致，不曾想這竟引發了被殖民者的仿傚，間接地刺激了當地人的民族解放運動。歐洲殖民者的認同感以民族國家意識和地理疆界之內的主權意識為基礎；而殖民地人民在親眼目睹了這種民族認同感的魅力之後在心中也開始燃起對於國家獨立和民族自決的強烈追求。然而，由於經濟和軍事力量的匱乏，眾多反殖民主義運動不得不發展出一套不同於歐洲的民族主義模式。

精神武器

20 世紀上半葉，為從英國統治下獲得獨立，印度人民進行了英勇抗爭，這一過程充滿了其精神領袖莫罕達斯·甘地的政治和道德哲學的印記。甘地有一個更加知名的榮譽稱號「聖雄」，意為「偉大的靈魂」。儘管甘地對強大的民主國家心馳神往，但他堅信，單靠暴力的方式既不可能打敗，也不可能締造或者維持一個民主國家。相反，他所崇尚的方式，是一種被自己稱為「追求真理」的非暴力不合作的倫理觀，這種倫理觀重視德行與良知，並以此為出發點來看待正在改變 20 世紀政治圖景的反殖民主義浪潮。甘地稱，這種方式是一種「純粹的精神武器」。

甘地相信整個宇宙都受「真理」這一最高原則統治。在他看

參見：伊曼紐爾‧康德 126～129頁，亨利‧戴維‧梭羅 186～187頁，彼得‧克魯泡特金 195頁，阿倫‧奈斯 290～293頁，弗朗茨‧法農 304～305頁，馬丁‧路德‧金 316～321頁。

來，「真理」是神的另一個名字；這裏所稱的神是愛之神，他認為，愛之神是世間一切偉大宗教的基礎。甘地相信，因為所有人都是此神的造物，所以「愛」是人類一切關係中唯一的準則。愛意味關懷、尊重和無私，並且終身奉獻於「為一切眼睛擦去淚水」的偉大事業。甘地補充道，想要實現這一點，必須要靠一種非暴力的政治。儘管甘地本人是一名印度教徒，但他在發展自己的道德哲學過程中還汲取了眾多不同宗教傳統的養分，其中就包括宣揚不傷害眾生的耆那教教義和俄國小說家列夫‧托爾斯泰的和平主義基督教學說。

政治目標

甘地的理念是在生活中的每個領域都實現愛的統治。他堅持認為，在面對個人或國家的殘忍傷害時，不可進行暴力抵抗或肆意報復，而應當忍受痛苦甚至「轉過另一邊臉去讓人打」，因為只有這樣，才能真正地實現自己的政治及精神追求。這種心甘情願的自我犧牲將會像真理之神的律令一樣引導着人類的本性，從而感化敵人，化干戈為玉帛。甘地堅信，無論是政敵還是朋友，都會把這樣的行徑視為仿傚的典範。如果人民革命能夠遵循這樣的和平主義的先驗行為準則，那麼印度自治必將實現。

在南非的民權運動

甘地第一次反抗英國殖民統治的經歷是在南非而不是印度。在倫敦取得律師資格之後，他在當時英國的另一個殖民地南非工作了21年之久，專注於維護當地印度移民的權利。正是在此期間，他心中的「印度人」身份認同被培育起來。他相信，這一身份能夠跨越一切種族、宗教和種姓的界限；這也

甘地深受耆那教影響，這一宗教的核心宗旨是絕不為害眾生。耆那教和尚常常面戴口罩，以防止無意中吸入昆蟲而造成殺生。

莫罕達斯‧甘地

莫罕達斯‧卡拉姆昌德‧甘地1869年10月2日出生於英屬印度殖民地孟買省波爾班達市的一個顯赫的印度教家庭。其父為一名高級政府官員，而其母則是一位虔誠的耆那教教徒。

甘地年僅13歲就已經成婚。5年之後，他的父親將他送到倫敦學習法律。1891年他取得了律師資格，並隨後到南非開展律師業務，以維護當地的印度移民的公民權利。在南非期間，甘地開始嚴格遵照印度教禁慾思想而生活，並堅守終生。1915年，他返回印度，立誓只過貧窮的生活，並為此還建立了一所靜修院。4年之後他成為印度國民大會黨的領袖。後來他在前往一個祈禱會的途中，遭到一名印度教極端分子槍擊身亡；後者認為甘地要為印巴分治負主要責任。

主要作品

1909年　《印度自治》

1929年　《我體驗真理的故事》

為甘地建立一個統一的印度民族國家的宏圖大志奠定了基礎。在南非，他親眼目睹了社會不公、種族暴力以及政府當局嚴苛的殖民統治。對此，甘地把自己的和平主義理念發展成一套切實可行的反抗形式。1906 年，他領導數千貧苦的印度移民舉行遊行示威，反對當局新近推行的要求他們到政府登記的酷法；在這一行動中，甘地的領導才華得以充分展現。七年裏，反抗鬥爭與暴力鎮壓針鋒相對，此消彼長；最後他們迫使南非領袖簡·克里斯蒂安·斯穆茨同意與抗議者達成妥協，非暴力抗爭的力量可見一斑。

在隨後的幾年裏，甘地成功地將其「非暴力抗爭是最有效的抗爭」的理念進行了傳播和推廣。1915 年，他帶着印度民族主義者的國際聲譽回到印度，並迅速成為印度民族主義運動主要力量——印度國民大會黨的核心人物。為了降低對國外經濟的依賴並且發展本土經濟，甘地呼籲抵制英國商

數千民眾加入甘地反對英國在印度徵收鹽稅的食鹽進軍行動。圖中，他們步行至古吉拉特邦的丹地海岸，然後收集海水並親手製作海鹽。

甘地相信他用來實現目標的非暴力手段與目標同等重要。他用「如何獲得他人的手錶」的例子來闡發自己的觀點。

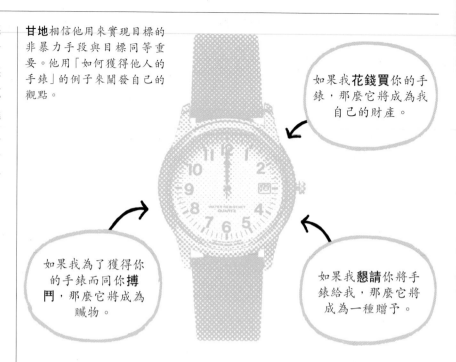

如果我**花錢買**你的手錶，那麼它將成為我自己的財產。

如果我為了獲得你的手錶而同你**搏鬥**，那麼它將成為贓物。

如果我**懇請**你將手錶給我，那麼它將成為一種贈予。

品；他鼓勵所有印度人編織和穿着土布製成的衣物，以抵制英國的紡織物。在他看來，這種抵制活動是非暴力不合作的必然要求。他敦促人們拒絕接觸英式學校和法庭，辭去政府職務，並拋棄英國授予的稱號和榮譽。甘地在鼓動民情和擴大影響的過程中，感到媒體對公共輿論的強大影響力，從而也逐漸磨煉出一套老辣的作秀才華。

公然反抗當局

1930 年，甘地提出議會決案要求印度自治，但卻遭到英國政府的無視；面對這一情況，印度國民大會黨毅然單方面宣佈，該黨將從此追求徹底的民族獨立。不久之後，甘地發動了一場非暴力抗爭，以反對英國的鹽稅法：他帶領信徒徒步走到遙遠的海邊煮鹽，並在

漫長的遊行過程中號召成千上萬的民眾加入他的行列；遊行隊伍抵達海邊之後，在全世界的矚目之下，甘地從海灘上一張巨大的白色篷布上捧起一把海鹽；同時，他的這一行為促使殖民當局立即將他逮捕。甘地鋃鐺入獄，但他的抗爭行動卻向全世界的批判者們公然

不關心實際事務，又不能幫人們解決實際問題的宗教不是真正的宗教。

——莫罕達斯·甘地

昭示了英國在印度的殖民統治的非正義本質。這一精心安排的非暴力不合作行動，也在很大程度上動搖了英帝國在印度的統治。

有關甘地遊行及被捕入獄的報道出現在世界各地的報紙上。德國物理學家愛因斯坦這樣評價他：「他為被奴役國家的民族解放運動開創了一條新穎和人道的路徑。他對文明世界一切有良知的人所產生的道德影響將會極其持久而深遠，這種影響力將遠遠超出那些高估了野蠻武力之威力的人的預想。」

嚴格的和平主義

然而，當甘地將其非暴力信條運用到其他各種衝突中時，他對於這些信條的絕對信心未免有些誇張；而這也為他招致了來自各方的批評。他那「自我忍受痛苦」的信條很可能導致「自取滅亡」的後果，例如二戰期間，他曾苦苦哀求英國的印度總督，讓英國人民放下武器而僅用「精神力量」來抵抗納粹分子。後來他又批評那些試圖逃避大屠殺或者反抗德國迫害的猶太人，並且聲稱，「猶太人本應該把他們自己送向屠刀，本應將自己從懸崖拋入大海。因為唯有這樣才能讓世界和德國人看清希特拉的暴行。」左派分子也對他提出了批評，例如信奉馬克思主義的英國記者拉賈尼・帕姆・杜特就指責

在當今政治世界中，從佔領道路到抵制商品，**各種形式的非暴力抵抗**已經成為流行且有力的公民抗命方式。

他「運用具有宗教色彩的人性和愛的原則，來掩飾他對有產階級的支持」。同時，英國前任首相溫斯頓・丘吉爾則諷刺他只不過是一個「半裸的苦行僧」。

但是，無論甘地的方法在其他領域運用時將面臨怎樣的局限，毋庸置疑的是，這些方法還是成功地幫助印度最終在 1947 年贏得了獨立。不過，儘管甘地曾痛心疾首地反對，但獨立之後的印度最後依然根據宗教界限分裂成了兩個國家——信奉印度教的印度以及信奉伊斯蘭教的巴基斯坦，迫使數百萬民眾不得不背井離鄉。在國家分裂之後不久，一名狂熱的印度教民族主義者，出於對甘地對穆斯林的軟弱態度的不滿而將他刺殺。

如今，飛速工業化的現代印度已與甘地田園牧歌和苦行主義的政治理想大不相同。同時，與鄰國巴基斯坦的持續緊張關係也表明，

甘地那跨越宗教界限的大印度身份認同並未最終形成。而甘地曾經堅定反對的種姓制度，在當代印度依然根深蒂固。不過，印度自建國之後始終是一個世俗的民主國家，仍然遵循着甘地的根本信念：唯有通過和平方式才能建立起一個公正的國家。他的事蹟和方法也已經被世界各地的民權運動者奉為圭臬。■

有羣眾的地方才有政治

弗拉基米爾·列寧（1870－1924年）

背景介紹

思想流派
共產主義

聚焦
人民革命

此前
1793 年 法國大革命時期曾執行恐怖政策，數以千計的人因被視為「革命的敵人」而遭到處決。

19 世紀 30 年代 法國活動家布朗基宣稱，靠少數革命家進行密謀活動便能獲取政權。

1848 年 卡爾·馬克思和弗雷德里希·恩格斯發表《共產黨宣言》。

此後
1921 年 中國共產黨成立；她是一個列寧式的先鋒黨。

1927 年 斯大林背離列寧的新經濟政策，強制推行集體農莊。

在歷史來到 20 世紀之際，俄國仍是個龐大而落後的農業國家，在經濟上被迅速工業化的西歐國家遠遠甩到了身後。俄國民族眾多，包括有俄羅斯人、烏克蘭人、波蘭人、白俄羅斯人、猶太人、芬蘭人和日耳曼人，而這其中僅有 40% 的人口講俄語。專制沙皇尼古拉二世統治之下的俄國社會等級十分森嚴；言論、出版、結社的權利缺乏，少數人種權利得不到保障，而人民微薄的政治權利也聊勝於無。毫無疑問，在這種壓抑的氣氛之下，革命有了成熟的土壤，這股積蓄已久的力量終於通過 1917 年的十月革命推翻了舊的體制，而這場革命的領導人便是弗拉基米爾·列寧。

歷史的規律

工業革命時代，工人階級的勞動和生存環境十分艱苦，在這個背景下，社會主義思想在 19 世紀登上了歷史舞台。那時候，社會制度無法給工人提供基本保障，而類似於工會那樣的組織又尚未成熟，因此工人遭受僱主的嚴重剝削。在此意義上，馬克思和恩格斯指出，階級鬥爭將成為歷史變革的動力，一場全球性的推翻資本主義的革命將在所難免；於是，他倆在《共產黨宣言》中高呼：全世界無產者聯合起來。

但是，馬克思和恩格斯顯然沒有預見到，在西歐發達的工業社會中，工人的生計逐漸獲得了保障，生活水平也開始得到改善，他們並不希望發動暴力革命，而更願意成為小資產階級的一分子。於是，在社會主義者中出現了越來越多提倡走合法和議會道路的人，他們希望通過民主選舉，來逐步推動社會的變革。因此，在社會主義內部，主張選舉和改良路線的人，同倡導革命道路人之間的觀念分歧日漸嚴重起來。

革命暴動必須依靠人民群眾才可能成功。

先鋒黨必須與人民群眾的**宗旨和利益**保持**一致**，群眾才會跟黨走。

為**鼓動**群眾參加革命，必須依靠**先鋒黨**。

有群眾的地方才有政治。

> 我們根據自由通過的決議聯合在一起，正是為了要同敵人展開鬥爭。
>
> ——弗拉基米爾・列寧

俄國大背景

俄國的工業化進程較晚，所以到了 19 世紀的末期，工人階級的生活水平依舊沒能贏得實質性的改善。因此，絕大多數俄國人亞未像西歐工人那樣從工業化中獲得任何物質上的好處。到了 19 世紀 90 年代，俄國的政治激進派迅速湧現，他們為反對政府和秘密警察的高壓政治而不斷密謀暴動，其中，年輕的法律系學生列寧也曾參與其中。1905 年，暴動的浪潮席捲全國，雖然未能推翻沙皇統治，但也贏得了當局一些民主化的承諾。但是，由於俄國勞動者依舊遭受着艱難環境的折磨，因此俄國社會中徹底推翻沙皇統治的革命浪潮始終沒有終結。

列寧在其一生中，一直致力於將馬克思主義的理論轉換為政治實踐。他在用馬克思主義的視角分析俄國問題後發現，這個國家正在經歷從封建社會轉向資本主義社會的劇變。他認為，農業生產是資本主義社會中的另一個剝削場所，如果農民暴動起來，那整個資本主義經濟都會崩潰。但是，列寧逐漸發現，農民最大的訴求只是得到土地，而這卻是一種私有制的觀念；所以這麼一來，農民就不可能成為

開始時，列寧曾想鼓動農民支持革命。後來他總結道，農民不能成為革命階級，因為他們最大的訴求就只是獲得土地。

社會主義革命所依靠的力量。列寧明白，這場革命的依靠力量，還得是日益壯大的工人階級。

先鋒黨

根據馬克思的分析，資產階級

弗拉基米爾・列寧

列寧原名弗拉基米爾・伊里奇・烏里揚諾夫，他出生於俄國辛比爾斯克；此地如今已更名為烏里揚諾夫斯克。他從小接受的是古典文化的教育，並展現出拉丁語和希臘語的天賦。1887年，他的兄長亞歷山大・烏里揚諾夫因為計劃暗殺亞歷山大三世而遭到處決；同年，列寧進入喀山大學研讀法律，但由於參加學生運動而被學校開除。列寧隨後逃到祖父的住地躲藏，並開始沉迷於馬克思的著作。他在獲得法學學位後，開始了自己職業革命家的生涯。這期間，他再次被拘捕、關押，並流放到西伯利亞，隨後又逃到歐洲，為革命展開宣傳和組織工作。十月革命勝利後，列寧成為俄國的統治者。1918年，列寧曾遭遇暗殺，雖然保住了性命，但他的身體也從此開始惡化了。

主要作品

1902年 《怎麼辦？》
1917年 《帝國主義是資本主義的最高階段》
1917年 《國家與革命》

乃是有產階級,他們掌握着像工廠那樣的生產資料;而無產階級則別無選擇,只能靠出賣勞動來勉強維持生計。但是,在資產階級中,也存在像列寧這樣的受過良好教育的志士,他們會為剝削的不公現狀拍案而起,從而要求社會進行變革。歷史上,資產階級中的革命分子曾在歷次革命中扮演過重要的角色,法國大革命便是一例。但問題是,在俄國快速的工業化進程中,外來資本佔據着重要的地位,這就造成了俄國的資產階級規模的局限性。而在這為數不多的資產階級中,有革命精神的人就更是稀缺了。

列寧知道,一場革命需要高效的組織和領導。於是他追溯恩格斯和馬克思的思想,提出了先鋒黨的理念:由一羣主要源自工人階級的、具有較高政治覺悟的人形成組織,他們將充當革命的先鋒隊。他們要鼓動無產者形成一個「自為階級」,從而推翻資產階級的特權,建立起民主的「無產階級專政」。於是,列寧以布爾什維克的名義召集了自己的先鋒黨;這也成為後來蘇聯共產黨的前身。

世界革命

同馬克思一樣,列寧也堅信,無產者聯合起來會帶來一場世界性的革命浪潮,它將超越疆域、民族、羣族和宗教差異,建立起一個無國界、無階級的國家。它會把剝削壓迫的階級排除在外,讓「窮人的民主」走向全世界。列寧認為,無產階級專政將是共產主義之前的一個至關重要的過渡階段,在這之後,馬克思所構想的共產主義社會將最終到來。在這個社會裏,私有制將被廢除,階級將會消亡。

列寧宣稱,他的政治理念不只要「紮根於有數以千計羣眾的地方」,還要紮根於「有數以百萬級羣眾的地方,因為那裏才有嚴格意義上的政治。」他說,萬千勞動人民都必須參與到這場抗爭中來,形成羣眾的汪洋大海,並得到職業革命家的正確領導,才可能推翻裝備

銀行家們倉皇逃竄,工人階級高歌猛進,「國際社會主義革命萬歲」的旗幟在戰鬥中飄揚。這句口號來自列寧,他呼籲全世界的勞動者能超越國界共同鬧革命。

舊的政權在第一次世界大戰中陷入嚴重信任危機，戰爭巨大傷亡讓軍人感到不安，他們在十月革命時發生**嘩變**，從而推動了革命的成功。

完善又資金充足的資本主義政權。過去，在沙皇統治時期，工人和農民以為，要想勉強維繫自身利益，就得依附於地主和資本家；而如今，列寧等馬克思主義者則勸導他們，自己的權利與幸福要託付給自己的階級！過去，人民羣眾們因為一起受苦而被外人視為一個整體；而如今，靠着列寧和其他布爾什維克的同志們的宣傳和鼓動，人民羣眾主動凝結在了一起。在列寧看來，只有人民羣眾，才是唯一有力的革命力量。

在 1918 年 3 月 6 日的俄國共產黨（布）第七次特別代表大會上，列寧做了發言，他回顧了革命，認為革命中的一切決議都是將馬克思主義的思想具體化。經過一場幾乎不流血的政變，布爾什維克便從臨時政府手裏獲得了政權，完

只有相信人民的人，只有投入生氣勃勃的人民創造力泉源中去的人，才能獲得勝利並保持政權。
——弗拉基米爾·列寧

成了史上第一次成功的共產主義革命。儘管當時俄國是一個存在資本主義經濟體系的窮國，工人階級力量並不強大，臨時資產階級政府更是軟弱，但即便如此，城市的工人階級一經動員便輕鬆地推翻資產階級政權。當然，俄國在第一次世界大戰中離心離德的表現也是這場革命勝利的一個重要原因。戰爭進行到 1917 年時，俄國人民承受的痛苦已難以忍受，連敢死隊都出現了瀆職和嘩變。隨後，戰場又轉入了國內，布爾什維克的紅軍和反動白軍之間又繼續開戰。列寧寫道，「在這場內戰中，絕大多數的人民羣眾都站在我們這邊，而這也是勝利來得如此容易的原因。」他發現，無產者已逐漸認識到，他們不可能同資產階級政權合作，那樣只會給自己帶來痛苦。他說，這也

印證了馬克思的判斷：人民羣眾的革命「果實」會自然而然地「瓜熟蒂落」。

不過事實上，還有許多其他因素也起着重要的作用。隨着 1917 年革命的爆發，地方行政部門、軍隊和教會等舊體制的機構喪失了權威。同時，城市和農村經濟迅速崩潰；當時俄國退出一戰的決定就是在嚴重經濟短缺的背景下做出的，而後的國內戰爭更是使經濟雪上加霜。於是，列寧意識到，此時，只有靠一個強制性和支配性的武裝力量，才有可能挽救社會混亂，創造新的秩序。布爾什維克雖然是先鋒黨，但卻不是革命的本質力量。所以，列寧回歸到馬克思主義關於羣眾以及工人、農民的論述，提出了建立由工農兵代表蘇維埃（即代表會議）的無產階級民

主，並指出這才是全新的「公社」國家的本質所在。在「一切權力歸蘇維埃」的呼聲中，組織機構權力歸一，在 1917 年的 10 月，世界上第一個社會主義政權俄羅斯蘇維埃聯邦社會主義共和國誕生了。

戰時共產主義

革命之後的三年時間裏，布爾什維克在經濟上採取了戰時共產主義的措施，但由於其中的「餘糧收集制」要將農村生產的糧食充公並運往城市支援前線作戰，因此也導致大量俄國農民的饑荒致死。過去列寧曾經依靠的羣眾，如今卻開始大規模地抗議他的政權；布爾什維克面臨着極為困難的局面。正如歷史學家大衛·克里斯蒂安所言，戰時共產主義是對列寧理想的一次考驗，因為「他們自稱是代表工人階級利益的政權，如今卻可能遭到工人階級的顛覆。」

不過，戰時共產主義只是在革命之後的特殊時期的臨時策略。內戰結束之後，它由列寧提出的另一項政策所取代：這就是新經濟政策。它是一種國家資本主義制度，允許小規模私人貿易存在，例如農民可以將餘糧送往市場進行交換。不過，掌控國家經濟命脈的大型工業和銀行仍掌握在國家手中。由於新經濟政策吸納了資本主義的成分，因而遭到了一些布爾什維克成員的強烈反對，但是由於它能激發農民生產的積極性，所以事實上促成了農業產量的提升。而在列寧去世之後，斯大林強制推行了集體農莊來取代新經濟政策，造成了 30 年代大範圍的饑荒，也從反面證明了新經濟政策的意義。

無產階級政權

列寧領導的十月革命在多大程度上可以算作一場真正意義上的社會主義革命？對這個問題的回答，可能要取決於布爾什維克

> 這場鬥爭必須由……以革命活動為職業的人來組織。
>
> ——弗拉基米爾·列寧

在多大程度上能夠代表「人民羣眾」。它真的讓過去被剝削的無產者「自下而上」地實現自我解放了嗎？還是說，布爾什維克的領袖們只是舉着馬克思主義大旗登上了統治者的寶座？這個由列寧創造，又由列寧不斷界定、詮釋和歌頌的人民羣眾的政權，在多大層面上能名副其實呢？

俄國社會主義活動家尼古拉·蘇漢諾夫是列寧同時代的人，他批評十月革命，並對上述的問題持否定的態度。他說：「列寧是一個傑出的演說家，他有能力把複雜的問題說得通俗易懂……他不斷地敲打，敲打着人民的思想，並最終讓人民失去意志，成為自己的俘虜。」

圖中，在十月革命後的**國內戰爭期間**，布爾什維克正同反革命的「白軍」作戰。布爾什維克採取了一系列強制手段，人民的支持有所動搖。

列寧相信，革命要依靠人民羣眾，這對中國的共產主義革命也產生了影響。

工人貴族

　　許多批評者認為，布爾什維克自稱本黨的統治就等於工人的統治，但事實上，他們卻在很多時候表現得像是工人的支配者。其實，列寧本人也的確持有精英主義的立場，他認為：若沒有職業革命家的行動，工人光靠自己是不能產生

　　列寧能憑一己之力讓俄國人民掉入泥潭；他也能憑一己之力將國家拉回堤岸。

——溫斯頓・丘吉爾

超出「工會意識」的思想覺悟的。也就是說，他認為工人的眼界局限於身邊的同事，而不可能站在一個更高的階級聯合的格局來看問題。

　　列寧認為，西歐國家工人階級所獲得的生活改善，並不能在整體上給工人階級帶來提升。相反，工人們獲得一點甜頭之後，反而容易淪為「工人貴族」。這輩在生活上獲得顯著改善的工人，在成為「工人貴族」之後，也就脫離了真正工人階級的屬性。列寧認為，要防止該現象，這就需要培養工人的「社會主義革命意識」，從而掌握馬克思關於階級聯合的基本原理。而要培養工人革命意識就要靠先鋒黨，而布爾什維克就扮演了這一角色。

　　列寧相信，世上有無條件存在的絕對真理；然後，他進一步指出，馬克思主義就是真理，不容置

疑。像這樣的絕對主義，讓布爾什維克充滿了反民主的專制特性，可謂是完全背離了其底層民主信仰的精英主義傾向。在列寧之後，政治光譜的左和右都出現了列寧式的先鋒黨及其領導的革命。例如在中國，右翼反共的國民黨和左翼的共產黨都實踐了列寧的做法。當下，還有一些知識分子自稱列寧主義者，例如斯洛文尼亞哲學家斯拉沃熱・齊澤克。他稱讚說，列寧將馬克思主義理論付諸了實踐，為了實現目標他從不害怕「弄髒雙手」。此外，當代的列寧主義者還反對全球化，將全球化視為 19 世紀帝國主義的延續，是資本家將利益鏈轉向貧窮的國家並尋找新的勞動者來進行剝削的過程。而他們的解決方案，也同列寧在一個世紀前的大同小異：來一場全球化羣眾革命。■

工人運動是一定社會條件下不可避免的結果

羅莎‧盧森堡（1871－1919年）

背景介紹

思想流派
革命社會主義

聚焦
工人運動

此前
1826年 英國礦工為抗議降薪而舉行了大規模罷工運動。

1848年 卡爾‧馬克思在《共產黨宣言》中聲稱，統治階級和被統治階級之間的階級鬥爭將引發革命，並帶來歷史性的大變革。

此後
1937—1938年 斯大林強制推行的蘇聯工業化演變成了大清洗運動，成千上萬人慘遭處決。

1989年 萊赫‧瓦文薩領導的波蘭團結工會戰勝了共產主義政黨並上台執政。

資本主義社會中存在着**剝削和不平等**。

↓

但被剝削的工人並不需要一個來自**其他階級的領袖**……

↓

……他們會**自發地覺醒**和抗爭，並將最終推翻剝削者的統治。

↓

工人運動是一定社會條件下不可避免的結果。

馬克思主義思想家羅莎‧盧森堡的著述尤為看重罷工運動的自發性特質。她指出，以政治為訴求和以經濟為訴求的罷工運動都是工人爭取權力的鬥爭中最重要的武器。

1905 年俄國聖彼得堡爆發了大規模工人罷工，引發「流血星期日」慘案，並催生了 1905 年俄國革命。盧森堡的思想正是在對這場罷工運動和慘案的反思中形成的。

社會革命

馬克思和恩格斯曾設想過，無產階級的羣眾罷工運動應當由外在於工人階級的一羣專業的先鋒黨來領導；而無政府主義思想家們則主張，應當通過精心策劃的宣傳和破壞行動來點燃革命的火種。而盧森堡則認為，一場社會革命還要受許多不同的動機所影響。

在《自發性與組織的辯證法》中，盧森堡提到，工人們一開始會為漲薪而抗議，而後還會為爭取政

參見：卡爾‧馬克思 188～193頁，愛德華‧伯恩施坦 202～203頁，弗拉基米爾‧列寧 226～233頁，約瑟夫‧斯大林 240～241頁，列夫‧托洛茨基 242～245頁。

萊赫‧瓦文薩在1980年建立了**團結工會**。這個獨立工會通過罷工遊行的方式爭取改善工人生活，其罷工運動也催化了後來的政治變革。

治權利而展開罷工；通過不斷參加這些鬥爭活動，工人自己的領導組織就會自然而然地從階級內部演變出來。她堅信，所謂運動領袖，無非是一個反映羣眾在鬥爭中的奉獻和決心的符號象徵而已；在這種羣眾運動的反覆磨煉下，社會主義的輪廓也會逐漸清晰起來。

1905年俄國的罷工事件告訴了盧森堡，發動一場大罷工並不需要甚麼政黨領導的英明決議，也不用依賴任何基層草根團體的煽動；相反，羣眾參與罷工只是無產階級意識的一種自然流露，是社會剝削現實造成的必然結果。何況，在中歐和俄國這些新興工業地區，工人階級的勞動環境更加惡劣，因此這種運動的自發性就會更為顯著。

工人會不斷自我進步

盧森堡相信，在一次次成功與失敗的工人運動中，無產階級對剝削者的軍事鎮壓和經濟控制的不滿情緒會持續積累，從而爆發大規模的羣眾抗議行動。在針對資產階級的革命運動中，工人們會逐漸達成一致的目標，並衍生出政黨來進行組織領導。在這過程中，工人會不斷在思想上取得進步。盧森堡的「革命自發性」一說遭到了列寧的

> 工人運動乃是特定時刻下的一種革命鬥爭形式。
>
> ——羅莎‧盧森堡

否定，他認為革命若是不能得到一個由進步分子組成的政黨來指揮，運動就將缺乏紀律性和計劃性。而盧森堡則認為，列寧那樣的做法必將形成專制，必然會造成「公共生活的野蠻化」。沒過多久，列寧的紅色恐怖和斯大林的大清洗運動都使盧森堡的預言得到了印證。■

羅莎‧盧森堡

羅莎‧盧森堡出生在波蘭的扎莫什奇，從小就展現出卓越的學習能力和語言天分。她在16歲時就受到社會主義思想的吸引。1898年，盧森堡獲得德國公民資格，並遷居柏林。在那裏，她參與到了國際勞工運動之中，並加入了德國社會民主黨。她的理論貢獻遍及社會主義、婦女選舉權和經濟等領域，實踐中，她也親自組織了多場工人運動。在1907年倫敦舉行的俄國社會民主勞工黨代表會議上，盧

森堡認識了列寧。

她在1916年被關入布雷斯勞的監獄，在那之後她成立了地下組織斯巴達克同盟。1919年1月，盧森堡在柏林開展革命活動的過程中遭到當局殺害。

主要作品

1904年 《俄國社會民主黨的組織問題》
1906年 《羣眾罷工、黨和工會》
1913年 《資本積累論》
1915年 《社會民主黨的危機》（又名《尤里烏斯小冊子》）

綏靖主義者餵鱷魚，只是祈望自己能成為最後一個被吃掉的人

溫斯頓·丘吉爾（1874－1965年）

背景介紹

思想流派
保守主義

聚焦
反對綏靖主義

此前
約公元前350年 著名政治家、辯論家德摩斯梯尼嚴厲斥責其雅典同僚沒有對馬其頓國王腓力的擴張野心產生足夠警惕。

1813年 拿破崙拒絕接受歐洲列強的停戰協議，重新組織軍隊開戰。這催化了第六次反法同盟的形成，同盟在萊比錫會戰中擊敗拿破崙。

此後
1982年 當有人勸英國首相戴卓爾夫人在福克蘭島（馬爾維納斯羣島）問題上同阿根廷妥協時，她提到了張伯倫的典故。

2003年 在發動伊拉克戰爭之前，美國總統小布殊和英國首相貝理雅均談及了綏靖主義的危險性。

在20世紀30年代之前，「綏靖主義」這個詞還沒有被賦予懦弱和屈辱的含義。第一次世界大戰之後，和平主義避戰政策成為歐洲大國關係的常態，各國都力圖淡化丘吉爾所說的那種「瀰漫於列強間的仇恨與敵意」。但很快，大蕭條對全球經濟造成了重創，阿道夫·希特拉也在德國漸漸得勢，此時也只有丘吉爾和其他極少數的人看出了這種和平狀態下潛藏的危機。

在經濟衰退的衝擊下，英國的軍費開支受到了極大的限制。而當英國有必要加強戰備之時，恰恰又遇上了經濟危機最嚴重的時期；大英帝國不僅深受第一次世界大戰的創傷，恢復步伐十分緩慢，還得對遍及全球的殖民地進行全盤部署。因此，來自保守黨的首相斯坦利·鮑德溫以及其繼任者內維爾·張伯倫都對抗衡希特拉的戰略予以拒絕。對他們而言，避開希特拉的鋒芒並緩和關係才是最穩妥、最

綏靖主義者總認為自己無法與擴張者**抗衡**。

他們為了避免戰爭，一味**姑息遷就**，退讓屈服。

這些行為讓**自己更加弱小**。

也助長了對手，**使其更加強大**。

參見：莫罕達斯・甘地 220～225頁，拿破崙・波拿巴 335頁，阿道夫・希特拉 337頁。

張伯倫和希特拉達成的慕尼黑協議，**被丘吉爾斥責**為一場徹頭徹尾的失敗。

實用的策略。

由於丘吉爾在軍方以及情報部門人脈頗廣，因此他對納粹的野心和動向，以及英軍毫無防備的狀態都瞭如指掌。丘吉爾在 1933 年便曾提醒議會要注意希特拉的狼子野心；後來，他又在這些「自鳴得意」的議員面前進行了一次澎湃激昂的著名演講，再次提出英國必須對希特拉提高警惕。但議員們總是笑稱丘吉爾不過是一個戰爭販子，並在議會中對他進行排擠孤立。

慕尼黑協定

英國政界中瀰漫的避戰情緒根深蒂固。當希特拉有條不紊地對一戰後《凡爾賽和約》秩序進行破壞時，英國都始終無動於衷。這讓希特拉壯大了膽子，1938 年，他先是吞併了奧地利，又在慕尼黑脅迫張伯倫，以所謂的和平承諾換來了捷克斯洛伐克的蘇台德地區。

勝利兵不血刃，連希特拉自己都很困惑和詫異。他本想以閃電戰的方式，通過突襲布拉格來拿下捷克斯洛伐克，卻沒想到這個國家竟被「自己的盟友們放在盤子中獻上了祭台」。

丘吉爾嚴厲斥責了慕尼黑協定。他說，一味妥協退讓餵飽了納粹這頭怪獸，只會讓他們胃口更大。但是其他的高層依然對希特拉

> **當你在戰爭與恥辱之間做選擇時，你選擇了恥辱；但到頭來，你還是逃不掉戰爭。**
>
> ——溫斯頓・丘吉爾

抱有幻想，使得丘吉爾始終孤立無援；至少在保守黨內，不僅沒人支持他，反而都對他惡語相向。丘吉爾自始至終都拒絕由同希特拉進行任何對話，因為與惡魔之間毫無談判餘地。丘吉爾的這種怪癖態度雖然偏激但卻自有其道理，也正是他的這種信念，最終支撐着他粉碎了納粹的瘋狂擴張。■

溫斯頓・丘吉爾

溫斯頓・倫納德・斯賓塞・丘吉爾爵士是倫道夫・丘吉爾勛爵和美國大亨繼承人珍妮・傑羅姆的兒子，這種貴族出身使他自視甚高，曾自稱為「英語世界的代言人」。他曾就讀於哈羅公學和桑赫斯特皇家軍事學院，之後隨第四驃騎兵團赴印度駐防。在19世紀90年代，他作為一名戰地記者，先後對古巴獨立戰爭、英國在印度和蘇丹統治以及南非的英布戰爭進行了報道。他的議員生涯長達60年，先後為自由黨和保守黨擔任過下議院議員。他在二戰時被任命為戰時首相，又在1951年第二次上台執政。此外他還是一個多產作家，曾獲得過1953年的諾貝爾文學獎，其中他的六卷《第二次世界大戰回憶錄》最負盛名。

主要作品

1953年　《第二次世界大戰回憶錄》
1958年　《英國民族史》
1974年　《丘吉爾演講集》

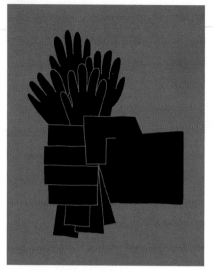

法西斯主義就是由國家包攬一切

喬萬尼·秦梯利（1875－1944年）

背景介紹

思想流派
法西斯主義

聚焦
國家的哲學

此前
公元前 27 年 - 公元 476 年 羅馬帝國不斷向亞非地區擴張。

1770—1831 年 格奧爾格·黑格爾提出其國家觀念和絕對唯心主義，後來被秦梯利用來為包攬一切的國家進行辯護。

此後
1943—1945 年 第二次世界大戰後期，盟軍進軍意大利，法西斯政權戰敗投降。

20 世紀 40 年代至 60 年代 新法西斯主義運動在拉丁美洲不斷贏得大量民眾的支持。

從 20 世紀 60 年代起 新法西斯主義的哲學與許多盛行的民族主義運動互相結合起來。

1918 年第一次世界大戰結束之時，意大利的社會和政治陷入動盪。意大利的部分領土被劃給南斯拉夫，同時，戰爭帶來的巨大創傷又使國家舉步維艱。在此期間，隨着經濟萎縮，失業問題也逐漸嚴重起來。面對這樣的情形，主流的政客們始終拿不出解決的方案，於是，左翼和右翼的組織開始不斷贏得包括工人和農民在內更多的民眾支持。此時，由貝尼托·墨索里尼領導，

並有喬萬尼·秦梯利哲學保駕護航的右翼政黨國家法西斯黨，開始運用民族主義的辭藻，不斷網羅大量民眾的擁護。他們主張圍繞法西斯主義國家，運用新型的極端主義形式來重新構造和組織社會。

集體主義的團結

這個全新的意大利政權的指導綱領主要呈現於《法西斯主義的教條》一書中，外界普遍認為這本書正是秦梯利替墨索里尼的捉刀之作。秦梯利拒絕個人主義的思想，並宣稱只有集體主義才能夠既滿足個人的使命追求，又能讓國家維持生命力和凝聚力。

秦梯利將法西斯主義的國家概念做了如此描述：這是一種將個人乃至一代人粘在一起的生活態度，他們共同尊崇一個至上的法律

1932 年，**墨索里尼**蒞臨米蘭的法西斯革命展覽館。這一盛大的宣傳攻勢由一些力圖引領新潮流的藝術家和知識分子所謀劃，秦梯利也參與其中。

參見：格奧爾格‧黑格爾 156～159頁，卡爾‧馬克思 188～193頁，弗雷德里希‧尼采 196～199頁，弗拉基米爾‧列寧 226～233頁，約瑟夫‧斯大林 240～241頁，貝尼托‧墨索里尼 337頁。

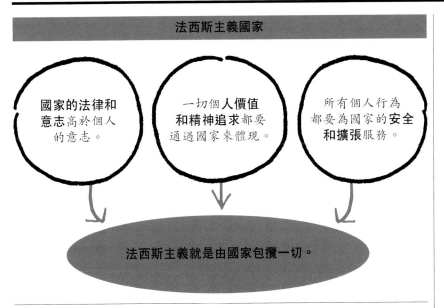

法西斯主義國家

- 國家的法律和意志高於個人的意志。
- 一切個人價值和精神追求都要通過國家來體現。
- 所有個人行為都要為國家的安全和擴張服務。

法西斯主義就是由國家包攬一切。

是為遺傳自羅馬帝國時代的自信好勝的「意大利精神」所量身定做一樣。根據法西斯國家的定義，意大利將在領袖墨索里尼的帶領下重新成為世界版圖中的統治力量。而要創造一個法西斯國家，就需要將國家下的每個個體的意志磨平，並修剪為一個統一的意志。於是，外在於政治領域的市民社會遭到了壓制，經濟、社會、文化和宗教等生活的一切層面均成為國家的附庸。法西斯國家還力爭通過殖民擴張來壯大實力，當時意大利就通過對北非地區的征服實現了這一目標。

秦梯利是法西斯主義的頭牌哲學家。他曾擔任墨索里尼政權的教育部長，並且是其政治宣傳工作的首席策劃師。當然，他最重要的角色，自然是在這個包攬一切的意大利法西斯政權的構建中扮演的核心力量。■

和意志，其中國家的法律和意志更是重中之重。它同共產主義相似，強調超越物質主義的價值追求；而秦梯利也同馬克思一樣，希望自己的哲學能成為一種全新國家形式的建國指南。但是，秦梯利不同意馬克思的觀點，不認為社會應當劃分為不同階級，也不認同是階級鬥爭推動了歷史的前進。他還反對多數人統治的民主思想，因為他認為這一思想會使多數人的意志凌駕於國家意志之上。秦梯利還認為，所謂永久和平的願望荒謬至極，因為不同國家的利益糾葛無法調解，衝突將永遠難以避免。

這種對國家的全新詮釋，就像

喬萬尼‧秦梯利

喬萬尼‧秦梯利出生於西西里島西部的卡斯特爾維特拉諾。他在特拉帕尼讀完高中之後，獲得了著名的比薩高等師範學院的獎學金，師從多納托‧賈買，研究意大利的唯心主義哲學傳統。後來秦梯利在巴勒莫、比薩、羅馬、米蘭和那不勒斯的大學教授哲學。在那不勒斯時期，他同自由派哲學家貝奈戴托‧克羅齊共同創辦了極富影響力的《批評》雜

誌。不過，後來兩人分道揚鑣：秦梯利成為墨索里尼的宮廷學者，而克羅齊則成為墨索里尼政府的主要批評者。

秦梯利在擔任墨索里尼政權教育部長期間，推行所謂的「秦梯利改革」：要求在中學教育中，將歷史和哲學作為最重要的科目。他還擔任了妄圖重寫意大利歷史的《意大利百科全書》的主要編撰工作。後來，他成為法西斯政權的桂冠理論

家，1943年又當選意大利科學院的主席。該年，盟軍登陸意大利後，意大利王國倒戈，於是墨索里尼又建立起薩羅共和國的傀儡政權，而秦梯利依然是其支持者。一年之後，秦梯利被共產主義的游擊隊組織暗殺身亡。

主要作品

1897年	《歷史唯物主義批判》
1920年	《教育改革》
1928年	《法西斯主義的教條》

必須剝奪富農的生產資料

約瑟夫·斯大林（1878－1953年）

1917年十月革命之後，列寧領導的布爾什維克通過一系列國有化手段，把私人和企業財產收歸政府所有，建立了社會主義體制。作為列寧的繼任者，約瑟夫·斯大林從1929年起加速了社會主義進程，在五年的時間內通過中央指令迅速實現了工業化和農業集體化。

斯大林以推行農業現代化的名義將農莊進行合併，使其成為由國家控制的公有財產。條件相對優越的富農必須放棄自己的土地，被迫加入集體農莊。斯大林命令警察系統將私人的糧食充公，並運送到城市中支援工業建設；對此，許多農民只能通過焚燒穀物、屠宰牲畜來發洩不滿。如此一來，一場大規模的饑荒接踵而至，其中，在擁有大片肥沃農田的「東歐糧倉」烏

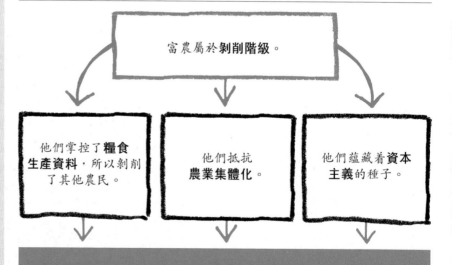

富農屬於**剝削階級**。

他們掌控了**糧食生產資料**，所以剝削了其他農民。

他們抵抗**農業集體化**。

他們蘊藏着**資本主義**的種子。

必須剝奪富農的生產資料。

參見: 卡爾‧馬克思 188～193頁，弗拉基米爾‧列寧 226～233頁，列夫‧托洛茨基 242～245頁。

克蘭，有超過五百萬人遭受饑荒、槍決和流放的悲慘命運。到 1934 年，蘇聯已「消滅」了七百萬富農，而有幸活命的人則只能繼續在政府官員經營的集體農莊裏過活。

自上而下的革命

斯大林把集體化視為階級鬥爭的重要形式，是一場「自上而下的」「革命」。斯大林通過這樣的概念拼湊，為自己的決策提供了正當理由，從而違背了列寧提出的通過示範和幫助來吸收農民加入合作社的計劃:斯大林先是「限制富農的反抗情緒」，接着把他們「驅除」出農村，最後再把整個階級「消滅」掉。由於列寧曾說過，只要蘇聯周邊還存在資本主義國家，那麼階級鬥爭就還得繼續。而斯大林在進一步推行集體化的過程中時常援引這句話來為自己辯護。他說，個體農業經濟「蘊含着資本主義的

農業集體化時期，官方宣傳海報鼓勵農民把每一寸土地都進行開墾。但是這種強制推行的集體化最終給農業帶來了災難性減產。

種子」，而只要它們依舊存在，那麼蘇聯經濟就始終沒能把資本主義的毒草消滅乾淨。

斯大林通過「剝奪富農生產資料」，對這一階級進行了大規模的清洗。但時，在消滅農業私有化的步驟基本完成之後，他並沒有停止自己的恐怖統治，並稱「富農思想」依舊陰魂不散，仍然威脅着共產主義的政權。

隨着斯大林恐怖統治的擴大化，遭到迫害的羣體早已超出富農的範圍;凡是事實上或「臆想中」反對斯大林的人都遭到了處決，列寧時期政治局的每一名委員無一倖免。隨着列寧的社會主義革命成果淪為斯大林的獨裁統治，那個被列寧視為聯繫和代表羣眾的「先鋒黨」的布爾什維克，也變成了一個龐大而官僚化的國家政黨，成為斯大林施行恐怖統治的殘忍工具。斯大林的迫害始於富農，但是在 20 世紀 30 年代，幾乎所有人都活在國家恐怖機器迫害的威脅之下。∎

約瑟夫‧斯大林

斯大林原名叫約瑟夫‧維薩里奧諾維奇‧朱加什維里，出生於格魯吉亞哥里市的農村。他先是在當地教會學校讀書，後進入梯弗裏斯東正教中學，在那裏他成為一名馬克思主義者，後來因交不起學費而被學校開除。年輕時，斯大林還是一名小有名氣的詩人。

1907 年，斯大林追隨列寧，在倫敦參加了俄國社會民主工黨第五次代表大會，開始了自己的政治生涯。他積極參與地下黨活動，也因此多次被流放到西伯利亞。1913 年，他取俄語中「鋼鐵之人」之意改名為斯大林。1917 年十月革命時期，他已成為布爾什維克黨的高層人物。他在十月革命後的內戰時期表現出殘暴的一面，似乎預示了他繼任列寧之後的恐怖統治。斯大林的家庭具有悲劇色彩，他的長子和第二任妻子都是自殺身亡。

主要作品

1924 年 《追悼列寧》

1938 年 《論辯證唯物主義和歷史唯物主義》

只要目的正當就可不擇手段的話，那麼怎樣才能確保目的的正當性呢？

列夫·托洛茨基（1879－1940年）

背景介紹

思想流派
共產主義

聚焦
不斷革命

此前
公元前 360 年　柏拉圖在《理想國》中描繪了一個理想的城邦。

1794 年　法國作家格拉古·巴貝夫勾勒了一幅沒有私有制並且確保所有人幸福的共產主義藍圖。

此後
1932 年　羅斯福總統推出新政，開啟了政府大規模干預和管制經濟的時代。

2007 年　委內瑞拉總統烏戈·查韋斯宣稱自己是一個托派分子。

2012 年　俄羅斯朋克樂隊造反貓咪（Pussy Riot）抨擊普京，稱其政府是一個是極權主義政權。

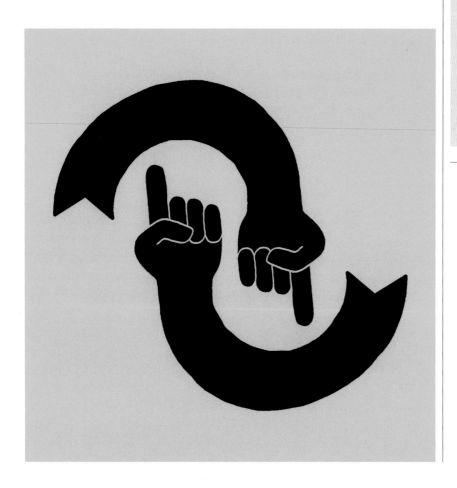

俄國革命家列夫·托洛茨基一生都在為實現他眼中真正意義上的馬克思主義而奮鬥。1917年，他與列寧一道，將馬克思主義的理論付諸實踐，共同領導十月革命取得了勝利。根據馬克思的說法，革命勝利之後將進入工人階級掌握生產資料的「無產階級專政」時期。但是，1924 年列寧去世之後，斯大林的專制統治使蘇聯淪為一言堂的官僚主義體制。

托洛茨基認為，要捍衛十月革命的勝利果實，並實現無產階級專

參見：卡爾‧馬克思 188～193頁，弗拉基米爾‧列寧 226～233頁，約瑟夫‧斯大林 240～241頁，毛澤東 260～265頁。

> 只要目的正當就可不擇手段的話，
> 那麼怎樣才能確保目的的正當性呢？

目的本身也可能是實現**另一個目的的手段**。

最崇高的目的是增強**人類征服自然**的能力並終結**人壓迫人**的社會，任何目的若能成為這一崇高目的的手段，那這個目的就是正當的。

只有能夠最終促進這個目的的行動才符合真正的「**道德**」。

政，就需要在全世界工人階級的支持下不斷開展革命。正如馬克思說的那樣，一個沒有得到全世界無產者支持的地區想要搞社會主義革命是很難成功的；因此革命必須不斷地進行，「直到無產者的聯合不僅在一個國家內，而且在世界一切舉足輕重的國家……把一切大大小小的有產階級的統治全都消滅」。對於這個問題，列寧的看法是，只要俄國的革命能得到少數幾個經濟發達國家工人運動的支持，便有機會取得勝利。而托洛茨基及其追隨者則認為，蘇聯之所以會落入斯大林的魔掌，關鍵原因便是革命放棄了爭取全世界工人的廣泛支持的努力。

斯大林式的共產主義

在列寧去世後的四年裏，當時世界上主要的共產主義政黨中，黨內民主的傳統和蘇維埃的民主制度都悄然消失了。而蘇聯自己也在斯大林「一國建成社會主義」思想的影響下，逐漸喪失了對國際工人運動的領導能力。

在蘇共黨內，凡是與斯大林意見相左者都被打成托洛茨基派，並被開除黨籍。而托洛茨基本人也被開除出黨，並逐出國境。到 1937 年時，幾乎所有左翼反對派的托派分子都遭到了逮捕和處決，而托洛茨基也為躲避暗殺而亡命於墨西哥。

反對道德說教

由於斯大林的殘暴統治，許多曾經的左派知識分子開始向右轉，宣佈放棄馬克思主義的革命觀，宣揚所謂「普世價值」。他們認為，是列寧和托洛茨基所打造的布爾什維克中央集權體制促成了斯大林的暴行。

對此，托洛茨基在〈他們的道德與我們的道德〉一文中進行了回應。他說，上述這種觀點，不過是站在道德的制高點上對階級鬥爭進行污衊。在當時人們對布爾什維克的批評中，許多人直接批判了列

斯大林、列寧和托洛茨基共同領導了十月革命。列寧去世後，斯大林獨攬大權，托洛茨基成為他的眼中釘。

二戰尾聲階段，盟軍對德國德累斯頓實施了**大轟炸**。托洛茨基曾論斷，資本主義政權會在戰爭期間違反他們道德的原則，而上圖的事件即可證明此言非虛。

寧「只要目的正當就可不擇手段」的信條，認為正是在這種理念指導下，布爾什維克才犯下了大量的寡義、野蠻和殘忍的不道德行徑。他們還認為，若能築起道德的堤壩，便能化解這樣的暴行。對此，托洛茨基回答說，不論是否是有意為之，道德家們的這些說辭都不過是

> 我們必須一次性徹底擺脫貴格會教徒所宣揚的那種生命聖潔不可侵犯的陳詞濫調。
>
> ——列夫·托洛茨基

在為資本主義進行辯護；因為資本主義不可能「光靠暴力維持統治，還需要道德『黏合劑』的幫助」。

他認為，這些人所稱為「道德」的東西，既不來源於人的感知，也沒有現實事物的實例；它們只是一系列抽象的「永恆」價值，事實上卻是子虛烏有。相反，只有當一個行為是為改變社會現狀或者開展階級鬥爭時，它才真切而正當的；而任何缺乏經驗證據的道德概念，都不過是統治階級防範階級鬥爭的工具而已。他們為社會成員賦予了強制性的「道德」義務，欺騙和引導人們去自覺地維護體制。

托洛茨基舉了一個戰爭的例子：「那些在平時最『痛恨』戰爭的『人道的』政府，到了打仗時，便會宣佈他們軍隊最高的責任，就在於儘可能殺死更多的人。」此外，他還說，宗教和哲學對人之行為所做的一切規定，也都是這種階級壓迫的工具。因此，對托洛茨基而言，革命的第一個使命，就是揭穿這些偽善的騙局。

新貴族

托洛茨基一直希望向人們解釋，布爾什維克主義的中央集權，並不是造成斯大林主義的原因。之所以要中央集權，是因為只有靠這樣的手段，布爾什維克才能擊敗敵人，才能實現建立非中央集權的無產階級專政的「目的」。而斯大林主義是「官僚對無產階級專政的一場浩大的反動」，它重新喚醒了專

> 要毫不留情地肅清反革命分子；把可疑之人通通關入集中營。任何人不管有多大功勞，只要瀆職就可處死。
>
> ——列夫·托洛茨基

制主義，「恢復了對權力崇拜」，擁有了以前的沙皇做夢都不敢染指的超級權力。托洛茨基認為，斯大林主義製造出了一批新權貴，他們利用人民群眾登上權力寶座，最後卻與人民群眾搞鬥爭，這簡直是所有鬥爭形式中最野蠻殘酷的鬥爭，正是它助推了斯大林的一切罪惡。

許多批評家認為，激進革命分子信奉「只要目的正當就可不擇手段」的觀念，並經常以此來為謀殺、暴掠和欺騙大眾的行徑進行辯護。而托洛茨基則認為，這是一種誤解。他說，「目的正當就可不擇手段」只是說明，人們的行為要有合理的目的。這就像說，既然魚可以吃，那麼捕魚、煮魚這些行為都是正當的一樣。換句話說，在為任何一個行為做道德辯護時，都要與做這件事的目的聯繫起來。你看，殺死一條正在攻擊小孩子的瘋狗是正義的行為，而無緣無故毫無「目的」地殺一條瘋狗，那就是一種罪行。

最高目的

那麼，甚麼才是正當的目的呢？對於托洛茨基來說，增強人類征服自然的能力並終結人壓迫人的社會是最高的目的，因此，任何目的只要能成為最高目的的手段，那這個目的就是正當的。即目的本身可以成為實現這個最高目的的手段。那麼，我們要質問，托洛茨基是不是認為只要能使工人階級獲得解放，那麼任何破壞性的行為都可以被允許呢？或許，在他眼裏，只要能實現那個目的，那麼這些破壞性行為就是階級鬥爭的體現，而對這些行為的批評就都是抽象的道德說教了。

許多知名的馬克思主義者都認為托洛茨基的觀點既危險又荒謬，甚至反革命。曾在 20 世紀二三十年代同蘇聯有過接觸的非裔美國馬列主義者哈利•海伍德

俄國內戰期間，托洛茨基的蘇聯紅軍出現過**屠殺行徑**。這些史實促使人們將布爾什維克此時的行為與後來斯大林的大清洗相提並論。

就認為，「托洛茨基注定會失敗，因為他的想法既不符合客觀實際，也不符合蘇聯人民的利益和需求。」在俄國內戰期間，托洛茨基通過運作戰時共產主義，構建了一個中央集權的行政指令系統，在這個機制下，高層領導人盲目相信自己分析的絕對正確性，並封殺一切不同意見，這讓許多托洛茨基曾經的追隨者大失所望。同時，這樣的組織形式不但將一切權力封鎖於一個領導集體手中，它還對人民羣眾提出極高的要求，消耗大量的時間和精力也很難維持和運轉。此外，1940 年，美國的馬克思主義者保羅•馬蒂克指出，俄國革命的成果已經徹底變成斯大林主義式的極權主義統治。而布爾什維克主義、列寧主義和托洛茨基主義所留下的遺產，也已淪為「一種意識形態的旗號，被那些集權的統治者用作給自己的國家資本主義政體做辯護的工具了。」■

列夫•托洛茨基

托洛茨基本名列夫•達維多維奇•布隆施泰因，1879年出生於今天烏克蘭揚諾夫卡的一座小村子。他曾在敖德薩求學，之後便參與了革命活動成為馬克思主義者。他在年僅18歲時便被逮捕入獄，並流放到了西伯利亞。

「托洛茨基」其實是西伯利亞監獄一個獄守的名字；他改名托洛茨基後逃到了倫敦，並在那裏結識列寧，兩人共同為革命刊物《火星報》撰稿。1905年，托洛茨基回國後又遭到逮捕，並再次被流放到西伯利亞。托洛茨基再度成功逃跑，並在1917年和列寧共同領導了十月革命。但是在列寧去世後，托洛茨基在同斯大林的鬥爭中失勢，並最終被驅除出境。1940年，托洛茨基在墨西哥城，被斯大林指使的拉蒙•梅爾卡德爾暗殺身亡。

主要作品

1937年　《斯大林的偽造學派》
1938年　《他們的道德與我們的道德》

我們將給農民和商人提供擔保，從而團結全體墨西哥人

埃米利阿諾·薩帕塔（1879－1919年）

為土地和社會地位而戰，是 1910 到 1920 年爆發的墨西哥革命的核心旋律。農民出身的埃米利阿諾·薩帕塔成為這場革命的關鍵人物，他志在通過重新分配權力、擔保和領導武裝抗爭來解決社會積壓已久的矛盾和衝突。

薩帕塔的主要觀點與大多數墨西哥歷史上的無政府主義者相似，它的核心原則是建立在本土傳統基礎上的公共土地所有權。為了墨西哥政治和經濟的發展，薩帕塔渴望摧毀農牧場主的壟斷經營，並且在政府改革的議程之外，將以農商為重點的整個國家統合起來，牢牢地掌控國家的勞動力資源和商品，這也從一個方面保證了國家主權在國際舞台上的獨立自主。

1911 年的阿亞拉計劃使薩帕塔的願景終於得以具體化。這一改革的宏偉藍圖包括實現自由選舉、結束農牧場主的控制權及實現物

在墨西哥革命中，為薩帕塔戰鬥的軍隊中絕大多數是土生土長的農民，甚至包括若干個「全女師」。

權在個人間的自由流轉，等等。

薩帕塔在革命結束前慘遭殺害。儘管在 20 世紀 20 年代，土地改革確實在墨西哥的大地上得以展開，但巨大的不平等仍給國家和社會留下了持久的隱患。

薩帕塔的思想成為墨西哥的恆久遺產，激勵着在恰帕斯州南部土著的農民進行薩帕塔式革命運動，他們成功地在墨西哥南部建立了半自治非政府組織。■

參見：皮埃爾-約瑟夫·蒲魯東 183頁，彼得·克魯泡特金 206頁，安東尼奧·葛蘭西 259頁，何塞·卡洛斯·馬里亞特吉 338頁。

戰爭就是一門大發橫財的生意

史沬特萊·D.巴特勒（1881－1940年）

背景介紹

思想流派
不干涉主義

聚焦
發戰爭財

此前
1898 年至 1934 年　中美洲和加勒比地區爆發「香蕉戰爭」。這場戰爭的目的是維護美國的商業利益，尤其是美國聯合果品公司的利益。

1904 年　美國政府出資建設巴拿馬運河，並且聲稱享有巴拿馬運河區域的主權。

此後
1934 年　美國總統富蘭克林·羅斯福制定睦鄰政策。此後美國在拉丁美洲地區的滲透有所收斂。

1981 年　美國政府出資扶持尼加拉瓜反對勢力，以對抗執政的桑蒂諾民族解放陣線政權。

2003 年　美國政府發動了伊拉克戰爭，並允許美國商人藉此獲利。

西方的工業化徹底改變了原有的貿易與戰爭本質。外交與經濟利益之間的關係日益密切，使人們開始對軍事行動的動機產生質疑，包括史沬特萊·D.巴特勒在內的許多人開始關注一國外交中，軍事行動究竟扮演怎樣的角色。

巴特勒是一位功勳卓越的美國海軍陸戰隊將軍，在他 34 年的服役期間曾參與和指揮大量的海外戰役，並曾多次征戰於中美洲戰

戰爭就是犧牲多數人並使少數人得利的把戲。
——史沬特萊·D.巴特勒

場。在回顧自己的作戰生涯尤其是「香蕉戰爭」後，巴特勒發現，自己的半生戎馬不過是在扮演資本家打手和幫凶的角色，軍隊成了大商人保護其海外商業利益的馬前卒。

重新界定「正義戰爭」

巴特勒擔心戰爭將淪為資本家開拓海外貿易並大發橫財的工具；他提出，戰爭的正當性需要重新界定，應當把發動戰爭的條件局限在自衛和保護公民權的範圍之內。

巴特勒退役後，開始通過一系列的公開演講對外宣傳他的經歷和擔憂，並且在他 1935 年的著作《戰爭就是門大發橫財的生意》中，提出要減少靠戰爭發財的現象，並限制政府發動對外掠奪性戰爭能力。

儘管在當時，巴特勒的呼籲並未產生多大的影響，但是他提出的這個觀點，卻對美國後來的外交政策產生了深遠影響。■

參見：何塞·馬蒂　204～205頁，漢娜·阿倫特　282～283頁，諾姆·喬姆斯基　314～315頁。

主權不能靠施捨，而要靠奪取

穆斯塔法·凱末爾·阿塔圖爾克

（1881－1938年）

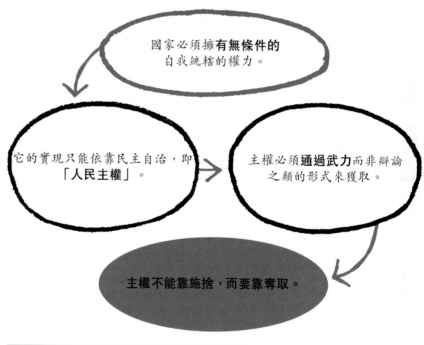

國家必須擁有**無條件的**自我統轄的權力。

它的實現只能依靠民主自治，即「人民主權」。

主權必須**通過武力**而非辯論之類的形式來獲取。

主權不能靠施捨，而要靠奪取。

奧斯曼帝國在第一次世界大戰中淪為戰敗國，被迫於1920年簽訂了喪權辱國的《色佛爾條約》，昔日屬地被嚴重瓜分：阿拉伯諸省份割讓與西方，亞美尼亞獲得獨立，庫爾德獲准自治，西部地區則由希臘控制。在此背景下，穆斯塔法·凱末爾·阿塔圖爾克領導

的起義軍，對哈里發軍隊以及扶植奧斯曼蘇丹的外國勢力發起進攻，土耳其獨立戰爭就此打響。

在俄國布爾什維克提供武器和資金的幫助下，凱末爾擊敗了外國侵略者，還迫使蘇丹乘英國潛艇倉皇亡命馬耳他。在《色佛爾條約》簽訂僅三年之後，《洛桑條約》

參見：讓-雅克・盧梭 118～125頁，伊藤博文 195頁，孫中山 212～213頁。

即取而代之，土耳其贏得了獨立主權，凱末爾也成功當選首任總統。

人民的主權意志

凱末爾決定，要在奧斯曼帝國這片封建腐朽、基本沒有工業基礎的廢墟上建立一個現代民族國家。他堅信，要想建立一個能保障每個人自由和正義的平等社會，這個國家就必須擁有無條件的自我管轄

根據凱末爾堅定的世俗化構想，在土耳其的包括大學在類的社會機構之中，穆斯林將被禁止佩戴面紗和頭巾。這一政策也引發了後來持續不斷的爭議。

權力，即「人民主權」。他堅稱，主權不可能靠施捨，不能靠協商，只能靠武裝鬥爭來爭取。

主權的第一層含義就是人民的民主自治，它不受其他權威（包括蘇丹-哈里發）的干預，不受宗教勢力的左右，不遭到外國力量的操縱。依照凱末爾的民族主義構想，土耳其乃是這片管轄區域的主權所有者，土耳其的人民應當享有其他民族國家人們同等的獨立權利；誠然，同其他國家合作或許將有利於這個新興國家的起步，但是土耳其本國依然必須進行一場顛覆性的自我變革，才能在政治上、文化上和經濟上立於世界之林。

凱末爾的這套自我變革的民族主權概念，對於當時的多數民眾而言十分陌生。在農村貧困地區的人看來，凱末爾的現代化政策，不過是將世俗化的城市精英的意志強加於文化程度低、宗教傳統深

世上只有一種權力，那就是國家主權。世上只有一種權威，那就是民族氣質、民族良知和民族之心。

——穆斯塔法・凱末爾・阿塔圖爾克

厚的農村文化之上。不過，掌控着軍事武裝的凱末爾，終究把新興的土耳其共和國塑造成了一個西化的世俗民族國家。但是，在廣大的農村地區，伊斯蘭的傳統與世俗軍隊、城市精英之間的緊張關係依然延續到了今日。■

穆斯塔法・凱末爾・阿塔圖爾克

凱末爾1881年生於希臘薩洛尼卡。他在軍校時期是一名優秀學生，數學和文學尤其出色，後在君士坦丁堡軍官學校完成學業。之後他迅速晉陞，在一戰中成為第二軍團的司令。但是他在1919年辭去軍職，開始着手領導反抗外國侵略者的起義行動。

凱末爾從一開始參與地下反對組織，到1923年讓土耳其獲得獨立地位，其功績使他成為這個國家的首任總統。1934年，土耳其國會授予他「阿塔圖爾克」的名字，意為「土耳其人的國父」。1938年，長年酗酒的凱末爾患肝硬化去世。

主要作品

1918年 《與總司令的談話》
1927年 《偉大演說》（在土耳其國民議會上的演講）

歐洲的傳統道德秩序已蕩然無存

何塞·奧爾特加·伊·加塞特
（1883－1955年）

哲學家何塞·奧爾特加·伊·加塞特成名於20世紀20年代，此時正值西班牙國內社會的震盪時期。由於西屬摩洛哥發生暴亂，西班牙王室權威大為衰落，米格爾·普里莫·德里維拉將軍上台施行獨裁統治，又進一步加深了國內左右兩翼的分化，這些問題逐漸累積，造成了1936年西班牙內戰的爆發。

此前，在第一次世界大戰時期，西班牙作為中立國，為戰爭的雙方提供補給物資，造就了當時西班牙經濟和工業化的迅速發展，也使得迅速壯大的工人羣體勢力不斷提升，工人的眾多訴求得到滿足。1919年，巴塞羅那爆發工人罷工，隨後西班牙成為第一個為所有工人制定八小時工作制的國家。

大眾的反叛

隨着工人勢力的壯大，階級衝突成為當時歐洲哲學和社會學的主要論題。然而，奧爾特加認為，純粹通過經濟因素來劃分社會階級的思想有所不妥；相反，他主張將人們對傳統道德準則的尊崇程度作為劃分基礎，區分出「大眾人」和「高貴精英」。在其《大眾的反叛》一書中，他指出「隨心所欲是粗鄙庶民的生活方式；而高貴的人則崇尚秩序與法則」；是自律和奉獻的精神，讓一個人高貴。在他看來，大眾正不斷觸及社會最高權力，並且利用罷工等暴動形式的反叛傾向正在不斷提升，這必將造成巨大的社會問題。用他的話講，

歐洲已煢煢孑立，不再有神靈環繞。

——何塞·奧爾特加·伊·加塞特

參見：柏拉圖 34～39頁，伊曼紐爾‧康德 126～129頁，弗雷德里希‧尼采 196～199 頁，邁克爾‧歐克肖特 276～277頁。

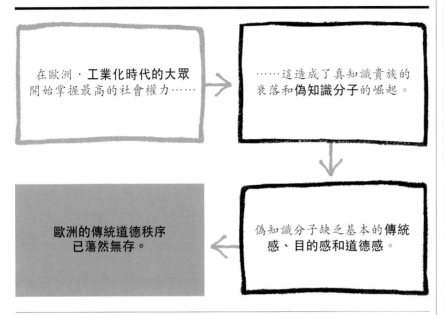

在歐洲，**工業化時代的大眾** 開始掌握最高的社會權力……

……這造成了真知識貴族的衰落和**偽知識分子**的崛起。

偽知識分子缺乏基本的**傳統感、目的感和道德感。**

歐洲的傳統道德秩序已蕩然無存。

何塞‧奧爾特加‧伊‧加塞特

「這是一場巨大的危機，可能造成生靈塗炭，國運衰微，乃至文明沒落」。

奧爾特加認為，大眾所製造的這種危機，與逐漸失去方向感的歐洲在戰後廣泛蔓延的民主化潮流有關。雖然歐洲依然有着強大的工業實力，但是由於君權衰落和戰亂摧殘，歐洲已產生了嚴重的自我懷疑，兀自茫然徬徨。

偽知識分子

奧爾特加認為，伴隨大眾的崛起而生的，還有知識貴族的衰微；而一羣對傳統和道德準則缺乏認識又自視甚高的粗鄙之人卻獲得了勝利，他們就是偽知識分子。他們代表着一種新的力量：一種讓歷史迷失方向感的力量。大眾對文明的規則缺乏認知，也對公共意志

的重要意義無甚掛念。因此，奧爾特加認為，大眾具有嚴重的暴力傾向。他感嘆，當真正的知識分子走向絕跡，而空留一羣冷漠的大眾來統治社會，那麼歐洲必將喪失其在世界中的地位和使命。

奧爾特加的哲學思想對今天仍然很有影響。他的追隨者們依然強調，經濟階級和文化之間存在着既定的關聯。■

第一次世界大戰之後，像圖中這些正在罷工的法國冶金工人爭取到了大量權益，並開始着手鞏固他們獲得的政治權力。

奧爾特加‧伊‧加塞特出生於馬德里的一個頗有自由人文傳統的家庭。他的母親是《公正報》的掌控者，父親則是該報的撰稿人。奧爾特加先是在西班牙學習哲學，後又在德國的萊比錫、紐倫堡、科隆、柏林和馬爾堡繼續深造，深受新康德主義影響。

1910年，奧爾特加在馬德里成為一名哲學教授。此後，他創建了《西方評論》雜誌，曾吸引當時最著名的一些哲學大家發表文章。在君主制度和德里維拉獨裁統治倒台之後，西班牙於1931年成立共和國，奧爾特加被選為議員，不過一年之後即從政壇隱退。他在西班牙內戰期間離開祖國，流亡阿根廷布宜諾斯艾利斯，1942年重返歐洲。

主要作品

1930年　《大眾的反叛》
1937年　《無骨氣的西班牙》
1969年　《形而上學選講》

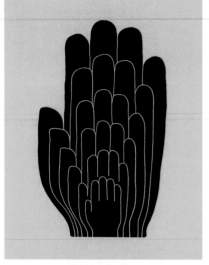

吾等四億人，齊聲喚自由

馬庫斯·加維（1887－1940年）

在 20 世紀早期，美國黑人反對白人至上主義的行動得到牙買加社會激進主義者馬庫斯·加維的積極響應。加維在 1914 年成立了世界黑人促進協會，號召全世界的四億黑人團結起來，戰勝種族壓迫，從而解放非洲大陸，並同時解放黑人自己。兩年後，他來到美國開辦公司，專門僱用非裔美國黑人。

加維相信無論文化、政治還是知識領域，只要黑人有意願，他們就都可以獲得巨大成就。基於這種自信，他將種族因素放在第一位，個人自主放在其次，而把黑人的國籍放在最後。他構想着建立一個能夠捍衛全體黑人利益的「非洲合眾國」，並為他鍍上了一層宗教式民族救贖的光輝。他說，「新黑人」的思潮要借鑑現存的知識傳統，但更要締造出它對種族主義的更獨到的見解。加維創造了「非洲原教旨主義」的概念，希望以此提升黑人的自我意識——相信非洲業已衰落的文明將會獲得重生。

加維的激進言論，連同他那些管理不善的專供黑人的生意，引起了美國政府和敵對的黑人領袖的不滿。但無論如何，加維都稱得上是強調黑人權力的第一人，也是清晰地提出黑種人利益訴求的第一人。因此，他的言行至今仍然激勵着非洲的黑人民族主義者們。■

> 我與任何一個白種人都是平等的，願你們也能這樣想。
>
> ——馬庫斯·加維

參見：約翰·C.卡爾霍恩 164頁，喬莫·肯雅塔 258頁，納爾遜·曼德拉 294～295頁，馬爾科姆·X 308～309頁，馬丁·路德·金 316～321頁。

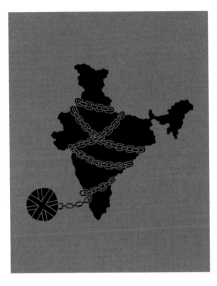

印度脫離大英帝國殖民之日才是印度真正自由之時

羅易（1887－1954年）

背景介紹

思想流派
革命社會主義

聚焦
不斷革命

此前
1617 年 莫臥兒王朝皇帝決定允許英國東印度公司到印度開展貿易。

1776 年 美國《獨立宣言》肯定了人民自治的權利。

1858 年 印度爆發民族大起義，導致英國直接接管印度殖民地的管轄權。

1921 年 甘地成為印度國民大會黨領導人，進一步推動非暴力不合作運動。

此後
1947 年 《印度獨立法案》宣告英國的印度殖民統治終結。

1961 年 弗朗茨·法農在《全世界受苦的人》中分析了殖民主義的暴力，論證了武裝鬥爭的必要性。

1931 年，印度革命家、政治理論家羅易在結束世界多個共產主義政權的奔波後回到故土，但當他剛剛踏足印度就遭到英國殖民當局的逮捕。當局援引臭名昭著的刑法第121A條為他冠上了「謀權篡位」的罪名，並跳過應有的辯護陳詞、證人陳述和陪審裁決等法庭審判程序，直接將羅易打入大牢，判處12年徒刑。悲慘的鐵窗生活嚴重影響了羅易的健康。

但諷刺的是，羅易過去在討論英國在印度的主權問題時，總是基於源自英國的正義原則來展開討論。但當他因煽動暴力而遭到當局指控時，羅易陳述道，那些被逼走投無路的印度貧民在反抗壓迫統治時使用暴力，是在替天行道；而殖民當局鎮壓民眾時使用暴力，則是可恥之舉。300 多年來，英國人從衰落的莫臥兒帝國手中「和平」地獲得這塊「寶貴的殖民地」，但其背後依靠的，卻是大英帝國的船堅炮利。

羅易認為，英國殖民政府在推動印度人民福祉上沒有任何作為，他們僅僅考慮的是如何為「專制財閥」搾取利益。因此，羅易說，只有從英國人那裏奪回我們的主權，印度人民的權利才能有保障，如有必要，我們還要考慮用武力來實現。■

> 當我們有意識地走向正確的道路，我們將不可阻擋。
>
> ——羅易

參見：莫罕達斯·甘地 220－225頁，保羅·弗萊雷 297頁，弗朗茨·法農 304－307頁。

主權者就是決斷甚麼是例外情況的那個人

卡爾·施米特（1888－1985年）

背景介紹

思想流派
保守主義

聚焦
法之外的權力

此前
1532年 尼科洛·馬基雅維利在《君主論》中探討了主權的原則。

1651年 托馬斯·霍布斯在《利維坦》中，用社會契約的概念為主權者的權力進行辯護。

1933年 阿道夫·希特拉在德國上台。

此後
2001年 約翰·米爾斯海默借鑑施米特的理論，為他的「進攻性現實主義」背書，他主張國家應總是保持戰備狀態。

2001年 美國通過《愛國者法案》，將許多戒嚴和緊急狀態下的權力常態化。

卡爾·施米特是德國政治思想家、法學家，他在20世紀早期對自由主義和議會民主制的批評使其躋身這一領域的頂尖人物行列。在施米特眼裏，無法預計的突發情形，也就是「例外情況」是「政治」這個詞最本質的含義。出於這一理由，他對自由主義的「法律最能保障個人自由」的觀念提出了駁斥。他說，誠然，在國家的常規狀態下，法律能為日常事務提供一套可行的框架；但是，在面對像政變、革命和戰爭這樣的例外情況時，法律卻總是鞭長莫及。

參見：尼科洛‧馬基雅維利 74～81頁，托馬斯‧霍布斯 96～103頁，喬萬尼‧秦梯利 238～239頁，何塞‧奧爾特加‧伊‧加塞特 250～251頁，阿道夫‧希特拉 337頁。

一個國家的**政治生活**中總是存在例外的狀況。

法院的判決遵循先例，因此只在「**常規**」情形下適用。

而當**例外情況**發生時……

……必須**有人**能夠凌駕於法律之上，並懸置法律，採取一切手段**拯救國家**。

唯有主權者才有能力這樣做。所以，主權者就是決斷甚麼是例外情況的那個人。

施米特認為，當下所謂的法學理論，已經脫離了法律實踐和時時變動的社會實際；在處理那些隨時可能威脅到國家切身安危的重要歷史時刻，這些法學理論都是如此的蒼白無力。他認為，比起司法部門，總統才是國家憲法真正的捍衛者，在必要的時刻，他完全應該凌駕於法律之上；也就是說，在例外情況下，統治者必須成為最高的立法者。

無窮盡的對抗

施米特對於何為「政治」的詮釋可謂劍走偏鋒。他認為，政治就是朋友和敵人之間無窮盡的鬥爭；他對自由主義的批判也基於這一理論。他指出，國與國之間、人與人之間都總是處在鬥爭或準備鬥爭的狀態。當然，施米特並不完全同意霍布斯的「自然狀態是一切人反對一切人的戰爭」之說，因為他認為人們在法律之下能夠共同生活。但是，他還是認為，自由主義者所提出的永久和平的浪漫暢想，把人類尤其是民族國家帶入了歧途。施米特說，在很大程度上，自由主義者對政治的天真和對仇恨

卡爾‧施米特

施米特出生於德國普萊騰伯格的一個虔誠的天主教家庭。他本人後來放棄了天主教信仰，但是神學對他思想的影響始終貫穿於他的作品之中。施米特主攻法律，曾在多所大學任教。1933年，施米特加入納粹黨，隨後成為普魯士參議院議員。但是，1936年他遭到理念不合的黨衛軍指責，並被驅逐出黨。

此後，施米特繼續在柏林擔任教授，在第二次世界大戰結束時，他因為同納粹黨的聯繫而被拘押過兩年時間。1946年，由於國際社會普遍迴避與他的交流，施米特便回到了故鄉研究法律，直至去世，享年97歲。

主要作品

1922年 《政治的神學：主權學說四論》
1928年 《政治的概念》
1932年 《合法性與正當性》

例外比規則有意思得多。規則下甚麼都驗證不了；而例外之時則能夠驗證一切。

在施米特看來，應由主權者來決斷，某個時段是處於常規情況（靠法治足矣）還是處於例外情況（主權者必須行使無上的權威）。

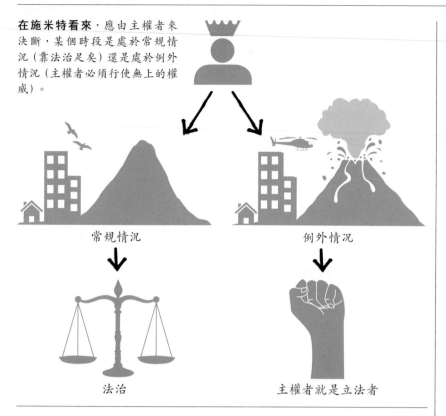

常規情況

法治

例外情況

主權者就是立法者

的無知要為第一次世界大戰的爆發負責；他們不僅誤解了政治的鬥爭本質，而且在政治實踐中也表現得極其虛偽。他們總存有永久和平和睦鄰友好的妄想，教導國家疏忽對例外狀況的準備，其結果便是葬送了大量人民的生命。

施米特認為，政治之中雖然存在着合作和中立的現象，但是始終蘊藏着敵意爆發的可能性。在他的設想中，每個人都可能對我方形成威脅，並成為我政治上的敵人，因此戰爭的可能性始終存在。施米特指出，主權者要有「威脅無處不在」的憂患意識，因此必須居安思危，枕戈待旦。政治這領域，不僅與公民社會或市場等人際互動的領域截然不同，它還必然是一個對抗性

的空間。在日常情形中，通過司法機構的運作，依靠法律足矣；但是在政治中，例外乃至失控的狀況隨時可能爆發；一旦發生，司法機構很難做出迅速而正確的應急反應。所以此時此刻，必須有人擁有懸置法律的權力。施米特說，這就是主權者應當具備的職能：決斷甚麼時候屬常規狀態，甚麼時候又是例外情況；這樣一來，他還需要決斷，哪些法律依然適用，哪些則必須暫停。

施米特把生命置於自由之上，按他的意思，主權者的正當性將不再依賴於法律，而在於他保護政權和人民的能力。施米特認為，主權者真正有多大權威，只有在例外情形下才能顯現出來。因為在危機時

刻，平時做判斷的依據已經失效；主權者將掙脫法律保護者的身份並踐行真正意義上的立法者的職能，才能動員人民去對抗共同的敵人。施米特最後總結道，主權者真正行使完整的權力時，總是免不了要動用暴力，此時就算有違法律也當在所不惜。

鼓吹希特拉

歷史上，施米特曾為希特拉的崛起和政治路線做辯護，這毫無疑問暴露了他理論的缺陷。當希特拉在「長刀之夜」剷除他 85 位異己分子之時，施米特立刻將此行動描述為「執政正義的最高形式」。在施米特眼中，希特拉就是一位真正的主權者，在每一個威脅到國家的例外時刻，他都會把一切納入自己掌控之中。在他看來，不論是納粹黨內的左翼力量，還是猶太人，都是威脅國家安危的敵人，因此對他們施以任何暴力都完全正當。

從施米特對納粹政權的態度可以看出，對他而言，國家的存亡比個人的自由更加重要——有時候甚至比個人的生命還重要。但是，他這種國家優先的思想明顯沒認識到，其實國家就像人一樣，它並非鐵板一塊也不可能一直完美無瑕，在很多時候國家也是會犯錯的。

當下的「例外情形」

施米特刻意迴避自己那套思想可能造成的極端後果，他甚至還能夠容忍種族滅絕的行徑，這讓大

> 例外狀態並不是一種獨裁形式，而是一種法律缺位的狀態。
>
> ——吉奧喬·阿甘本

多數學者和知識分子唯恐避之不及。但是到了 20 世紀末期，一些學者重新發掘了施米特，認為他雖然存在理論缺陷，但依然對法學和政治哲學做出了重要貢獻。這些學者將他的「例外理論」和「政治是劃分敵我」的觀念加以借鑑，為理解現代國家的運作和領導人的決議過程提供了新視角。

同時，美國哲學家列奧·施特勞斯繼承施米特對自由主義的批評，指出這個時代存在着極端相對主義和虛無主義的思想傾向，完全漠視「在場的」現實——也就是不關注實然問題，而只關注應然問題。施特勞斯羅列了兩種虛無主義的形式：一種是「野蠻」的虛無主義，例如納粹政權，他們力圖摧毀一切傳統、歷史和道德標準；另一種則是「溫和」的虛無主義，例如西方的自由民主制度，他們力圖建

造的平等主義社會既無涉價值，又缺乏目標。施特勞斯認為，這兩種思潮都可能摧毀人類卓越的特質，都是十分危險的政治取向。

而施米特的批評者、意大利政治哲學家吉奧喬·阿甘本指出，施米特的例外狀態並不是一種法律懸置的狀態，也就是說，它並不是在例外狀態時暫停法律，結束之後又恢復法律；相反，它是一種法律徹底缺位的狀態，促使主權者能夠全權地掌控公民的生命。阿甘本以第二次世界大戰中納粹集中營為例，營中的囚犯被剝離人的一切特質，成為「赤裸的生命」——雖然他們依然活着，但是已然失去人之為人的一切天生的和法律賦予的權利。他認為，要做進入例外狀態的決定必須慎之又慎，因為它將帶來無法預知的後果。例如，主權者所謂的「臨時」懸置了法律，但是卻產生了非臨時的結果：因為在法律恢復職權之後，例外狀態也必將遺留下不可磨滅的印記。

「9·11」事件爆發之後的時期，上演了例外狀態最典型的範例。當時，美國採取了一些特殊措施，並頒佈了《愛國者法案》，對此，保守主義者和左翼思想家就在例外狀態的概念框架下表達了自己對這些措施法令的態度。保守主義者強調此刻的「例外性」，因此政府無論是監視個人，還是延長審判前的拘留期限，都是完全正當的。而左翼學者則反對這些行動，指出這些侵犯個人權利的行為將貽害無窮。

舉著例外狀況的旗號，進行非法律形態的例外舉措，其危險性或許還可以從關塔那摩監獄的問題中展現出來。你可以看到，在失去制衡和司法審查之後，權力的執行者恣意修改規則會造成怎樣的後果。而「9·11」事件十年已過，當時的「例外情況」及其帶來的後果卻在今天的許多角落清晰可見，沒有消散的跡象。■

第二次世界大戰結束後，**納粹頭目**在紐倫堡受審。由於施米特曾是納粹政權的桂冠學者，因而也接受了調查審訊，但所幸未被判刑。

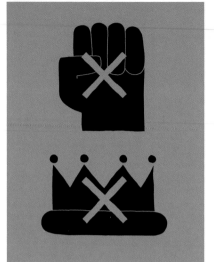

共產主義與帝國主義差不多

喬默·肯雅塔（1894－1978年）

背景介紹

思想流派
後殖民主義

聚焦
保守主義、泛非洲主義

此前
1895 年 英國在東非地區長期進行貿易，並建立起英國東非保護地。

1952—1959 年 肯尼亞發生具有獨立運動性質的茅茅起義，該地區進入了長期的動亂狀態。

1961 年 在今屬塞爾維亞的貝爾格萊德，多個希望擺脫超級大國支配的國家發起了不結盟運動。

此後
1963 年 非洲統一組織（OAU）成立，力圖反對在非洲地區的殖民主義。

1968 年 英國在非洲的最後一塊殖民地獲得獨立。

在肯尼亞脫離英國殖民統治並贏得民族獨立的運動中，喬默·肯雅塔居功至偉，成為後殖民時代肯尼亞的首任總統。他是一名政見溫和的政治家，主張漸進改良，反對激進的革命。

外部威脅

肯雅塔的思想融合了反殖民主義和反共產主義的理念。他激烈反對非洲的白人統治，並通過建立肯尼亞非洲民族聯盟來宣傳肯尼亞的獨立思想。肯雅塔主張建立混合制的市場經濟，對外國投資保持開放態度，同時，他還實施親西方、反共產主義的外交策略。

肯雅塔相信，由於傳統豪強希望維持現狀，因此後殖民時代的非洲國家依然面臨着外部勢力剝削的威脅。同時，對於蘇聯共產主義，非洲國家也不可容許它們的插手干預，否則就不能實現真正意義的獨立。■

坦桑尼亞的朱利葉斯·尼雷爾和烏干達的彌爾頓·奧伯特與肯雅塔一樣，都是**新晉獨立的**東非國家的領導人。1964年三人齊聚內羅畢，一起探討後殖民時期非洲的前景。

參見：羅易 253頁，納爾遜·曼德拉 294～295頁，弗朗茨·法農 304～307頁，哲·古華拉 312～313頁。

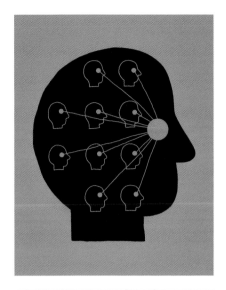

國家必須要承擔「教育者」的角色

安東尼奧‧葛蘭西（1891－1937年）

背景介紹

思想流派
馬克思主義

聚焦
文化領導權（文化霸權）

此前
1867 年 卡爾‧馬克思完成《資本論》第一卷，對資本主義體系進行了分析，並對資本家剝削勞動人民的方式做出了解讀。

1929年 何塞‧奧爾特加‧伊‧加塞特為工人階級勢力膨脹之後知識分子的沒落而感到嘆息。

此後
1980年 米歇爾‧福柯描述了權力是如何分散於社會各個機制之中的，包括學校和家庭之中均有權力的身影。

1991年 意大利北方聯盟黨成立，要為意大利北方工業地區爭取更多的自主權。

安東尼奧‧葛蘭西是意大利的馬克思主義思想家，他指出，推翻統治階級的鬥爭，並非只是一場革命鬥爭，它還是一場文化的鬥爭。

葛蘭西提出了「文化領導權」的理念，指的是工人階級對意識形態和文化進行的控制。這種文化領導並不實施強制的思想灌輸，而是通過爭取人民的認可，來鞏固本階級的統治。

知識分子的角色

在葛蘭西看來，不管一個政府多麼強大，它都不能光靠暴力和壓制來維持統治，它還需要獲得統治的正當性和羣眾的認可。葛蘭西把政權視作一種通過教化和思想滲透來使人民羣眾服從的統治工具，他的這一思想對馬克思主義做出了顛覆和發展。他認為，想要掌控社會中的文化統治權，教育最為關

人民羣眾若不能組織起來，那他們就辨識不出自己的階級特質，也實現不了自我的獨立……而每一個組織羣體都應有專屬自己的知識分子。

——葛蘭西

鍵。葛蘭西對知識分子的角色也有其獨到的見解。他認為新型知識分子並非只局限於傳統的精英階層，在社會的各個層級都可以有知識分子存在的空間，因此工人階級想要奪取統治階級的統治權，就有必要培養出專屬自己階級的知識分子。∎

參見：卡爾‧馬克思 188～193頁，弗拉基米爾‧列寧 226～233頁，羅莎‧盧森堡 234～235頁，米歇爾‧福柯 310～311頁。

槍桿子裏出政權

毛澤東（1893－1976年）

背景介紹

思想流派
馬列主義

聚焦
中國現代化建設

此前
1912 年 中華民國成立，結束了中國兩千多年的封建專制統治。

1919 年 五四運動爆發，為 1921 年中國共產黨的建立準備了良好條件。

此後
1949—1976年 中國在毛澤東領導下進行現代化建設，成就與問題並存。

1978 年 鄧小平推行改革開放政策，帶來經濟的高速發展。

20 世紀初，歐洲的社會主義思想傳到了中國。中國的學生和知識分子希望將這一思想應用到本國的實踐中來，青年時代的毛澤東正是其中的一員。一開始，中國青年們接觸到的更多是米哈伊爾·巴枯寧的無政府主義和其他一些空想社會主義思想；而馬克思主義還不那麼時興。究其原因，很可能是因為馬克思判定爆發社會主義革命必須以高度發達的資本主義為基礎，而當時中國卻還只是一個半封建的小農社會，現代工業尚不發達，城市工人階級未成規模。

十月革命的鼓舞

1917 年俄國十月革命之前，對於馬克思「社會主義必將替代資本主義」的論斷，由於缺乏現實的例子，還沒有得到多少中國知識分子的接受。而後來毛澤東則回憶道，十月革命的一聲炮響對中國的知識分子產生了極大的激勵。由於中俄兩國當時同處落後大國的地位，這種相似性也吸引了人們對俄國產生濃厚興趣。毛澤東此時來到了北京，在李大釗主管的北京大學圖書館謀得了一份圖書管理員的職務，也成為李大釗的信徒。李大釗是中國共產主義的先驅，他組織了馬克思學說研究會，並發表多篇文章對俄國革命思想進行傳播。

毛澤東從此接受了馬列主義的思想，並打算把它用在這個社會中，去解決無產階級革命的問題。而列寧提出的要在落後國家傳播共產主義並最終對西方列強形成包圍的社會主義理論，也對毛澤東產生了影響。毛澤東堅信，在腐朽的封建國家，可以跨越資本主義階段而直接建立社會主義制度，而這一過程，正需要一個擁有「階級意識」的先鋒黨，來為廣大農民群眾注入革命思想和無產階級意識。

中國是一個**農業**社會，而非工業社會。

所以農民才是中國的**無產階級**。

槍桿子裏出政權。

要想脫離槍桿子就必須**拿起**槍桿子。

農民**沒有力量**去戰勝武裝的資產階級和地主。

在人民公社化運動中，**農民**要將土地交給合作社。這是毛澤東對中國農業制度進行改造的一個舉措。

人民走向政治舞台

俄國革命勝利對中國的影響最開始僅限於高校的學術探討；但是第一次世界大戰之後，西方列強出賣中國利益，從側面促進了十月革命在中國的傳播。第一次世界大戰中，北洋政府曾派出超過 14 萬中國勞動工人趕赴法國支援協約國的戰事；作為戰勝國的中國也由此提出歸還德國在山東的權益的要求。但是在 1919 年的巴黎和會上，西方列強卻決議把山東的權益轉交給日本。

北洋政府的外交軟弱引發了各地學生的抗議。很快，上海的工人及部分商界人士也響應學生，他們團結了不同的社會羣體，共同

66

勞動人民……很不容易覺悟到自己掌握槍桿子的重要性。

——毛澤東

99

要求政府同意他們的愛國請願。結果，中國的外交代表拒絕在合約上簽字，但也沒能動搖西方列強的決定。但是，這場五四運動對中國社會造成了深遠的影響，讓更多的人認識到帝國主義的侵略本質和北洋政府的軟弱無能，激發更多仁人志士去關心民族的危亡和中國的道路選擇。同時，五四運動也是中國政治思潮的一大轉折點，西式的自由民主路徑失去了大量擁護者，而馬列主義則得到了廣泛的傳播。

此時，毛澤東也轉向了激進，並開始在組織工農運動中嶄露頭角。作為弱國的中國在山東問題上的外交失敗讓他刻骨銘心，這使他認識到，軍事實力才是政治中最重要的武器。由此，毛澤東堅定了掌握和運用武裝力量的決心。

1921 年，毛澤東參加了創立中國共產黨的中共一大，1923 年被選為中共中央執行委員。在 20 年代，他研究和傳播馬列主義，並組織了多次工人罷工。在這段時間裡，他關於農村包圍城市的思想也日漸明晰起來。

在絕境中成長的中國共產黨

20 世紀 20 年代，由於國民黨提出要走馬列主義的聯俄聯共道路，而且實現國家統一也是兩黨的共同追求，於是，國共兩黨展開了合作。但很快，由於國民黨認為共產黨組織的工農羣眾運動太過冒進，於是在 1927 年，國民黨發動了一系列的清黨和政變行動，鎮壓了共產黨在城市中的組織力量，導致了國共首次合作的破裂。在這樣的困難情況之下，毛澤東思想中農村包圍城市的游擊戰略逐漸形成，

沒有一個人民的軍隊，
便沒有人民的一切。

——毛澤東

人民羣眾扛着毛澤東的畫像、揮舞著「紅寶書」上街遊行。

隨後，中共便在江西邊區成立中華蘇維埃共和國。1934 年，由於反圍剿鬥爭的失敗，中共被迫進行戰略大轉移。其中，紅一方面軍在長達一年的時間裏，翻越 18 座大山，跨過 24 條大河，在艱苦卓絕的環境下行進了約 9600 公里，一開始從江西出發的 8 萬工農紅軍，最後到達陝甘寧地區時只剩下不到十分之一。在這個過程中，毛澤

政治是不流血的戰爭，戰爭是流血的政治。

——毛澤東

東確立起了自己革命領袖的地位和威望。而在抗日戰爭勝利之後，國內戰爭迅速爆發，共產黨最終戰勝了國民黨，並在毛澤東的領導下於 1949 年成立了中華人民共和國。

大海航行靠舵手

在 1938 年中共第六屆中央委員會第六次全體擴大會議上，毛澤東對他的革命理論進行了闡釋。他指出，由於中國依然是半封建社會，廣大農民羣眾才是真正革命的階級，要想取得革命的勝利，單單靠組織罷工請願、遊行示威是永遠不夠的，還必須要展開武裝鬥爭。誠如其言，掌握了工農武裝和政治權力的毛澤東成為人民的「偉大舵手」，也確實為人民謀了幸福。毛澤東通過一系列的措施，禁止了包辦婚姻，提升了婦女地位，大幅提高了國民的入學率和識字率，並建

立起了普惠性的住房保障體系。在他治國的三十年時間裏，中國基本實現了自給自足，但也給人民的生命財產、生活幸福造成了難以言狀的代價。

1953 年，第一個五年計劃開始執行，國民生產總量顯著提升，緊接着，1958 年就開展了「大躍進」運動。為了使中國經濟迅速「超英趕美」，領導層在工農業和基礎設施建設上大搞指標運動，結果造成了三年自然災害。

此外，由於對國內矛盾的判斷出現偏差，致使他先後發動了「反右傾」鬥爭和「文化大革命」，對人民的生活造成災難，對中國的許多傳統文化和社會機制也造成了破壞。

而他在晚年對知識分子的政策，以及知識青年上山下鄉的主張，至今仍對中國社會具有一定的影響。

當代中國語境下的毛澤東

在毛澤東去世之後，中國走向改革開放，並對毛澤東晚年的思想進行了深刻反思。雖然當下中國的路線已與毛澤東時代大為不同，但是毛澤東的思想中的眾多精髓依然指導著中國的改革道路。例如毛澤東提出的「羣眾路線」，至今仍是中國共產黨最為珍視的準則之一。

當下中國依然可以在許多領域看到毛澤東的影響。在眾多高校中，都能看到毛澤東的雕像，而印有毛澤東頭像的掛飾，還一度在司機羣體中十分流行，據說能保佑「出入平安」。而在當下中國的日常生活中，還能不時聽到一些毛澤東的經典語錄。

在每年的 12 月 26 日，也就是毛澤東誕辰的紀念日，在他的家鄉都會有眾多人前來緬懷。而在如今一些中國人心中，毛澤東仍是民族獨立、社會公平的象徵。

此外，毛澤東本人也是一名多才多藝的領導人。他大氣磅礡的詩詞和晚年暢遊長江的舉動，至今依然引人津津樂道。■

中國製造的拖拉機產量大幅提升，這也被視為毛澤東「獨立自主、自力更生」思想的一個範例。

毛澤東

毛澤東1893年出生在湖南韶山的一個農民家庭。據他描述，他的父親十分嚴苛，動輒打罵孩子；而身為虔誠佛教徒的母親則扮演着安慰者的角色。

毛澤東在讀完師範學校之後來到北京，謀了份北京大學圖書館管理員的工作。他開始學習馬克思主義，並在1921年成為中國共產黨的創始成員。1949年，在毛澤東的領導下，中國共產黨結束了常年的戰事，建立了中華人民共和國。

為實現現代化，毛澤東發動了「大躍進」運動，後來又發動文化大革命。兩次運動都造成了巨大災難和人民生命財產的嚴重損失。1976年9月9日，毛澤東逝世。

主要作品

1938年　《論游擊戰》
1964年　「紅寶書」《毛主席語錄》

POST-WAR POLITICS
1945–PRESENT

戰後

1945年 — 現在

德國日本相繼投降，第二次世界大戰宣告結束。**歐洲開始分成**東、西兩個陣營。

西蒙娜·德·波伏娃發表《第二性》；該書成為了**女性主義**運動的重要源泉。

古巴導彈危機爆發，蘇聯同美國的關係接近冰點。

美國總統約翰·肯尼迪**遇刺身亡**。

1945年　　**1949**年　　**1962**年　　**1963**年

1945年　　**1950—1953**年　　**1963**年　　**1963**年

英國工黨勝選上台，開始一系列改革措施，塑造了**現代福利國家**的模型。

朝鮮戰爭爆發，西方勢力同社會主義陣營的朝鮮和中國開戰。

肯尼亞跟隨眾多前歐洲殖民地的步伐**宣佈獨立**。

馬丁·路德·金領導了（**為工作和自由**）**向華盛頓進軍**的行動。

第二次世界大戰結束後，工業和社會的面貌發生了巨大的變化。戰爭規模和軍事工業化程度不斷加劇、帝國殖民主義日益衰落、共產主義與自由資本主義之間形成意識形態衝突，這些都對政治思想產生了深遠的影響。同時，人類正從世界大戰的陰霾中恢復元氣，新的技術和組織形式不斷出現，也需要新的思想體系來對此進行解讀和詮釋。

整個西歐在政治路線上達成一致，而經濟上，一種混合了私人和公共經濟的模式也迅速發展。與此同時，全球範圍內掀起了爭取公民權和人權的浪潮，殖民地的獨立運動更是風起雲湧。

國家與戰爭

在衝突全球化的大背景下，一些全新的問題誕生了。第二次世界大戰前所未有地提升了國家的軍事實力，並對大國的工業基礎產生了深遠的影響。在這樣的背景下，東西方思想之間的碰撞更加直接，在朝鮮、越南以及其他地方的戰爭衝突也反映了蘇聯和美國兩個超級大國背後的博弈。

核武器終結了第二次世界大戰，但也開啟了一段戰爭科技對人類形成毀滅性威脅的時代。這種變化激發了許多思想家重新思考戰爭的倫理。邁克爾·沃爾澤就對戰爭的倫理問題進行了探討，對希波的奧古斯丁和托馬斯·阿奎那提出的正義戰爭問題進行了現代化改進。

而諾姆·喬姆斯基和史沫特萊·D.巴特勒則向人們揭示了在軍事工業化背後的國家和權貴所扮演的角色。而近年來，全球性的恐怖主義，以及針對性的阿富汗和伊拉克戰爭都使得相關的爭論更加深入。

第二次世界大戰之後，政府應扮演何種角色成為一個重要問題。這一時期，西歐國家建立起了福利國家體制，而東歐地區則採用了共

馬丁・路德・金遇刺身亡。之後美國通過《**民權法案**》。

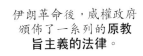

伊朗革命後，威權政府頒佈了一系列的**原教旨主義的法律**。

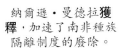

納爾遜・曼德拉**獲釋**，加速了南非種族隔離制度的廢除。

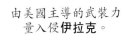

由美國主導的武裝力量入侵**伊拉克**。

1968年

1979年

1990年

2003年

1973年

在公眾的不滿和抗議聲浪中，美國從**越南撤走地面部隊**。

1989年

柏林牆倒下成為東歐劇變的標誌性事件。

2001年

「9・11」事件爆發，世貿中心和五角大樓遇襲，美國**全球性反恐戰爭**打響。

2005年

羅伯特・佩普發表《為勝利而死》，對**自殺式恐怖襲擊**進行了分析，認為這是一種「被（反侵略）訴求所驅動的現象」。

產主義的制度。在這個背景下，職權擴大的政府將對個人權利產生何種影響引發了思想家的關注。弗雷德里希・哈耶克、約翰・羅爾斯和羅伯特・諾齊克，都各自對自由和正義問題提出了新的見解。此外，個人在國家中的角色和位置同樣引發了思想界的反思。

女性主義與民權運動

20世紀60年代以來，女性主義成為政治思想領域一股強勁力量，其中，西蒙娜・德・波伏娃在十多年前對婦女在政治與社會中的地位進行的質疑，極大啟發了這一運動浪潮。與此同時，爭取民權的鬥爭進入高潮，而非洲反殖民主義和美國反種族歧視運動則相互聲援響應，這其中，思想家弗朗茨・法農和活動家納爾遜・曼德拉、馬丁・路德・金均是重要的推動人物。這樣一來，政治思想家們對統治權威，以及公民權利、政治權利等領域，又進行了新一輪的思考。

全球性關注的問題

20世紀70年代，在阿倫・奈斯的深層環境學和其他環境保護運動的影響下，人們對環境問題的擔憂演變成了政治行動。全球氣候變化和石油危機等話題進入主流政治領域，而相關的政治思想家的影響力也日益增加。

同時，伊斯蘭教在政治中應當處於何種地位成為伊斯蘭世界政治家和思想家們聚焦的話題。從毛杜迪的伊斯蘭國思想到希爾琳・艾芭迪對穆斯林婦女地位的關切，從基地組織的猖獗到「阿拉伯之春」的迷惘，伊斯蘭話題已成為這個時代一種重要的政治元素和挑戰。

隨着工業、文化和通信技術跨越國界，日漸全球化的地球面臨著全新的挑戰。2007年，全球金融危機爆發，再一次引發政治思想家們對過去幾十年的思想展開反思，新的問題亟待新的答案。■

無限政府
乃是諸惡之首

弗雷德里希・哈耶克（1899－1992年）

背景介紹

思想流派
新自由主義

聚焦
自由市場經濟

此前

1840 皮埃爾-約瑟夫·蒲魯東提出了一個消除權威、實行自然社會秩序的方案；其中，他認為「大資本」也是一種權威。

1922 年 奧地利經濟學家路德維希·馮·米塞斯對中央指導的計劃經濟發起了猛烈批評。

1939 年 約翰·梅納德·凱恩斯認為，擴大政府財政支出乃是擺脫經濟蕭條的關鍵手段。

此後

1962 年 美國經濟學家米爾頓·費利民認為，競爭性資本主義是實現政治自由的關鍵。

1975 年 英國政治家戴卓爾夫人將哈耶克視為自己的思想導師。

自由市場能夠反映個人的需求。

↓

因此應該讓市場**自由地運轉**……

↓

……因此**必須限制政府的權力邊界**，從而促使社會形成「自生自發」之秩序。

↓

計劃經濟不能準確反映每個人的需求及其變動。

↓

計劃經濟中不僅蘊含着**強制**，**還削弱了每個人的自由**……

↓

……並將滑向權力不受約束的**極權主義社會**。

↓

無限政府乃是諸惡之首。

弗雷德里希·哈耶克是奧地利裔的英國經濟學家。在他1960 年的著作《自由之構成》的一篇附錄文章裏，哈耶克指出了無限政府的危害，這篇文章名叫〈我為何不是一個保守主義者〉。而在1975 年，剛剛當選英國保守黨黨魁的戴卓爾夫人在一次黨內會議中，把《自由之構成》這本書「啪」一下扔到桌上，向同僚們斬釘截鐵地說「這裏頭講的才是我們該有的信念」。

推崇哈耶克學說的保守派政治家可不止戴卓爾夫人一個，有相當多的右派政治家都把哈耶克視作他們的大英雄。但這和哈耶克如此堅決地聲明自己「不是一個保守主義者」，就好像有些矛盾了。確實，對於哈耶克所持的觀點立場，一直以來說法並不統一，例如有許多的評論家喜歡用「新自由主義者」來形容哈耶克；而像戴卓爾夫人和美國總統羅朗奴·里根等人則是哈耶克自由市場立場的捍衛者。

哈耶克與凱恩斯的論戰

「無限政府乃是諸惡之首」理念的核心乃是自由市場原則。在同英國經濟學家約翰·梅納德·凱恩斯的論戰之中，哈耶克走入公眾的視野。對於如何擺脫大蕭條，凱恩斯認為，要讓宏觀經濟走出失業和消費低迷的惡性螺旋，就需要擴大政府干預，並大規模開展公共工程的建設。而哈耶克則堅稱，這種政策只會增加通貨膨脹，而且這樣一來，階段性的經濟衰退將成為經濟

參見：伊曼紐爾‧康德　126~129，約翰‧斯圖亞特‧密爾　174~181，皮埃爾-約瑟夫‧蒲魯東　183，安‧蘭德　280~281，米哈伊爾‧戈爾巴喬夫　322，羅伯特‧諾齊克　326~327。

在哈耶克看來，自由市場通過供需機制，能自生自發地反映消費者對某項物品的需求度。任何個人都不可能通過這些信息來進行人為的調控。

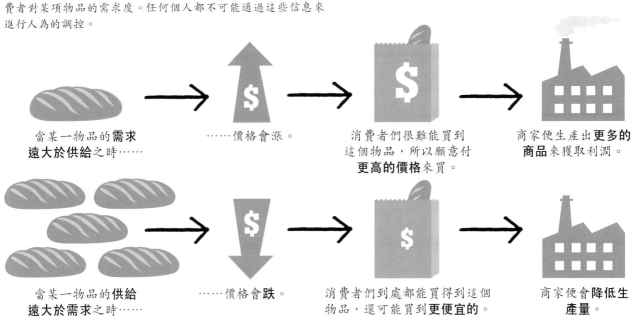

當某一物品的**需求遠大於供給**之時……　……**價格會漲**。　消費者們很難能買到這個物品，所以願意付**更高的價格**來買。　商家便生產出**更多的商品**來獲取利潤。

當某一物品的**供給遠大於需求**之時……　……**價格會跌**。　消費者們到處都能買得到這個物品，還可能買到**更便宜的**。　商家便會**降低生產量**。

週期不可避免的宿命。當時，凱恩斯的理論獲得了掌權者的青睞，而哈耶克則只能繼續鑽研自己的思想。他的觀點是，由於每個人的需求和偏好總處在變化之中，不可能有一個統一的計劃者能夠及時擁有完全信息，因此計劃經濟注定會遭到失敗。在他看來，妄圖通過一個「全知」的計劃者來滿足人們千差萬別的偏好需求，無異於痴人說夢。

中央指導計劃的致命缺陷在於難以獲取偏好信息，這正好是自由市場的優勢所在。哈耶克認為，只有自由市場才能夠持續不斷地完美地呈現出這些信息來。市場可以通過價格機制來反映供給與需求。而且，市場還引導着人們去遵循這些信號而行動，例如，在物資短缺時，廠商若能擴大生產來滿足需求，就能獲得更高的利潤。在哈耶克看來，這樣的價格機制不是靠任何人為的精心設計而成的，而是一種自生自發而成的秩序。

喪失自由的危險

哈耶克感到，這種自由市場與計劃經濟之間的差異不僅僅是個經濟問題，還是一個關乎政治自由的根本性問題。他提出，計劃經濟意味着對人們生活的一種控制。於是在 1944 年，在第二次世界大戰最激烈的時期，他寫下了著名的《通往奴役之路》一書，向他的英國同胞陳述了社會主義的危害，並告誡他們要遠離社會主義的誘惑。

哈耶克認為，政府對於經濟的控制必將演變為極權主義，會把每個人帶向奴役。在他看來，社會主義對經濟進行集中控制所造成的

所謂物質的平等，只能靠極權主義政府來實現。

——哈耶克

> 所謂經濟控制，不僅是對人類生活中某一獨立領域的控制，它也是對滿足人們各自目標的手段的控制。

——哈耶克

結果，同納粹法西斯主義沒有本質上的區別，即使有所差異，也不過是兩種政策背後的目的不同罷了。哈耶克說，就算你的宏觀經濟計劃的目的是讓每個人都獲益，但這樣的指導計劃一旦賦予實施，中間許多關鍵性的政策環節都被託付給那些非民選的技術官僚來處理，因此這就注定了這種宏大計劃的非民主本質。此外，這種全盤性的經濟計劃，還將吞沒個人對其人生不同層面進行自由選擇的空間。

政府需要限制

在《自由之構成》一書裏，哈耶克完整地闡釋了他關於市場經濟和政治自由的觀點。他並非是徹底地否定政府，他只是斷言，塑造社會秩序的首要機制必須是自由市場；而政府的中心角色則是，在儘量少地干預個人生活的前提下維護好社會的法治。此外，「公民團體」應當是為人們提供合作機制，使其能實現計劃的適當框架。

在政府形成之前，法律就有了社會基礎，它是由社會之中的一些共同的行為規則自生自發地塑造而成的。「『法官』這個角色，不過是自生自發秩序中的一種制度罷了。」而哈耶克也就是在這個意義上宣稱自己「不是一個保守主義者」的。他認為，那些保守主義者恐懼變化，總是害怕民主，並把時代的一些弊端歸罪於民主的興起之上。而哈耶克則並不拒斥民主和社會變遷，他認為社會問題主要是由不受限制的政府所造成的。他指出，「沒人有資格行使無限制的權力」，他還補充說，就算所謂的「人民」也沒那個資格。但是相較起來，「現代民主政府所擁有的這些權力，若只被掌握在少數精英手中，則是更糟糕的結果。」

那些為彌補某些社會缺陷而制定的法律也遭到了哈耶克批評，因為他堅信，政府對社會運用的強制應當被限定在最小的範圍之內。他甚至還批判了「社會正義」這個概念。他說，在市場這種秩序裏「評判結果的『正義』與否是毫無意義的」。他由此總結道，「『社會正義』不過是一個空洞無物的說辭罷了」。而像通過提高稅負來增加社會福利支出這類的財富再分配舉動，也是對自由的威脅。他認為，一個社會只需要設置一個基本的安全網，為那些「遭受極端貧困和飢餓的人」兜底就夠了。

在很長一段時間裏，哈耶克的思想信徒寥寥無幾，而凱恩斯派則成為戰後西方經濟政策的壟斷性思想。當時許多國家都無視哈耶克所指出的危害，先後建立起福利國家的制度。但 70 年代的石油危機和經濟滯漲，開始促使一些人重新審視哈耶克的思想。就在 1974 年，哈耶克出人意料地獲得了諾貝

在二戰之後的歐洲國家，凱恩斯的經濟思想大行其道。像鐵路之類的核心工程均由國有企業興建而成。

爾經濟學獎。自此刻起，倡導通過自由市場和減少政府管制來實現經濟繁榮和個人自由的人們，開始以哈耶克的思想為軸心而聚集起來。80年代，列根總統和戴卓爾夫人都各自推行政策，擺脫福利國家負擔，並削減稅負，取消大量管制。而許多東歐國家的反共產主義運動，也多少受到了哈耶克思想的啟發。

「休克療法」

哈耶克所謂的「自由主義者」

羅朗奴‧列根總統和戴卓爾夫人都是哈耶克思想的狂熱信徒，他們均提倡縮減政府規模，降低稅賦，並精簡由政府提供的公共服務。

身份遭到了許多人的質疑。例如前英國自由黨黨魁大衛‧斯蒂爾就指出，個人自由「必須在社會正義和對權力與財富進行公正分配」的前提下才可能實現，「而這就必然免不了一定程度的政府干預」。而加拿大作家娜奧米‧克萊恩則把哈耶克的學說形容為「休克主義」。她認為，這種觀點鼓勵人們去接受一系列私有化的政策：從運動式地去除管制，到變賣國有企業，再到失業率的高漲；又因為它擁有「個人最高利益」的道德形象，所以即使為此付出政府強制推行、經濟陷入癱瘓和國家遭遇「休克」的境地，它們也在所不惜。

哈耶克的自由市場思想還影響了當時南美洲的一些軍事獨裁者，比如智利獨裁者奧古斯托‧皮諾切特將軍。雖然這種極權體制是

哈耶克極力反對的，而他也一直辯稱自己只為他們提供經濟方面的政策建議，然而他依舊與這些獨裁政府藕斷絲連。

哈耶克一直是一個爭議性的人物。在那些自由市場的信徒和右派的政治家眼裏，他是自由的護衛者；而在左派的口中，是他的思想慫恿了資本主義的強勢化轉變，而這種轉變讓許多資本主義地區的貧富差距急劇擴大，給當地帶來了各種痛苦與不幸。■

一個強大到能給你一切的政府，同樣也強大到了能夠輕易地拿走你的一切。

——杰拉德‧福特

弗雷德里希‧哈耶克

弗雷德里希‧哈耶克1899年出生於奧地利維也納。在一戰結束之際，他進入了維也納大學。雖然哈耶克最開始學的是法學，但他對經濟學和心理學最感興趣。那時的他在目睹了戰後維也納的蕭條之後，曾一度傾心於社會主義的道路，但1922年，哈耶克閱讀了路德維希‧馮‧米塞斯的名著《社會主義》，這本書對中央指導的計劃經濟提出了猛烈的批評，也吸引哈耶克去聽了米塞斯的經濟學課程。1931年，哈耶克遠赴倫敦政治經濟學院，去講

授米塞斯的經濟週期理論，並開始了同凱恩斯之間關於大蕭條的大論戰。1947年，他同米塞斯一道，成立了推崇自由至上主義的朝聖山學社。3年之後，他加入米爾頓‧費利民的行列，成為芝加哥學派自由市場經濟學的旗手。

主要作品

1944年　《通往奴役之路》
1960年　《自由之構成》（又譯作《自由秩序原理》）

議會政體與理性主義政治隸屬不同的傳統

邁克爾·歐克肖特（1901－1990年）

背景介紹

思想流派
保守主義

聚焦
實踐經驗

此前
1532 年　馬基雅維利在《君主論》中，對人們在奪取權力、維持權力和失去權力時常用的暴力手段進行了分析。

1689 年　英國頒佈《權利法案》。

1848 年　馬克思和恩格斯發表《共產黨宣言》。許多政治家都曾將此書用作其政治行動的「行動指南」。

此後
1975 年　柬埔寨共產黨（紅色高棉）領導人波爾布特「掃滅歷史」，宣佈「元年」開始。他的政府在 3 年裏殺害了超過兩百萬人。

1997 年　中國實行「一國兩制」制度，允許香港在回歸中國之後繼續實行市場經濟制度。

> 議會制度是從行政的**實踐技藝**之中逐漸發展演變而成的。

> 理性主義政治的基礎是**意識形態信條和抽象的理念**。

> 這些制度代代相傳，以**歷史和傳統經驗**作為運行的基礎。

> 它是要通過**打破舊秩序**，從而**建立新秩序**。

議會政體與理性主義政治隸屬不同的傳統。

20 世紀，以德國希特拉、蘇聯斯大林為代表的政治極端激進主義來勢洶洶，一度席捲全球，而這一現象也引發了邁克爾·歐克肖特的思考。他窮其一生，對政治意識形態及其對國家命運的影響進行了深入的考察。他認為，那些馬克思主義和法西斯主義的元首都像着了魔一樣，迷信於所謂的理論思想武器，結果卻給成千上萬的人帶來災難。這種「理論傳染病」被歐克肖特稱為理性主義。

歐克肖特發現英國議會政體較為成熟，它發源於中世紀，而那

參見：尼科洛・馬基雅維利 74～81頁，托馬斯・霍布斯 96～103頁，埃德蒙・伯克 130～133頁，格奧爾格・黑格爾 156～159頁，卡爾・馬克思 188～193頁。

恰恰是受理性主義影響最小的年代。他解釋説，英國的議會制度，既不是由某個理性主義者操盤，也沒有參照任何意識形態化的設計。相反，它恰恰是在當時限制王權和遏制暴政的緊迫現實需求下應運而生，方使英國能免疫於蔓延在歐洲大陸的理性主義君主專制之害。

死守信條的危害

各個政黨、各個政治家每天都要處理擺在面前的一件又一件現實的問題，而在歐克肖特看來，理性主義只會對這些日常事務造成干擾，使其變得迷糊而抽象。因為，理性主義者的每個行動，都只是在完成其所堅持的理論的條條框框，而不是根據實在的事物或實踐經驗而行動。他們只能在抽象理論的意識形態迷霧之中，與真切實踐越行越遠。歐克肖特感嘆，「人

們像是在一片無邊無際、深不見底的海洋上航行」，只因為這個世界太過紛繁複雜，所以那些去妄圖「參破」社會規律的舉動，將不可避免地會把現實給過分簡化和扭

歐克肖特把政治生活比作一條在洶湧大海上航行的航船。他説，人們不可能精準地預測海浪的湧動，但可以通過經驗來躲避風暴。

> **政治活動中，人們就像是在一片無邊無際、深不見底的海洋上航行。**
> ——邁克爾・歐克肖特

曲。理性主義者因為討厭現實中的不確定性，於是總會把各種複雜情形削足適履地套入簡化的公式之中。他們會自覺地聽從自己「理性權威」的指揮。他們的舉手投足之間，總會顯出一副以為自己已通曉這個世界變化之道的樣子。歐克肖特認為，在現實中放棄政治的真實體驗，而單純聽命於人為設計的意識形態教條將是非常危險的事：因為意識形態只是虛假的知識，實踐的知識才是行動最好的指南。

歐克肖特被認為是一位保守主義思想家，他的觀點也被當世的保守主義者珍視為重要的思想元素。不過由於「保守主義」也是一個意識形態標籤，因此歐克肖特自己並不認同。在現實之中，他也從未公開表達過對保守黨的支持。■

邁克爾・歐克肖特

1901年邁克爾・歐克肖特出生於倫敦，父親是公務員，母親是護士。他在劍橋大學學習歷史，於1925年畢業。在接下來約半個世紀的學術生涯裡，歐克肖特曾有過一段投筆從戎的經歷：二戰期間，他曾轉戰於比利時和法國，擔任英國情報部門下的偵察編隊成員。

歐克肖特先後任教於牛津和劍橋兩所大學，之後又轉到倫敦政治經濟學院做政治學教授。他在歷史哲學、宗教學、美學、法學和政治學等領域著述頗豐。他的思想還影響了戴卓爾夫人時期的英國保守黨；時任首相的戴卓爾夫人曾希望授予歐克肖特騎士勳位，但歐克肖特考慮到自己的著作並非服務於政黨，因此婉拒這一榮譽。他1968年退休，於1990年辭世。

主要作品

1933年 《經驗及其模式》
1962年 《政治中的理性主義（和其他論文）》

伊斯聖的目的是消除非伊斯蘭制度的統治

賽義德·毛杜迪（1903－1979年）

背景介紹

思想流派
伊斯蘭原教旨主義

聚焦
聖戰

此前
622—632 年　穆罕默德在麥地那建立第一個穆斯林共同體，在信仰的庇護下團結起了各個氏族部落。

1906 年　阿迦汗三世建立了全印穆斯林聯盟。

此後
1979 年　巴基斯坦領導人齊亞·哈克將軍借鑑了毛杜迪的思想，將出自伊斯蘭教法（沙里亞法，Sharia）的禁令和懲罰寫入了法律。

1988 年　奧薩馬·本·拉登建立基地組織，號召進行全球性聖戰，讓全世界都貫徹伊斯蘭教法。

1990 年　《開羅伊斯蘭世界人權宣言》發佈，伊斯蘭教法是其內容的唯一引述來源。

> 伊斯蘭教**不僅僅是一個宗教**，而且是對人生的一種**革命性**規劃。

⬇

> 穆斯林必須參與**執行**這套革命性規劃。

⬇

> 聖戰是伊斯蘭教政黨為實現目標所展開的**革命鬥爭**。

⬇

> **伊斯蘭的目標是建立一個伊斯蘭政權，並摧毀一切反對這項使命的政權。**

隨着 20 世紀伊斯蘭國家展開反抗歐洲殖民侵略的鬥爭，西方在非洲和亞洲統治的日漸衰落，伊斯蘭世界實現了全球性復興。這場復興涉及面廣泛，既包括政教關係、穆斯林文化認同，也包括在多種族、多元信仰社會中的權力紛爭，還包括印度的民族鬥爭問題。1941 年，大毛拉賽義德·毛杜迪成立伊斯蘭大會黨，建立起代表印度迅速覺醒的穆斯林勢力的先鋒黨革命武裝。毛杜迪發現，英國殖民統治結束後，印度穆斯林瀰漫着深度的思想迷茫和政治焦慮，

參見：穆罕默德 56～57頁，卡爾‧馬克思 188～193頁，西奧多‧赫茨爾 208～209頁，莫罕達斯‧甘地 220～225頁，阿里‧沙里亞蒂 323頁，希爾琳‧艾芭迪 328頁。

於是，他構建了一個全新的思考伊斯蘭的理論視角，力圖通過鍛造普天穆斯林皆兄弟的思想意識，以扭轉穆斯林在政治權力上的頹勢。

伊斯蘭國

其實，毛杜迪的主要身份是學者和改革家，而不是政治家；他始終同具體的政治操作和社會問題保持着一定的距離，並將更多的精力放在了對他的伊斯蘭國理想的傳播上。他所倡導的伊斯蘭國拒絕參照西方世俗化的民主管理原則，該國的每一個特質都由宗教律法自上而下地做出規定。他堅信，由於伊斯蘭國直接體現了真主安拉的旨意，因此它是天然的民主政體。

毛杜迪認為，只有當世人走出無知和謬誤，並接受由毫不妥協的、純粹的伊斯蘭教義來對人生進行引導，他理想中的神聖國度才可能實現。他認為，只要在思想意識上保持團結，穆斯林就能與世俗化的民族國家割裂關係，並形成不可分割的政治集體。他還提出，伊斯蘭聖戰不僅是一種宗教鬥爭，它還是一種政治鬥爭，以便強制推行包攬一切的伊斯蘭意識形態。只有當伊斯蘭政權主宰了國家的一切資源，真主的王國才能最終降臨塵世。

1947年，英國殖民統治終結，印度和巴基斯坦根據宗教界限進行了分治。當時，儘管毛杜迪的伊斯蘭大會黨並不贊成分治，並且批評國家領導人的政策不夠伊斯蘭化，但他還是遷往巴基斯坦，並決定要將那裏打造成一個伊斯蘭國家。

對毛杜迪的批評

由於伊斯蘭文明將其自身歷史視為一個從最初的盛世時代逐

阿亞圖拉‧魯霍拉‧霍梅尼1979年領導**伊朗伊斯蘭革命**取得勝利，建立了世界上第一個伊斯蘭教共和國。建立這種以伊斯蘭宗教為根基的國家，正是毛杜迪終其一生的目標。

漸衰落的過程，因此西方世界的批評者認為，毛杜迪的世界秩序伊斯蘭化的主張與文明和理性的歷史進化過程背道而馳。而毛杜迪及其伊斯蘭原教旨主義追隨者則針鋒相對，他們將西方國家對中東地區持續不斷的政治干涉，視為過去殖民統治的一種延續。他們還相信，只有推行伊斯蘭教法的伊斯蘭國才有資格統治全人類。■

賽義德‧毛杜迪

著名的改革家、政治哲學家和神學家大毛拉義德‧阿布‧阿拉‧毛杜迪出生於印度奧加德，信奉伊斯神秘主義教派蘇菲派的契斯提教團。成年後，毛杜迪成一名記者。1928年，他發表《朝向理解伊斯蘭》，使他躋身知名伊斯思想家和作家行列。他曾是聖雄甘地的印度民族立運動的支持者，但後來他思想出現變化，致力於說服印度伊斯蘭教徒承認伊斯蘭是他們唯一的身份。

1941年，毛杜迪移居巴基斯坦，並在那裏播他的伊斯蘭國的理想。1953年，他因煽動暴被拘捕，並判處死刑，但後得減刑。1979年，毛杜迪在紐約去世。

主要作品

1928年	《伊斯》
1948年	《伊斯式生活》
1972年	《古經註疏》

伊斯蘭的目標不局限於統治一個或幾個國家。它的目標乃是實現全球性的革命。

——賽義德‧毛杜迪

除了他人的強制外，沒有任何東西會剝奪一個人的自由

安·蘭德（1905－1982年）

受法西斯主義和共產主義兩股力量的影響，20 世紀中葉有許多西方人針對國家對個人生活的干涉提出了道德行質疑。

安·蘭德是俄裔的美國哲學家和小說家，她篤信一種倫理學形式的個人主義，並相信人類對個人利益的追求在道德上是正確的。對蘭德而言，任何通過管制手段來對個人進行控制的行為，都是對社會成員獨立行為能力的一種褻瀆。換句話說，她認為保護個人自由免遭他人幹涉是至關重要的。蘭德尤其認為，國家對暴力的合法壟斷也是不道德的，因為這必將會對個人運用自我理性的行動造成破壞。也正

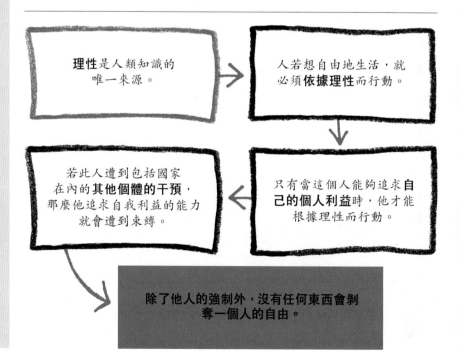

理性是人類知識的唯一來源。

人若想自由地生活，就必須**依據理性**而行動。

只有當這個人能夠追求**自己的個人利益**時，他才能根據理性而行動。

若此人遭到包括國家在內的**其他個體的干預**，那麼他追求自我利益的能力就會遭到束縛。

除了他人的強制外，沒有任何東西會剝奪一個人的自由。

參見：亞里士多德 40～43頁，弗雷德里希‧尼采 196～199頁，弗雷德里希‧哈耶克 270～275頁，羅伯特‧諾齊克 326～327頁。

> 每一個人都是自己的目的，而不是他人的手段。
>
> ——安‧蘭德

因如此，包括稅收在內，多項由國家運用手段對商業和公共生活進行管制的行為都遭到了蘭德的譴責。

客觀主義

蘭德對政治思想的主要貢獻，是她提出的「客觀主義」思想。她希望這個理論能成為一種實用的「生存哲學」，能在像政治、經濟、藝術和人際等諸多生活領域提供一套自我管理的原則。客觀主義的基本觀點是，只有理性與情理才是人類生活的絕對實質，而其他那些建立於「正好知道」之上的信念與直覺，則無法為人的存在提供基礎，例如宗教信仰就是如此。對蘭德而言，只有自由放任的資本主義才能與人類的理性特質相吻合，而集體性質的國家行為則只會對人的能力造成束縛。

在自己最具影響力的著作《阿特拉斯聳聳肩》裡，蘭德對客觀主義做出了明確的闡釋。這本小說裏，美國社會在政府的干預和大商人的敗壞之下走向崩潰，而最後是由實業家和創業者們用自己的創造力撐起了社會，靠他們的企業保衛了「文明」。

這是紐約洛克菲勒中心門口的著名銅像：**阿特拉斯把世界扛在自己的肩上。**在蘭德看來，商人們也正是如此，把民族和國家扛在了肩頭上。

今天，提倡小政府的自由至上主義和保守主義思潮都與蘭德的思想不謀而合。而另外的一些思想家則指出了蘭德思想的缺點，例如，依據蘭德的思想，遭受強權壓迫的弱者無法得到任何保護。■

安‧蘭德

安‧蘭德出生於俄羅斯聖彼得堡，本名為阿麗薩‧濟諾維耶芙娜‧羅森鮑姆。1917年十月革命後，年少的蘭德親眼目睹了自己家的資產遭到充公，而她的家庭也在當時經歷了一段極端貧困的時期。

在成為作家之前，蘭德曾在20世紀30年代的好萊塢做過編劇。她的小說《源泉》1943年面世，讓她聲名大噪；而她的最後一部小說《阿特拉斯聳聳肩》，則成了她的傳世之作。不過，蘭德的著述更多是非小說類的作品，她還曾進行過多場哲學演講，推廣她希望運用於現代生活之中的客觀主義哲學。蘭德去世之後，她的作品影響力進一步攀升，現代的右翼自由至上主義和保守主義政治思想家將她的思想視作其立場的哲學基礎，對她作品一次又一次的引用。

主要作品

1943年　《源泉》
1957年　《阿特拉斯聳聳肩》
1964年　《自私的德行》

每一個已知的、確認的事實都可能遭到篡改

漢娜‧阿倫特（1906－1975年）

背景介紹

思想流派
反極權主義

聚焦
真理與謊言

此前

1882 年 史學家歐內斯特‧勒南指出，民族認同是對過往事件進行選擇和歪曲加工而成的共同記憶。

1960 年 漢斯-格奧爾格‧伽達默爾發表《真理與方法》，強調了創造集體真理的重要性。

此後

1992 年 英國歷史學家艾瑞克‧霍布斯鮑姆提出，「任何一個嚴謹的歷史學家都不可能是一名虔誠的政治民族主義者」。

1995 年 英國哲學家戴維‧米勒提出，虛構神話儘管並不真實，但卻具有社會整合的功能價值，

1998 年 于爾根‧哈貝馬斯在《真理與論證》中，批評了阿倫特的立場。

漢娜‧阿倫特是德國的猶太裔政治哲學家，她的一生目睹了納粹政權的興與衰，見證了越南戰爭和巴黎的學生運動，經歷了美國總統約翰‧肯尼迪和民權領袖馬丁‧路德‧金的暗殺事件。阿倫特一開始居於德國，逃亡到法國之後又再次逃亡到美國，這些經歷讓她接觸了大量歷史事件的一手資料，也對她的政治哲學產生了影響。此外，這些歷史事件出現在公眾面前時被塑造成了何種形象，也引起了阿倫特的深切關注。

在阿倫特 1967 年的《真理與政治》一文中，她着重分析了歷史

事實因為政治需要而遭到歪曲的現象——即政府如何將事實真相玩弄於股掌之中，使其成為給某個政治決定做辯護的工具。事實上，歷史事實遭到歪曲並不是政治領域的新課題，「謊言」一直就是外交和軍事上的常見手法。但與過去不同的是，從 20 世紀 60 年代起，政治謊言開始在其他更多領域中扮演起重要的角色。阿倫特注意到，這一手法並非只是從眾多事實中隱藏部分國家機密，也不僅僅是緩慢地對事實進行選擇性公開；它還試圖重新書寫一版「歷史真相」，來取代真實的歷史。

阿倫特指出，操縱事實並主宰思想的手法，已不再是極權主義國家的專利，像美國這樣的所謂的自由民主國家，也逐漸深諳此道，不時篡改真相、進行有目的的誤導，從而為其霸道的干預賦予政治

為了給美軍介入**越南戰爭**賦予正義的形象，美國政府如阿倫特所描述的那樣，故意歪曲事實，傳達片面信息，誤導了公眾視聽。

參見：伊本・赫勒敦 72～73頁，卡爾・馬克思 188～193頁，何塞・奧爾特加・伊・加塞特 250～251頁，米歇爾・福柯 310～311頁，諾姆・喬姆斯基 314～315頁。

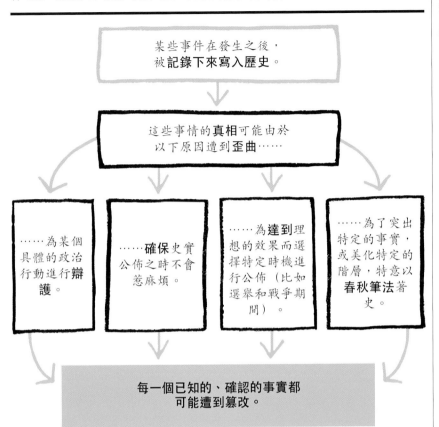

某些事件在發生之後，被**記錄下來寫入歷史**。

這些事情的**真相**可能由於以下原因遭到**歪曲**……

……為某個具體的政治行動進行**辯**護。

……**確保**史實公佈之時不會惹麻煩。

……為**達到**理想的效果而選擇特定時機進行公佈（比如選舉和戰爭期間）。

……為了突出特定的事實，或美化特定的階層，特意以**春秋筆法**著史。

每一個已知的、確認的事實都可能遭到篡改。

漢娜・阿倫特

漢娜・阿倫特1906年出生於德國林登的一個世俗化的猶太人家庭。她在柯尼斯堡和柏林長大，後在馬爾堡大學師從哲學家馬丁・海德格爾學習哲學，隨後兩人建立起了學術和戀情的雙重關係。不過，後來海德格爾支持納粹黨的行為導致了兩人的分手。

由於其猶太人身份，阿倫特被禁止在德國的大學任教，並在納粹時期逃亡巴黎，再之後去到美國，成為當時美國知識分子圈的一員。她一生發表了許多富有影響力的著作和文章，並先後執教於加州大學伯克利分校、芝加哥大學、新學院大學、普林斯頓大學（她是該校第一個女教師）和耶魯大學。1975年，阿倫特因心臟病逝世。

正確的形象。她指出，在自由國家裏，「不講政治」的事實真相會被剝奪「事實的資格」，被貶低為一面之詞。比如二戰中，屬於「自由國家」的法國的「潰敗」和梵蒂岡對大屠殺的「縱容」就「不存在歷史真相的爭議，而只是一個不同觀點間的爭論」。

另一種現實

眾目睽睽之下，各個政府否認已知和確認的事實，並巧用筆法重寫歷史，這樣不僅能因政治需要製造聽眾希望看到的「事實真相」，還會創造出一套面目全非的代替性真理。阿倫特認為，這種做法將貽害無窮，比如納粹政權為大屠殺賦予正義形象時就曾製造大量代替性事實，並且還使得「歷史真相的處境變得岌岌可危起來」。

近期，阿倫特的追隨者們指出，2003年以美國為首的聯合軍隊入侵伊拉克之時，上述提及的手法同樣屢見不鮮。而2006年，維基解密的創始人朱利安・阿桑奇洩露了大量與官方口徑不同的政治機密；相信阿倫特的觀點也能為阿桑奇的行為進行辯護。■

主要作品

1951年　《極權主義的起源》

1958年　《人的境況》

1962年　《論暴力》

女人是甚麼？

西蒙娜·德·波伏娃（1908－1986年）

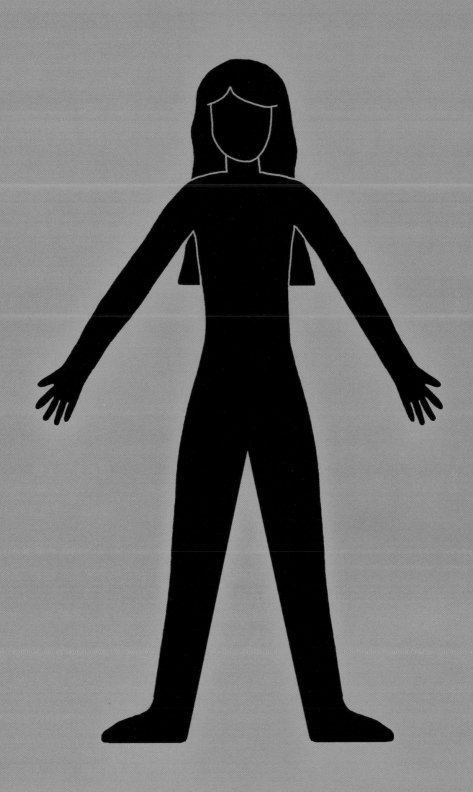

在全世界很多地方，女性的收入總體上低於男性，她們時常被剝奪法律與政治的平等權利，還遭受着不同形式的文化壓迫。在這種背景下，通過女性主義的視角來詮釋政治問題，不僅對政治學思想做出了重要補充，還對好幾代的政治思想家形成了啟發。

女性主義的思想在 19 世紀突飛猛進，但是各種不同的女性主義分支之間存在着深刻的概念性分歧。其中一些分支強調兩性間「差異下的平等」理念，認為男女之間存在着本質的差異，而正是這些差異構成了兩性在社會中的不同地位。另外一些分支則堅持，兩性決不可以區別對待。這類思想以爭取女性選舉權為首要目標，並把平等的政治權利作為抗爭的關鍵訴求。這波爭取公民權利的浪潮被稱為第一波女性主義。而第二波女性主義以更為廣泛的權利為訴求，於 20 世紀 60 年代在全球範圍內迅速發展。這波浪潮強調，女性在家庭

> **男人是主體、是絕對，而女人則是他者。**
> ——西蒙娜・德・波伏娃

和工作場所遭受許多歧視，而人們潛移默化的性別偏見也會不自覺地在言談舉止中體現出來，對於這些現象，單單依靠讓女性參與選舉立法很難得到徹底改變。這一波浪潮從法國哲學家西蒙娜・德・波伏娃的著作裏獲得了大量啟發和源泉。

超越女性主義

波伏娃雖然通常被人們視為現代女性主義運動之母，但是在她

西蒙娜・德・波伏娃

西蒙娜・露茜-厄爾奈斯丁-瑪麗-波特朗・德・波伏娃1908年生於巴黎。她出生在一個富裕的家庭，在私立學校上學，後來又來到索邦學習哲學。大學期間，她認識了讓-保羅・薩特，他們倆結為終身伴侶，並互相成為對方哲學思想上的影印。

波伏娃在年輕時公開宣稱了自己的無神論立場。她拒絕了包括宗教在內的一系列社會制度，並也因此拒絕了同薩特的婚姻。她的思想一方面受到在巴黎的個人經歷的浸染，另一方

面又受到像共產主義在全球蔓延等政治現象的影響。而她對共產主義的好感，也讓她的許多著作都涉及了這一主題。此外，她還寫作了大量的小說。

1980年薩特去世後，波伏娃自己的健康狀況也迅速惡化。她在6年之後去世，與薩特葬在了一起。

主要作品

1943年 《女賓》
1949年 《第二性》
1954年 《名士風流》

參見：瑪麗·沃斯通克拉夫特　154～155頁，格奧爾格·黑格爾　156～159頁，約翰·斯圖亞特·密爾　174～181頁，埃米琳·潘克赫斯特　207頁，希爾琳·艾芭迪　328頁。

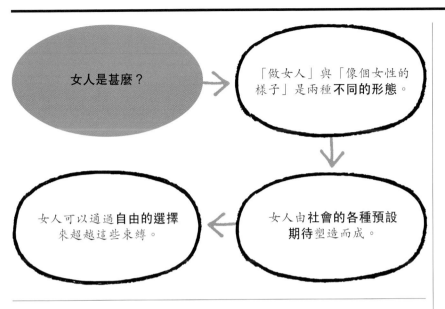

性特質；而波伏娃拒斥這一概念，因為她認為承認了這個説法就等於默認了性別的不平等。在《第二性》中，波伏娃指出，人們一定要對「女人是甚麼」這個問題進行追問；同時，她還不斷提及女人對於男人而言所處的「他者」地位。此外，波伏娃還是最早完整闡釋「性別歧視」的作家之一，她認為性別歧視指的就是社會對於女人的各種預設和偏見。另外，她還探討了這樣的問題：女人的社會角色是生而有之，還是被社會創造出來的？這些角色設定，有沒有受到對女人的教育期待、在宗教教義中的位置以及各種歷史傳統要求的左右？於是，她考察了精神分析學、史學和生物學中對女人的設定，並通過挖掘文學作品、學術著作和奇聞逸事，向人們展示性別成見對女人產生了怎樣的影響。

在追問「女人是甚麼」這個問

撰寫《第二性》時，還並沒有把自己視為一名女性主義者。她當時希望超越女性主義的框架，為「差異」這一重要概念做出另闢蹊徑的解讀：把女性主義的觀點同自己的存在主義哲學觀結合起來。不過這一結合的想法也常常讓她自己陷入自相矛盾之中。後來波伏娃還是參與進了第二波的女性主義運動中，到了 70 年代不僅依然繼續積極地支持這些觀點，還寫作了多本小説，對女性在社會其他許多領域中所面臨的處境進行了探討。

波伏娃意識到，當她想描述自己時，第一個閃現的內容總會是「我是一個女人」。她想要探尋這種不自覺的反應的原因及其背後

女人的傳統角色是主內的賢妻良母，波伏娃認為，這種設定把女人牢牢困於家庭之中，使她與其他女人分隔開來，任由丈夫定義她的一切。

的深層含義，這些反思就構成了她作品的基本內容。在波伏娃看來，人們一定要區分出「雌性人」和「女性」這兩種形態的差異；而在她自己的著作中，這種差異則落在是否「符合女人的特徵」上。（《浮士德》中）有一個概念叫「永恆的女性」，指的是女人身上有一種玄秘的女

題時，波伏娃在答案中融入了存在主義哲學的理念。存在主義強調，個人要通過自由選擇來不斷地發現自我。波伏娃就是在存在主義的這一觀點上，發現了女人的自由遭受着社會的特有限制。她與讓 - 保羅・薩特的情感關係，更是強化了她的這一哲學取向。

波伏娃的思想立場還受到了她左翼政治取向的影響。她把女性的抗爭視作階級鬥爭的一部分；同時她也意識到，是自己的資產階級出身給了自己許多的生活可能，而下層階級的女人則往往得不到這樣的選擇機會。所以，她的終極追求是，不論階級身份，讓所有的女人（事實上所有人）都能得到這樣的選擇自由。波伏娃將女性被強加的外在限定（就該待在廚房和閨房）和內在束縛做出對照，發現正是這些內外的限制，使得女人情願接受自己的平庸人生，情願打消贏得更多人生成就的念頭。於是，

女人被束縛於自己所能接觸到的有限的直觀體驗之中，也只能在這樣的狹窄人生中去尋找體驗；波伏娃把女人這種狀態稱之為「內在性」。相反，男性則富有一種「超越性」，他們能夠突破自己直觀體驗的限制，能通過自由的選擇去探索通往自己理想生活的道路。在這個意義上，男人就是能定義自我的「主體」，而女人則只能是由男人來

> **做女人是多麼悲劇啊！然而，更不幸的是，作為女人的她卻意識不到那是一種悲劇。**
>
> ——索倫・克爾凱郭爾

定義的「他者」。

波伏娃探討了女人願意接受「他者」地位的原因，希望借此尋找到女人總是服從男性設定的理由。對這個問題，波伏娃明確指出，女人做出困於「內在性」的選擇，並不是女性自己的「道德錯誤」，因為女性很難解開兩個自我身份之間的固有矛盾：一個自我身份是做一個本質上異於男性的女人，另一個自我身份則是做人類中的平等一員。要讓女人走出「內在性」，並對這兩個自我身份做出非此即彼的選擇，是幾乎不可能的事情。

自由選擇

《第二性》的許多方面都極富爭議。在書中，波伏娃對女同性戀直言不諱，並公然對婚姻制度表示輕蔑，而她在自己的生活中也身體力行。她拒絕嫁給薩特，是因為她不希望兩人的關係受制於一個男性主導的制度。對她而言，婚姻制度乃是女性從屬男性的社會現狀的關鍵緣由，它將女性鎖在社會中的順從地位上，把她同其他女人割裂開來。波伏娃相信，只有當女性能自己做主了，她們才能一起覺醒並展開反抗壓迫的鬥爭。

波伏娃觀點的核心是來源於存在主義的「選擇」概念，她說女人能通過一個個獨立的「選擇」，來改變自己所處的社會地位。「如果

> 人類社會中沒有甚麼是天生的，女人也一樣，她們也是人類文明精心製作的產物。
>
> ——西蒙娜·德·波伏娃。

女人發現自己處於次要地位，並總是觸及不到主要的位置，就是因為她們沒有主動去推動這一改變。」即女人只有靠自己才能解放自己，不可能等男性來賜予解放。所以她存在主義思想核心，是讓女人敢於承擔起「做困難決定」的責任。

有一些人讀完《第二性》之後以為波伏娃的意思是，女人應當剝離與男性的本質區別，也就是甩掉被社會強加的「女性特質」，從而讓自己變得像男人一樣。但是，波伏娃自己的觀點卻是，「男人是主體、女人是他者」的這種地位差距給女性造成的內心衝突，只有通過兩性之間的合作，才能夠徹底化解。她在同薩特的相處中探索了這種可能性，並努力把自己著作中所倡導的各種品質嵌入到個人的實際生活裡。波伏娃不僅詆毀婚姻制度，還對母親的角色表示輕蔑，而這使她受到了大量的抨擊。事實上，她並不是單純地否定母親角色，她只是認為社會沒有給女人留足選擇的權利，例如女人結婚之前就有了孩子，或生完孩子後還繼續工作，這種行為就會被視為背離「母性」的糟糕選擇。她發現，女人總把當母親的機會視為自己的避難所，只要躲在裏邊就能明確自己這輩子的使命，但她們最終卻往往發覺是自己把自己囚禁在了這種命運枷鎖之中。總而言之，波伏娃認為，最重要的事是讓女人做真心的選擇、做最誠實的決定。

重塑女性主義政治

如今學界普遍認為，《第二性》第一版的英文翻譯在語言和概念上都沒能精確傳達波伏娃的原意，這也讓大量的非法語讀者在很長一段時間誤解了她的立場。而波伏娃在長達 30 年的時間裏都沒意識到英譯本的缺陷，直到 20 世紀 80 年代她才得知此事，並表示希望有新的譯本出現。如今，新的譯本終於在 2009 年出版了。

儘管第一版的英譯本存在巨大缺陷，但是《第二性》依然風靡了全球，並對女性主義思想產生了巨大影響。波伏娃對女性社會身份角色的分析，以及對女性順從地位所造成的兩性間政治性後果的解讀，都在西方世界引起巨大共鳴，並吹響了激進的第二撥女性主義運動的號角。1963 年，她「女性潛力在父權社會遭到荒廢」的思想，得到了美國作家貝蒂·弗里丹的闡釋，從而成為 20 世紀六七十年代女性主義運動的思想基礎。■

波伏娃認為，在社會裏，男性被定位為「主體」的位置，而女性則被歸為「他者」。

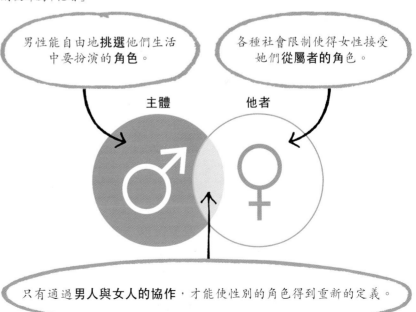

男性能自由地**挑選**他們生活中要扮演的**角色**。

各種社會限制使得女性接受她們**從屬者的角色**。

主體　　　他者

只有通過**男人與女人的協作**，才能使性別的角色得到重新的定義。

任何自然物都不僅僅只是一種資源

阿倫・奈斯（1912-2009年）

背景介紹

思想流派
極端的環境保護主義

途徑
深層生態學

此前
1949 年 奧爾多・利奧波德逝世一年後，他的〈大地倫理〉一文得以發表。他向人們推薦了一套在生態保護問題上全新的倫理體系。

1962 年 蕾切爾・卡遜寫下《寂靜的春天》，為環境運動的誕生添上關鍵一筆。

此後
1992 年 首屆地球峰會在巴西里約熱內盧召開，參會國簽署《里約宣言》，就以全球性視角共同關注環境問題達成一致。

1998 年 德國紅綠聯盟上台執政。這是環境保護主義政黨第一次勝選。

近年來，隨着全球氣候的變化給人類在經濟、社會和政治上帶來的挑戰，人們有必要建立起一套嶄新的政治思想來予以應對。環境保護主義正是這樣一套政治戰略，它濫觴於 20 世紀 60 年代，如今已進入政治生活中的主流領域。當下，綠色運動已發展出多個分支，積累了卷帙浩繁的思想成果。

環境保護主義的先驅

其實，環境保護運動有較為堅實的社會基礎。早在 19 世紀，

參見：約翰‧洛克 104～109頁，亨利‧戴維‧梭羅 186～187頁，卡爾‧馬克思 188～193頁。

> 人類只是這個脆弱的**生態系統中**的一個組成部分。

> 人類行為對生態系統造成了**不可挽回的破壞**。

> **淺層生態學**主張維持當前的經濟社會結構，並通過微調來**解決環境問題**。

> **深層生態學**則呼籲，要避免**環境危機**，就必須進行大規模的社會政治變革。

阿倫‧奈斯

1912年，阿倫‧奈斯出生於挪威奧斯陸附近。完成學業之後，27歲的他就成為奧斯陸大學史上最年輕的哲學教授。他的學術生涯相當成功，在語言學和符號學領域頗有造詣。1969年，奈斯辭去教職，並着手對倫理生態學進行研究，要對環境保護的爭論提出一些有可操作性的解答。自此，奈斯開始隱居寫作，完成了近400篇文章和數量可觀的著作。

除了做學術外，奈斯還是一名登山愛好者。奈斯在19歲時就已經是一個小有名氣的登山家了；而在其一生中，曾有多年居住在挪威荒野山林中的小屋之中，他後期的大量著作都是在那裏完成的。

英國批評家約翰‧羅斯金和威廉‧莫里斯就已經對工業發展及其對自然界造成的後果進行過思考。不過，針對人類造成的環境破壞的科學研究，直到一戰之後才開始出現。到了 1962 年，美國海洋生物學家蕾切爾‧卡遜發表《寂靜的春天》，指出了像 DDT 這樣的殺蟲劑的使用會對自然環境產生劇烈的影響。同時，卡遜還將人類視為生態環境的一個成員，而不是能獨立於自然界之外的高級存在；她還指出，人類要對農藥的危害負主要的責任。

卡遜的書催化了主流政治領域中環境保護運動的誕生。挪威哲學家、生態學家阿倫‧奈斯就曾說道，是《寂靜的春天》這本書給了他靈感，從而讓他轉向環境保護主義，要為此打造一套哲學的基礎。在此之前，奈斯就已是奧斯陸大學赫赫有名的哲學家了，在語言學方面已有所造詣。1969 年，他辭去了大學教職，全身心地鑽研生態和

地球並不只屬於人類。

——阿倫‧奈斯

主要作品

1973年 《淺層生態運動和深層、長遠的生態運動：一個概要》

1989年 《生態學、社區和生活方式：生態智慧》

工業革命改變了人們看待環境的方式。在奈斯看來，將自然視為用來消耗的資源的觀念，可能給人類帶來滅頂之災。

環境保護問題。隨後，奈斯逐漸成為環境保護倫理方面的大師，致力於對當時出現的生態環境的問題做出新的解答。這其中，他特別提出了一種對人與自然關係的全新理解。

「地球並不僅僅是人類用來消耗的資源載體」——這是奈斯思想的核心。他說，人類並不是自然資源的消費者；相反，他們應該把自己視為這個相互依存的複雜體系的一個成員，並且應當孕育出對非人類自然物的一種同情之心。若非如此，並任由人類當下的狹隘思維和自利之心野蠻生長，那將可能給自然界帶來致命的打擊。

在奈斯涉足環境保護領域的初期，他勾勒出了一套致力於解決社會問題的生態思想理論框架，名曰「生態智慧 T」。這裏的「T」正是奈斯在山中為自己搭建的一座小屋子「Tvergastein」的縮寫。生態智慧 T 的基本觀點提出，不論是人類、動物和還是植物，任何一個物種都擁有平等的生命權利。而當人們將自己理解成這個共生整體的一部分時，他們也就容易體會到自己對大自然的所作所為造成的影響了。而對於那些尚不清楚會造成何種後果的行為，人們唯一道德的做法就是放棄那個行動。

深層生態學

奈斯在其後期著作中，區分出了淺層生態學和深層生態學兩個概念，從而指出了這一研究領域的缺陷。就奈斯看來，淺層生態學主張借助現有的資本主義、工業體系和人類干預，就能夠解決環境問題。這一派觀點認為，當前的社會結構是解決環境問題的恰當起點；同時，他們相信，依靠一些人類中心主義的手段就能藥到病除。奈斯認為，淺層生態學並非毫無價值，但是它的問題意識較為膚淺。因為，這種生態學依然將人類視作生態系統中的高等生物，並且拒絕對社會進行更深刻的改革。這樣一來，它依舊觸及不到環境問題背後深層次的社會、哲學和政治根源，也不可能站在自然界整體的角度進行思考，而是依然將人類狹隘的自身利益擺在頭等的位置。

與此相對應的深層生態學的主張是，如果人的行為不進行深層次的改革，那麼人類對地球造成的環境破壞將不可挽回。人類的進步和社會的變遷已經對自然生態的平衡造成傷害，其後果不僅使自然界遭到破壞，而且作為環境一分子的人類也將把自己帶向毀滅之路。奈斯提出，自然界並不依靠人類的需要而存在，它本身就具有內在的價值；因此，人們必須提高自身的覺悟，並認識到一切生命的同等重要性以及世間萬物唇亡齒寒的關

淺層生態學認為，維持當前的社會結構也能改善人與自然的關係。
——阿倫‧奈斯

奈斯認為，在現有的政治、經濟和社會系統框架內**解決環境問題**的企圖，注定會失敗。人們需要一種全新的對待周圍世界的方式：即把人類只當做是整個生態系統的一個組成部分。

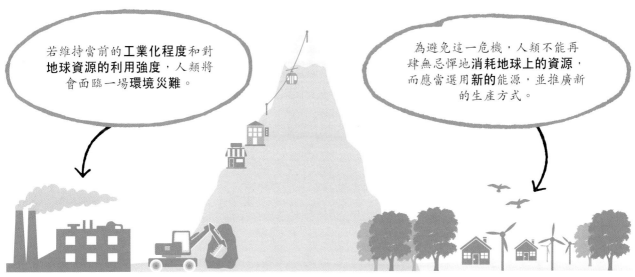

若維持當前的**工業化程度**和對**地球資源的利用強度**，人類將會面臨一場**環境災難**。

為避免這一危機，人類不能再肆無忌憚地**消耗地球上的資源**，而應當選用**新的**能源，並推廣新的生產方式。

聯。人類必須清楚，他們只是地球的棲息者，而不是地球的主宰者；只有為滿足最基本的需求時，他們才能消費地球的資源。

直接行動

奈斯不僅是環境保護問題的思想家，還是一名行動者。他曾將自己綁在挪威峽灣地帶的馬爾達爾斯瀑布邊的石頭上，以抵制水電站在此地修建。奈斯認為，要推廣一種對待自然更加道義和負責任的態度，就必須堅持深層生態學的立場。他長期提倡遏制消費主義，並在這項長遠的改革計劃中，要求對發達國家的物質生活水平進行限制。不過，奈斯並不是環境保護主義的原教旨主義者；他相信，為了維持社會的基本穩定，人類運用一定的自然資源還是有必要的。

奈斯的影響

儘管奈斯本人傾向於漸進變革，並對環境原教旨主義嗤之以鼻，但是他的思想卻被大量激進的環境主義行動者改採納。例如，主張環境保護並採取直接行動的國際性組織「地球優先」，就曾援引奈斯的觀點來論證其深層生態學的立場。他們認為，按照深層生態學的詮釋，為了實現環境保護的訴求，行動者即使進行公民抗命甚至破壞性的政治行動，也是合情合法的。

隨着人類環境保護意識的日益覺醒，奈斯的思想在政治領域引發了廣泛的共鳴。環境問題已超越國界，成為思想家和實踐者共同關注的問題。如今，綠色運動已經跨入主流政治領域，其中既包含政黨組織，也包括社會團體，如「綠色

和平組織」和「地球之友」都是此類範例。由於其學說為上述運動提供了哲學基礎，因此奈斯的著作在此領域擁有很高的地位。當然，他的思想也激起了較多的爭議，引發了來自不同領域的批評，比如有人指控奈斯的思想脫離了社會經濟實際，易陷入神秘主義，等等。儘管環境保護運動遭遇著這樣那樣的批評，但由於其行動引發的政治思考，以及其深層生態學的立場，它依然產生了深遠的影響，並且，在可以預見的將來會變得越發重要。■

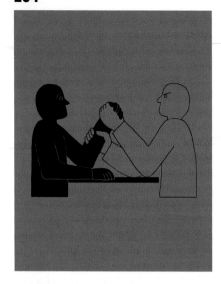

我們不反對白人，只是反對白人優越主義

納爾遜·曼德拉（1918－2013年）

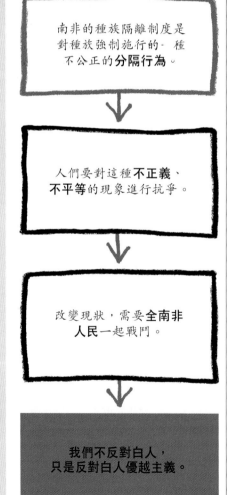

南非的種族隔離制度是對種族強制施行的、種不公正的**分隔行為**。

⬇

人們要對這種**不正義、不平等**的現象進行抗爭。

⬇

改變現狀，需要**全南非人民**一起戰鬥。

⬇

我們不反對白人，只是反對白人優越主義。

南非人民反抗種族隔離的事蹟是 20 世紀後期最有標誌性意義的政治鬥爭之一。1948 年，主張種族隔離制度的南非國民黨（National Party）勝選上台，開啟了這段白種人對南非人民的壓迫史。那時候，納爾遜·曼德拉加入了非洲人國民大會（African National Congress，非國大，ANC），長期動員社會支持，並組織抗議活動，戰鬥在抗爭的最前線。隨着新上台的政府立法通過了種族隔離制度，抗議活動開始升溫。50 年代時，在聖雄甘地和馬丁·路德·金等民權領袖事蹟的鼓舞下，更多的人參與到了抗議種族隔離的運動中來。

為了自由

非洲人國民大會改採取的鬥爭策略是，通過綜合運用公民抗命、大規模罷工和集體抗議等手段，來阻礙政府正常運行。在 50 年代中期，非國大同其他一些反種族隔離制度的團體一起通過了《自由之構成》（Freedom Charter），借

參見：莫罕達斯・甘地 220～225頁，馬庫斯・加維 252頁，弗朗茨・法農 304～307頁，馬丁・路德・金 316～321頁。

助這一文件表達了他們的訴求。他們高呼，民主、參與的價值與遷徙、表達的自由是至高無上的，他們將為此抗爭到底。可是，當權政府將此舉視為叛國行為。

抗議演變為暴力

對種族隔離制度的不滿情緒雖然積累地緩慢，但卻日漸顯著。到了50年代，雖然南非的民主制度依然把絕大部分的有色人種排除在外，但是，一些政黨已開始主張為部分黑人賦予一些民主權利了。

如此一來，反種族隔離的運動開始獲得了一些激進白種人的支持，這一現象意義重大，因為這意味着這項運動已跨越了單純的膚色和種族界限。這同曼德拉建立「新南非」的鬥爭觀不謀而合：他強調，抗爭的目的不是為了單純攻擊白種人，而是為了消滅白種人的特權，並消除種族不平等的局面。

曼德拉說，**廢除種族隔離制度的鬥爭**應該以消除不公正為目標，而不應該對南非白種人進行攻擊。只有這樣，改變現狀的呼聲才能獲得更廣泛的支持。

> **我為反對白人種族統治進行鬥爭，我也為反對黑人專制而鬥爭。我有一個建立民主和自由社會的美好理想。**
>
> ——納爾遜・曼德拉

儘管非國大的綱領積極而完善，但是他們期盼的改革遲遲不來，選舉權始終未能實現。而隨着抗議強度的提升，政府的鎮壓也更加強硬。1960年，警察射殺了69位參加「反對『通行證法』運動」的民眾，製造了沙佩維爾慘案，政府的血腥鎮壓達到頂點。

不過，南非人民對種族隔離制度的抗議行動也並非一直處於克制狀態。同許多革命人物一樣，曼德拉逐漸認識到，只有武裝鬥爭才是廢除種族隔離制度的唯一辦法。1961年，他同非國大幾位領導人一起建立了旗下的軍事組織「民族之矛」，這一舉動也使曼德拉被捕入獄。但是，他對於民權的抗爭以及所堅守的寬容和解原則，使其得到了來自全世界的支持。最後，在曼德拉被釋放出獄並且最終廢除種族隔離制度之時，他已享有全球性的聲譽。■

納爾遜・曼德拉

納爾遜・羅利赫拉赫拉・曼德拉1918年出生在南非特蘭斯凱。他的父親是滕布王朝酋長的一個幕僚。曼德拉年輕時離開家鄉，來到約翰內斯堡學習法律。他1944年加入了非洲人國民大會，積極參與到始於1948年的反抗種族隔離制度的鬥爭中。1961年，在一年之前的沙佩維爾慘案的刺激下，他參與建立了非國大的軍事組織「民族之矛」。1964年，他被判處終身監禁，並（算上被判終身監禁之前的兩年）在羅本島上度過了18年時光。他於1990年被釋放出獄。

自曼德拉被釋放出獄起，他成為廢除種族隔離制度的精神領袖，獲得了1993年的諾貝爾和平獎，並在1994年當選了南非總統。1999年卸任以後，曼德拉積極參與到了包括消除愛滋病在內的多項事業之中，積極發揮餘熱。

主要作品

1965年 《走向自由之路不會平坦》

1994年 《慢慢自由路》

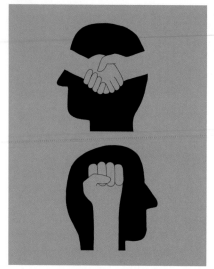

只有弱者才會相信政治是合作的場所

吉安弗朗科・米利奧（1918－2001年）

背景介紹

思想流派
聯邦主義

聚焦
地區分離運動

此前
1532 年 尼科洛・馬基雅維利在《君主論》中預言了意大利的統一。

1870 年 維托里奧・埃馬努埃萊二世的意大利軍隊佔領羅馬，意大利完成統一。

此後
1993 年 美國政治學家羅伯特・普特南發表《使民主運轉起來》，該書對意大利的政治分層和公民生活狀況作出了考察。

1994 年 分裂主義政黨北方聯盟首次成為組建政府的政黨之一。

意大利政治是一段對抗的歷史。歷史上，意大利曾是一個四分五裂的國家，在 1870 年完成統一之前，一直由一系列鬆散的自治城邦和王國構成。其中，在工業體系完整的北方地區和以農村為主的南方地區之間，發展的不平衡和互相間的爭議長期存在。許多北方人認為意大利的統一給南方帶來了經濟利益，卻只給北方平添了一個拖累。

意大利學者、政治家吉安弗朗科・米利奧的研究聚焦於政治生活中的權力結構問題。他從馬克斯・韋伯和卡爾・施米特的思想中獲得啟發，提出了反對意大利中央集權化的主張，他認為這種地區間合作的形式將對北方地區的利益和民族認同造成損害。

北方分裂主義

米利奧相信，在政治中，地區

像快意特這類的**汽車廠商**為意大利北方的繁榮作出了重要貢獻。在米利奧看來，拿走北方的財富去資助貧弱的南方是不公平的。

合作很難讓各方滿意，各種政治思想之間也很難達成和解。意大利各個地區的利益糾葛不可能通過協商和妥協來化解，相反，應該讓更有實力的羣組來主導和支配。米利奧的這一觀點使他最終投身政界，加入 1991 年成立的分裂主義政黨「北部聯盟」，並在 90 年代當選意大利參議員。■

參見：尼科洛・馬基雅維利 74～81頁，馬克斯・韋伯 214～215頁，卡爾・施米特 254～257頁。

在鬥爭的初級階段，被壓迫者有可能會轉變為新的壓迫者

保羅·弗萊雷（1921－1997年）

背景介紹

思想流派
激進主義

聚焦
批判教育理論

此前
1929—1934年　安東尼奧·葛蘭西寫下《獄中札記》，對馬克思主義思想做出了發展。

20世紀30年代　大蕭條時期的巴西出現了極端的經濟困難。

此後
20世紀60年代　時任巴西累西腓大學歷史和教育哲學教授的弗萊雷推出了一套掃盲計劃。

20世紀70年代　弗萊雷同世界基督教會聯合會一道，運用了近十年的時間在世界多個國家對他的教育改革進行傳播和推廣。

人們對政治壓迫所做的抗爭活動一直都是政治學家十分重視的話題。其中，卡爾·馬克思和安東尼奧·葛蘭西曾對壓迫行為進行分析，劃分出了壓迫者和被壓迫者兩個主體。

巴西教育家保羅·弗萊雷的著作也探討了兩者的關係，並且力爭找到一條打破壓迫鐐銬的途徑。他堅信，「壓迫」這一行為使壓迫者和被壓迫者的人性都遭受貶損和玷污；而且，即使被壓迫者獲得了解放，他們也極有可能轉變為壓迫者，也就是說，會把自己曾經遭遇的不公待遇施加到別人身上。這也就是循環往復的「壓迫現象」。

真正的解放

受壓迫的人們想要獲得真正意義上的解放，就不能僅僅停留於身份角色的轉變。弗萊雷堅信，通過教育，人們的人道主義精神將被喚醒；通過教育改革，能夠促使人們重新去審視自己的人生。如此一來，曾經的壓迫者就不會再把他人視作抽象的羣體，並會認識到自己此前行徑的非正義性。

在弗萊雷眼裏，教育是一種政治行為，在教育過程中，學生和教師都應當注意和反思教育中的政治立場。弗萊雷的這些觀點對許多的政治思想家產生過影響。■

被壓迫者的歷史性人道主義偉大使命，是在解放自己的同時也給壓迫者帶來解放。

——保羅·弗萊雷

參見：格奧爾格·黑格爾　156～159頁，卡爾·馬克思　188～193頁，安東尼奧·葛蘭西　259頁。

正義是社會制度的第一美德

約翰·羅爾斯（1921－2002年）

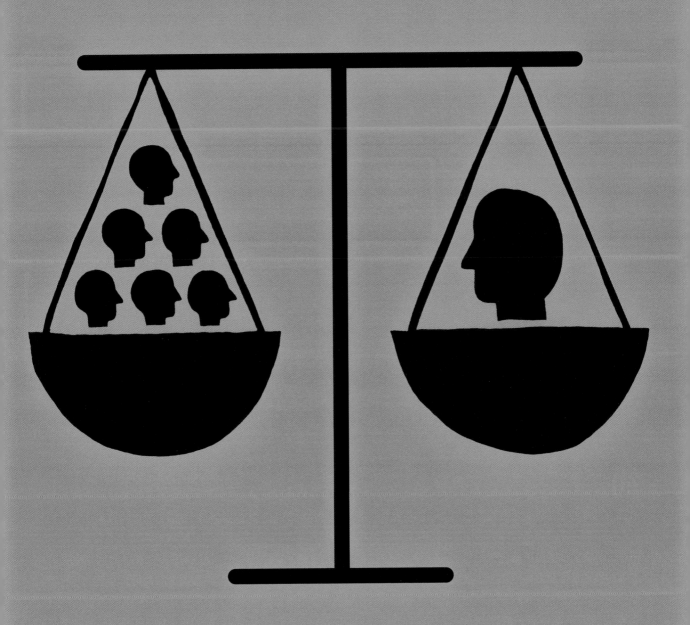

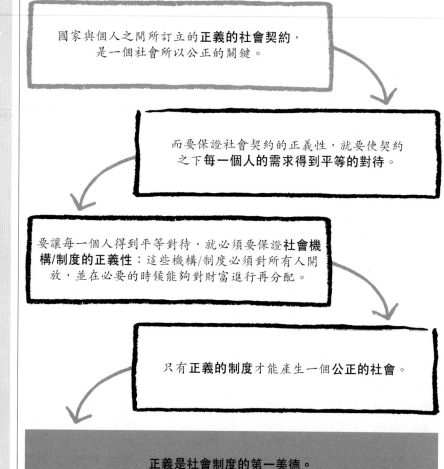

國家與個人之間所訂立的**正義的社會契約**，是一個社會所以公正的關鍵。

而要保證社會契約的正義性，就要使契約之下**每一個人的需求得到平等的對待**。

要讓每一個人得到平等對待，就必須要保證**社會機構/制度的正義性**：這些機構/制度必須對所有人開放，並在必要的時候能夠對財富進行再分配。

只有**正義的制度**才能產生一個**公正**的社會。

正義是社會制度的第一美德。

約翰·羅爾斯是美國著名哲學家。他成長於種族隔離十分嚴重的巴爾的摩，後來又有過入伍服役的經歷，正是這些特殊的人生體驗，塑造了他關於正義、公平和平等的觀念。他致力於構建一套道德原則的總體框架，並確保人們能在這一框架下進行個人道德行為的判斷。同時，羅爾斯認為，民主的真正價值並不僅僅是選舉行為本身，而在於選舉之前的辯論和協商的過程，所以一套得到人們共同認可的決策程序才是民主過程的關鍵。同理，只有由人們普遍認可的決策程序所推出的總體道德原則才具有正義性。

財富的不平等

羅爾斯告訴人們，一套正義的原則不能單以個人的道德框架為基礎。相反，正義原則的基礎會通過蘊藏在教育、醫保、稅收和選舉等社會制度中的道德感來表現出來。羅爾斯發現，財富的不平等將逐漸演變為社會政治影響力的不平等，並且最後將使社會政治制度只對有權有勢的人或者組織有利。

羅爾斯寫作《正義論》時，正值越南戰爭時期。他同情這個時期風起雲湧的公民抗命運動，認為這是弱勢羣體呼喚主流社會良心發現的必要手段。同時，越戰時期美國的徵兵制度也遭到羅爾斯批評：有錢的學生能花錢免除兵役，而窮人學生則可能因為某一科成績不佳而被招募入伍。這個例子展現了財富

參見：約翰・洛克　104～109頁，讓-雅克・盧梭　118～125頁，伊曼紐爾・康德　126～129頁，約翰・斯圖亞特・密爾　174～181頁，卡爾・馬克思　188～193頁，羅伯特・諾齊克　326～327頁。

羅爾斯認為，**正義的原則**並不僅僅以個人道德為基礎。因此，在人們構建一套正義體系時，必須把整個社會的框架都考慮在內。

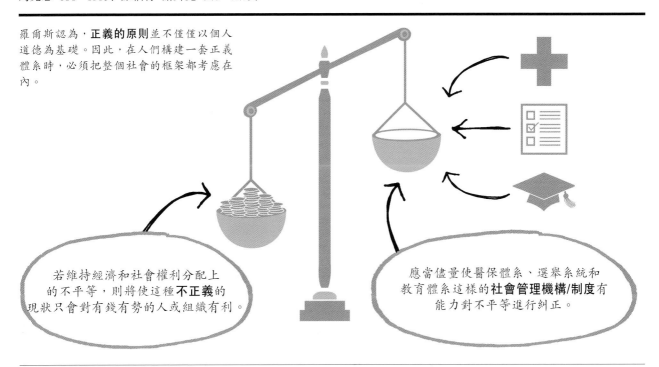

若維持經濟和社會權利分配上的不平等，則將使這種**不正義**的現狀只會對有錢有勢的人或組織有利。

應當儘量使醫保體系、選舉系統和教育體系這樣的**社會管理機構/制度**有能力對不平等進行糾正。

的不平等如何催生歧視性的制度；而更可惡的是其執行機構還常常假借正義的名義來行歧視之實。這樣的現狀讓羅爾斯非常困擾。

正義的原則

在羅爾斯看來，只有在符合

在「正義即公平」理論下，正當的理念優先於善。

——約翰・羅爾斯

某些平等原則的公平制度裏，正義才會存在。羅爾斯根據自己的「正義即公平」理論，推導出了正義的兩大原則。第一條原則是每個人都平等地享有基本自由權，此為「自由原則」；第二條是「社會和經濟上的任何不平等安排，都能合理地期望讓這種不平等符合每個人的利益，與此同時，（不平等的安排能）與向所有人開放的官職和職務聯繫起來」，此為「差異原則」。其中，第一原則優先於第二原則。這種優先是因為，隨着文明的進步，經濟條件越是好轉，自由問題就將越發重要；況且，一個人幾乎不可能在自由權遭到削減的情況下，反而獲得更豐富的物質財富。

羅爾斯將社會和經濟領域的

一些特殊的優勢稱之為「威脅優勢」，比如「實質的政治權力、財產和天生的稟賦」，一個人利用這些優勢很容易獲得超出其應得範疇的非正義財富。例如在學校裏，一個身體強壯的人，可以利用其身材上的「威脅優勢」，通過霸道手段搶奪其他學生的飯錢。所以，這種不平等，以及由這種不平等所帶來的優勢，就不符合任何正義原則的基礎。然而，由於任何社會都會存在不平等，所以羅爾斯推論道，「世界上這種不平等資源的分配太具隨意性，因此必須調整初始的契約狀態來對其進行糾正」。羅爾斯這裏所說的「契約狀態」，指的是一種人與人之間，以及人與（包括家庭在內的）一切社會機構/制度

之間所約定的契約協議。不過,在通常意義上的社會契約中,每個人往往並不處在一個平等的起點上。於是,羅爾斯指出,由於國家對每一位公民都負有相等的責任,所以它必須從根源上糾正這種不平等,以保證社會的正義。

對羅爾斯而言,社會機構／制度在糾正社會不平等的使命中扮演著重要角色——合理的制度才能保障每個人都有平等的機會去享受這些機構／制度;同時,改善人們生活的再分配行為也是在各項機構／制度中進行運轉。羅爾斯認為,自由市場體制和民主制度是實現公平再分配的最佳政治制度。他指出,共產主義太過注重完全平等,卻忽略了在這種完全平等下,人們如何能創造出充裕的社會物品。他認為,資本主義經濟體系配上健全的社會機構,將是最有可能實現社會正義的制度。雖然資本主義總會自發地製造出不公平的經濟差距,但是擁有強烈正義感的社會機構能夠對這種不平等進行糾正。

多元文化的社會

羅爾斯認為,正義的制度還扮演着凝結社會的重要角色。他認為,只要社會中所有人都共享一種對社會結構的道德承諾,那麼即使在沒有社會公認的道德準則的情況下,人們只靠基本的日常規則也可能共同生活。換言之,只要人們認為社會的結構是公平的,他們就會滿足,即使共同生活的人各自遵循不同的道德準則也無傷大雅。對羅爾斯而言,這就是多元主義和多元文化社會的基礎,而在這一複雜的多元社會中,社會機構／制度就扮演着維繫公平的關鍵角色。

無知之幕

社會應當採用怎樣的基本原則來進行財富再分配?羅爾斯認為,這一問題應該在他稱之為「無知之幕」的條件下做出回答。他虛構了一個每個人都不知道自己身份地位的情景;他認為在這種情況下,人們就會對理想社會結構的問題達成一致。「無知之幕」下,社會中每個人都不知道自己所處的

> 嫉妒這種情感只會讓每個人過得更糟。
>
> ——約翰・羅爾斯

社會地位,不了解自己所持的基本原則,不知道自己擁有哪些智力和身體上的天賦。每一個人都可能屬於任何一種性別、性取向、種族和階級。這樣一來,「無知之幕」下,每個人都脫離了它的身份地位和個人特質,所以必將做出正義的判斷——因為,他們將對社會進行設計,並確保在「無知之幕」揭開之後,自己樂意扮演這個社會裏的任何角色。羅爾斯認為,由於每個人都害怕成為社會中最貧窮的人,所以親手設計的這套制度也要儘量去保護窮人。因此,在「無知之幕」下達成的一套社會契約,必然將幫助到社會裡情況最悲慘的人。

羅爾斯承認,社會仍將存在各種差異,但是在這套公平的正義原則下,人們將為社會中的最弱勢羣體帶來最大的利益。這一推論,遭到了包括印度思想家阿瑪蒂亞

對羅爾斯而言,確保所有社會機構／制度(例如公共圖書館)對所有人**平等開放**乃是社會所以公平的關鍵,因為不論一個人處於社會的任何地位,都將因此獲得同等的生活機會和人生可能性。

·森和加拿大馬克思主義思想家 G.A. 柯亨等人的質疑，批評羅爾斯對資本主義制度態度過於樂觀，因為人們很難在這套制度下堅守公平的原則。此外，他們還質疑無知之幕的效果，因為在這個處處充滿不平等的現代社會裏，只有那些飢寒交迫的人，才會希望有一個無知之幕來給自己送來「公平」。

對羅爾斯的批評

森指出，羅爾斯沒能對政治權利和經濟權利做出正確區分。森認為，社會中的各種不平等和物資匱乏，是因為人們缺少獲得必要物資的「權益」，而不是缺少物資本身。以 1943 年孟加拉地區發生的大饑荒為例，森發現，這場饑荒中，糧食本身並不缺乏；相反，是城市化的進程導致了糧食價格的上升，才引發了饑荒。物資本身，比如糧食，並不算一種優勢；相反，人與物資之間的特殊關係才是優勢——那些能高價買得起糧食的

人形成了對買不起糧的人的優勢。森進一步論證，羅爾斯的社會契約的設定也是有問題的，社會契約還會受到其他許多沒有參與到契約之中的羣組利益的影響，例如外國人的利益、未來的幾代人的利益，乃至自然環境的利益等等。

內在的不平等

羅爾斯對自由主義的樂觀態度受到了 G.A. 柯亨的批評。柯亨認為，自由主義對個人利益最大化的追求可謂根深蒂固，這與羅爾斯所預想的平等主義社會政策難以共存。他認為，社會的不公並不僅僅是因為再分配製度還不夠完善，資本主義制度本身就存在着內在的不平等性。因此，柯亨認為，資本主義和自由主義永遠不能提供羅爾斯所尋求的那種「公平」。

儘管如此，羅爾斯的《正義論》依然是當代政治理論中最有影響力的著作之一。他的思想引發了美國乃至全世界對於福利體系重建

孟加拉地區的大饑荒是由於人與人之間不平等的經濟關係所造成的。羅爾斯的理論框架偏重於政治結構而非經濟結構分析，因此其觀點對這一類的大災難缺乏解釋力。

問題的爭論。包括阿瑪蒂亞·森在內的許多羅爾斯的學生都參與到這場爭論之中。由於羅爾斯在社會和政治理論中的卓越貢獻，1999年，美國總統比爾·克林頓將全國人文科學獎章授予羅爾斯。克林頓讚揚道，羅爾斯的著作讓人們重拾對民主的信心。■

約翰·羅爾斯

羅爾斯生於美國巴爾的摩，他的父親是一位著名的律師，母親則是婦女選民聯盟巴爾的摩分會的主席。羅爾斯先後兩次感染了傳染病，並都不小心傳染給了自己的兩個弟弟，還造成了他們的去世。羅爾斯患有口吃，生性內斂。他曾在普林斯頓大學攻讀哲學，完成學士學位後入伍服役，參加了美國的太平洋戰爭，曾在巴布亞新幾內亞、菲律賓和日本征戰。回國之後他回到普林斯頓大學，1950年以一篇討論「個人道德判斷之道德原

則」的論文獲得博士學位。之後他在英國牛津大學訪學一年，與法哲學家H.L.A.哈特、政治思想家以賽亞·伯林建立起了良好的關係。在他的教學生涯中，他培養的許多學生後來都成為頂尖政治哲學家。

主要作品

1971年　《正義論》
1999年　《萬民法》
2001年　《作為公平的正義——正義新論》

暴力是殖民主義的本質形態

弗朗茨・法農（1925－1961年）

背景介紹

思想流派
反殖民主義

聚焦
去殖民化

此前
1813 年 西蒙・玻利瓦爾從西班牙殖民者手中奪下委內瑞拉的加拉加斯，人們將他奉為「解放者」。

1947 年 甘地的非暴力運動終於使印度從英國統治下取得獨立。

1954 年 阿爾及利亞打響了反抗法國殖民者的獨立戰爭。

此後
1964 年 捷・古華拉在聯合國一次會議上宣稱，拉丁美洲還沒有實現真正意義上的獨立。

1965 年 馬爾科姆・X 說，黑人們為了抗爭，要「不惜採取一切手段」。

20 世紀中葉，歐洲殖民主義統治迅速衰落。歐洲大國受到兩次世界大戰的嚴重消耗，並遭到由工業化帶來的社會變遷的巨大挑戰，它們對其殖民地區的掌控力度日漸減弱。

二戰之後，殖民地民間爭取獨立的運動風起雲湧。其中，肯尼亞的非洲民族聯盟迅速崛起，使英國對肯尼亞的掌控遭到嚴重動搖；而印度也在經過長時間的鬥爭之後，於 1947 年實現了獨立。而南非人民展開的對殖民者的抗爭，還成為反抗種族隔離的長期鬥爭的重要

參見：西蒙·玻利瓦爾　162～163頁，莫罕達斯·甘地　220～225頁，羅易　253頁，喬默·肯雅塔　258頁，納爾遜·曼德拉　294～295頁，保羅·弗萊雷　297頁，馬爾科姆·X　308～309頁。

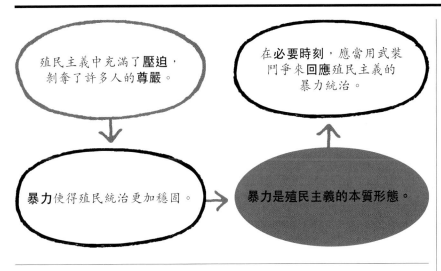

法國殖民者武裝鎮壓阿爾及利亞獨立運動，導致了**阿爾及利亞戰爭**的爆發。這場抗爭運動中，法農為阿爾及利亞搖旗吶喊。

組成部分。但與此同時，這些進入後殖民時代的國家應該採用何種國家形式？他們又該如何處理長年的殖民暴力和壓迫統治所留下的歷史遺產？這些新的問題開始不斷浮現出來，亟待回答。

後殖民的思想

弗朗茨·法農是法裔阿爾及亞思想家，他的研究着眼於殖民主義對殖民地造成的影響，並對殖民時代終結後曾經的被壓迫民族所面臨的新問題十分關注。法農借鑑了馬克思和黑格爾的思想，對種族主義和殖民主義做出了一番另類的分析。他的著作在關注政治的同時也涉及語言和文化的問題，並經常探索這幾個不同領域間的關聯，他希望借此向人們揭示，種族主義以及其他類似偏見對殖民地的語言和文化系統造成了怎樣的影響。法農關心去殖民化，也就是殖民地從壓迫中解放出來的整個過程，在這一領域，法農具有重大貢獻。此外，法農的思想對反帝國主義的思想產生了重要影響，並激勵了當今一大批激進主義者和政治活動家。

法農對殖民統治給殖民地造成的後果和留下的遺產進行了深入研究。他將殖民主義看作是白種人的統治；他以一種強烈的平等主義關懷，譴責了殖民統治對人性的壓迫和對尊嚴的剝奪。他的這些觀

重要的不是認識世界，而是改變世界。
——弗朗茨·法農

點在一定程度上受到了自己親身參與反抗鬥爭經歷的影響。法農的《垂死的殖民主義》一書，以目擊者的視角記錄了阿爾及利亞人民反抗法國殖民統治的獨立鬥爭，並尤其對武裝鬥爭的過程和獨立建國的方略進行了細緻的刻劃。該書對武裝反抗殖民者的戰略和思想進行了全面的呈現，還對雙方所用戰術進行了詳細的分析。

殖民壓迫的結構

不過，法農在理論上的貢獻要大於實踐。他對殖民統治體系的分析，向世人揭示了殖民壓迫的結構。通過對種族等級體系的分析，法農發掘出了殖民壓迫的內核。他認為，在這套統治體系中，殖民者不僅能穩固自己的特權地位，還能

以基庫尤人為主體的肯尼亞**茅茅起義**遭到了英國殖民者的血腥鎮壓。由於鎮壓起義的英軍和親英武裝的成員中也有一些基庫尤人，因此起義也造成基庫尤人的分裂。

打造出一套在文化上和政治上與被殖民者完全不同的表達體系。因此，在阿爾及利亞那樣的後殖民統治地區，他們要想建立起新政治秩序，就必須擺脫過去的文化和政治的統治結構。

法農的去殖民化理論中，對「暴力」的態度可謂模棱兩可。許多人或許聽說過，他的《全世界受苦的人》一書是由讓-保羅·薩特作序，在序中，薩特就強調了反抗殖民主義運動中「暴力」的重要地位。在薩特看來，這本書是要鼓勵人們「拿起武器」；他認為書中描寫的被壓迫者們「狂熱的殺人衝動」，乃是對多年來遭受暴政壓迫的本能反應，是他們「集體無意識」的自然流露。經過薩特這樣的介紹，人們很容易把法農的著作理解為煽動武裝革命的號角。

> 殖民者堵住了土著發洩怒火的出口，繼而穩固了殖民統治；而土著只能繼續被殖民統治的枷鎖緊緊套牢。

——弗朗茨·法農

殖民地的種族主義

但是，如果我們太過看重法農著作中暴力革命的　面，就容易忽視他思想的深邃性和複雜性。

暴力確實是殖民主義的本質形態，但是暴力卻可以以多種形態來呈現。它可以表現為殘忍的暴行，也可以從種族偏見和等級分化的方式之中體現出來，法農認為這些偏見和分化深深地受到種族主義思想體系的影響，並主宰了殖民地的日常生活。在殖民統治下，白種人的文化佔據着支配定位，並將非白人的其他特質都視為低劣的元素。而被殖民者也接受自身文化低人一等的預設，從而為殖民者和被殖民者的分化提供了文化基礎。

法農認為，暴力是殖民統治最重要的因子，他的著作中也充滿了對殖民暴力的詛咒和指控。他論證道，殖民壓迫完全是靠殖民者的船堅炮利來維持的，這種武力威脅迫使被殖民者只能忍氣吞聲。被壓迫的人民只能從兩難之中做出痛苦的抉擇；要麼接受這種臣服的命運，要麼就要遭受暴力的迫害。法農說，人們不僅要對維繫殖民統治的那些觀念預設發起挑戰，而且還要發展出一套與歐洲人不同的身份認同和價值體系來。誠然，武裝鬥爭必不可少，但是若不能真正意義上實現文化的去殖民化，那麼這些武裝抗爭也注定會失敗。

去殖民化之路

《全世界受苦的人》是法農最重要的著作，該書為那些致力於從殖民統治的屈辱中走出去的國家和人民提供了一套理論體系。法農根據自己在先前著作中對白人文化優越性的研究，對白種人的文化壓迫做出了系統性概括：白種人將自己的價值體系施加於其他人身上，並將其上升為整個社會的主流價值。儘管如此，法農對去殖民化的過程所提出的改良方案卻極富

> 奴隸制度剝奪了我祖先的人格，但如今的我已再不是這套制度下的奴隸了。

——弗朗茨・法農

包容性，它不論種族和背景，而是以所有人的尊嚴和價值作為基礎。他強調，在去殖民化的過程中，所有種族和階級都能參與，並且都會從中獲益。除此之外，法農認為，去殖民化的過程若由土著的特權階層來領導，並奢望通過同殖民者的談判來進行改良，則此前壓迫體制中的不平等必然會捲土重來。因為這樣的妥協必定會墮入殖民者的優越性圈套之中。同時，由於被壓迫者總有一種去仿傚統治階層行為姿態的傾向，所以改良的企圖必定會失敗。這種現象在土著的中上層中尤為明顯，他們接受了良好的教育，並且家境相對優越，會極力希望表現出與殖民者在文化上的親緣性，去複製殖時期的等級不平等。

相反，殖民地要實現真正蛻變，就需要平民大眾的參與，並且通過一場持續不斷的運動，創造出一套全新的民族身份特質與認同。一次成功的去殖民化運動，需要能夠激發出民族意識，並生發出一系列的文學和藝術作品，來展現人們在抵抗暴力壓迫、脫離殖民統治中的新興文化。

法農的影響

法農對殖民主義暴力本質進行了深入分析，指出了民族認同對未來國家政治社會發展的重要性，這些工作都對激進主義者和革命領袖的反殖民鬥爭產生了直接的影響。其中《全世界受苦的人》一書更是在事實上成為武裝革命的

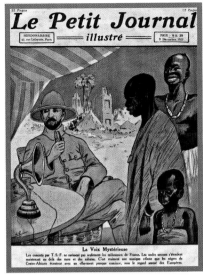

在法國，殖民者被塑造成「文明的歐洲人」，他們為野蠻的土著帶去了文明的秩序。這套種族主義的說辭成為了他們暴力壓迫的辯詞。

鬥爭寶典。同時，法農剖析了殖民統治方式，描繪了殖民主義的後果，這些內容都留下了深遠的學術影響。他指出種族主義是殖民主義的根本，並分析了成功開展去殖民化運動的條件，這都對世界性的貧困研究和全球化研究等學術領域產生了極大的影響。■

弗朗茨・法農

弗朗茨・法農1925年生於馬提尼克的一個富裕的家庭。二戰中，他加入了自由法國軍並參與戰鬥，之後他在里昂學習醫學和精神病學，就在這裏，他親身感受到了許多種族主義的成見，這對他許多的早期作品形成了啟發。

完成學業之後，法農到阿爾及利亞擔任精神病醫生，同時也成為一名傑出的激進主義者和革命代言人。他不僅為阿爾及利亞民族解放陣線培養了許多護士，還將自己對革命的觀察記錄下來，並發表大量文章以表達對革命的同情。由於法農支持叛軍，因此被法國政府驅逐出了阿爾及利亞。在革命接近尾聲的時期，他被阿爾及利亞臨時政府派往加納擔任大使，但很快便遭遇病魔襲擊。1961年，年僅35歲的法農死於白血病，他在生命最後一段時間堅持完成了《全世界受苦的人》一書。

主要作品

1952年　《黑皮膚，白面具》
1959年　《垂死的殖民主義》
1961年　《全世界受苦的人》

給選票，還是吃子彈？

馬爾科姆·X（1928－1965年）

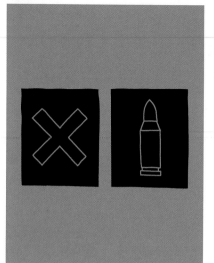

美國黑人應該有資格**參加選舉**。

↓

黑人投票者只應該把票投給那些承諾**代表黑人權利**的候選人。

↓

但是政客們總是在上台之後**背棄**他們在競選期間做出的承諾。

↓

如果政客們**不能兌現**其在競選期間的承諾，那麼美國黑人應該運用**暴力來達到目的**。

↓

給選票，還是吃子彈？

追求社會和政治平等的鬥爭貫穿於美國歷史，歷久不息。第二次世界大戰之後，民權運動成為這場長期鬥爭的新焦點。不過，抗爭者對於應採取何種手段來實現上述平等始終缺乏共識。其中，在印度聖雄甘地非暴力不合作運動的影響下，以馬丁·路德·金為代表的民權領袖們企圖仿傚這種方式，以爭取社會更廣泛的同情和支持。但是這種方案進展緩慢，使得始終無法擺脫種族壓迫的大量美國黑人對這種路徑產生了懷疑。

伊斯蘭國度（Nation of Islam，NOI）是當時的一個重要組織，該組織倡導與白種人徹底決裂，實行黑人民族主義，馬爾科姆·X正是這個組織的重要頭目。他提出了一種與馬丁·路德·金所代表的主流抗爭方式不同的民權鬥爭路徑。他並不認同非暴力的方案；相反，他堅信，要爭取到平等，主要依靠的是人們主宰自我生活的能力。所以，面對那些對基本權利的限制，人們應當採取更直接的行動，並在

> 我們將採取一切手段爭取自由，我們將採取一切手段爭取公正，我們將採取一切手段爭取平等。
>
> ——馬爾科姆‧X

必要情況下使用暴力手段。雖然伊斯蘭國度禁止其成員參加政治活動，但是當馬爾科姆在1964年離開組織另立山頭時，他也開始提倡政治參與，並且以爭取平等選舉權為訴求。他留意到了黑人的投票團體（voting bloc）的發展，認為隨着他們的發展壯大，在選舉期間可以提出徹底變革的要求，以此來對白人政客施加影響，從而確保更大意義上的社會與政治的平等。但是，馬爾科姆依然對這種可能性保持警惕。因為，政客們在競選期間和當選之後言行不一的作態讓他十分擔心，所以，他懷疑即使黑人被賦予選舉權，也很難帶來實質性的改變。

行動之年

1964年，馬爾科姆在底特律發表演講，他嚴正地對政客們提出警告：如果走正規程序，黑人的需求總是得不到正視，那麼他們將親手採取強制手段並且製造暴力。他說，「年輕的一代人對現狀極其不滿，倍感挫折的他們想要動手了。」他們不願再接受次等人種的身份，並且決心破釜沉舟、不計成敗。他說，美國的黑人已經「受夠了白人的哄騙、謊言和空頭支票了。」除非政治制度能夠真正地回

幾位**非裔美國人**抬着一個配有「這裏躺著吉姆‧克勞」標語的棺材在街頭示威，以抗議1944年通過的將歧視黑人合法化的「吉姆‧克勞」種族隔離法。

應黑人投票者的需求，否則他們只能放棄選舉、拿起武器，放棄投票、裝上子彈。

那段時間，馬爾科姆‧X曾顯赫一時，不過他幾乎沒留下甚麼著述。但是他對權利的爭取，以及把美國黑人同他們的非洲遺產重新掛鉤的想法，對民權運動的進程產生了持續不斷的影響。■

馬爾科姆‧X

1925年，馬爾科姆‧X出生於內布拉斯加州的奧哈馬，他本名叫作馬爾科姆‧利特爾（Malcolm Little）。他的幼年時光曾見證了種族歧視對他家庭的摧殘。他的父親是一名基督教浸信會牧師，在1931年死於非命。父親的去世使得他的家庭經濟狀況急轉直下。之後，他的母親被送往了精神病院，而他自己則被領養。1946年，馬爾科姆先是犯了輕罪，後又因入室行竊而被判入獄。

在監獄裏，馬爾科姆受到了社會和宗教的雙重影響，皈依了伊斯蘭教，並加入了伊斯蘭國度組織。獲釋後，他改名馬爾科姆‧X，並且逐漸躋身為美國黑人民族主義的領袖人物。1964年，他離開伊斯蘭國度，完成了去麥加的朝覲，成為一名遜尼派穆斯林，並在非洲、歐洲和美國進行了公共演講。1965年，他遭三名伊斯蘭國度的成員射殺身亡。

主要作品

1964年 《馬爾科姆‧X自傳》（與亞歷克斯‧哈利合著）

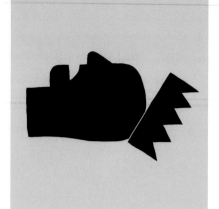

我們要「砍下國王的頭」

米歇爾·福柯（1926－1984年）

背景介紹

思想流派
結構主義

聚焦
權力

此前

1532 年 馬基雅維利完成《君主論》，在這本書裏，他描繪了國家和君王在操控權力之時的陰險狡詐。

1651年 托馬斯·霍布斯完成名著《利維坦》。他在書中強調了統治權的重要性，並認定「自然狀態」是人類的一種糟糕的狀態。

此後

20世紀90年代 綠色保護主義思想家們結合福柯的理論，提出政府可以在專家的協助下制定生態政策。

2009年 澳洲學者艾琳·傑弗雷斯運用福柯的理論分析了中國的社會權力結構，強調了中國社會的理性特質。

社會中的權力該如何定義？這些權力又集中於何處？這是政治思想領域一直以來最受關注的問題之一。在絕大多數重要的政治學著作中，國家（the state）都是權力的唯一場所。馬基雅維利在《君主論》中就談到，權力不論多麼粗暴，只要能符合政府利益就能站得住腳。霍布斯在《利維坦》中，也將大權在握的主宰者視為拯救人類墮落靈魂的濟世良方。他倆同其他一些思想家一起，為現今的政治學思想設定了一個分析樣板，使得當下人們在分析權力時，始終逃不脫政治分析的窠臼。

而對於法國哲學家米歇爾·福柯來說，權力並不僅僅在政治領域中運作，而是分散於社會許許多多的「微觀權力場」中。福柯批評主流政治哲學總是拘泥於狹義的「權力」概念，一直局限於對這個叫作「政治領域」的實體進行分析。在福柯看來，政權不過只是社會權力結構組合的一種形式而已，

算不上一個專門的獨立實體。相反，他更願意把政權視作一系列行為的集合，而不是一個「物自體」。這也就意味着，要真正理解社會中權力的結構與分佈，需要進行更廣義的分析。

福柯對統治權的本質進行了分析。他說，人們總是以為政治理論應該主要對那個立法懲惡的獨立主權者進行解讀，但是這種理解是錯誤的，並應當拋棄。福柯認為，當今的政府性質與 16 世紀時已截然不同。16 世紀時，政治的

> 權力不是一種制度，不是一個結構，也不是某些人天生就擁有的某種力量。
>
> ——福柯

參見：尼科洛‧馬基雅維利 74～81頁，卡爾‧馬克思 188～193頁，保羅‧弗萊雷 297頁，諾姆‧喬姆斯基 314～315頁。

> 社會的**性質**已經**變**了。

> 權力不再只在**政治領域**運作，也不再只屬於個某一個**權威人物**。

> 政權的權力**已不能**再從社會的權力體系中**單獨出來**了。

> 權力也存在於社會中的每個「**微觀權力場**」裏，例如學校、單位和家庭。

> 要理解權力的運作，我們就要在政治理論中「砍下國王的頭」。

米歇爾‧福柯

福柯出生於法國普瓦捷的一個富裕家庭。他天賦異稟，很快就成為小有名氣的哲學家。1969年，法國政府總結一年前學生運動的教訓，把巴黎大學拆分為13所大學，而福柯則來到巴黎第八大學擔任哲學系主任。福柯支持學生的激進行動，甚至曾親自參與了同警察的纏鬥之中，這也使他臭名昭著。1970年，他當選法蘭西學院思想體系史教授。

福柯在自己的人生末期參與了美國的激進主義運動。他一生中出版了大量著作，在哲學和社會科學諸多領域中都是一號重要人物。1984年，福柯因患愛滋病而去世。

主要作品

1963年　《臨床醫學的誕生》
1969年　《知識考古學》
1975年　《規訓與懲罰》
1976—1984年　《性史》

問題在於主權君主如何獲取權力並維持權力；而當下，政治領域的權力只是社會權力體系的一個組成而已。因此，他認為政治學家們應該「砍下國王的頭」，重新發展一套解釋權力的方法，來應對這種變化。

治理術

福柯在法蘭西學院授課時，對自己的這些思想進行了完善，並提出了「治理術」（governmentality）的概念。這個理論把治理視為一種藝術，它由一系列的控制和規訓的技術組成；這些技術被運用於各種社會場景中，如家庭、學習和工作場所。他的這種理解，拓展了此前局限於政權統治層級結構的權力觀念，並強調社會中存在多種不同的權力形式，例如知識和數據收集等活動中都滲透着權力的影子。他將這種權力分析運用在了自己的許多作品之中，對包括語言、懲罰和性等領域都進行了精彩的分析。■

在福柯看來，**學校教室**是政治「微觀權力場」的一個例子。微觀權力並不處於傳統的政治領域，而是在社會之中進行運作。

世上根本沒有甚麼解放者，是人民自己解放了自己

捷·古華拉（1928－1967年）

背景介紹

思想流派
革命社會主義

聚焦
游擊戰

此前
1762 年 讓 - 雅克·盧梭在《社會契約論》的開篇寫道，「人生而自由，卻無往不在枷鎖之中。」

1848 年 卡爾·馬克思和弗雷德里希·恩格斯共同發表《共產黨宣言》。

1917 年 俄國十月革命推翻沙皇統治，建立起布爾什維克的共產主義政權。

此後
1967 年 法國政治哲學家雷吉斯·德布雷提出「游擊中心論」（focalism），將游擊戰上升為理論。

1979 年 尼加拉瓜反對武裝通過游擊戰推翻了索摩查家族的獨裁統治。

古華拉的一生輾轉於古巴、剛果（金）和玻利維亞，積極參加當地的革命鬥爭，這使得在人們眼中，他主要是一個行動派而非政治思想家的形象。但是，由他發揚光大的游擊戰思想卻為社會主義革命的發展做出了重要貢獻。那時，南美洲有多個國家被美國扶持的獨裁者所把持，這使得親眼目睹了這種統治下的壓迫和貧窮狀況的古華拉堅信，要解放這塊熱土，只能靠馬克思倡導的推翻資本主義的革命才能實現。

不過，馬克思是對那個年代的歐洲資本主義國家做理論分析，而在古華拉那裏，則是要展開更為政治化和武裝化的革命實踐。其實，同南美的專制政權比起來，馬克思

> 在特定的情形下，人民的力量能推動**革命**進程。

> 武裝組織**在農村地區**擁有得天獨厚的優勢。

> **游擊隊**適合在農村地區發難，因為它能夠通過動員不滿的人民參加暴動，從而組織起反抗當局的**人民陣線**。

> 世上根本沒有甚麼解放者，是人民自己解放了自己。

參見：卡爾・馬克思　188~193頁，弗拉基米爾・列寧　226~233頁，列夫・托洛茨基　242~245頁，安東尼奧・葛蘭西　259頁，毛澤東　260~265頁，菲德爾・卡斯特羅　339頁。

人民組成的軍隊引導古巴革命，取得了對政府軍的勝利。其中古華拉所提出的游擊戰思想對這場革命勝利居功至偉。

時代的歐洲國家已是足夠仁慈開明了，古華拉也明白，要推翻這些政權，武裝鬥爭是唯一的手段。他不願坐等一個萬事俱備的革命時機，而是打算通過游擊戰術煽動人民造反，主動地為革命創造條件。

權力屬於人民

古華拉在《古巴革命戰爭回憶錄》和《游擊戰》兩本著作中談到，1956年古巴革命的勝利很大程度上要歸功於革命對人民的成功動員。他認為，革命不是靠某個解放者為人民送來自由，而是要通過源自人民的草根行動來逐漸瓦解剝削性的體制，由人民自己來解放自己。他相信，這種革命不能在工業化的城鎮中打響，而應該在農村地區通過一系列的小型武裝起義，給政權製造最大的麻煩。這樣的暴動能夠動員心懷不滿的民眾，在他們的支持之下，造反者能組織起人民陣線，從而逐漸達到全盤性革命的聲勢。

古華拉在古巴取得成功之後，先後對中國、越南和阿爾及利亞的武裝鬥爭進行聲援，並隨後親自投身到剛果（金）和玻利維亞的革命鬥爭之中，可惜並未取得成功。游擊戰術是古華拉的革命游擊中心論（foco）的核心，他的這一戰術後來對全球各地的反抗運動產生過重要影響，這其中既包括南非非洲國民大會對種族隔離制度的抗爭，也包括阿富汗塔利班組織進行的伊斯蘭運動。

古華拉同時還是一位出色的政治家。在擔任古巴政府官員期間，他為把古巴建設成社會主義陣營中的重要成員立下了汗馬功勞，並曾在工業、教育和金融領域實施多項政策，以期將資本社會中利己和貪婪的毒草從古巴消除乾淨，讓古巴人民進一步實現解放。古華拉為世人留下了包括個人日記在內的大量著述，它們依舊對當下的社會主義思想產生影響。■

如果你每次路見不平，都會氣得發抖，那麼你就是我的同志。

——古華拉

捷・古華拉

捷・古華拉出生於阿根廷的羅薩里奧，當然人們更熟悉他「捷」（「嗨，朋友」的意思）的這個暱稱。他在布宜諾斯艾利斯學習醫學期間，曾先後兩次騎行摩托車穿越南美洲。在途中，他親眼目睹了沿途各國人民的貧窮和疾病，了解底層人民惡劣的工作環境，這些經歷讓他更加堅定了自己的政治立場。

1953年畢業以後，他再一次漫遊拉丁美洲各國，這次走得更遠，並在旅途中見證了危地馬拉的民主政權被美國扶持的勢力所推翻的過程。1954年，古華拉結識了菲德爾・卡斯特羅，兩人一起領導了古巴革命取得勝利。1965年，他離開古巴，前往剛果（金）幫助當地人開展游擊鬥爭，次年他又轉戰玻利維亞。1967年10月8日，古華拉被美國中情局支持的軍隊俘獲；次日，當地軍隊違背美國當局意願，動手殺死了古華拉。

主要作品

1952年　《摩托車日記》
1961年　《游擊戰》
1963年　《古巴革命戰爭回憶錄》

每個人都先得把富人們哄開心

諾姆·喬姆斯基（1928−）

背景介紹

思想流派
自由全上的社會主義

聚焦
權力和控制

此前
19 世紀 50 年代 馬克思指出，政治和經濟的權力掌握在統治階級手中。

20 世紀 20 年代 德國社會學家馬克斯·韋伯提出，社會是由官僚組成的精英階層所掌控的。

1956 年 美國社會學家查爾斯·W. 米爾斯在《權力精英》一書中提出，社會中的重大決策都是由大商人、軍人和少數政客所操控的。

此後
1985 年 捷克劇作家瓦茨拉夫·哈維爾發表了《無權力者的權力》一文。

1986 年 英國社會學家邁克爾·曼恩提出，「社會」是一個由多種重疊交叉的權力網絡組成的組合體。

像媒體和銀行這樣的在社會中起**支配作用的機構**，總是掌控在少數富人手中。

↓

富人會確保這些支配性機構按照**符合他們利益**的方式來運行。

↓

任何**改革的衝動**都將給資本的投資形成阻礙，會給**經濟帶來巨大傷害**。

↓

為了經濟健康穩定運行，即使是最貧窮的人，也必須服從這套按**富人利益需求**運行的體制。

↓

每個人都先得把富人們哄開心。

社會中的權力集中在誰的手中？這是長期以來一直吸引思想家和政治家的一個大問題。隨着人類持續發展，組織不斷形成，有各種不同的羣體和社會機構參與到社會運作中，繼而在全球範圍內形成了一個高密度的權力關係網絡。那麼，這一變化是否意味着權力是均衡地分散在社會的各個角落裏的？還是說，權力其實僅僅掌握在一個由少數權貴構成的「精英階層」手中呢？

美國語言學家、政治哲學家諾姆·喬姆斯基認為，在絕大多數國家裏，社會和政治的核心機構總是掌握在少數富人手裏，他們把像大眾傳媒和金融體系這樣的社會機構掌控於手心，確保社會按照有利於權力精英階層的方式來運轉。同時這也意味着，只要報紙和銀行這些支配性的社會機構能維持現狀，做到互利共存，那麼其他的社會道路和全盤性轉變就幾乎沒有出現的可能。這羣社會精英不僅在

參見：柏拉圖 34～39頁，卡爾•馬克思 188～193頁，弗雷德里希•哈耶克 270～275頁，保羅•弗萊雷 297頁，米歇爾•福柯 310～311頁。

> 權力正日益集中於那些莫名其妙的機構手中。
>
> ——諾姆•喬姆斯基

財富和地位上有巨大的優勢，而且能使腳下的這一社會結構始終按自己希望的方式來運行。

在喬姆斯基看來，任何全盤性改革的企圖，都不外乎會造成以下兩種結果之一：一種會導致軍事動盪，但權力最終還是會回到少數人手中；（更有可能出現的）另一種則會對資本流動形成阻礙，並會造成嚴重的經濟問題。而後一種結果，最終會迫使社會中所有人，不論貴賤，都只有容忍富人的特權，才能勉強保住自己現有的利益。所以，為了經濟穩定，每個人都先得把富人們哄開心。

旱澇保收

權力的集中化可不是這羣少數精英人為搗鼓出的陰謀，而是一種結構化的社會現象。政府、大公司和投資人為了穩固各自的利益，會將公共政策中任何極端的傾向徹底扼殺。同時，他們會建立起一套相互依存的制度網絡來維持經濟體系的穩定，然後再告訴公眾，他們這樣做對大眾有利。不過，喬姆斯基指出，這套體制能帶來的所謂「利益」，「只是便於精英謀利，而對平民無益，也就是說它只是在技術層面上對經濟有益罷了。」除此之外，喬姆斯基還將世上最富裕的國家視作地球的「精英階層」，認為它們對發展中國家的安全和

像法國興業銀行這樣的**大型銀行**的總部，總是這般華貴氣派。在喬姆斯基看來，整個社會的運轉就是為了把這些富裕的組織哄開心。

資源都構成了威懾。不過他也指出，如今帝國主義國家的爭霸原則已有所變化，在這個日漸多元化的世界中，隨着權力逐漸趨於分散，大國實施霸權的能力也已有所削弱了。■

諾姆•喬姆斯基

艾弗拉姆•諾姆•喬姆斯基出生於美國費城。他畢業於賓夕法尼亞大學，曾在哈佛學者協會擔任過一段時間的初級研究員，在之後超過50年的時間裏，他都為麻省理工大學效力。在那裏，他一邊在語言學領域做出了傑出貢獻，一邊也積極參與到廣泛的政治領域活動之中。喬姆斯基在12歲就發表了抨擊法西斯主義的文章，從那時起就成為一名政治激進主義者，並對權力問題和美國在全球的擴張主義尤為關注。雖然他的作品常常充滿爭議，但是仍在許多領域產生影響，這也為他贏得了許多榮譽。至今，他已完成了超過100本書，開設的講座也已遍及全球各地。

主要作品

1978年　《人權和美國外交政策》
1988年　《製造共識》
1992年　《扼殺民主》

世界上沒有甚麼東西比純粹的無知更危險

馬丁・路德・金（1929－1968年）

20 世紀 60 年代，美國的民權運動來到了最後的階段。自一個世紀前的南北戰爭結束之後，重建中的南方各州一直尋求用法律手段把隔離黑人和剝奪黑人公民資格的現狀確立下來。他們制定了一系列的區域性法令，有效地剝奪了黑人的大量基本公民權利，這些法令被世人統稱為「吉姆·克勞」法。而美國黑人追求公民權利的鬥爭自南北戰爭結束之後就已揭開大幕，但直到 20 世紀 50 年代中期，它才通過群眾抗議和公民抗命的方式演變為大規模的社會運動。

對無知的抗爭

馬丁·路德·金博士是一名激進的民權鬥士，他與全國有色人種協進會 (National Association for the Advancement of Colored People, NAACP) 一道，抗爭在運動的最前線。他受到世界各地民權鬥爭成功經驗的鼓舞，尤其是在印度聖雄甘地對英國殖民者的非暴力運動的影響下，馬丁·路德·金逐漸成為這場鬥爭中的領軍人物。1957 年，他召集數名黑人宗教領袖一起建立了南方基督教領袖會議 (Southern Christian Leadership Conference，SCLC)，這是個由眾多黑人教堂構成的聯合組織，它拓闊了運動的組織力量，使運動第一次形成了全國性的規模。

同其他的民權運動一樣，馬丁·路德·金認為抗爭的一個要點是

> 自由從來不是由壓迫者主動給予的；被壓迫者只有通過爭取才能贏得自由。

——馬丁·路德·金

種族歧視源自人們心中一些**根深蒂固的觀念**。

這些觀念分明是錯誤的，但卻將人們引致了**野蠻的行為**。

世界上沒有甚麼東西比純粹的無知更危險。

所以，要消除歧視，就需要**改變人們的成見**。

要借啟蒙之光來戰勝無知之暗。當時，美國南方各州政府一以貫之地信奉白人身份優越和權利優先的觀念，並在此基礎上形成了一套把黑人以及其他少數族裔排斥在外的政治體制。當權者對這些觀念的堅持讓馬丁‧路德‧金感觸良多，他認為這種「純粹的無知」恰恰就是當前不平等現象的根源。因此，任何試圖通過單純的政治手段來改變現狀的路徑都注定會遭到失敗。誠然，要想變革政治體制，並爭取民主政治的平等參與權，直接行動自然必不可少。但同時，想要實現長遠性的改變，民權運動就還必須剷除多數人心中對少數族裔根深蒂固的成見。

非暴力抗爭

　　與馬爾科姆‧X和斯托克利‧卡邁克爾（Stokely Carmichael）等其他黑人民權運動領袖不同，馬丁‧路德‧金把「非暴力」奉為這場鬥爭最基本的原則。雖然在對方的挑釁面前，要想堅守非暴力的原則需要極高的道德水準，但是甘地的事蹟證明這依然是做得到的。甘地相信，如果抗議活動墮入暴力，那麼抗議者的崇高目標將遭到玷污，公眾的支持和同情也會流失。馬丁

‧路德‧金本人為防止民權運動陷入暴力做出了極大的努力，他甚至會在自己的演講和抗議存在引發激進分子暴行的苗頭時就取消自己的活動。與此同時，當他遇到激進民權分子的暴力和恐嚇時，他也毫不畏懼，毅然面對。他會走在遊行示威的最前線，他曾經多次受傷，並且數次被捕入獄。他知道，警察對民權鬥士野蠻鎮壓的那些畫面，正是運動獲得全國性支持的最有效武器。

　　馬丁‧路德‧金的非暴力原則還塑造了他反對越戰的立場。1967年，他發表了〈超越越南〉（Beyond Vietnam）的著名演講，嚴厲譴責美國發動越戰的邏輯，將其斥之為美國軍事冒險主義，並批評當局把大量的資源消耗在了軍事上。他在某種程度認為，越戰所消耗的大量預算支出本可以用於解

>
> **非暴力手段不僅要克制外在的暴力行為，還要克制內在的暴力慾望；你不僅要克制射殺一個人的衝動，還要克制對他的仇恨。**
>
> ——馬丁‧路德‧金
>
>

決貧苦問題，因此越戰在道義上已失去了正面意義。此外，他還認為這場戰爭在事實上給越南的窮人也帶來了痛苦。

　　在民權鬥爭中是否應採取暴力手段，迄今為止仍是公民抗命領域的一個爭議性話題。在《來自伯

1957年，**9名黑人學生**挑戰種族隔離制度，欲進入小石城的白種人專屬高中就讀。他們在遭到學校阻撓後，在聯邦陸軍的護送下得以入學。

在民權運動期間，非暴力的公民抗命曾運用多種方式進行抗爭。例如拒絕在公交車上的「有色人種區」入座。

明翰的獄中書簡》中，馬丁・路德・金闡明了他抵抗美國種族主義無知成見的策略，他說道，「非暴力直接行動的目標，就是通過製造如今這樣的危機，營造當前這樣的緊張局勢，來迫使那些一直拒絕與我們談判的社羣不得不直面這個問題。」不過，運動的另一些參與者對此提出異議，批評這樣的變革速度太過緩慢，而且認為對於當前狀況，以暴制暴才是最符合道義的正確做法。

反對一切不平等

　　馬丁・路德・金的民權運動思想在 20 世紀 60 年代更進一步，他不僅關注種族間的不平等，還進一步關注經濟領域的不公正現象。1968 年，他發起「窮人運動」，要求聯邦政府劃撥更多財政支出，以解決收入、住房和貧困等問題。具體而言，運動要求政府提供最低工資保障、擴大公共房屋建設，並且做出推進充分就業的承諾。該運動希望能團結一切種族，解決關乎所有公民的貧困問題。但是馬丁・路德・金在運動開始前就不幸身亡；之後雖然出現了大規模的遊行示威行動，但這些行動並未取得民權運動那樣的成功。將種族與貧困相關聯，本就是民權運動一以貫之的主題，也是貫穿於馬丁・路德

・金的各項行動的始終。例如，在 1963 年「（為工作和自由）向華盛頓進軍」的運動中，反種族歧視自是其核心內容，但同樣也對經濟平等的權利提出了要求。而在他反對越南戰爭時，他也曾批評，

>
> 歧視是地獄之犬，在黑人們覺醒後的每時每刻，它都在向黑人狂吠，提醒他們必須把「黑人生而低人一等」的謊言當成真理來接受。
>
> ——馬丁・路德・金

美國介入越戰是想轉移國內民眾注意力，並敷衍民眾對經濟改革的訴求。除了開展具體社會運動，擴大社會福利也自始至終都是貫穿於馬丁・路德・金及其 SCLC 同仁的永恆主題。

　　在自己的最後一本著作《我們將從此去向何方：走向混亂還是形成共同體》中，他談到，人們還必須改變對窮人的成見。他感到，坊間盛行一些針對貧人的說辭，例如，「經濟地位是衡量一個人能力和才華的尺度」，又如，「一個人缺乏物質財富就必然缺少勤勉和堅韌的品質」，這些觀念將助長人們對貧困問題的誤解。因此，要解決貧困問題，必須要對這些成見發起挑戰。

馬丁・路德・金的遺產

　　馬丁・路德・金是現代民權領袖中最有影響力的人之一。他的演說將流芳百世，他的名言已進入美國人的日常用語，他的著作還依然不斷激勵着美國乃至全世界的行動者們去跟隨他的腳步。不過，衡量他所做貢獻的最確切辦法，或許當屬他領導的民權運動所推動的對公民權利的改革。1965 年的《選舉權法案》和之後的《1968 年民權法案》標誌着「吉姆・克勞」法的終結，並廢除了南方諸州對黑人公然歧視的制度基礎。不過，他希望解決的另一個不公正現象，也就是貧困問題，至今依然任重道遠。■

> 當一個人因個人尊嚴不被社會承認而抗爭時，他的抗爭行為已經讓他有了尊嚴。
>
> ——貝雅・拉斯丁

馬丁・路德・金知道自己可能遭到暗殺，但他依然毅然走在民權運動的最前線。而在他去世幾天之後，美國就通過了《民權法案》。

馬丁・路德・金

　　馬丁・路德・金出生於佐治亞州的亞特蘭大，青年時代在波士頓大學求學。1954年時，他成為一名牧師，並成為全國有色人種協進會的高層人物。在此時期，他躋身為民權運動的一位領袖人物，在美國南部地區組織了多場抗議行動，其中包括1955年在蒙哥瑪利市組織的罷乘運動。1963年，他因為在阿拉巴馬州的伯明翰市組織抗議而被捕入獄長達兩週時間。

　　出獄之後，馬丁・路德・金領導了向「華盛頓進軍」的運動，並發表了「我有一個夢想」的著名演說。1964年，他獲得了諾貝爾和平獎，並引導民眾對當局施壓以廢除「吉姆・克勞」法。1968年4月，在支持孟菲斯清潔工人罷工時，馬丁・路德・金遇刺身亡。

主要作品

1963年　《為何我們不能再等待》
1963年　《來自伯明翰的獄中書簡》
1967年　《我們將從此去向何方：走向混亂還是形成共同體》

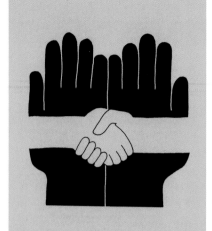

改革的實質在於把社會主義和民主結合起來

米哈伊爾·戈爾巴喬夫 (1931-)

20 世紀 80 年代，時任蘇共中央總書記的米哈伊爾·戈爾巴喬夫計劃通過改革來挽救該國的經濟泥潭。戈爾巴喬夫認為，國家經濟的停滯，源自於社會財富的不公分配、挫傷人民積極性的僵化經濟體制和權力高度集中的行政指令體制。

戈爾巴喬夫的方案由兩個主要成分構成。其中「改革」（Perestroika）在俄語中是「重建」的意思，其內容包括重新提倡民主集中制原則，推崇科學管理手段，並根據社會正義普惠原則為人們爭取平等的福利。而「公開性」（Glasnost）在俄語中為「開放」之意，指的是增加蘇聯社會和政治領域的透明度，並推動言論自由。

戈爾巴喬夫指出，這樣的民主化進程並不是要放棄社會主義制度。他聲稱，在列寧思想的精髓裡，社會主義並不是一個死板的教條，而應該是一個不斷變革的過程。在戈爾巴喬夫看來，社會主義和民主本就不可分割；不過，他對民主的理解也僅限於增加工人階級權力的自由而已。

不幸的是，戈爾巴喬夫改革最終造成了蘇聯經濟的急劇惡化，而他的社會改革也加速了蘇聯的最終解體。■

戈爾巴喬夫的民主化還包括與美國總統里根商議停止冷戰的決定。

參見：卡爾·馬克思 188~193頁，弗拉基米爾·列寧 226~233頁，列夫·托洛茨基 242~245頁，安東尼奧·葛蘭西 259頁，毛澤東 260~265頁。

我們的知識分子們愚昧地反對伊斯蘭教

阿里・沙里亞蒂（1933－1977年）

　　阿里・沙里亞蒂是伊朗著名哲學家，他的思想是伊斯蘭原教旨主義、後殖民主義影響下的產物。沙里亞蒂長期致力於伊斯蘭國家擺脫西方統治並實現民族獨立的事業。

　　沙里亞蒂着力消除人們對伊斯蘭教的各種誤解。他認為，伊朗社會中，受教育的階層和普通民眾之間存在著一道鴻溝，正是這種有害的階級分化造成人們對伊斯蘭教的誤解。

抨擊知識分子

　　伊朗的一些知識分子企圖運用西方發展模式和現代性理念來改造伊朗，但是他們卻對伊朗不同於歐洲國家的特殊國情缺乏認識。他們不但否認伊斯蘭精神對伊朗文化的支配和維繫地位，而且還總是把經濟發展的失敗歸咎於宗教問題。沙里亞蒂認為，要讓伊朗實現真正的解放，就必須認識並承認伊斯蘭教在這個國家的根本地位，並且在宗教規範的框架內，建立一個人人平等的社會制度。當然，這需要人民羣眾擁有更高的自我覺悟；也需要這些知識分子更加崇尚「信仰」。不過，沙里亞蒂並非徹底拒絕現代性；相反，對他而言，強調伊斯蘭文化的根本地位，正是為了讓伊朗立足於現代世界之林。∎

當下已經沒有像穆罕默德一樣至明、至威、至善的先知了。
——阿里・沙里亞蒂

參見：穆罕默德 56～57頁，莫罕達斯・甘地 220～225頁，穆斯塔法・凱末爾・阿塔圖爾克 248～249頁，賽義德・毛杜迪 278～279頁。

戰爭的殘酷性將驅使人們打破所有道德的限制

邁克爾·沃爾澤（1935—）

背景介紹

思想流派
社羣主義

聚焦
正義戰爭理論

此前
1274 年 托馬斯·阿奎那在《神學大全》中提出了正義戰爭的道德原則。

14 世紀 -15 世紀 薩拉曼卡學派的學者們總結道，只有當戰爭能夠防止更為邪惡的事態發生之時方為正義。

1965 年 美國派遣地面部隊直接介入越南戰爭。在國內的反戰聲勢中，美國的最終失敗也引發了人們對戰爭的道德邊界進行重新審視。

此後
1990 年 美國總統老布什曾在第一次海灣戰爭前引述正義戰爭理論。

2001 年 「9·11」恐怖襲擊事件之後，美國牽頭的武裝力量入侵阿富汗。

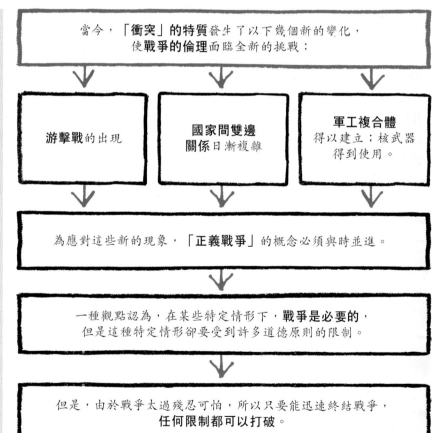

當今，「衝突」的特質發生了以下幾個新的變化，使戰爭的倫理面臨全新的挑戰：

游擊戰的出現

國家間雙邊關係日漸複雜

軍工複合體得以建立；核武器得到使用。

為應對這些新的現象，「正義戰爭」的概念必須與時並進。

一種觀點認為，在某些特定情形下，**戰爭是必要的**，但是這種特定情形卻要受到許多道德原則的限制。

但是，由於戰爭太過殘忍可怕，所以只要能迅速終結戰爭，**任何限制都可以打破**。

戰爭的殘酷性將使人們打破所有道德的限制。

參見：孫子 28～31頁，希波的奧古斯丁 54～55頁，托馬斯‧阿奎那 62～69頁，尼科洛‧馬基雅維利 74～81頁，史沫特萊‧D.巴特勒 247頁，羅伯特‧諾齊克 326～327頁。

戰爭在何種情形下是正義的？戰場上哪些行為是被容許的？長期以來，每當人們陷入戰爭之中，上面這些問題就會驅使政治思想家們對此進行思考。希波的奧古斯丁曾探討了正義戰爭的條件，他指出，以自衛和解救危難民眾為目的而發動的戰爭，不僅在道德上是正義的，而且是一種不可推卸的使命。而後，托馬斯‧阿奎那在《神學大全》中的論述為現代的正義戰爭理論奠定了基礎，他認為戰爭不能因私人利益爭鬥而發動，它必須由擁有合法權威的政治體來發動和執行，而且必須以保衛和平作為最高的目的。

但是這些年來，隨着軍工複合體的建立和國家之間關係的複雜化，加之遊擊戰術的出現，上述戰爭倫理的基本準則都遭遇到了新的挑戰。

美國政治哲學家邁克爾‧沃爾澤是 20 世紀最為傑出的正義戰爭理論家之一。在沃爾澤看來，在某些特定條件下戰爭確實是必要的，但是這些發動戰爭的條件和戰場上的行為都應受到倫理道德的嚴格限制。

不過，沃爾澤也認為，一場正義且必要的戰爭可以動用一切手段，不論這一手段有多麼可怕。他舉例說，如果殺掉一個平民能使戰爭迅速結束，那麼這樣的做法也是正當的。他認為，戰爭確實應當受到道德原則的約束，但沒有甚麼約束是絕對不可打破的。

正義與不正義戰爭

在沃爾澤看來，在現代衝突之中，戰場瞬息萬變，具體情形的倫理問題極為複雜，這對道德原則造成了巨大挑戰。他援引了第二次世界大戰中盟軍對德累斯頓進行大轟炸的例子，論證了現代戰場上的道德複雜性。此外，核武器的使用更是給沃爾澤增添了難題，因為核武器的災難性後果使戰爭倫理的邊界再次遭遇嚴峻挑戰，使為戰爭建立道德原則體系的企圖更加渺茫。不過他認為，當這些極端武器是你的最終打擊手段時，這樣的行為依然是正當的。∎

核武器的出現對沃爾澤的思想造成了深遠的影響。

邁克爾‧沃爾澤

邁克爾‧沃爾澤出生於紐約，曾在波士頓的布蘭迪斯大學、英國劍橋大學求學，1961年在哈佛大學獲得博士學位。1970年，他和羅伯特‧諾齊克在哈佛大學開設了一門辯論課，這門課的內容後來成就了兩部重要著作：諾齊克的《無政府、國家和烏托邦》和沃爾澤的《正義諸領域》。2007年，沃爾澤晉陞成為普林斯頓大學高級研究院的終身教授。

沃爾澤在許多領域都頗具影響力，除了正義戰爭理論外，他還參與到了平等、自由主義和正義等話題的論爭中。他提倡社羣的自我管理，也關注市民社會和福利國家的問題。他還是一名傑出的公共知識分子；而他對正義戰爭的論述對當代的許多政治家和軍事領袖產生着持久的影響。

主要作品

1977年　《正義和非正義的戰爭》
1983年　《正義諸領域》
2001年　《戰爭與正義》

比「最小政府」擁有其他任何多餘職能的政府形式都是不需要的

羅伯特·諾齊克（1938－2002年）

背景介紹

思想流派
自由主義

聚焦
自由至上主義下的個人權利

此前
1689 年 約翰·洛克在《政府論》中論述了社會契約的觀念。

1944 年 弗雷德里希·哈耶克在《通往奴役之路》中批判了政府通過中央計划來調控社會的行為。

1971 年 約翰·羅爾斯在《正義論》中倡導，政府應當對社會中的不公正做出糾正。

此後
1983 年 邁克爾·沃爾澤在《正義諸領域》中探討了教育之類的社會資源的分配問題。

1995 年 加拿大思想家 G.A. 柯亨在《自我所有、自由和平等》中，以馬克思主義的觀點批評了羅爾斯和諾齊克。

國家只應為個人提供**基本權利**保障，例如保護人們免於強制。

而如果國家參與到任何其他的行為中，就會入侵到個人權利的領域。

比「最小政府」擁有其他任何多餘職能的政府形式都是非正義的。

在這個強政府和公共機構盛行的時代，政治理論的肥沃土壤裏也不會缺乏為個人權利辯護的聲音。這些激辯之聲裏，哲學家羅伯特·諾齊克是其中的佼佼者，他的著作在某種程度上對約翰·洛克和約翰·羅爾斯做出了回應。

洛克 1689 年的著作《政府論（下篇）》裡提出，每個人都享有自然權利，但需要一定的政府形式來保證這些權利的實現。這一思想為現代國家理論奠定了基礎。而在此基礎之上的社會契約理論，得到了讓 - 雅克·盧梭的發展。他提出，個人所以讓渡出部分權利，是為了獲得來自國家的保護。

羅爾斯 1971 年的著作《正義論》也同樣以契約論作為其觀點的基礎，他希望用這種方法來調和洛克所提出的自由與平等的關係。羅爾斯設計出一個框架，使人們能就一個以公平與平等、而非自我利益

參見：約翰・洛克 104～109頁，伊曼紐爾・康德 126～129頁，亨利・戴維・梭羅 186～187頁，約翰・羅爾斯 298～303頁，邁克爾・沃爾澤 324～325頁。

> 每個人都享有權利；而且，有一些事情是任何人、任何團體都不能對這個人做的。
>
> ——諾齊克

為基礎的正義觀達成共識；這個思想也為社會民主提供了學理基礎。而諾齊克則套用了洛克和康德的理論指出，羅爾斯的社會協作形式存在一定的隱患。諾齊克的理論，為主張儘量限制國家職能範圍的自由至上主義理念帶來了復興。

按照諾齊克的推導，除了「最小政府」（minimal state）之外，其他任何的政府形式都會傷及個人權利，因此其正當性將無法保證。他指出，除了「保護人們免於暴力、偷竊、欺詐，保證人們履行契約」等基本功能之外，國家參與其他的任何行動，都必將侵犯個人的權利，就算是羅爾斯也要求保護的那些權利，也毫不例外會遭到侵犯。

無政府、國家和烏托邦

諾齊克的觀點主要呈現在《無政府、國家和烏托邦》一書之中。在此書中，他為最小政府辯護，並且對羅爾斯所主張的許多觀點進行了正面的回覆。該著作的內容，來自於諾齊克在哈佛大學同邁克爾・沃爾澤以辯論的形式共同開設的一門課。而沃爾澤後來也成為該書觀點的最有力批評者之一。

《無政府、國家和烏托邦》中最著名的論斷是：現代國家用以進行收入再分配和建設公共項目的稅收制度，在道義上是站不住腳的。諾齊克認為，由於稅收制度強制性地將人的一部分勞動成果轉移給他人，所以它是一種強制勞動的形式。諾齊克認為，由於社會之中的每個成員，都擁有其勞動成果的正當所有權，因此稅收可以被視作一種奴役形式。

《無政府、國家和烏托邦》影響力巨大，它為自由至上主義和自由主義之間劃明了界限。如今，人們時常在閱讀《正義論》的同時也閱讀此書，它已被視為現代政治哲學最重要的著作之一。■

稅收制度被諾齊克視為一種奴役的形式，因為它使得社會中的某個成員能夠獲取其他成員的勞動成果，因此這其中蘊含了「強制性勞動」。

羅伯特・諾齊克

羅伯特・諾齊克1938年生於紐約，是一個猶太企業家的兒子。他曾先後求學於哥倫比亞大學、牛津大學和普林斯頓大學。最初，他的觀點偏左；後來，他在研究生期間研讀了哈耶克、安・蘭德以及其他一些倡導自由市場的思想家的書，並從此轉變成為自由至上主義者。他的教職生涯主要是在哈佛大學度過，在那裏，他逐漸躋身為自由至上主義思想界的頂尖人物。不過，諾齊克的哲學思想立場並不堅定。

《無政府、國家和烏托邦》是諾齊克第一本、也是最重要的一本著作。但他並不把自己限定在政治哲學這一個領域，他一生的著述還遍及許多科目。而在生命最後幾年裏，他還放棄了自己曾經的極端自由至上主義立場，並且開始提倡對遺產權進行限制。

主要作品

1974年　《無政府、國家和烏托邦》

1981年　《哲學解釋》

1993年　《理性的本質》

沒有哪條伊斯蘭教義寫過婦女的權利可以被侵犯

希爾琳·艾芭迪（1947-）

背景介紹

思想流派
伊斯蘭

聚焦
激進的人權活動

此前
1953 年 美國 CIA 策動 1953 年伊朗政變，推翻了伊朗民選的穆罕默德·摩薩台政權。

1979 年 阿亞圖拉·魯霍拉·霍梅尼領導伊朗革命推翻專制君主，建立伊朗伊斯蘭共和國，同時實施了一系列高壓性的法律。

此後
2006 年 德黑蘭爆發爭取婦女權利的遊行，部分示威者遭拘捕，被判處有期徒刑，並遭到體罰。

2011 年 北非和中東地區多個國家爆發阿拉伯之春，社會和政治發生劇烈變化，不過伊朗得以倖免。

在伊斯蘭世界國家中，人權處於何種地位？由這一思考衍生出的問題對當今政治思想產生了重要影響。隨着伊斯蘭原教旨主義的興起，伊斯蘭國家頒佈了一系列「倒退性」的法令，尤其是對婦女在公共場合中的權利進行了歧視性限制。那麼，面對這一局面應當如何應對？這成為眾多伊斯蘭思想家爭論的重要話題。

諾貝爾和平獎得主希爾琳·艾芭迪是一位積極的人權問題活動家。艾芭迪認為，婦女的權利與伊斯蘭教義是完全可以共存的；她還同時指出，伊朗婦女所遭受的歧視和限制是世俗政權的錯誤，而不應當歸咎於伊斯蘭教義。

在這個意義上，伊斯蘭國家應當以何種態度對待主張改善人權的西方國家就容易引起爭議了。對此，艾芭迪強烈反對西方國家對伊朗的干預，並指出這個政權儘管在

1979 年，**伊朗婦女**遊行示威，對新頒佈的要求婦女在公共場所穿着包裹身體服飾的法律表達不滿。艾芭迪相信，改變這種來自執政者的壓迫只能靠伊朗人自己來實現。

性別歧視等人權問題上劣跡斑斑，也確實缺乏民主，但是，外國勢力的任何插手行徑都必將引發國民的敵意，而且只會幫倒忙，讓事情更加複雜。所以，她相信，人權的改善必須源自人們自己，而其中，伊斯蘭國家中最為激進的伊朗婦女運動就是這一變革的榜樣。■

參見：艾米琳·潘克赫斯特 207頁，賽義德·毛杜迪 278～279頁，西蒙娜·德·波伏娃 284～289頁，阿里·沙里亞蒂 323頁。

自殺式恐怖襲擊是對外國侵略者的回擊

羅伯特・佩普（1960－）

背景介紹

思想流派
戰爭研究

聚焦
實證主義政治研究

此前
1881 年 俄國沙皇亞歷山大二世遭遇自殺式炸彈襲擊不幸身亡。

1983 年 黎巴嫩貝魯特發生了兩起針對美國和法國兵營的自殺式炸彈襲擊，伊斯蘭聖戰組織表示對該事件負責。

2001 年 基地組織製造「9・11」事件；在那之後，美國相繼入侵阿富汗和伊拉克。

此後
2005 年 倫敦公交和地鐵遭遇連環爆炸襲擊，共造成 52 人死亡。

2009 年 斯里蘭卡長達 26 年的內戰終於結束，期間泰米爾猛虎組織共製造了 273 次自殺式襲擊。

2011 年 美國從伊拉克撤軍。

長期以來，人們普遍認為自殺式恐怖襲擊是宗教原教旨主義的一種表現形式，其中，襲擊參與者多數具有宗教殉道者的色彩，這更加深了人們的這種印象。對此，美國政治學家羅伯特・佩普收集了海量數據資料，證明了自殺式恐怖襲擊並不是一種宗教的行為，而是一種為了將侵佔祖國領土的境外勢力趕出疆界的世俗行動。

自殺式恐怖襲擊與伊斯蘭原教旨主義幾乎沒有聯繫；它甚至與世界上任何一種宗教都幾乎沒有關係。

——羅伯特・佩普

戰略性回應

佩普 2005 年發表的《為勝利而死》分析了 1980 年到 2003 年之間，總共 315 次可查的自殺式恐怖襲擊。他發現，個人的動機和信仰無法解釋這些行為，宗教和自殺式恐怖襲擊之間也鮮有關聯。相反，他提出了一個「自殺式襲擊的隨機邏輯」理論，也就是說，這些行動源自民間力量對外國侵佔者的戰略性回應。佩普的研究結果發現，所有涉事恐怖分子以及超過 95% 的恐怖襲擊事件，都以民族獨立解放為行動目標。

這一理論的推導結果必然是，由境外武裝力量引導的軍事鎮壓或改革社會的舉動只會增加自殺式恐怖襲擊的數量。正如佩普所言，自殺式恐怖襲擊並不是狂熱的宗教信仰所造成的結果，而是一種「被（反侵略）訴求所驅動的現象」。■

參見：賽義德・毛杜迪 278～279頁，弗朗茨・法農 304～307頁，阿里・沙里亞蒂 323頁，邁克爾・沃爾澤 324～325頁。

DIRECTORY

人名録

人名錄

本書中呈現了人類歷史上絕大多數最重要的政治思想和最傑出的政治家、思想家，然而由於篇幅有限，我們不可避免地漏掉了其他一些塑造和影響人類政治與歷史的關鍵人物。儘管下面這篇附錄也同樣無法窮盡一切，但依然選取了一部分前面未被提及的人物，簡要概述他們的主要成就和最為人知的思想理論。文中同時提供了頁碼檢索，以便讀者能夠快速地找到本書中跟這些人物相關的思想與史實，以及與他們相關或受他們影響的思想家。

大流士一世
約公元前550－前486年

大流士一世於公元前522年成為波斯帝國的君主。他徹底平定了此前推翻了居魯士大帝的武裝反叛；與此同時，他還將波斯帝國的疆域遠闊至亞洲中部、非洲東北部、希臘以及巴爾幹地區。為了管理這個龐大的帝國，大流士一世創立了行省制，並且直接任命總督管理各省日常事務以及稅收。這些分管總督分據各地區首都，例如蘇薩和波斯波利斯，並在這些城市大興土木。為了維護帝國的統一，大流士一世鑄造了達里克作為帝國統一的貨幣；同時，他還將亞拉姆語規定為官方語言。

參見：亞歷山大大帝 332頁。

孟子
約公元前372－前289年

孟子相傳是孔子之孫子思的弟子，因其對儒家學說的重要發展而被視為戰國時期儒家的代表人物。他強調人的「本心」，並從而確立了性善論（或向善論）；他倡導教育，認為「人皆可以為堯舜」。此外他還主張民貴君輕，甚至贊同若「君無道」，臣民可以推翻政權。

參見：孔子 20~27頁，墨子 32~33頁，韓非子 48頁。

亞歷山大大帝
公元前356－前323年

亞歷山大一世是馬其頓帝國腓力二世的兒子，他出生時正值雅典古典文明發展的最高點；很多史學家認為，他在青年時期曾接受過亞里士多德的指導。在腓力二世去世後，亞歷山大順利登上了王座並立即開始著手準備對外擴張的戰爭。他成功地入侵了小亞細亞地區，並從此處開始征服了大流士三世治下的波斯帝國，最終將他的權力範圍延伸至印度北部。在東征的過程中，他將希臘文明和制度介紹到了非洲和亞洲，並在被征服的區域建立了許多以希臘城邦為模型的希臘化城市。

參見：亞里士多德 40~13頁，考底利耶 44·47頁。

成吉思汗
1162－1227年

成吉思汗本名鐵木真，降生於統治着北部蒙古地區的黃金家族；而在成功建立蒙古帝國後，他便獲得了「成吉思汗」的稱號。在他登上帝國權力的巔峰之前，漠北地區的民眾正處於幾個不同的家族統治之下，大部分過着逐水草而居的遊牧生活。成吉思汗將其中的一部分家族統合為一，並發動了一系列軍事戰爭，將他的帝國疆域擴展進了中國。在這位大汗的統治下，蒙古帝國被分割成若干個由他的子嗣和親人所統治的汗國，並不斷擴展其領土面積，一度幅員遠及歐洲。儘管被他征服的地區的人都將成吉思汗視作暴君，但是他的帝國卻在尊重文化多樣化方面廣有建樹。

參見：孫子 28~31頁，考底利耶 44~47頁。

巴托洛梅・德拉斯・卡薩斯
1484－1566年

巴托洛梅・德拉斯・卡薩斯是西班牙著名的教士和歷史學家，於1502年移民至伊斯帕尼奧拉（即今天的海地島）。最初，他曾經營種植園，並且蓄有奴隸；隨後他還參與過西班牙征服古巴的行動。但是在親眼目睹殖民者對當地泰諾人的凶殘暴行之後，他開始轉而為印第安人伸張正義並提供保護。之後，他以多明我會修士的身份進入聖多明各的寺廟，並開始在中美洲地區展開遊歷，最終成為墨西哥恰帕斯教區的主教，並被尊以「印第安人的保護者」的稱號。他對殖民者在美洲地區暴行的控訴，在很大意義上算是開啟了人權普世性思潮的先河。

參見：弗朗西斯科・德・維多利亞86～87頁，納爾遜・曼德拉294～295頁，馬丁・路德・金316～321頁。

阿克巴大帝
1542－1605年

阿克巴大帝是莫臥兒帝國的第三任君主，他不僅吞併了印度北部和中部的大部分地區，更將宗教平等和寬容的文化根植進了他統治的多民族國家的人民心中。阿克巴大帝對政府機構進行了重新整合；他並沒有將帝國分割成有若干統治者轄制的自治區域，而是通過由中央政府按照軍事編制任命各省總督的方式實現對全國的管理。阿克巴將政府分為處置不同事務的幾個部分，包

括稅收、司法和軍事等。在這套政府組織方式的協助下，阿克巴將決然不同的地區統合成為一個繁榮而和平的整體。

參見：考底利耶44～47頁，莫罕達斯・甘地220～225頁，羅易253頁。

德川家康
1543－1616年

日本軍事家、政治家德川家康生於日本戰國末期。作為三河國君主的子嗣，德川家康不僅繼承了其父的權力寶座，還延續了與豐臣秀吉的政治同盟關係。不過，儘管德川家康曾承諾過在豐臣秀吉去世後仍嚴守同盟關係，但他最後還是蕩平了豐臣家族。1603年，天皇任命德川為征夷大將軍，江戶幕府正式開幕，德川家康成為整個日本實質上的主宰者以及德川幕府的締造者。此後，德川家康通過分封土地給各地諸侯，制定嚴格的幕藩體制，從而鞏固他的權力基礎，維護了整個國家的穩定。

參見：孫子28～31頁，尼科洛・馬基雅維利74～81頁，伊藤博文195頁。

奧利弗・克倫威爾
1599－1658年

在英國內戰中的赫赫戰功，使克倫威爾從一個議會中的無名小卒變成炙手可熱的政壇巨頭。他作為議會派的領袖，擊潰了保皇派勢力，顯示了其軍事才華；他還作為處死查理一世的政令簽署人之一，將這位君主送上了斷頭台。克倫威爾除了政治野心外，還受宗教動機的影

響，因此他在推翻君主專制體制後，又率軍攻佔了教會治下的愛爾蘭。1653年起，克倫威爾以護國公的身份短暫統治了英格蘭、威爾士、蘇格蘭和愛爾蘭。儘管克倫威爾被部分人視作殘暴的反教會獨裁者，但也有許多人把他當作摧毀腐朽專制的自由締造者，並且為英國議會制民主奠定了堅實的基礎。

參見：約翰王時期的封建領主60～61頁，約翰・李爾本333頁。

約翰・李爾本
1614－1657年

英國政治家李爾本的一生都在為自由而鬥爭。他認為，自由不是由法律所給予，而是由上天賦予的。17世紀30年代，他由於散發非法書籍而被捕入獄，並遭受酷刑。在英國內戰期間，李爾本曾一度加入議會派參戰，但中途由於感覺自己並不是在為自由而戰，而因此在1645年宣佈離開軍隊。李爾本強調財產和權利的平等，並與其同道者共同擬定了《人民公約》，這極大地鼓舞了內戰中的平等派。1649年，李爾本因為叛國罪被逮捕入獄，隨後因公共輿論而被改判為流放。1653年，李爾本回到英國，並再次被拘捕入獄，兩年後獲釋，最後在1657年去世。

參見：托馬斯・潘恩134～139頁，奧利弗・克倫威爾333頁

薩繆爾・普芬道夫
1632－1694年

薩繆爾・普芬道夫是一位路德教會

牧師的兒子。他原本就讀於萊比錫大學的神學專業，但是後來經過深思熟慮之後決定轉去耶拿大學學習法律，在此期間他刻苦鑽研了格老秀斯與霍布斯的著作。後來，普芬道夫任教於海德堡大學，並成為該大學最早的法律與國家學教授。除此之外，他此期間還進一步完善發展了自然法的理論研究，其發表的相關著作為後來盧梭提出社會契約論提供了基礎。此外，普芬道夫還提出一整套排除了宗教的國際法理論。離開大學之後，薩繆爾‧普芬道夫去到了瑞典擔任宮廷歷史學家，他創立了一套關於政教權力的理論，並主張教會的法律應該與世俗法律分開。

參見：胡果‧格老秀斯 94~95頁，托馬斯‧霍布斯 96~103頁，盧梭 118~125頁。

胡安娜‧伊內斯‧德‧拉‧克魯斯
1651－1695年

胡安娜‧伊內斯出生於墨西哥城郊外的鄉村，她是一位名叫伊麗莎白‧拉米雷斯混血女人與一位西班牙船長的私生女。聰穎過人的胡安娜在她的童年時期就開始學習閱讀與寫作，她從9歲時與外公生活，並開始沉浸在外公的藏書房中博覽群書。在胡安娜所處的那個年代，接受教育是男性獨享的權利，因此為了能進大學讀書，她曾懇請家人允許她喬裝扮成男性。不過如願以償地進入大學之後，她卻發現那裏的課程不能引發她的興趣，於是又自學了古典文學。胡安娜於1669年起進入聖哲羅姆修道院直到終老。她的一生中寫下大量詩作和散文，

其中散文《答菲洛特亞‧德‧拉‧克魯斯修女》強有力地為女性接受教育的權利進行了辯護，並借此回應教會對她離經叛道的文字的批評。胡安娜認為社會剝奪女性受教育的權利會讓女性矇昧無知，其最終的結果只能是反過來危害社會。她曾質問道「如果我們這個時代的女性能夠接受教育，那麼我們可以避免多少的悲傷痛苦啊？」可想而知，她的前衛思想自然遭到了教會的審查和禁止。

參見：埃米琳‧潘克赫斯特 207頁，西蒙娜‧德‧波伏娃 284~289頁，希琳‧艾芭迪 328頁。

喬治‧華盛頓
1732－1799年

喬治‧華盛頓是美國獨立戰爭時期的大陸軍總司令，及美國建國後的第一任總統。華盛頓一生從未加入過任何政黨，不過他在執政之時就曾非常有遠見地注意到了黨派紛爭的危害。在華盛頓兩屆的總統任期之中，他提出過多項舉措，以確保美國在一個最高聯邦政府之下統一。除此之外，為了提升美國人的國家自豪感，華盛頓不僅採取了一些切實可行的方法繁榮國家經濟，還出台了一系列政策推動貿易發展——其中償債基金法就曾幫助美國償還了戰時的各項債務。此外，華盛頓在外交方面也頗有建樹，他在歐洲戰事中的中立立場，也讓美國及時逃離出了歐陸戰爭的暴風眼。美國政府當下實行的許多慣例都是由華盛頓開創的，包括總統就職演説以及總統任期不超過兩屆，等等。

參見：本傑明‧富蘭克林 112~113頁，托馬斯‧潘恩 134~139頁，托馬斯‧傑斐遜 140~141頁。

約瑟夫‧德‧邁斯特
1753－1826年

約瑟夫‧德‧邁斯特伯爵是法國大革命後期的保守派、反現代派的代表人物。他認為法國大革命是由於民眾被啟蒙運動無神論思想所蠱惑而造成的；而雅各賓派的恐怖統治之所以會發生，也是他們因為拒絕基督教的必然結果。他為了躲避法國大革命分別先後逃往了瑞士、意大利和撒丁王國。他相信，那些依靠「理性」設計的政府系統都將注定走向暴力的結局；而這世間唯一穩定而且長命不衰的統治形式，必須是以教皇為至高權威的君主制。

參見：托馬斯‧阿奎那 62~69頁，埃蒙德‧伯克 130~133頁。

尼古拉‧莫爾德維諾夫
1754－1845年

尼古拉‧莫爾德維諾夫是一名俄國海軍軍官，他曾服役於英國皇家海軍，之後因受俄皇保羅一世賞識而先後晉陞為海軍上將和俄國海軍部長。在統領俄國海軍的時期，他制定了許多軍事政策，這對後來的俄國軍事發展產生了深刻的影響。在保羅一世專制統治的時期，莫爾德維諾夫卻是一位自由主義的倡導者。作為一名狂熱的親英者，莫爾德維諾夫十分推崇英國的政治自由主義，因此他曾嘗試利用自己的影響力説服當權者廢除阻礙國家經濟

發展的農奴制度。莫爾德維諾夫相信，這樣一來，這項改革就可以通過不流血的方式來實現了。

參見：約翰・斯圖亞特・密爾 174～181頁，彼得・克魯泡特金 206頁。

馬克西米連・羅伯斯庇爾
1758－1794年

作為法國大革命的重要人物，羅伯斯庇爾被他當時的擁護者視為不可腐蝕和堅守革命原則的化身，但在歷史上，卻被看作一位殘酷無情的獨裁者。羅伯斯庇爾在巴黎學習法律期間，熟讀了盧梭論及革命的作品。在他的故鄉阿拉斯從事法務工作的同時，羅伯斯庇爾開始參與政治，並當選為立憲會議中的第三等級代表。在議會中，羅伯斯庇爾為平等權利和建立共和國而奔走呼號；而在處死路易十六後，羅伯斯庇爾主持公共治安委員會，為了徹底解除反革命者的威脅，羅伯斯庇爾毅然實行了革命恐怖統治。但最終，他自己也落下了被逮捕並處死的下場。

參見：孟德斯鳩 110～111頁，讓-雅克・盧梭 118～125頁，格拉古・巴貝夫335頁。

格拉古・巴貝夫
1760－1797年

巴貝夫是法國大革命時期的活動家和記者。他雖並未接受過正規教育，但是在大革命期間卻以文字宣揚了自己的思想。他以「保民官」「格拉古」為筆名，向古羅馬時期的改革家格拉古兄弟表達敬意。巴貝夫的觀點在大革命時期都屬於最為激進的派別，其中他在《人們的保民官》刊物中對恐怖統治表達過支持，後還成立了平等派以搞激進活動。但是由於叛徒告密，巴貝夫及其同僚欲通過密謀暴力方式推翻政權的計劃洩露，並因此遭到處決。

參見：讓-雅克・盧梭 118～125頁，馬克西米連・羅伯斯庇爾 335頁。

約翰・費希特
1762－1814年

費希特通常以哲學家身份為人熟知，但他同時也在德國民族主義覺醒中扮演著重要角色。大革命之後，法國兼併了德國西部的許多小邦國，雖然在其過程中傳播了自由和公民權的思想，但也同樣激發了德國人的愛國情緒。費希特呼籲德國人民以共同的歷史遺產和語言為中心，團結起來抵制法國的影響。與此同時，費希特對猶太人也不歡迎，他曾公開表達過自己的反猶態度，認為德國境內的猶太人區域猶如國中之國，將對國家造成威脅。一個世紀之後，希特拉納粹的行徑也許就是費希特思想的極端化展現。

參見：約翰・戈特弗雷德・赫爾德 142～143頁，格奧爾格・黑格爾 156～159頁，阿道夫・希特拉 337頁。

拿破崙・波拿巴
1769－1821年

拿破崙出身於科西嘉的一個意大利貴族世家，雖然保留了科西嘉國籍，但他決定在法國軍校內深造並效命於法國軍隊。在大革命後期，拿破崙的共和觀念為他在法蘭西共和國軍隊中贏得了一席之地；霧月政變後，拿破崙成為法蘭西第一共和國執政官，並頒佈了《拿破崙法典》。法典廢除了與出生相關的特權，從而構建了一個能人政府，還同時實現了包括猶太教和新教在內的宗教解放。拿破崙與教皇庇護七世簽訂了政教協議，重塑了基督教的地位。1804年，拿破崙加冕稱帝，並發動了一系列最終導致他垮台的戰爭。1813年，拿破崙一度被迫退位並被放逐於厄爾巴島，但很快又重新掌權。1815年，在滑鐵盧兵敗於英軍後，拿破崙被放逐至聖赫勒拿島，最終在那裏逝世。

參見：弗雷德里希・尼采 196～199頁，馬克西米連・羅伯斯庇爾 335頁。

羅伯特・歐文
1771－1858年

歐文出生於威爾士一個貧窮的家庭，於青年時期移居曼徹斯特。在不到20歲的時候，歐文就成為一名小有名氣的紡紗廠廠長。此後，他在其《新社會觀》中闡釋了自己的社會改革思想，要致力於改善工人的住房、福利和教育水平。其後，他在蘇格蘭的新拉納克開設工廠，從而展開自己思想的社會實驗；之後又在美國印第安納州的新哈莫尼進行過嘗試，但最終失敗。歐文可謂是空想社會主義和社會實驗的先驅，他的行為激勵了後來許多英國的社會改革後繼者。

參見：托馬斯・潘恩 134～139頁，傑里米・邊沁 144～149頁，卡爾・馬克思 188～193頁，比阿特麗絲・

韋伯 210頁。

夏爾・傅里葉
1772－1837年

傅里葉出生於法國貝桑松的一個商人家庭。他曾遊歷歐洲，幹過許多行當，在最後成為一名作家。傅里葉與革命年代的許多社會主義思想家不同，他認為社會問題的關鍵不是不平等，而是貧困；他在這樣的思想基礎之上，發展出了一套自由至上的社會主義。同時，傅里葉也是婦女權利的早期倡導者。此外，他認為，商業和競爭是猶太人傳來的惡習，應當被拋棄；人們應當建立一種以合作為基礎的社會體制。根據傅里葉的空想社會主義，工人們在名叫「法朗吉」的建築裏，根據其勞動貢獻而獲得酬勞，而其中那些冷門的職業還能獲得更高的收入。後來，1871年的巴黎公社將傅里葉的思想付諸實踐。除此之外，美國一些地方也曾進行過「法朗吉」的實踐。

參見：瑪麗・沃斯通克拉夫特 154~155頁；羅伯特・歐文 335頁。

朱塞佩・加里波第
1807－1882年

在19世紀，意大利經歷了一場實現民族統一資產階級革命，通常人們習慣將這段歷史稱為意大利復興運動（Risorgimiento），其中，加里波第就是這段時期的一位傳奇人物。加里波第當時領導着紅衫軍奪取了西西里島和那不勒斯；而他在流亡南美之時還參與了多次當地的鬥爭運動。在歐洲和南美的傳奇經歷使他威震大洋兩岸，而民眾對他的尊敬愛戴也在一定程度上對意大利統一有所幫助。雖然加里波第是一位共和主義者，並且強烈反對教皇的專制統治，但是他以意大利統一為重而支持建立君主制；於是，1861年他協助創建了由撒丁國王維托里奧・埃瑪努埃萊二世統治的意大利王國。九年之後，教皇在王國軍隊君臨羅馬城之時宣佈投降，標誌着漫長的意大利復興運動結束。此時的加里波第非常渴望由剛剛統一的德國牽頭建立一個歐洲聯邦，從而聯合歐洲各個國家互相救助，扶貧濟弱，讓百姓過上安定美好的生活。

參見：朱塞佩・馬志尼 172~173頁。

納賽爾丁・沙
1831－1896年

納賽爾丁・沙是伊朗愷加（卡扎爾）王朝的第四任統治者。在1848年登上王座後，納賽爾丁在歐洲思想的影響下推進了改革。他大力改造國內基礎設施水平，加大了道路、郵政和通信的建設；同時他還開設西式學校，並採取了削弱伊斯蘭神職人員權力的措施；此外他還對猶太人尋求建國的運動較為同情。1873年和1878年，納賽爾丁兩度遊歷歐洲，並對英國的政治制度大為讚賞。不過，在執政後期，納賽爾丁開始逐漸專制獨裁，並對少數族裔實施迫害，同時給歐洲商販讓利並中飽私囊。這樣離心離德的行為使其被國人視為外國勢力的走狗，1896年，遭日漸不滿的伊朗民族主義者暗殺身亡。

參見：西奧多・赫茨爾 208~209頁，穆斯塔法・凱末爾・阿塔圖爾克 248~249頁。

奧斯瓦爾德・斯賓格勒
1880－1936年

德國歷史學家斯賓格勒因其《西方的沒落》一書而享有盛名。這本書雖然1914年便已完成，但在第一次世界大戰結束之後才得以出版。他在書中說道，所有文明都將面臨衰落的命運；而20世紀20年代德國呈現的一片頹勢則把他的這一預言映照得更加真實，也使其贏得了更多人的認同。而他的另一部著作《普魯士精神與社會主義》則主張一種威權式的社會主義政體，並鼓勵發動新的民族主義運動。不過，他並不是納粹的支持者，並且曾對希特拉的優等人種思想提出過批評。斯賓格勒曾向世人警告，若出現一場世界性的戰爭，那麼西方文明將走向終結。

參見：伊本・赫勒敦 72~73頁，阿道夫・希特拉 337頁。

R.H.托尼
1880－1962年

托尼是英國著名的經濟史家，他以對資本主義掠奪性的批評而為人熟悉。托尼著有《宗教與資本主義的興起》等知名作品，並提出了一套基督教社會主義和社會平等的思想。同時，他還是主張社會改良的英國獨立工黨的成員，並曾與韋伯夫婦一起參與改善工人教育和勞動環境的運動。此外，他還積極倡導成人

教育，參與過進步工人教育協會的運動，並於1928年擔任該協會主席。

參見：比阿特麗絲·韋伯　210頁，羅伯特·歐文 335頁。

富蘭克林·羅斯福
1882－1945年

1932年，富蘭克林·羅斯福於國家危難之際出任了美國第32任總統——此時美國正處於歷史上經濟最低迷的大蕭條時期。羅斯福審時度勢之後推行了一系列的政策措施以提振國家經濟，降低失業率，並規範金融機構行為，歷史上被稱為「羅斯福新政」。同時，他還主導了多項的社會改革，旨在促進公民的權利。他這些大力發展公共社會福利和干預經濟市場的行為終結了傳統的放任自由主義，並開創和定義了美國20世紀的新自由主義。他主導制定出台的各項政策有效地推動了經濟的發展，恢復了公眾對美國政治制度的信心。在第二次世界大戰之初，他還結束了美國奉行多年的孤立主義，取而代之的是美國更加積極主動地擔任國際事務上的領導責任，這又進一步增進了羅斯福在民眾心中的威望。

參見：溫斯頓·丘吉爾　236~237頁，約瑟夫·斯大林 240~241頁。

貝尼托·墨索里尼
1883－1945年

墨索里尼於青年時代離開意大利遠赴瑞士，並在那裏成為一名社會主義活動家和政治新聞記者。墨索里尼是一個不折不扣的意大利民族主義狂熱分子，他曾因為支持意大利介入第一次世界大戰而被意大利社會主義黨所驅逐。結束在意大利軍隊服役之後，墨索里尼宣佈放棄以工人革命為內容的正統社會主義，並在其《法西斯宣言》中，將社會主義與民族主義混而為一。1922年，經過墨索里尼的精心策劃，他的國家法西斯黨發動了名為「向羅馬進軍」的政變，繼而成為聯合政府的總理。幾年的時間內，墨索里尼獲得了獨裁的權力，贏得了「領袖」（Il Duce）的稱號，並開啟了多項公共工程和經濟改革。在第二次世界大戰中，墨索里尼與希特拉站在同一陣營。在盟軍攻入意大利後，墨索里尼被捕入獄，後被納粹德國特種兵救出。1945年，墨索里尼被意大利游擊隊員擒獲並處死。

參見：喬萬尼·秦梯利　238~239頁，阿道夫·希特拉 337頁。

阿道夫·希特拉
1889－1945年

希特拉出生於奧地利，在青年時期移居德國並很快成為一名狂熱的民族主義者。參加完第一次世界大戰之後，希特拉加入了一個初出茅廬的德國工人黨（即後來的納粹黨），並在1921年成為該黨的領袖。1923年，希特拉發動了啤酒館暴動，但政變的失敗也讓他鋃鐺入獄；在獄中，他寫下了回憶錄《我的奮鬥》。在隨後的幾年內，希特拉以德國民族主義、種族優越觀念和反猶、反共的觀念，鞭策着他的擁躉們全力支持他的事業。1933年，希特拉當選總理，並迅速建立了獨裁統治，推翻了魏瑪共和國，代之以德意志第三帝國。與此同時，他繼續整軍備戰，為德國開疆擴土，為德國人爭取生存空間。1939年，希特拉閃擊波蘭，第二次世界大戰拉開帷幕。戰爭期間，他的第三帝國一度貫跨歐洲，但最終於1945年被擊敗，在盟軍即將攻陷柏林的最後時刻，希特拉在其地堡中自殺身亡。

參見：約瑟夫·斯大林　240~241頁，貝尼托·墨索里尼 337頁。

胡志明
1890－1969年

胡志明原名阮必成，出生於法屬印度支那（今越南）義安省，在順化的法國公立學校接受教育。結束學業後，胡志明曾在私立學校擔任教師，而後作為一名船員遠赴美國，隨後又在倫敦、巴黎以僕役工作維持生活。在法期間，胡志明接觸到了共產主義思想，並積極開展運動，要求越南民族獨立。接着，胡志明在蘇聯和中國開展工作，並在香港被英國政府逮捕。1941年，他化名胡志明並返回越南領導民族獨立運動。在第二次世界大戰期間，他領導了越南人民抗日的鬥爭，並在1945年建立了共產主義的越南民主共和國（北越），兼任共和國主席與總理。胡志明為實現越南統一而堅持奮戰，但終於在1955年因健康原因不得不退休。胡志明在越南戰爭結束前的1969年去世，但他一直被奉為精神領袖，激勵着越南人民軍和越共，與南越和以美國為首的聯軍進行長期而艱苦的戰爭。

參見：卡爾·馬克思　188~193頁，毛澤東 260~265頁，捷·古華拉 312~313頁，菲德爾·卡斯特羅 339頁。

何塞·卡洛斯·馬里亞特吉
1894－1930年

馬里亞特吉是秘魯著名的記者和政治家。他14歲便輟學，在幾家報紙裏打散工，也從而摸到了這一行的門道。此後，他自己創辦了幾家左翼的刊物，但也因為自己的左翼立場在1920年遭當局驅除出境。此後他遊歷於歐洲，並在旅居意大利時期經歷了墨索里尼的上台過程。他嚴厲譴責道，是意大利左翼的軟弱縱容了法西斯政權的崛起。1923年，回到秘魯的馬里亞特吉根據其在意大利的經歷開始撰寫對秘魯時局的看法。他積極支持秘魯的美洲人民革命聯盟（又稱阿普拉黨、秘魯人民黨），並創辦了支持性的刊物《阿毛塔》。1928年，他創建秘魯共產黨，並通過《闡述秘魯現狀的七篇論文》發表主張，呼籲國人找回秘魯土著時期的集體主義精神來。在馬里亞特吉1930年去世之後，他的思想依然對秘魯政治產生著深遠的影響，其後秘魯發生的「光輝道路」等運動都受到了他的啟發。

參見：西蒙·玻利瓦爾 162~163頁，卡爾·馬克思 188~193頁，捷·古華拉 312~313頁；貝尼托·墨索里尼 337頁。

赫伯特·馬爾庫塞
1898－1979年

20世紀30年代，有一大批德國知識分子移民美國，其中馬爾庫塞也是其中一員。他是法蘭克福社會研究所的重要成員，在1940年獲得美國公民身份之後也依然與研究所保持密切聯繫。《單向度的人》和《愛慾與文明》是馬爾庫塞的代表作，書中，他受到馬克思的啟發，對現代社會的異化進行了分析。他對馬克思主義的詮釋一定程度上因為美國社會的特性而做了修剪，減少了對階級鬥爭的強調。他同時也是蘇聯共產主義政權的批評者，他相信這種體制與資本主義一樣不人道。馬爾庫塞在美國的少數羣組以及學生中頗受歡迎，這為他贏得了六七十年代新左派之父的稱號。

參見：讓-雅克·盧梭 118~125頁，卡爾·馬克思 188~193頁，弗雷德里希·尼采 196~199頁。

列奧波爾德·塞達·桑戈爾
1906－2001年

桑戈爾出生於西非的法國殖民地地區，青年時代獲得去法國讀書的機會，並在畢業之後在圖爾和巴黎擔任教授。在第二次世界大戰期間，他曾積極參與抵抗納粹德國的運動。桑戈爾與艾梅·塞澤爾等非洲後裔一起完善了「黑人傳統精神」的思想，這一思想挖掘非洲文化積極的因素，反對歐洲盛行的對殖民地地區人民的種族歧視文化。第二次世界大戰之後，他回到非洲繼續治學，並積極參與政治活動。1960年，塞內加爾實現獨立，桑戈爾成為該國的首任總統。他與其他後殖民地國家的馬克思主義立場有不同之處：他在社會主義的框架下還加上了黑人傳統精神的內涵。此外桑戈爾還同法國等西方大國保持着密切的聯繫，這也是他較為獨特之處。

參見：莫罕達斯·甘地 220~225頁，馬庫斯·加維 252頁，馬丁·路德·金 316~321頁。

米哈伊洛·馬爾科維奇
1923－2010年

馬爾科維奇出生於前南斯拉夫的貝爾格萊德，是馬克思主義的人道主義運動「實踐學派」中的重要成員。馬爾科維奇曾參加過第二次世界大戰；而他對斯大林治下的蘇聯的尖銳批評也使他在南斯拉夫共產黨中聲名鵲起。20世紀60年代，他大力倡導言論自由和馬克思主義的社會批判，並成為了實踐運動中的重要人物。1986年，他參與起草了塞爾維亞科學與藝術學會的塞爾維亞在南斯拉夫地位備忘錄（SANU Memorandum），激化了南斯拉夫國內各族的民族情緒。此外，他還是塞爾維亞社會黨創黨人和領導人斯洛博丹·米洛舍維奇的忠實支持者。

參見：卡爾·馬克思 188~193頁，赫伯特·馬爾庫塞 338頁。

讓-弗朗索瓦·利奧塔
1924－1998年

利奧塔是法國後現代主義運動的領軍人物。與許多20世紀50年代前後的社會主義者一樣，利奧塔也對斯大林治下的蘇聯的專制真相感到極度失望。利奧塔在1968年加入了學生和工人的行列，參加五月風暴，但對於政治思想家鮮有發聲的表現感到失望。1974年，利奧塔在《力

比多經濟》一書中宣佈放棄革命馬克思主義的信仰。此後他的著作中運用了大量的後現代主義手法對馬克思、資本主義以及弗洛伊德的思想進行了精彩分析。

參見：卡爾·馬克思 188~193頁，赫伯特·馬爾庫塞 338頁。

菲德爾·卡斯特羅
1926－2016

卡斯特羅稱得上是20世紀反對帝國主義的一位代表人物。當他還是哈瓦那大學法學系學生時，就曾參與到政治活動中；其後又先後參加了哥倫比亞和多米尼加反對右翼政府的起義。1959年，卡斯特羅同其弟勞爾以及好友捷·古華拉一起，推翻了古巴由美國扶持的巴蒂斯塔獨裁政權，並建立起了以馬列主義思想為指導的古巴共和國。在他的統治時期，美國曾試圖顛覆其政權，甚至對他展開暗殺，但都沒能奏效。不過卡斯特羅並未同蘇聯保持太過親密的關係，相反，他加入了不結盟運動，並以這種方式表達自己對冷戰中帝國主義的態度。蘇聯解體之後，卡斯特羅開始同拉丁美洲各國改善關係，並且着力開放經濟，吸引外資。2008年，卡斯特羅因為身體原因退居幕後，將政權交給了弟弟勞爾。

參見：卡爾·馬克思 188~193頁，弗拉基米爾·列寧 226~233頁，捷·古華拉 312~313頁。

于爾根·哈貝馬斯
1929－

于爾根·哈貝馬斯是德國著名哲學家、社會學家，以宏觀的馬克思主義視角對資本主義和民主社會的分析而著稱。他十分看重馬克思主義分析的理性特徵，認為這是對啟蒙思想的一種延續。哈貝馬斯曾親歷過第二次世界大戰以及之後的紐倫堡審判，這些經歷給他造成了很深的影響，促使他努力為戰後的德國開闢一種新的政治哲學。哈貝馬斯曾在法蘭克福社會研究所學習，但並不認同該研究所批判現代性的立場。但後來他還是擔任了該研究所的所長。他是一名高產的思想家，其思想的關懷集中於對真正的民主模式的探索，以及對後現代主義的批評。

參見：卡爾·馬克思 188~193頁 馬克斯·韋伯 214~215頁。

大衛·哥梯爾
1932－

哥梯爾出生於加拿大多倫多，先後在多倫多大學、哈佛大學、牛津大學研讀哲學；之後回到多倫多大學擔任教授，在1980年轉投匹茲堡大學。他的主要領域是道德哲學，尤其關注霍布斯和洛克的政治理論；他根據啟蒙運動時期的道德思想為起點，發展出了一套自由至上主義的政治哲學。他最知名的著作是《協定道德》，在該書中，他運用博弈論等現代理論對社會契約問題進行了探究，並以此檢驗了現代社會的政治與經濟的決策的道德基礎。

參見：托馬斯·霍布斯 96~103頁，讓-雅克·盧梭 118~125頁。

厄尼斯特·拉克勞
1935－

阿根廷思想家拉克勞早年是一位積極的社會運動家，並曾是左翼黨派的成員。1969年，他流亡英國，開啟學術生涯，在埃塞克斯大學進行研習，而時至今日依然是該大學的政治理論教授。拉克勞的思想從利奧塔、德里達等法國思想家那裏吸取養分，再綜合以拉康的精神分析理論，形成了被自己稱為「後馬克思主義」的理論。他的理論已放棄了馬克思的經濟基礎決定論和階級鬥爭理論，轉以倡導自己的「多元激進民主」論。

參見：卡爾·馬克思 188~193頁，安東尼奧·葛蘭西 259頁。

術 語 表

（絕對）專制主義 Absolutism
指政府擁有完整而不受限制的權力。有時也等同於全能主義（totalism）或極權主義（totalitarianism）。

重農主義 Agrarianism
這種政治哲學認為農村優於城市、農民優於工人，並認為農業生產方式能夠塑造社會的價值體系。

无政府丯義 Anarchism
丯張消滅政治權威，並以白願合作為基礎建立社會。其過程中，如有必要可使用暴力手段。

種族隔離 Apartheid
特指1948年南非國民黨勝選上台之後推行的一系列種族隔離和歧視的政策和法令。

（蘇聯式）黨政官員
Apparatchik
特指蘇聯共產黨執政機器中的黨員、官員。如今常用作貶義，以描述只知服從上級的政治官僚。

專制體制 Autocracy
一種政體形式，其中權力掌握在某個不受限制的個人手裏。

兩黨合作 Bipartisan
在某種情形或問題上，兩個對立的政黨臨時達成一致。

布爾什維克 Bolshevik
俄國政黨。它本是俄國社會民主勞工黨中的一個派別，後與黨內的孟什維克決裂。1917年之後演變為蘇聯共產黨。布爾什維克在俄語中是

「多數」的意思。

資產階級 Bourgeoisie
根據馬克思主義理論，資產階級是指掌握生產資料的階級，他們的收入源自於其對生產資料的掌控，而非被他人僱傭。

資本主義 Capitalism
一種在生產和分配中以市場作用為主要動力的經濟體制，以私人投資和私人產權為主要特徵。

集體主義 Collectivism
這種政治理論強調，社會和經濟機制尤其是生產資料應當掌握在集體而非個人手中。

殖民主義 Colonialism
指一國對新佔領的地區宣佈主權的舉動。其中，殖民地統治者和土著之間的不平等地位是其主要特徵。

普通法 Common Law
指既不源自成文條例也不源自憲法的法律；它是根據以往判罰先例作為法律的根據。

共產主義 Communism
以1848年馬克思和恩格斯發表的《共產黨宣言》為基礎的意識形態；它主張廢除私有制，建立公有制社會。

保守主義 Conservatism
指一種反對社會急劇變革的政治立場。保守主義涉及面較廣，一般崇尚經濟自由，重視企業、自由市場和私有產權；並主張搞私有化，減少政府行為。

憲政（立憲主義）
Constitutionalism
指一種謹遵憲法的政府系統。其中，憲法是指國家的基本原則和法律的成文文件。

儒家思想 Confucianism
圍繞孔子學說而建立的一套思想體系，強調社會人倫秩序，同時也關注人的修為與抱負。

民主 Democracy
指一種政府形式，主張社會的最高權力掌握在人民或民選代表手中。

依賴理論 Dependency Theory
這套理論認為，南半球的發展中國家已成為北半球的發達國家的附庸，並形成了一套新殖民主義的世界體系。

專制君主 Despot
指擁有絕對權力的統治者，尤其指濫用權力、倒行逆施的暴君。

獨裁者 Dictator
指權杖獨攬的統治者，尤其指閉塞言論、拒絕異見，並且時常使用權力打壓社會的統治者。

直接民主 Direct Democracy
民眾直接參與治理，對每個相關的議題都投票表決的政治形式。這種民主方式曾在古希臘的雅典城邦盛行一時。

君權神授 Divine Right of Kings
指君主統治的合法性並不是源自任何世俗權威，而是源自上帝。

反烏托邦 Dystopia
一種設想出來的、充滿了罪惡和混亂的社會形式。可參見烏托邦（Utopia）。

經濟基礎決定論
Economic Structuralism
認為政治世界的運行由經濟世界的運轉所左右。

生態智慧 Ecosophy
源自綠色政治運動中阿倫·奈斯的生態哲學；它強烈呼籲社會注重生態環境的和諧與均衡。

平等主義 Egalitarianism
指一套強調政治、經濟和社會平等的政治哲學思想。

精英主義 Elitism
該理論認為社會應當由精英團體來管理或統治。

啟蒙運動 The Enlightenment
又稱「理性時代」，特指18世紀由知識分子所推動的一場文化運動；他們質疑宗教思想的世界觀，主張運用人的理性來認識和理解世界。

極端主義 Extremism
一種在政策和行動上不留任何妥協餘地的思想或行為方式。

費邊社 Fabian Society
一場20世紀早期發生在英國的社會運動，參與者呼籲通過教育和漸進的立法改革逐漸走向社會主義。

法西斯主義 Fascism
指一種民族主義意識形態，主張強人統治，強調集體主義與認同，提倡通過暴力和戰爭來增進國家的利益。法西斯一詞源自拉丁語Fasces，意為一堆捆在一起的木棍，

意指一種集體意識。墨索里尼政權是這個詞最早的使用者。

聯邦制度 Federalism
指中央政府和地方州（省）政府權力明確劃分的政治制度。

（西歐）封建制 Feudal System
指西歐中世紀時期的政治制度，其中統治者將屬地分封予貴族領主，使後者形成公國、侯國等屬國；各屬國中的農民行耕作之事，與其領主形成人身依附關係。

第四權力 Fourth Estate
即媒體。其來源有兩種說法：一種認為媒體是立法、司法、行政之外的第四大權力；另一種則是認為，它是指18世紀末期法國三級會議（教士、貴族和資產者）之外的第四等級。

原教旨主義 Fundamentalism
一種嚴格遵從宗教原則的行為。

公開性 Glasnot
特指戈爾巴喬夫在20世紀80年代蘇聯推行的增加政治透明度和問責機制的改革舉動。

綠色政治 Green Politics
指一種強調建立生態可持續發展社會的意識形態。

人身保護令 Habeas Corpus
這一條例規定，個人在被拘押之後應當移送法庭以決定該拘押是否合法。

帝國主義 Imperialism
指通過干預他國事務、掠奪領土、征服土著等做法擴張領土、建立帝國的行為。

孤立主義 Isolationism
一種主張本國退出各種軍事聯盟、國際協定乃至國際貿易的政策導向。

（拉丁美洲）軍人政權 Junta
特指拉丁美洲的一種政治形式；它由軍人的政治小幫派、小集團構成，通常通過軍事政變的方式篡奪政權。

正義戰爭理論 Just War Theory
一套關於軍事戰爭的倫理學思想，內容包括開戰正義和戰時正義，其中前者論述發動戰爭的道德基礎，後者則關注戰爭之中的行為倫理。

竊盜統治 Kleptocracy
指由集體腐敗的政客、官僚所統治的政府形式。其中，統治集團中的成員各自利用職權為自己及其親屬黨羽謀取私利。該詞來自於希臘語中的「竊賊的統治」。

左派；左翼 Leftism;Left Wing
也就是政治意識形態中的「左」。其擁護者通常贊成公共機構通過干預手段來調節社會福利，並且多持有全球性的關懷。18世紀法國大革命時期，當時議會中主張改善農民境遇的貴族坐在國王左側，由此得名。

法家思想 Legalism
中國的戰國時期一種類似於功利主義的思想，主張以嚴刑峻法維護社會穩定秩序。

自由主義 Liberalism
一種強調個人權利與自由的政治意識形態。自由派通常會呼籲當局推行保護貿易自由、言論自由、宗教信仰自由、結社自由等方面的政策。

古典自由主義 Classic Liberalism
一種肇始於18世紀的哲學觀，主張個人權利先於國家和教會，並反對君主專制和君權神授。

自由至上主義 Libertarianism
強調自由權利和自由意志。這種哲學觀在左和右都各有代表，它主張自主，強調人的理性能力，反對政府對經濟和個人事務的干預。

馬基雅維利主義 Machiavellian
指各種投機的、多疑的、機會主義的政治行動。該詞得名於16世紀佛羅倫薩的思想家尼科洛•馬基雅維利。

毛澤東思想（毛主義）Maosim
指毛澤東對馬列主義中國化的嘗試。他認為廣大農村和農民羣眾是無產階級革命的關鍵力量。

馬列主義 Marxism-Leninism
基於馬克思和列寧的思想提出的，號召世界無產階級革命的理論體系。

馬克思的社會主義
Marxian Socialism
根據馬克思的思想，這是指資本主義進入到共產主義之前的一個重要的經濟發展和過渡階段。

馬克思主義 Marxism
以馬克思的學說為基礎的哲學體系，主張經濟基礎決定上層建築。

能人政治/尚賢 Meritocracy
呼籲挑選統治者不應根據財富和出生，而應當根據治國理政的才能。

道德絕對主義 Moral Absolutism
主張人的行動應當將道德作為絕對根據。這個術語經常在國際法中得到運用。

多邊主義 Multilateralism
指多個國家相互合作來共同處理國際事務。其對應的是單邊主義。

民族主義 Nationalism
指個人對祖國的忠誠和奉獻，以及與此相關的政治理論，主張祖國的利益應該成為政治行動的頭號目標。

自然法 Natural Law
指宇宙秩序中作為一切制定法制基礎的關於正義的基本和終極的原則的集合。而根據阿奎那的說法，自然法是對上帝的永恆法的一種體現。

黑人性/黑人文化認同/黑人傳統精神 Negritude
指20世紀30年代，為反抗法國殖民者的種族主義而發展起來的一套黑人意識形態，強調非洲黑人的共同屬性和文化認同。

寡頭制 Oligarchy
一種由小團體把持政權並謀取私利的統治形式；他們通常會損害到人民的利益。

和平主義/反戰主義 Pacificism
一種反對以戰爭和暴力手段解決爭端的思想和運動，它通常還以某種宗教和道德原則作為思想前提。該詞由法國和平運動者埃米爾•阿爾諾最早提出。

黨徒 Paritisan
指對某一領袖、政黨或政治事業絕對支持和擁護的人。

（戈爾巴喬夫）改革 Perestroika
特指戈爾巴喬夫在20世紀80年代對蘇聯在政治、組織和經濟上的改革和重建的舉動。

多元主義 Pluralism
認為在同一社會中，不同的社會和種族團體是可以按照自己的傳統去自由地追求各自利益的。

財閥統治 Plutocracy
指社會的富商財閥把持政府或左右政府決策的政治局面。

人民主權論 Popular Sovereignty
這一理論主張，主權權威源自並屬於國家的每一位公民，是他們將主權的實際執行權交付到國家、政府和領袖手中；但主權的掌握者依舊是人民。

進步主義 Progressivism
這種政治學說主張通過溫和的改革來改良政府與社會。

無產階級/普羅大眾 Proletariat
根據馬克思主義學說，這是指社會之中那些沒有資本、只能靠出賣勞動來謀生的勞動者羣體。馬克思相信，無產階級必將推翻資產階級的統治，並建立共產主義制度，從而親自掌握社會的政治和經濟資料。

激進主義 Radicalism
主張動用極端手段推動政治變革來實現政治目的的行為傾向。它同樣也指，一種欲同傳統和既定的觀念徹底割裂的思想主張。

復古主義/反動主義 Reactionism
這種主張不僅反對激進變革的政治傾向，而且希望退回到曾經某個時段的政治和社會秩序中。

現實政治 Realpolitik
指崇尚實用主義、現實主義的政治

傾向，並且不提倡根據倫理道德目標來施行統治。不過現實政治可能會在保護公民自由權上較為乏力。

共和主義 Republicanism

認定這樣的政府形式是最佳統治形式：建立共和國，也就是沒有帝王、君主統治的國家，這個國家裏權力屬於人民，並由民選代表來主持和運轉。

右派，右翼 Rightism,Right Wing

指由以下的政治傾向疊加的鬆散集合：傾向於保守主義，支持市場，認為個人權利比政府干預更重要，強調法律與秩序。此外它有時還等同於民族主義。

種族隔離主義 Segregationism

這種觀念相信，各個不同的人種、階級或者種族應當相互隔離起來生活。

沙里亞法/伊斯蘭教法 Sharia Law

指伊斯蘭教統攝着教徒的宗教和世俗生活的神聖教法。有部分穆斯林認為沙里亞法是一切世俗法律的唯一正當基礎。

社會契約 Social Contract

指由人與人之間，或人與統治者、政府機構之間訂立的關於權力邊界、個人權利和義務的契約，它可能是真實存在的，也可能只是一種理論假設。霍布斯、洛克等人均把社會契約作為人類走出自然狀態並獲得公共權力保護的一種途徑。

社會民主主義 Social Democracy

指通過漸進改革，運用合法、民主的手段從資本主義過渡到社會主義的政治道路。它反對歧視，並主張保障所有公民的教育、醫療和津貼的普惠性權利。

社會主義 Socialism

它既是一種政府形式，也是一種意識形態；它提倡公有制，主張政府運用經濟計劃來對生產和分配進行調控，並避免由市場力量來主導。

主權者 Sovereignty

指由獨立的國家政權或統治者行使的至上權力，它不受到任何外部力量的干預。它通常是指一個國家獨立的對內政和外交進行決定的權力。

自然狀態 State of Nature

根據社會契約論，自然狀態是指政府或社會出現之前的一種假定的狀態。盧梭認為，在自然狀態下，人與自然都純正而和諧；而霍布斯則認為自然狀態幾乎是一種反烏托邦，是一切人與一切人之間的戰爭狀態。

選舉權 Suffrage

指在選舉或公投中投票的權利。而普選權（univeral suffrage）則指公民不論其性別、種族、社會地位和財富，都應有權投票。而婦女的選舉權則是指女性要享有同男性一樣的選舉權，並且同樣不受（財產、年齡等）限制。20世紀早期，為這一事業而進行激進行動的婦女被稱為「婦女參政權運動者」（suffragettes）。

工團主義 Syndicalism

這是20世紀初一種不同於資本主義和社會主義的意識形態，在法國和西班牙較為盛行。它主張通過由工會組織的罷工來推翻現行政府，並掌握生產資料，再通過企業聯合（辛迪加）來組織社會生產。

神權統治 Theocracy

一種由教士等神職人員組織並統治的政治形式。它通常會根據宗教教義來施行統治，或以神的名義對世俗事務進行干預。

極權主義 Totalitarianism

這種政治組織形式通過對政治經濟事務的壟斷，以及對民間的思想、價值、信仰的控制來壓制個人權利，繼而促進國家利益。

單邊主義 Unilateralism

指各種單邊的、片面的行動。在政治裏，它通常指的是一國在處理外交事務時不與他國（包括盟友）協商的行為。與多邊主義相對。

功利主義 Utilitarianism

由邊沁進行推廣的一種社會哲學，認為在任何時候，能夠實現大多數人的最大幸福的政策即為此刻的最佳政策。

烏托邦 Utopia

即完美的地方。在政治裏，它是指那些理想中的完美社會制度。在希臘語中，烏托邦是「沒有的地方」的意思。1516年托馬斯·莫爾的《烏托邦》首次使用這一術語。

索 引

加粗顯示的頁碼內有詳細人物介紹。

致　謝

Dorling Kindersley and Tall Tree Ltd would like to thank Sarah Tomley for contents planning, Alison Sturgeon and Gaurav Joshi for editorial assistance, Debra Wolter for proofreading, and Chris Bernstein for the index.

PICTURE CREDITS